高等院校会计专业（新准则）通用规划教材

会计信息系统教程

第二版

宋云雁　李长山　主　编
杨　颖　梁铁宇　副主编

上海财经大学出版社

图书在版编目(CIP)数据

会计信息系统教程/宋云雁,李长山主编.—2版.—上海:上海财经大学出版社,2016.8
高等院校会计专业(新准则)通用规划教材
ISBN 978-7-5642-2475-2/F·2475

Ⅰ.①会… Ⅱ.①宋…②李… Ⅲ.①会计信息-信息系统-高等学校-教材 Ⅳ.①F232

中国版本图书馆 CIP 数据核字(2016)第 137199 号

□ 责任编辑　顾晨溪
□ 封面设计　杨雪婷

KUAIJI XINXI XITONG JIAOCHENG
会 计 信 息 系 统 教 程
(第二版)

宋云雁　李长山　主　编
杨　颖　梁铁宇　副主编

上海财经大学出版社出版发行
(上海市武东路 321 号乙　邮编 200434)
网　　址:http://www.sufep.com
电子邮箱:webmaster @ sufep.com
全国新华书店经销
同济大学印刷厂印刷
上海叶大印务发展有限公司装订
2016 年 8 月第 2 版　2016 年 8 月第 1 次印刷

787mm×1092mm　1/16　21.75 印张　528 千字
印数:5 501—9 500　定价:44.00 元

第二版前言

当今世界,信息化已经成为这个时代的主旋律,是当今世界发展的必然趋势,"大数据""云技术"等信息技术大发展已经融入每个企业的日常管理中。随着我国国家信息化发展战略的逐步实现与推进,势必对传统的企业管理模式、会计理论、会计实务处理和会计管理制度产生巨大的冲击和深远的影响。全面推进会计信息化工作,是贯彻落实国家信息化发展战略的重要举措,它随着企业对信息化管理重视程度的不断提高而逐步加深。

在这样的背景下,要求企业的财务人员不仅要熟悉手工会计系统的工作原理,更要具备利用信息化技术和工具熟练处理会计业务进行相关管理工作的能力。目前,会计信息系统的教学已经成为经济管理类各专业、各层次学生教学的重要内容。"会计信息系统"是一门跨学科且理论性、方法性和实践性都很强的课程,因此,该门课程对于教材的要求很高。

目前国内同类教材大致归为两类:一类是以培养系统分析设计人才为目标的纯理论分析教材,偏重阐述会计信息系统分析设计,理论阐述过于深入抽象,实践性不足。另一类是以培养会计信息系统软件基本操作为目标的实用型教材,相关概念和理论知识及系统总体设计架构思想阐述不足。这两类教材目前都不能满足高校经管类专业培养高素质应用型人才的教学需要,为此,我们组织了具有丰富教学经验的教师和实践专家编写出版了本教材。本教材的目标是在讲授基本原理的基础上,使读者能够学习如何将信息技术应用于会计工作,以及如何熟练应用会计信息系统相关软件。

本教材注重科学性、通用性,理论与实践并重。遵循由浅入深、循序渐进的原则,力求脉络清晰,通俗易懂。书中主要内容分为两大部分:第一部分是关于会计信息系统基本原理的介绍,重点讲述会计信息系统的实施、管理和内部控制等相关管理思想。第二部分以用友 T6 企业管理软件为例,结合一整套的企业财务业务案例,展开对企业财务链系统的构建思想、管理规划模式和软件使用方法的具体讲解,针对企业财务管理中的账套总体构建和管理、总账管理、报表管理、薪资管理、固定资产管理等每一个环节阐述详尽的解决方案。本教材注重系统流程分析和系统间的相互关系辨析及企业整体应用解决方案的设计,这样的教材体系能将理论与实践紧密地结合起来,能充分适应现代企业信息化管理对财务人员综合素质的要求,能有效地培养学生的综合实践能力和企业整体管理体系的架构能力,能促使学生在知识、能力、素质等方面得到全方位提高。

本教材第一版于 2012 年出版,受到读者的好评。随着时间的推移,会计理论、信息技术和财务软件应用不断发展,因此,第二版也做了相应的调整。第二版主要是对第一章理论基本部分进行了更新,并对后面章节的细节问题加以完善。通过本次修订,教材内容更为完善,更能体现时代脉搏的变化。

  本教材共分七个章节,由宋云雁和李长山主编,负责拟订编写大纲和编纂定稿,具体分工如下:第一、二、四章由宋云雁执笔,第三、五章由李长山执笔,第六章和教学应用案例由杨颖执笔,第七章由梁铁宇执笔。

  会计信息系统是企业管理信息系统的一部分,所以我们根据不同专业教学侧重点的不同,规划编写了《会计信息系统教程》和《ERP 知识与供应链应用》两本教材,并配有《ERP 系统上机实训案例》。其中,《ERP 知识与供应链应用》主要讲述 ERP 的基本知识、供应链思想和供应链业务的处理流程和方法。《ERP 系统上机实训案例》可以与上述两本教材灵活配套使用。这两本教材各有侧重,又联系紧密,既可单独使用,也可配套使用,能够满足高校经管类专业不同层面的教学需要。教材中所用案例业务的实验账套统一存放在《ERP 系统上机实训案例》所附的光盘中。

  本教材在编写过程中,参考和吸收了许多学者的研究成果,同时也得到了用友软件公司的大力支持,我们在此一并致谢!由于作者水平有限,书中难免存在缺点和不妥之处,诚恳希望广大读者批评指正。

  为方便读者使用,我们尽最大努力提供相关的教学版软件、教学课件、演示数据等教学资源,在此留下联系邮箱:songyunyan08@163.com,以便沟通。

编 者

2016 年 8 月

目 录

| 第二版前言 | 1 |

第一章 会计信息系统理论基础 1
 教学目的及要求 1
 第一节 信息技术与会计信息系统 1
 第二节 会计信息系统的发展变迁 15
 第三节 会计信息系统的实施与管理 29
 第四节 会计信息系统的内部控制 43
 本章习题 53

第二章 系统服务 54
 教学目的及要求 54
 第一节 软件的安装与系统操作流程 54
 第二节 系统管理 67
 第三节 账套管理 71
 第四节 年度账管理 83
 第五节 用户权限管理 85
 第六节 系统安全管理 90
 本章习题 92

第三章 基础设置 93
 教学目的及要求 93
 第一节 企业门户简介 93
 第二节 基本信息管理 96
 第三节 基础档案的设置 101
 本章习题 131

第四章 总账系统 132
 教学目的及要求 132
 第一节 总账系统概述 132

  第二节 总账系统初始化 ··· 138
  第三节 总账系统日常业务——凭证的处理 ····························· 147
  第四节 出纳日常业务管理 ··· 169
  第五节 会计基本账簿管理——科目账 ·································· 177
  第六节 会计辅助账簿管理 ··· 183
  第七节 总账系统期末业务 ··· 190
    本章习题 ··· 204

第五章 UFO 报表系统 ·· 205
  教学目的及要求 ··· 205
  第一节 UFO 报表系统概述 ·· 205
  第二节 报表系统初始化 ·· 210
  第三节 会计报表数据处理 ··· 226
  第四节 会计报表输出 ··· 234
  第五节 会计报表图表处理 ··· 237
    本章习题 ··· 245

第六章 工资管理 ·· 246
  教学目的及要求 ··· 246
  第一节 工资管理概述 ··· 246
  第二节 工资管理系统初始设置 ······································· 251
  第三节 工资管理业务处理 ··· 269
  第四节 工资数据统计分析 ··· 282
  第五节 工资数据维护 ··· 285
    本章习题 ··· 286

第七章 固定资产管理 ·· 287
  教学目的及要求 ··· 287
  第一节 固定资产管理概述 ··· 287
  第二节 固定资产管理系统初始设置 ································ 289
  第三节 固定资产管理系统日常业务处理 ··························· 308
  第四节 固定资产管理系统期末处理 ································ 316
  第五节 固定资产数据维护 ··· 326
    本章习题 ··· 326

教学应用案例 ·· 327

参考文献 ·· 339

第一章 会计信息系统理论基础

教学目的及要求

系统地学习会计信息系统的基本理论知识,了解会计信息系统的发展变迁过程及趋势;明晰会计信息系统的特征,了解信息技术对会计处理手段和理论的影响;了解会计信息系统的内部控制体系和会计信息系统的实施过程以及相关控制内容;重点掌握会计信息系统的业务处理规范及系统运行前的业务准备工作和初始数据的转换准备工作。

第一节 信息技术与会计信息系统

一、信息化概述

(一)信息社会

人类社会在几千年的历史长河中经历了原始社会、农业社会、工业社会,现在正处于信息化社会。在农业社会和工业社会中,物质和能源是主要资源,人类所从事的是大规模的物质生产。随着农业时代和工业时代的衰落,人类跨进第三次浪潮文明,其社会形态是由工业社会发展到信息社会。第三次浪潮的信息社会与前两次浪潮的农业社会和工业社会最大的区别,就是不再以体能和机械能为主,而是以智能为主。而在信息社会中,信息成为比物质和能源更为重要的资源,以开发和利用信息资源为目的的信息经济活动迅速扩大,逐渐取代工业生产活动而成为国民经济活动的主要内容。信息经济在国民经济中占据主导地位,并构成社会信息化的物质基础。信息产业逐渐成为社会发展中的主导产业,信息社会正在形成。正因为这种工业化时代进入信息化时代的转变,造成了快速、多变和危机,才产生了人类历史上从未有过的一次重大的变革。主要表现在:信息技术促进生产的自动化,生产效率显著提升,科学技术作为第一生产力得到充分体现;信息产业形成并成为支柱产业;信息和知识成为重要的社会财富;管理在提高企业效率中起到了决定性作用;服务业经济形成并占据重要的经济份额。

信息社会具有以下基本特征:

1. 人及其知识将成为社会最重要的资源

在到处充斥着信息的社会里,每个人都是信息工作者。在企业中,无论是管理者还是工人,他们的思维判断能力、经验和技巧、对复杂环境的适应和掌握能力等将在其工作中发挥主要作用。知识的生产成为主要的生产形式,知识成了创造财富的主要资源。这种资源可以共享、可以倍增、可以"无限制地"创造。这一过程中,知识取代资本,人力资源比货币资本更为重要。

2. 确立新型的社会生产方式

生产力的技术工艺性质的重大变化总会导致人们的生产活动方式的变化。正如机器的普遍采用将手工工场的生产方式改造成为机器大工业的生产方式一样,信息社会也形成了新的生产方式。它表现在:一是传统的机械化的生产方式被自动化的生产方式所取代,自动化的生产方式进一步把人类从繁重的体力劳动中解放出来;二是刚性生产方式正在变化为柔性生产方式,它使得企业可以根据市场变化灵活而及时地在一个制造系统上生产各种产品;三是大规模集中性的生产方式正在转变为规模适度的分散型生产方式;四是信息和知识生产成为社会生产的重要方式。

3. 数字化的生产工具在生产和服务领域广泛普及和应用

工业社会所形成的各种生产设备将会被信息技术所改造,成为一种智能化的设备,信息社会的农业生产和工业生产将建立在基于信息技术的智能化设备的基础上。同样,信息社会的私人服务和公众服务将或多或少建立在智能化设备的基础上,电信、银行、物流、电视、医疗、商业、保险等服务将依赖于信息设备。由于信息技术的广泛应用,智能化设备的广泛普及,政府、企业组织结构进行了重组,行为模式发生新的变化。

4. 活动环境网络化和数字化

在信息社会,信息技术普遍应用于社会的各个角落,生产自动化,管理信息化,整个世界被局域网和广域网所连接,全球化的网络体系将人、信息(数据)、程序以及其他资源以一种全新的方式联系在一起,人们通过网络传递着以数字方式表示的信息。

5. 信息社会的企业具有与以往不同的特征

企业处于信息化环境之中,信息成为重要的企业资源,信息技术创造出了新的工作方式,知识管理和人力资源管理也成为企业管理的重点。与外部网络化环境相适应,企业的组织结构具有网络化和虚拟性特征。在生产方面:信息技术使企业可以对客户的要求做出实时反映,并按客户要求生产满足个性化需求的定制产品;产品可以在交货地点生产,从而使生产过程中的库存、间接费用、流动资本大大减少。信息交流的便利使得企业内部的信息和知识得以共享。总之,信息社会中全社会网络化的环境将使企业有更多的机会优化其资源配置,从而有可能追求到最大的利润,同时也面临着激烈的竞争。

(二)信息化

1. 信息化的核心内涵

"信息化"的概念于 20 世纪 60 年代初提出。1963 年,日本学者在"论信息产业"一文中首次提及"信息化"的含义,从此"信息化"一词便逐渐流行,并逐步形成了概念。一般认为,信息化是指信息技术和信息产业在经济和社会发展中的作用日益加强,并发挥主导作用的动态发展过程。它以信息产业在国民经济中的比重、信息技术在传统产业中的应用程度和信息基础设施建设水平为主要标志。其核心内涵界定为:在社会和经济活动中普遍采用现代信息技术,有效开发和利用信息资源,实现信息资源的传播、整合、再创造和高度共享,建设先进的信息基础设施,进一步优化信息资源的配置,使得通过利用信息资源所创造的产值在国民经济中的比重逐步上升的历史过程。信息化的战略目标是促进社会和经济发展,加速现代化进程,发展信息技术和产业,不断提高全社会的劳动生产率、综合实力和竞争力,加速人类社会从工业化社会向后工业化社会即信息社会过度的进程。从上述信息化的定义和目标分析,信息化的主要研究对象由信息化的主体、客体和受体三类实体组成。信息化的主体,指的是信息化的实施者;信息化的客体,指的是信息化的主要处理和管理对象——信息资源;信息化的受体,指的是信息资源的使用者。在多数情况下,信息化的主体与受体可为同一实体,但有时是不同的实体。

2. 会计信息化

会计信息化是指将会计信息作为管理信息资源,全面运用以计算机、网络通信为主的信息技术对其进行获取、加工、传输、应用等处理,为企业经营管理、控制决策和经济运行提供充足、实时、全方位的信息。会计信息化是信息社会的产物,是未来会计的发展方向。其核心内涵应界定为:在会计行业、组织或企业的会计活动中普遍采用现代信息技术,有效开发和利用会计信息资源,使会计信息资源成为全社会的共享财富,以推动会计信息资源产业发展的历史过程。会计信息化的战略目标是促进会计行业、组织或企业的会计管理活动和会计业务的变革,以推动会计事业的发展。

会计信息化分为四个层次:社会会计信息化、行业会计信息化、组织或企业会计信息化和会计人员信息化。社会会计信息化主要研究的内容和目标是:实现会计信息资源的社会化共享和应用,推动会计信息资源产业的发展。行业会计信息化主要研究的内容和目标是:建立和完善会计行业信息化的行业管理体系,推动会计行业信息技术的应用水平不断提高,完善并提升会计行业的管理与研究水平。组织或企业会计信息化主要研究的内容和目标是:整合企业的业务流程、会计处理流程、控制流程和审计流程,集成会计财务信息和其他非财务信息,建立会计信息系统及其控制和审计体系;充分开发和利用会计信息资源,及时、准确地向企业内部和外部使用者提供有用的会计信息支持,加强会计的反映和监控作用。会计人员信息化是指会计人员在其会计工作、学习中,不断加强利用信息技术处理会计业务与信息的能力,以更好地适应信息时代的需求和完成会计本职工作。

3. 信息化三大过程要素

从信息化作为信息技术扩散过程的视角分析,信息化由如下三个过程要素组成:电子化、数字化、网络化。

(1)电子化。本书所指的电子化是信息化中涉及的电子研究设备及电子设施等有形物质和工具的发展过程。从信息化的演化进程视角出发,信息化是伴随着以微电子技术、光电子技术等为基础技术的电脑、通信、网络等设备的发展而发展的。"摩尔定律"形象地刻画了这一发展的惊人速度。该定律预言,在既定的价格水平条件下,微处理器(CPU)的运算能力每隔约18个月可增加1倍。也就是说,同等性能计算机的价格将以对应的速度下降一半。电脑等电子设备的性能价格比的急剧优化,充分说明了"摩尔定律"预言的准确性,也使信息技术的应用从贵族化走向平民化和社会化成为可能。由此可以说,电子化是信息化产生的物质基础。

(2)数字化。本书所指的数字化是指对信息化的客体——信息资源的开发和利用所涉及的技术和方法的发展过程。之所以称为数字化,是根据冯·诺依曼机原理:信息资源从输入、存储、加工、传递等环节都转变为数字符号或数字信号予以处理,没有数字化的手段和相应的技术和方法的支持,就无从谈起信息资源的开发和利用,因此,数字化是信息化存在的技术和方法学基础。

（3）网络化。本书所指的网络化是指对信息化的主、客体间信息流通方式的发展过程,包括信息通过网络实现信息的传递、存储、开发、应用,特别是实现信息资源高度共享。网络化是后 PC 时代信息技术发展的一大特点,著名的麦特卡尔佛(Metcalfe's Law)定律认为,网络的价值等于网络节点数的平方,或者说,随着网络规模的扩大,给网络用户带来的效用将以指数级的速度增加。特别是互联网的发展和广泛应用,营造了全球一体化的经济市场、一体化的科技文化交流市场,从而进一步突出了信息化建设的实用性、直观性、可操作性、商务性等,因此,网络化是信息化发挥作用和应用效益的环境基础。

(三)现代信息技术

信息技术是指扩展人类信息器官功能的技术。人类的信息器官包括感觉器官、神经系统、思维器官,与此相适应,信息技术也包括感测技术、网络通信技术、计算机技术。其中,感测技术主要是指信息的识别、检测、提取、变换和某些信息处理技术,它是对人的信息感觉器官的扩展和延伸,目的是高精度、高效率地采集各种形式的信息。网络通信技术是指如何实现信息共享、传递和交换,网络通信技术的应用扩展和延伸了人的信息传输系统功能。计算机技术主要包括对信息的存储、检索、处理和分析,并产生新的信息,它是对人的信息处理器官大脑功能的扩展和延伸,目的是高速度、高智能、多功能、多品种地提供人们需要的信息。由此,信息技术并不是某一种具体的技术,而是围绕信息的产生、检测、变换、存储、处理、显示、识别、提取、控制和利用,从不同角度为人们提供帮助的一组技术。其中,计算机技术和网络通信技术是信息技术中的核心。

计算机信息技术是 20 世纪科学技术发展最卓越的成就之一。自第一台计算机问世以来仅仅 50 多年的时间,已经广泛应用于工业、农业、国防、科研、文教、交通运输、商业、通信以及日常生活等各个领域。实践表明,没有计算机信息技术就没有科学技术的现代化,就没有工业、农业和国防现代化。信息技术的应用可以归纳为以下几个方面:

1. 科学计算

科学计算是电子计算机问世以来,最原始的应用领域。在科学技术与工程设计中,存在大量的、类型繁多的数学问题。这类问题往往极其复杂,计算工作量相当庞大,时间性的要求又很强。如大型水坝的设计、卫星轨道的计算、24 小时的天气预报等,通常要求解几十阶微分方程组、几百个线性联立方程组、大型矩阵运算等。电子计算机的快速性和精确性,是其他计算工具难以企及的。计算机用于科学计算可以缩短计算周期,提高效率,降低成本,便于方案优化。

2. 数据处理

在生产组织、企业管理、市场预测、情报检索等方面,存在着大量的数据,需要及时进行搜集、归纳、分类、整理、存储、检索、统计、分析、列表、绘图等。这类问题数据量大,有大量的逻辑运算与判断,其处理结果往往以表格、图像、声音或文件形式存储或输出,如企业管理信息系统、民航飞机订票系统、国家税收征管系统等。据统计,目前在计算机应用中,数据处理所占的比重量最大。它能使人们从大量繁杂的数据统计和管理事务中解放出来,大大提高了工作质量、管理水平和效率。随着计算机的普及,在数据处理方面的应用还将继续扩大与深入。

3. 过程控制

使用计算机对连续的工业生产过程或其他处理过程进行控制,称为过程控制,如对家用微波炉温度的控制、对炼钢炉温度的控制、飞机飞行速度的自动控制、导弹制导运行等。企业进行实时控制,可以提高自动化程度,提高劳动效率,提高产品质量,保证生产安全,降低成本,缩短生产周期。

4. 计算机辅助设计

在飞机设计、船舶制造、建筑工程设计、大规模集成电路的电路图设计、机械制造、服装设计等行业的复杂设计过程中,为了提高设计质量,缩短设计周期,提高设计的自动化水平而借助于计算机进行设计,称为计算机辅助设计(Computer Aided Design,CAD)。目前,CAD技术发展迅速,应用范围不断扩大,又派生出许多新的分支,如计算机辅助制造、计算机辅助测试、计算机辅助教学、计算机辅助形象设计等。

5. 智能模拟

智能模拟是用计算机软、硬件系统模拟人类某智能行为(如感知、思维、推理、学习、理解等)的理论和技术。它是在计算机科学、控制论、仿生学和心理学等基础上发展起来的边缘科学,也正是国内外争先研究的人工智能技术。它包括专家系统、模式(声、图、文)识别、问题求解、定理证明、自然语言理解等。

6. 综合应用

有些计算机的应用将同时综合多种应用类型,如机器人技术将同时综合科学计算、数据处理、实时控制和智能模拟技术等。

二、现代信息技术对会计的影响

信息技术对会计的影响,毕马威会计公司合伙人鲍勃·艾略特(Bob Elliot)曾借用"第三次浪潮"一词来形象地预言:"IT引起的变革浪潮正在撞击着会计的海岸线,在20世纪70年代,它彻底冲击了工业界,80年代它又荡涤了服务业,而到了90年代,会计界将接受它的洗礼。它改变了商业运营的方式,也改变了经理们面临的问题。现在的经理们需要新的信息模式进行决策。因此,内部会计和对外报告会计都必须改革,高等教育可以只是简单地对这些变革做出反应,抑或扮演一个更为积极的角色,同时促进其他领域的适应性变化。对于从事学术研究的会计人员的挑战将是:创造第三次浪潮中的会计规范,并且培养出能够在处于第三次浪潮的企业中有效地行使职责的毕业生。而对从事非学术研究的会计人员的挑战将是:促进企业的变革以实施这一新的会计规范……"从这段话中,我们可以领悟出:IT技术环境正对传统会计理论、实务、教育和管理产生巨大的冲击,这种冲击将引起传统会计的巨大变革。信息技术对会计的影响主要集中在会计工作环境、会计人员素质和会计信息系统等与会计实务相关的方面。

(一)信息技术对会计环境的影响

会计的产生和发展与它所处的环境有着密切的关系。会计环境是指对会计理论与实务的存在发展产生重大影响和依赖(包括直接的和间接的)的客观条件和状况。如经济环境、科技与文化环境、法律环境、国际环境等。美国新技术总汇联盟主席、"数字经济之父"唐·泰普斯科特在其所著的《数字经济蓝图:电子商务的勃兴》一书中认为,"信息技术的革新掀起新时代的数字革命,将彻底改变经济增长方式以及世界经济格局,带领企业进入数字经济时代……"从上面的经典论述中,我们可以看出信息技术对会计环境影响的端倪。

1. 人们对会计信息的处理能力以及会计信息的质量要求大大提高

计算机技术、网络技术、软件开发技术和通信技术的高速发展,使得原来人们许多难以处理的会计问题变得轻而易举,这极大地提高了会计信息处理的能力。与此相对应,人们对会计信息的质量要求也日益提高,会计信息使用者要求实现会计信息的及时性、相关性、预测性,要求会计信息的共享化、个性化、数据库化、反映形式的多样化。

目前对信息技术在会计实务工作中的作用存在两种有失偏颇的观点:一种是工具论,认为信息技术只不过是取代算盘的工具,没有意识到信息技术给会计工作带来的革命性变化;另一种是万能论,认为信息技术无所不能,只要使用信息技术就可以对经济业务进行全过程的控制。实质上,信息技术给会计工作带来的是包括会计信息的采集、存储、处理、检索、反馈、统计分析、决策等在内的整个会计实务工作环境的变革。正因如此,信息技术使会计实务工作的处理效率、工作质量、信息反映能力和工作的重点等与在手工环境下相比发生了巨大的变化。

2. 会计学向边缘学科发展

我国著名的会计学家杨纪琬先生曾预言:"在 IT 环境下,会计学作为一门独立的学科将逐步向边缘学科转化。会计学作为管理学的分支,其内容将不断地扩大、延伸,其独立性相对地缩小,而更体现出它与其他经济管理学科相互依赖、相互渗透、相互支持、相互影响、相互制约的关系。"传感技术、通信技术、计算机技术等众多的信息技术推动着会计学向边缘学科发展。

3. 会计信息系统成为企业整体资源管理的一个不可分割的子系统

传统模式下的会计信息系统被用于特定职能部门(如销售、生产等)的管理工作,而不是为可能跨越几个职能部门的业务过程提供整体性视图,这就造成在多个系统中数据被重复存储和数据不一致的问题。信息技术环境下的会计信息系统,当业务事件发生时,所有原始数据都被适当加工成标准编码的源数据,集成于一个逻辑数据库(或数据仓库),任何授权用户都可以通过数据库所存储的数据来定义和获取所需的有用信息。这样,会计信息系统就在一个整合、开放的环境下,与企业内、外部系统实现了信息同步交流和信息共享,提高了信息的使用价值。

4. 会计国际化进程加快

信息技术缩短了国与国之间的距离,也加速了经济全球化的进程。人们可以通过网络交流各种信息,从事商务活动,进行远距离指挥与控制,这就使大范围地组织跨国跨洲的投资、贸易、金融、保险业务成为可能。随着各国经济交往的日益频繁,国际会计准则协调也是今后的必然趋势,欧盟的第 4、7、8 号指令就是旨在协调各成员国之间的会计准则。

(二)信息技术对会计理论的影响

1. 信息技术对会计假设的影响

信息技术影响着会计环境,相应地,由会计环境所决定的会计理论必然也受到信息技术的影响。会计假设是会计人员对会计核算所处的变化不定的环境所做出的合理判断,是会计核算的前提条件,也是会计理论的基础。会计假设一般包括会计主体、持续经营、会计分期、货币计量。传统会计假设是与工业经济时代的会计环境相适应的。信息技术的发展使会计所面临的环境发生了重大变化,这就从根本上使会计假设的含义也发生了变化。

(1)对会计主体假设的影响

会计主体又称会计实体,是指会计为之服务的特定单位或组织,也是对财务报告空间范围所做的限定。会计主体假设是诸项假设中最主要的一项,如果此假设不能成立,其他假设均不能成立。传统的会计主体是有形的、相对稳定的。信息技术的发展使经济组织的结构和功能都具有了较强的变动性。企业可以由多家独立公司通过信息技术进行迅速的联合和重组,形成一种临时性结盟组织即虚拟公司,达到共享技术、共摊费用以满足市场需求的目的。虚拟公司的出现,突破了以往的空间概念,极大地改变了会计主体的存在方式。组成公司的各独立企业借助计算机网络迅速分组,随时根据实际情况需要增加或减少组合方。也就是说,公司作为会计主体,可能时而膨胀、时而缩小,还可能立即解散。虚拟公司使会计主体变成一种新型的"相对会计主体"。这种"相对"会计主体,拓展了传统有形的会计实体假设。会计上对虚拟公司的资产负债和所有者权益的计量及有关记录和报告,都应适应这个特殊会计主体的需要。因此,信息技术环境下的会计不但要核算和报告传统意义上的相对稳定的会计主体,还要核算和报告变化越来越快的虚拟公司这一特殊的会计主体,对这种不确定性的会计主体进行有效的管理与核算,降低其带来的风险,是对传统会计的一个有力挑战。

(2)对持续经营假设和会计分期假设的影响

持续经营和会计分期是从时间的角度对会计活动做出的假设性规定。前者假设会计主体在可预见的将来不会破产解体;后者在此基础上出于核算和报告的需要,将企业的生产经营活动人为地划分为各个会计期间。但是这两点对于虚拟公司都无意义。虚拟公司随着市场机遇而产生,市场的瞬息万变决定了虚拟公司的不稳定性,它的存续时间可能很短,甚至只存在几分钟即宣告解散。在这种情况下,既谈不上持续经营,也谈不上会计分期。另外,由于激烈的市场竞争,会计信息使用者要求企业随时提供会计信息,以满足其决策的需要。而实际上,随着信息技术的高度发展,企业有可能即时生成会计信息,提供满足不同需要的实时财务报告。这样,传统会计分期假设同样不再适用。所以,随着信息技术的日益发达,我们应赋予持续经营和会计分期新的内涵,更多地从动态上对其进行把握。所谓动态,就是要适应不同使用者对信息"充分性"的需求,在纵向上既能提供实时的、预测性的信息,又能提供过时的、历史的信息;在横向上既能提供最底层的原始数据,又能提供高度浓缩后的信息。

(3)对货币计量假设的影响

货币计量假设的基本含义是假设统一的货币单位是会计工作中最主要的计量尺度,包括货币计量、币种唯一、币值稳定。采用货币计量,消除实物度量的差异性而获得具有综合性和可比性的价值指标,这是会计计量的基本特色。然而随着客观经济环节的变化,以及人们对会计计量理论研究的深化,货币计量逐步走向一个多重计量的模式,会计对象和会计确认的范围由资金运动向非资金运动领域拓展,货币和非货币计量单位都可以并且应该作为会计计量的单位。同时在计量属性方面,公允价值的地位将更加突出,对币值不变假设造成很大冲击。随着信息技术的发展,企业MRP(制造业资源计划系统)、ERP(企业资源计划系统)的应用,强大的信息存储和处理能力,使得计算机系统不仅能够提供包括货币价值的汇总信息,还能提供包括实物量度的明细信息或文字描述信息。我们已没有理由坚持说单一的货币计量是最好的会计计量方法。事实上,在美国注册会计师协会(AICAP)最近出具的一份综合报告中,已经开始强调一些非货币计量在企业报告中的重要运用。

2. 信息技术对会计原则的影响

(1)权责发生制原则

权责发生制原则是针对收入、费用等会计要素确认时间而产生的一项原则。它主要是解决如何对会计要素进行跨期确认、分配的问题。由于虚拟公司存续时间短,往往只有一个会计期间,即交易期间公司收支均在同一交易期间内完成,不存在会计要素跨期分配的问题,显然此时权责发生制已失去其基础,采用收付实现制则比较合理——以现金的收入或付出作为收入实现和费用发生的基础,从而更好地反映虚拟公司的现金流量。

(2)历史成本计价原则

历史成本计价原则要求以历史成本来计量企业的资产价值,但信息技术条件下的虚拟公司作为一个临时性的组织,其所有会计要素均来自各个组合方,没有有形的办公场所、固定资产、雇员等,仅仅作为一个抽象的联合体而存在。由于其存续时间短,否定了持续经营假设,使历史成本计价原则失去存在的价值,因此应以公允价值作为计价基础,提供准确的会计信息。

(3)及时性原则

信息技术的快速发展,使得当业务事项发生时,会计信息系统可以通过网络技术、通信技术、计算机技术直接采集有关数据信息,实现会计和业务一体化处理。这样会计核算就从事后的静态核算转为事中的动态核算。凭借计算机的强大处理能力和网络的传输能力,信息使用者可以自主查询所需的会计信息。这种实时化的连续性报告,极大地丰富了会计信息的内容,提高了会计信息的质量和价值。

(4)重要性原则

重要性原则要求企业的会计核算应当遵循重要性原则的要求,在会计核算过程中对交易和事项应当区别其重要程度,采用不同的核算方法。重要性原则是针对传统手工会计条件下,会计人员处理会计信息能力有限而提出来的,它的直接目的是要求会计信息的收益大于会计信息成本。信息技术的发展使会计人员从繁重的账务处理中解脱出来,会计人员有能力把会计信息的成本降低到可以承受的范围之内,所以信息技术条件下重要性原则应当予以淡化。

3. 信息技术对现行财务报告的影响

信息技术不仅能够快速传递大量的信息,而且也为用户提供了直接利用信息的技术手段。随着信息使用者对信息的需求扩大,会计人员一方面要在报表中提供综合信息,另一方面还要提供一些非财务报表信息,如某些管理咨询信息或财务报告分析信息、财务预测信息、有关企业未来经营成败的因素、企业在近期所面临的营业或行业风险等。所有这一切都使传统财务报告受到了严峻的挑战。"在线财务报告"作为信息技术条件下的报告模式,其产生、发展都与信息技术的发展密不可分。其特点是利用国际互联网作为传播媒体采用"超文本"的形式,具有很强的交互性,可根据不同用户的要求提供更加个性化的财务报告。在线财务报告与传统财务报告有着显著的区别:

(1)改变了传统的财务报告结构和阅读方式

传统财务报告的各个组成部分之间是一种有顺序的线性结构,而在线财务报告的各个组成部分之间由于建立了"信息链接",呈现出一种相互交叉的网状结构,其具有信息量大、个性化强的特点。报告结构的差异进而改变了报告使用者阅读报告的方式,由被动阅读转变为主动阅读。会计报表使用者可以借助"信息链接"主动而迅速地搜寻信息,从而实现按照自己的思路主动地获取所需要的信息。

(2)扩展了信息披露的内容

由于"信息链接"的建立并不局限于财务信息本身,其范围可以覆盖所有与企业经营有关的方面,包括非货币化信息。所以在线报告的出现突破了财务报告只提供货币化信息的局限,同时也打破了财务报告与其他企业经营报告之间的界限,使它们成为彼此不可分割的一个整体。

(3)有能力提供按需财务报告

按需财务报告模式是一种充分个性化的报告模式,它充分考虑了信息用户的需求差异,按不同用户个体的不同需求提供信息。传统财务报告由于受客观条件的限制,其格式基本统一,很少考虑不同财务报告使用者的需求。信息技术的发展,使会计信息数据库化,会计人员可以从中提取不同明细程度的数据,从而为会计报表使用者提供不同格式、不同反映形式的个性化财务报告。

此外,近年来 XBRL(可扩展商业报告语言)的出现,使其应用越来越深入。XBRL 是基于互联网、跨平台操作,专门用于财务报告编制、披露和使用的计算机语言,基本实现数据的集成与最大化利用。它根据财务信息披露规则,将财务报告内容分解成不同的数据元,再根据信息技术规则对数据元赋予唯一的数据标记,从而形成标准化规范。它使得会计信息数出一门,资料共享。XBRL 在经济活动中有广泛的应用空间,主要体现在以下六大领域:企业管理领域、审计领域、企业信用等级评估领域、证券市场领域、贸易与纳税领域、金融行政领域。XBRL 是一套全球标准,已经成为未来财务报告报表的一个标准。与传统报表相比,XBRL 不依赖于报表格式,数据具有很小的颗粒度,同一份数据可以根据需要提供给不同的需求者,避免数据的重复录入,提高数据的质量;以这种语言为基础,通过对网络财务报告信息的标准化处理,可以编制出比现行网络财务报告更加先进的报告,可以将网络财务报告不能自动读取的信息转换为一种可以自动读取的信息,大大方便信息使用者对信息的批量需要和批量利用。同传统的网络财务报告相比,以 XBRL 为基础的网络财务报告具有以下特点:

①降低了信息交换成本,提高了财务信息的可获得性,间接增加了财务信息可比性;

②通过互联网提供具时效性的信息,提高了信息的相关性,增强了财务信息的利用效率;

③可自动交换并摘录财务信息而不受个别公司软件和信息系统的限制,为投资者或分析者使用财务信息提供方便。

XBRL 财务报告已经成为监管机构的强制要求,SEC(美国证券交易委员会)已经明确规定各类企业上报 XBRL 报告的时间;中国财政部也已经开始试点实施。

(三)信息技术对会计实务的影响

1. 对会计组织机构设置的影响

在信息技术环境下,由于业务过程和会计过程的重组和整合,会计人员的会计工作将更多地与其他业务工作相融合,并参与到信息技术统一环境下的综合管理中。因此,财务部门作为一个独立的组织机构的规模将逐步缩小,会计岗位设置需调整,更多的会计人员将成为各业务部门和企业综合管理部门的成员,为加强业务过程的财务管理和监督提供会计服务。

2. 对会计内部控制制度的影响

信息技术环境下的会计信息系统是一个开放的系统,不同的会计信息使用者将根据授权调阅会计信息,如何建立严密的内部控制制度、保证会计信息的安全与完整,是信息技术环境下会计信息系统面临的一大难题。目前主要是从制度与技术两方面来建立安全机制。制度上,主要是放在数据的存取控制上,加强数据的输入、输出、调用管理。技术上,目前主要采用防火墙、数据加密、访问权限控制等技术。

3. 对会计职能的影响

传统会计的主要职能是反映和监督。在网络下的计算机信息处理环境,由于信息采集和处理的实时性、自动化性、多元性,使会计人员摆脱了繁杂的事务性工作,而能更多地转向非事务性的管理工作。会计人员将有更多的时间参与业务流程的优化、组织结构的调整、计量/约束/激励机制的建立,分析组织的业务活动和用户的信息需求,由会计信息系统按照拟定的程序进行处理,并将结果传递给相应的用户,等待用户的反馈。这一反馈又继续体现出信息用户的需要。如此周而复始,会计工作的管理职能将真正得以实现。由此,会计的核算职能逐渐淡化,而管理、决策和监督职能则日益加强,会计逐步从核算型会计向管理型会计转变。

(四)会计人员价值的变革

在IT环境下,企业会计人员的素质、所扮演的角色、工作重点和工作价值将产生巨大的变革。

首先,IT的应用,彻底改变了会计工作者的处理工具和手段。由于大量的核算工作实现自动化,更由于电子商务的发展,会计人员的工作模式将从事中记账、算账,事后报账的旧模式,转向事先预测、规划,事中控制、监督,事后分析、决策的全新管理模式。

其次,在IT环境下,会计人员不仅要承担企业内部管理员的职责,随着外部客户对会计信息需求的增长,会计人员应及时地向外传递会计信息,为社会、债权人、投资者、供应商和客户、兄弟行业、政府管理部门等一切会计委托、受托者负责,提供职业化的咨询服务。

此外,在IT环境下,会计人员不应再仅仅满足于客观地反映会计信息,而应该力求使会计信息增值和创造更高的效能。会计人员的作用应更多地体现在通过财务控制和分析参与企业的综合管理并提供专业决策。分析企业信息过程,制定会计信息处理规则(包括会计信息系统中设置的企业各项业务活动控制程序、会计信息系统的信息处理功能分析),并参与几乎所有业务活动规则的制定。同时,分析和评价企业各种业务活动的风险、效益,并通过与企业内部控制工作相联系,帮助企业管理者制定企业规章或政策。未来的会计师们将是企业经理的最佳候选人之一。

最后,IT工作环境对会计人员的素质也提出了相应的要求。目前会计人员所从事的会计核算和财务分析等常规的、结构化较强的工作将由基于IT技术的信息系统完成,在这种情况下,会计人员应更多地从事那些非结构化的、非常规的会计业务,并对信息系统及其资源进行评价。因此,未来的会计人员不仅要具有管理和决策方面的知识,还应具有利用信息技术进行系统分析和评价的能力。

总之,迅猛发展的信息技术正在把会计的方方面面推向一个新的时代,变革意味着会计仍将是一个充满生机的行业。面对即将到来的种种机遇,我们不应只是被动地接受或继承旧的思维方式和规则,而应积极主动地做好迎接未来挑战的准备。

三、会计信息系统基本概念

(一)数据与信息

1. 数据

数据是对客观事物属性的描述,是反映客观事物的性质、形态、结构和特征的可鉴别的符号,是人们用符号化的方法对现实世界的记录。数据既可以是具体的数字,也可以是文字、图形、声音等形式。数据表示的是客观事实,是一种真实存在,它必须与客观实体及属性联系在一起才对接收者有意义。

2. 信息

在信息技术领域,一般认为:信息是经过加工的具有一定含义的对决策有价值的数据。由此可以看出,信息的表达是以数据为基础的,数据和信息是密不可分的,而信息之间的联系和进一步的加工又可以得到不同层次的信息来辅助完成不同层次的决策。从信息社会企业的应用角度分析,信息具有以下特征:

(1)共享性。同一内容的信息可以在同一时间被多人使用,也可以在不同时间被使用多次,而信息不会因此而贬值或废弃,可通过传递和扩散方式达到共享。

(2)可储存性和传递性。信息是可传递的,人类不仅通过大脑记忆信息,还利用不同的载体存储信息,从古代的结绳记事到现代的如纸张、胶片、磁带、光盘等各种介质。信息是物质存在方式的直接或间接显示,它依附于一定的媒体进行呈现、传递和扩散,信息是内容,信息的媒体是形式。信息技术极大地扩展了信息的扩散范围,提高了信息的传递速度,使得信息可以很容易地跨地界以数字化的形式迅速传播。

(3)可增值性。信息不但对企业其他资源有增值作用,而且信息本身也可增值,当大量零散、片面、互不关联的信息经过信息系统的过滤和处理,成为相关信息的有序集合时,信息本身就会发生增值。这也是信息咨询业得以蓬勃发展的原因之一。此外,一种信息在生产和传播的过程中,有不断丰富的可能性,因而可以不断增值。

(4)可集成性。不同的信息之间可以进行广泛的联系和系统的综合,并由此得出全新的信息关系和内容。同样一条信息与不同的信息进行联系,可以得到不同的解释,而这条信息本身并没有发生什么变化;一种信息可以建立起多种信息联系,从而产生多种用途;信息的综合并不是对信息的简单堆砌,而是通过人与信息系统协同工作,使得不同实体的各方面信息有机地结合在一起,创造出新的信息。

(5)层次性。此特性是与企业决策的层次联系在一起的。对于信息社会的企业来说,不论哪个企业单元,利用信息进行决策一般都可以有三个层次:战略层决策、战术层决策和事务决策。不同层次的决策对信息的来源、抽象程度、信息的数量等特性的要求不同。

(6)相关性。相关性是指信息对管理者是否有用。如果有用,那么信息是相关的;否则就是不相关的。它意味着信息有助于决策的程度。

(7)有价性和时效性。信息对于接受者来说是一种预先不知道的有价值的东西。信息具有使用价值,可以满足人们某方面的需求。但是,由于人们对信息的需求和理解能力及判断力的不同,信息的价值有很大的差别,同样的信息对于不同的使用者可能有不同的价值。同时,信息是有寿命的、有时效的,其时效期一般分为四个阶段:升值期、峰值期、减值期和负值期。它的使用价值与其所提供的时间成反比。即信息生成后,它提供的时间越短,使用价值就越大;反之,它提供的时间越长,使用价值就越小。信息有一定的滞后性。因为信息作为客观事实的放映,总是先有事实,然后生成信息,因此,只有加快传输才能减少信息的滞留时间。

(8)可验证性。可验证性是指两个或两个以上的人以相同的方法和规则独立处理同一种信息的结果应该是相同的,故称其是可验证的。

(二)会计数据与会计信息

1. 会计数据

会计数据是指从不同来源或渠道获得的、记录在"单、证、账、表"上的各种原始会计资料。会计数据的来源广泛,既有企业内部生产经营活动产生的各种资料,也有企业外部与企业相关的各种经济活动产生的各种资料,因而会计数据量非常繁多。会计数据的数量多,不仅是指每个会计期间需要处理的数据量大,更重要的是会计数据是一种随着企业生产经营活动的持续进行,而源源不断产生并需要进行处理的数据。由于会计业务处理的特点,会计数据具有连续性、系统性和周期性的特点。

2. 会计信息

会计信息是指按会计特有的处理方法对数据经过处理后产生的,为会计管理及经济管理所需要的一部分经济信息。它是在会计核算和会计分析过程中形成的凭证、账簿、报表等数据,是会计核算的主要内容,是经济决策的依据。会计信息主要分为三类:财务信息、定向信息、决策信息。财务信息是反映过去发生的一切,如资产负债表、利润表、账簿等反映的内容;定向信息是管理所需要的特定信息,如实际与预算、本期与历史记录比较产生的分析报告;决策信息是对未来具有预测性的信息,如年度计划、单项规划、期间决策所需要的信息。

(三)数据处理与系统

1. 数据处理

数据处理是指为了一定的目的,按照一定的规则和方法对数据进行收集并加工成有用信息的过程。数据处理的方式很多,常用的方法有手工、机械和电子处理三种不同的方式。不同的数据处理方式在规模、效率、质量等方面是不同的,但其基本的工作环节大体相同,可分为数据的收集和输入、数据的存储、数据的加工及数据的传送和输出。

2. 系统

系统是为了实现某种目的,由相互作用和相互依赖的若干组成部分按照一定的规则或结构结合成的,具有特定功能的有机整体。由定义可以看出系统的一些重要属性和特征:

(1)目标性。系统的全部活动都是为了达到特定的目标,系统中各组成部分分工不同,活动目标却是共同的,都是为整个系统服务的。

(2)独立性。每个系统都是一个相对独立的部分,它与周围环境有明确的界限,但又受到周围环境的制约和影响。

（3）层次性。一个系统由若干部分组成，称为子系统。每个子系统又可分成更小的子系统，因此系统是可分的，相互之间有机结合，具有结构上的层次性。

（4）整体性。系统由多个部分组成，系统各部分之间存在相互依存关系，既相对独立又有机地联系在一起。

（5）适应性。每一个系统都能根据需要扩充和压缩自己，以适应系统变化的需要。

系统的基本构成大致可分成三部分，分别为系统、系统内部的各个子系统、系统的周围环境。它们之间的关系是：每个系统有它的特定目标和功能，这是区别各个系统的主要标志。为了完成系统的特定目标，每个系统有它确定的功能结构，这些功能结构各自完成系统的一部分工作。各功能结构之间相互影响、相互作用、相互联系、协同工作，以实现系统的整体目标。任何系统都处于特定的环境中，系统必然要与外部环境发生各种各样的联系，受到环境变化的制约和影响。即使是所谓的"封闭系统"，也只是采用各种措施，将环境的影响降低到最低限度而已。对系统研究的一个重要方面就是研究环境对系统的影响，这点对会计信息系统的研究尤为重要。

（四）信息系统与会计信息系统

1. 信息系统

（1）信息系统的定义

作为系统的一种，信息系统同样具有一般系统共有的属性。信息系统是以信息基础设施为基本运行环境，由人、信息技术设备、运行规程组成的，通过信息处理，辅助使用者进行各项决策的系统。信息系统具有以下属性：

①开放性。即新系统与外界环境之间有着信息、物质或能量的交换关系，对外部环境变化具有一定的适应能力。

②集成性。信息系统由许多子系统组成，每个子系统完成各自特定的功能，但是服从于为信息使用者服务的总目标，因此信息系统是一个整体，具有系统集成性和信息集成性。系统集成性有五个层次：硬件集成，软件集成，数据和信息集成，管理、技术和生产等功能集成，人和组织机构的集成。

③人—机协作。信息系统是一个人—机协作系统，即信息系统中人与机器必须相互密切协作、相互适当配合才能发挥各自的作用，忽视了任何一方，信息系统的目标就不能很好地实现。这是信息系统的重要特点之一，也是信息系统应用上的难点之一。

（2）信息系统的基本功能

信息系统的基本功能是进行信息处理。具体来说，主要包括信息采集、信息转换和生成、信息传输和交换、信息存储、信息维护、信息检索和分析等功能。其中，信息采集解决信息的识别、信息的收集以及如何将收集到的信息表达为信息系统可以处理的方式等问题。信息转换和生成解决原始数据转化为可利用信息的问题，具体来说有分类、排序、计算、压缩、比较、汇总等基本处理活动。信息的传输和交换解决两个问题：一是如何准确、快速地传送信息，这涉及信息传输线路的传输速率和抗干扰能力；二是如何确切地表达信息的意义，这涉及信息的编码和译码问题。信息维护是指保证信息处于可用状态，即保证信息的及时更新、适当分布以及信息的安全性、完整性和一致性。信息检索是指按照用户的需求查找信息。由于用户需求是多种多样的,有时还需要对信息进行进一步的加工处理,即信息分析,它一般需要利用一些模型和方法,如预测模型、决策模型、模拟模型、知识推理模型等,从而得到针对性较强的、满足用户需求的决策信息。

2. 会计信息系统

(1) 会计信息系统的定义

会计信息系统是面向价值信息的信息系统,它利用信息技术对会计信息进行采集、存储和处理,完成会计核算任务,并能为企业提供进行经济活动管理和监控所需要的分析、决策用辅助信息。其组成要素为计算机软硬件、网络系统、数据文件、会计人员、内部控制和运行规程。其核心部分是功能完备、性能良好、结构合理并符合我国会计法和会计制度的会计软件。在信息社会,企业会计工作中常规的、可以程序化的任务将由会计信息系统处理,同时会计信息系统还将辅助会计人员完成其他管理与决策任务。

(2) 会计信息系统的目标

会计信息系统是为企业服务的,是企业会计工作中必不可少的组成部分,因此,会计信息系统的目标应服从于企业、信息系统、会计三者的目标。企业的目标是通过为客户提供满意的产品与服务,获取利润,同时提高企业的市场竞争力,保持可持续发展的能力;信息系统的目标是向信息系统的使用者提供管理、监控和对决策有用的信息;会计通过一系列的程序反映和监督企业的经济活动,并积极参与经营管理决策,其最终目标是提高企业的经济效益以获得更多的利润。由此,会计信息系统的目标可以确定为向企业内、外部决策者和一切信息使用者提供所需的会计信息,以及对会计信息的利用有重要影响的其他非会计信息。在此目标下,会计信息系统的基本功能,应是利用各种会计规则和方法,加工来自企业各项业务活动中的数据,包括全部会计信息和部分非会计信息,产生和反映新的会计信息,以辅助决策。其中,会计规则和方法是由会计人员根据信息用户的需求综合制定的,并不是一成不变的,而是随着外界情况的变化不断调整的。在会计信息系统中,会计规则由会计人员确定;会计方法由会计人员提出,并与信息管理人员合作将这些规则和方法转化为机器系统中的程序。当企业出现了新的业务活动或拥有了新的资源需要进行管理时,会计人员应从会计工作的角度确定出相应的解决办法和处理规则,并尽可能地将其转化为机器系统可处理的内容。

(3) 会计信息系统的特点

① 庞大复杂性。会计信息系统作为企业管理信息系统的一个子系统,是由许多更小的职能子系统组成的,如账务处理子系统、工资核算子系统、固定资产核算子系统、报表子系统等,内部结构非常复杂,各个子系统在运行过程中进行信息的收集、加工、传递、使用,结成一个有机的整体。

② 内部控制严格。会计信息系统应确保存放在系统中的会计信息的真实、公允、全面、完整和安全、可靠,为此系统应对会计信息的采集、存储、处理、加工等操作提供有关的控制和保护措施。会计信息系统中的数据不仅在处理时要层层复核,保证其正确性,还要保证能对其进行检查核对,留有审计线索。

③ 系统的开放性。由于会计信息系统全面地反映企业各个环节的信息,因此它与其他管理子系统和企业外部联系十分复杂。会计信息系统从其他管理信息系统和系统外部获取信息,然后将处理结果提供给有关系统,如银行、税收、审计、财政、客户以及其他有业务联系的企

业等,使得系统外部接口较复杂,因此它是一个开放的系统。

(4)会计信息系统的总体功能和应用

①生成报告。一个组织的会计信息系统可以生成满足内部、外部不同使用者所需的各种类型的会计报表。

②处理日常事务。会计信息系统是企业管理的工具,管理者进行日常管理所需的与会计有关的信息都要通过该系统提供,如处理客户订单、提供商品信息、开具发票、记录往来账目、收取现金等。会计信息系统擅长处理大量重复的交易和事项,为各级管理部门提供所需的信息。

③提供结构化和非结构化决策信息。所谓结构化决策,是指流程固定、经常发生的,所需信息比较单一和重复的,能够事先制定流程的决策过程,大部分日常决策活动或较低层次的管理活动均属于这一类。与此对应的是非结构化决策,即不是经常发生的,所依赖的信息综合性较强,决策流程不太固定,需要更多的主观判断的决策活动,企业高层的决策活动一般属于该类非结构化决策活动。现代会计信息系统中存储的海量经济信息可以随时为管理人员提供所需的详细信息和综合信息。对于非结构化决策所需的企业外部信息,会计信息系统可通过集成其他子系统,为决策活动提供支持。

④进行计划与控制。会计信息系统可以随时为管理当局的计划和控制活动提供支持。例如,会计信息系统与全面预算管理系统对接,可以随时将责任中心的实际数据与预算标准进行比较,对于预算和计划内的项目,由于已经授权,则按照固定流程正常办事;对于特殊的或预算外项目,则通过超标预警、自动锁定、例外授权或预算储备等功能进行控制。在销售、采购过程中,利用 POS 结算系统、终端扫描系统等手段,可以随时获取大量交易信息,通过信息系统的数据挖掘功能为管理当局提供组织日常运行的完整信息流,做到实时监控、及时调整、精准计划和科学决策。

⑤促进控制系统的建立和运行。国际发起人组织在 COSO 模型中,对一个企业组织的内部控制体系做出了框架式的界定,将内部控制体系分为五大要素,即控制环境、风险评估、控制活动、信息与交流、过程监测。通过会计信息系统,可以为管理控制和会计控制活动提供组织运行的过程信息,使得资金流、物流和信息流"三流"同步和谐,将组织的风险控制在 COSO 所允许的可控范围内。

第二节 会计信息系统的发展变迁

一、会计信息系统的发展过程

(一)会计信息系统的数据主导阶段(1946 年到 20 世纪 60 年代末)

1946 年 2 月 14 日,世界上第一台通用数字电子计算机或称为真正意义上的计算机 ENIAC(The Electronic Numerical Integrator And Computer)在美国费城开始运行,宣告人类从此进入了电子计算机时代。就在计算机诞生不久的 1953 年,美国通用电气公司便将计算机应用到公司的工资计算和存货统计上,开创了计算机会计的新纪元。

受电子技术、管理理念以及企业管理需求的制约,该阶段的计算机应用主要围绕对会计等领域的数据的统计、整理而展开,主要目的是利用计算机模仿手工操作,实现那些数据量大、计算重复次数多的专项会计业务核算工作的自动化,以便提高效率,很少具备管理功能。因此,也可以称之为"单项业务应用及面向财务部门集成应用阶段"。

1. 这一阶段的特征

(1)从处理内容看,主要用于工作量大、简单重复的单项会计业务,如工资计算、存货统计、会计账目的计算等。所处理的数据还要经过传统会计的进一步加工,才具有一定的意义和功能。

(2)从对原有会计知识框架的影响程度看,全部沿用手工会计已有的理论体系,比如公认会计准则(GAAP)或常用会计制度、常规的核算方法等,该阶段不会也不可能对传统会计提出需要变更的任何要求。

(3)从软件的实现方式看,进行数据处理的计算机软件不具备通用性,是功能单一的模块;采用低级语言或第一代高级语言(COBOL)编写,所处理的数据不能独立存在,必须与程序语言代码编在一起方可运行,且运行速度慢、不灵活,难以维护;不能共享数据,无数据管理、文件管理等功能。

(4)从运行方式看,绝大多数以手工处理为主,计算机处理处于辅助地位。在用户模式上多采用单机运行,尚未提出多用户操作的具体思路。

(5)从对用户的要求来看,使用计算机的人员首先应是计算机专家,开发程序与操作程序往往集中于一人,会计人员很少有能力直接操作计算机,只有个别大的有实力的企业在使用这种方法处理会计的简单业务。

(6)从所赖以运行的硬件看,硬件设备主要是中小型计算机,价格昂贵、体积庞大、使用不便。

(7)从应用系统的体系结构看,还没有形成公认的体系结构规范,直到20世纪60年代末期,数据处理主要采用主机系统统一管理所有被加工的数据,基本没有共享机制,硬件购置费用远大于软件开发成本。

2. 相对手工会计的功能改善

与手工会计相比,面向财务部门集成应用的会计信息系统,从信息可靠性、会计成本和工作效率三个方面提高了会计的价值:

(1)减少了过账、分类、汇总等会计程序上的差错,提高了会计信息的可靠性。传统会计的程序是当经济业务或事项发生后,由会计人员手工整理原始凭证,据此编制记账凭证,会计人员根据记账凭证的分录登记日记账或明细账,并将记账凭证的借贷方科目金额分别汇总,登记总账,月末在总账和明细账核对相符的基础上编制试算平衡表,最后编制会计报表。在这个过程中,由于复式记账的严密和复杂,一旦发生错误将很难查找。会计电算化处理时,会计人员将记账凭证的内容输入机器后,将由计算机自动完成记账和试算算平衡的工作,从而提高了账务处理过程的速度和结果的准确性。

(2)降低了会计成本。传统手工会计以纸张为存储介质,加大了簿记费用,使数据存取效率低下,数据冗余度极高,导致高昂的储存成本以及维护成本。而电子计算机处理模式下的会计信息系统较大程度地实现了信息储存革命,数据的存储形式及处理方式发生了根本变化,其会计成本也随之降低。

（3）计算机以其超强的计算和处理能力提高了会计工作的效率,不仅减轻了会计人员的劳动强度和复杂计算的难度,而且在较大程度上解决了会计信息的及时性问题。

但是,面向财务部门集成应用的会计信息系统,并没有实现会计价值的飞跃,它只是对手工会计系统进行了全程仿真模拟,是计算机对部分人工的替代。对外部信息用户来说,在信息相关性这一重要的价值特征上也没有突破,仍然只是按照公认会计原则编制通用财务报告,难以满足用户个性化的需求。

（二）会计信息系统的信息管理阶段（20 世纪 70 年代到 20 世纪 90 年代初）

20 世纪 70 年代初,计算机硬件的发展速度相当惊人,有文献称,计算机硬件性能在 30 年间（从计算机诞生到 20 世纪 70 年代中期）提高了 30 万～60 万倍,而软件性能的提高则不足 10 倍。软件危机主要表现为:一方面是企业渴望有一种软件能够提供更多有价值的信息协助管理,而另一方面却是软件的功能单一、效率低下、难以应用和维护,更新速度跟不上企业的管理需要。为解决普遍存在的软件危机,管理信息系统（MIS）概念便应运而生。这个诞生于 20 世纪 70 年代、成熟于 80 年代的新事物有一个发展过程。其实,管理信息系统的演进过程也可以看作会计信息系统（AIS）的发展史,原因有三:第一,有资料显示企业管理信息的 70%～80%来自于会计信息系统;第二,同其他管理环节相比,会计最早使用计算机处理核算业务,会计信息系统始终处于管理信息系统的核心地位,发挥关键功能;第三,从会计信息系统的未来发展看,与其他管理子系统进行信息共享及功能集成是必然趋势,离开任何一方便无法真正信息化。以上三点说明 AIS 与 MIS 本是一脉相承、相互融合的。这一阶段也可称之为"面向企业集成应用阶段"。以下几点特征是对该阶段的综合描述:

1. 从处理内容看

这个阶段主要处理用于企业管理（包括会计管理,下同）的各种信息,从工资、材料等单项核算扩展到账务处理、固定资产核算、成本核算等大部分会计核算业务,此阶段的会计软件具备了系统的特征,并逐渐形成较为完善的会计信息系统,在系统内实现信息共享。

2. 从实践环节看

会计信息系统在该阶段吸收先进管理理念,闭环 MRP、MRP II 已经开始与会计信息相融合形成新的管理信息系统,同时提出了会计信息系统由核算型向管理型转变的新思路。

3. 从对原有会计知识框架的影响程度看

人们已经认识到计算机环境下的会计不应是传统会计的翻版,必须进行改造。但这种改造是局部的、细节的,比如会计凭证不再分为五种而只是一种格式,科目的编号规则加上校验和部门属性,取消总账与明细账的核对环节等,基本没有触动到会计的基础理论层面。但有关会计核算流程再造方面、会计报告的格式和内容方面、会计信息系统与其他管理信息系统的关系方面,已有学者开始研究。

4. 从所处的信息环境看

微观环境大为改善,高性能微型计算机、局域网、多用户系统、可视化开发工具开始出现并迅速推广。宏观环境正在规范,会计软件行业协会、会计软件开发规范、信息系统管理办法等相继出台,但这时的规范和指南不具强制性,具体遵守方面效果不明显,还有许多亟待完善的

5. 从对会计管理乃至整个企业管理的作用程度看

系统输出的信息有部分用来解决管理遇到的问题,软件危机得到缓解,会计预测、财务预算、报表分析等功能开始发挥作用。但存在的问题也不少:一方面,信息系统提供的信息滞后、输出形式单一、信息含量不充分、信息时效性差;另一方面,会计管理功能(如管理会计、决策会计、财务管理等功能)比较低级、彼此之间无法集成,"信息孤岛"和管理割据现象普遍存在。

(三)会计信息系统的管理集成阶段(20世纪90年代至今)

管理信息系统提出于20世纪60年代末,成熟于20世纪80年代,但仍然存在许多制约会计管理功能发挥的系统性障碍,其中关键之一便是系统的子集之间无法协同和集成,直到20世纪90年代初企业资源计划(Enterprise Resources Planning,ERP)理念的提出,管理信息系统的割据局面才被打破。1990年4月12日,嘉特纳集团(Gartner Group)公司发表了以《ERP:下一代MPRⅡ的远景设想》(ERP:A Vision of the Next-Generation MRP Ⅱ)为题,由L.怀列(L.Wylie)署名的著名研究报告,第一次提出了ERP概念。之后,Gartner公司又陆续发表和出版了一系列的分析和研究报告,使ERP理论日臻完善。1993年将其定义概括为:ERP是MPRⅡ的下一代,它的内涵是"打破企业的四壁,把信息集成的范围扩大到企业的上下游,管理整个供应链,实现供应链管理"。

管理集成分为系统内部集成和系统外部集成。其中内部集成(Internal Integration)包括实现产品研发(Research and Development,R&D)、核心业务和数据采集的集成以及与企业集团其他管理功能(如现场管理、计划与统计、物流管理等)的集成;外部集成是实现企业与供应链所有合作伙伴的集成。

上述理论的提出特别是企业管理资源的集成化无不说明,企业管理必须走合作协同之路,没有协同和集成管理,信息系统就没有突破的可能,正是Gartner公司的研究成果,使得ERP思想风靡管理界,企业纷纷创建自己的集成系统,实现集成化管理,这种发展趋势说明企业管理与会计管理在现代管理思想影响下逐渐向数据充分共享、管理边界模糊、管理功能合一的方向发展。因此,该阶段也称之为"面向企业价值链集成应用阶段"。该阶段的主要特征是:

1. 从处理内容看

这个阶段主要处理用于企业管理的各种信息资源,包括市场信息、战略信息、物料需求计划信息、流程管理信息、会计信息、人力资源信息等许多方面。值得关注的是,对信息的管理从企业内部扩大到供应链上的所有企业,为了做到物流、信息流、资金流的高度统一,系统的模块和功能实现了高度集成。例如,企业商场的结算通道将每一笔销售业务随时生成会计凭证,同时冲减库存、记录销售,并在各级明细账和总账中更新。更为先进的是,上游供应商根据系统提供的库存信息及时补货,这种由供应商管理自己材料库存的做法真正实现了供应链的一体化联动。

2. 从对用户素质的要求看

决定会计管理功能成败的因素是会计人员而不是技术人员,具有信息技术背景的会计人才是管理集成阶段用户素质的集中体现。因为系统是用户的系统而不是开发人员的系统,几十年的教训说明用户的素质也是会计信息系统乃至企业管理系统的素质,是系统性能的组成要素。

3. 从对原有会计知识框架的影响程度看

近十余年来的研究表明,处于 ERP 等现代管理系统中心地位的会计管理系统,必须从实践流程到理论基础进行变革与创新,以适应信息时代对会计信息的要求。比如,AIS 在 MIS 中的地位及相互关系;对包括会计假设、会计原则等在内的基础理论的重新思考;会计管理内容的创新、战略会计信息化、会计管理与知识管理的关系等许多方面。另一方面,会计管理与其他管理理论正在融合,会计信息系统在该阶段注意吸收供应链管理、电子商务、财务智能、虚拟企业等诸多跨世纪的崭新管理理论,在 ERP 思想带动下,客户关系管理(CRM)、企业流程再造(BPR)等新系统迅速推广并集成到企业管理平台上来。对会计核算和管理来讲,仅有核算功能而没有管理功能的会计软件、仅能独立运行而无法集成的会计应用模式在大企业系统中逐渐失去市场,取而代之的则是集成各种管理信息和管理功能的会计管理服务器之类的管理集成平台。

4. 从会计管理软件的开发技术与运行平台来看

进入 20 世纪 90 年代以后,由于信息处理技术飞速发展,导致该阶段管理软件的提高和升级频率加快。大型企业管理信息系统主要采用 32 位的开发工具,运行在 Windows98 以上的平台上,数据库将不再使用桌面数据库,而必须使用服务器数据库。网络体系结构主要采用三层(数据库服务器/应用服务器或事务处理服务器/客户)或多层结构,以克服传统的 C/S 结构易于造成网络通信"瓶颈"的缺陷。此外,在大型管理信息系统中,还要采用 Internet/Intranet 技术中的浏览器与 Web 服务器技术(如 B/S 结构),系统本身的中间件技术、标准件技术以及拟人件技术等,以实现软件系统数据结构的标准化、空间和跨平台运行。

5. 从所处的社会环境看

随着世界范围内企业等各界的认同和接受,有利于信息化管理的社会环境正在形成,日新月异的信息技术、管理理念、法律规范(也称为信息化管理三要素)日趋完备。高性能微型计算机、局域网(LAN)、广域网(WAN)、互联网(Internet)、内部网(Intranet)等网络系统、可视化开发工具已经成熟。信息化管理规范、行业软件评审制度、数据安全的相关规定等宏观环境基本具备。

6. 从对整个企业管理的作用程度看

会计软件系统特别是大型综合性管理软件中的会计子系统已有较多信息用来解决管理遇到的问题,软件危机进一步得到缓解(但尚没有完全排除,有人甚至认为现在的软件危机比 20 世纪六七十年代有过之而无不及,因为对管理信息的新需求也在不断增加,这种危机短时间内不可能消失)。会计预测和全面预算、集团财务管理、报表分析、集成管理、中小企业信息化管理等功能已经发挥作用,"信息孤岛"、管理割据的局面得到初步改善。但存在的问题也不少:一方面,信息系统提供的信息仍然不能很好地满足管理尤其是战略管理、高层决策方面的需要;另一方面,与其他管理子系统的集成还有许多技术和理论方面的障碍,"信息孤岛"和管理割据问题远没有得到很好的解决。

二、会计信息系统的发展趋势

展望未来,随着云技术、互联网应用的迅速发展,包括财务管理、生产管理、人力资源管理、供应链管理、客户关系管理、电子商务应用在内的完整的企业管理信息系统将会得到全面发展。事项驱动会计为管理型会计信息系统提供了良好的思路，它使得企业的业务范畴与信息技术流程实现了紧密的结合，以后对供应链管理系统的重视将逐渐超过财务系统；以提高客户满意度、快速扩张市场份额为目标的客户关系管理系统将成为热点；企业资源计划（ERP）系统将得到广泛应用，从而实现对企业物流、资金流和信息流一体化、集成化的管理。下面从三个方面谈谈会计信息系统在大数据、互联网环境下的发展变化。

（一）大数据对会计信息系统产生深远影响

大数据环境具有信息容量大、关联突出、处理速度快的特点，这些特点对会计信息系统产生了重要的影响，使会计信息在数量、转变速度、分析效率、系统处理质量、系统模式转变等方面有了很大提高，同时也使得会计信息多媒体化、财务报告实时化。在大数据背景下，企业财务管理的理念将发生改变。企业财务管理将不再仅仅包含单一的财务核算领域，而是应延伸到全产业链生产经营的全部流程中，综合性财务处理也得到了发展，从而为决策提供有力的依据。另外，有了大数据的帮助，会计信息系统不仅能做企业内部经营预测决策的过程控制分析工作，还可以做到对外接口无缝连接，进行审计业务工作、税务审查工作，与银行进行接口进行评估与信贷工作。目前，大数据还处在一个起步阶段，但未来大数据必将对企业带来新的发展机遇。

（二）大数据环境下基于云计算的新型会计工作模式——云会计应运而生

云会计是构建于互联网基础上，并向企业提供会计核算、会计管理和会计决策服务的虚拟会计信息系统，是利用云计算技术和理念构建的会计信息化基础设施和服务。其核心思想包括两点：一是指基础硬件建设，可以提供一对多的基础设施，免除普通企业应用云会计的硬件门槛；二是指服务供给，普通企业可以根据自身情况购买所需的服务，解决了应用中的软件门槛。通常认为，云会计包含五层结构，分别是基础设施层、硬件虚拟化层、数据层、平台层、应用层，分别对应数据中心、服务器集群、数据资源、公共管理平台、应用系统。企业与云会计平台的搭建无关，只是作为消费者购买服务；云会计服务商的任务是构建云上的平台，为用户提供各种各样的服务。企业的会计业务产生后，实时地通过终端提交到互联网进行处理，并记录相关的会计信息。这种网上自助式软件引领着网络财务未来的发展方向，满足了广大中小型企业对会计信息化投资小的需求，也避免了产生传统会计信息系统日常维护的成本。

（三）云会计下IT审计具有更高层次的要求

云会计服务为大数据决策提供支撑等优势的同时，云会计下会计信息系统的有效性、数据的安全性与完整性等问题也成为关注的重点。由于云会计服务模式与传统财务软件相比有很大变化，IT审计也不能照搬传统财务软件的审计方式，云会计下IT审计应充分考虑云会计服务模式的特殊性和技术特性，重新构建云会计下IT审计的实施框架，尽可能规避云会计带来的IT风险，促使云会计发挥最大优势协助企业经营管理目标的实现。

三、会计信息系统与 ERP

(一)ERP 发展简介

要弄清会计信息系统与 ERP 之间的关系,首先需要对 ERP 的概念有一个了解。ERP 的全称是企业资源计划(Enterprise Resource Planning),它是指建立在信息技术基础上,以系统化的管理思想为企业决策层提供决策运行手段的管理平台,它是整合了企业管理理念、业务流程、基础数据、人力物力、计算机软硬件于一体的企业管理信息系统,其核心是对企业的物流、资金流和信息流进行全面一体化的管理。

下面我们对 ERP 的发展历程做简单回顾。

一些人常常认为企业资源计划是一套应用软件。其实,企业资源计划是目前先进的经营管理的思想和方法。它协调和利用企业所有资源(包括内部和外部的资源),利用信息技术的强大处理能力,编制产品制造或提供服务最优的解决方案,为企业的经营目标服务。这一理论的形成是随着经济的全球化、市场竞争的加剧以及信息化的发展而产生的。它的发展大致经历了四个阶段,即基本 MRP 阶段、闭环 MRP 阶段、MRPⅡ阶段和 ERP 阶段。

1. 基本 MRP 阶段

第二次世界大战以后,世界经济开始慢慢恢复。当时的社会产品奇缺,无论是制造业还是零售业,企业的物流进口基本上都是实行"发出订单,然后催办"的计划管理模式。到了 20 世纪 60 年代,企业为了打破这种作业模式,使企业获得更大的利益,实际工作者通过获得正确的批量与安全存货量,为需求与提前期中不可避免的变化做缓冲,并设计出了计算机程序来保管库存记录与重新计算所需的经济订货量与安全存货。同期,IBM 公司的约瑟夫·奥列基(Joseph Oricky)博士依据"产品结构树"的观念,提出"独立需求和相关需求"概念,概括了人们对"在需要的时候提供需要的数量"的认识,并最终发展形成物料需求计划理论(Material Requirement Planning,MRP)。即在具体制订物料需求计划时,充分考虑到产品的结构,得出需求后,考虑物料的库存(包括在产品)数量,最后得出各物料的实际需求量。逻辑流程如图 1—1 所示。

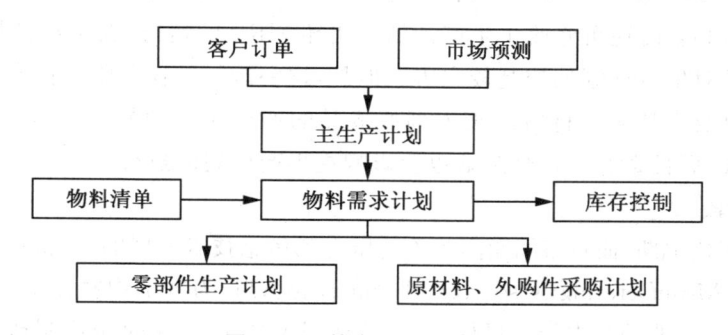

图 1—1 基本 MRP 流程图

2. 闭环 MRP 阶段

基本 MRP 存在较为严重的缺陷,没有考虑计划的可行性问题,所以制订的采购计划本身有很多问题。比如,可能受供货能力或运输能力限制;再如,制订的生产计划未考虑生产能力,计划在执行时出现偏差,计划的严肃性也会受到质疑。因此,随着市场的发展以及对基本 MRP 的弥补,20 世纪 70 年代中期形成了闭环 MRP 理论。该理论认为:主生产计划和物料需求计划应该是可行的,即考虑到能力的约束,通过对能力提出需求计划,在满足能力需求的前提下,保证物料需求计划的执行和实现。图 1—2 为美国生产与库存管理协会发表的名为闭环 MRP 的改进模型。

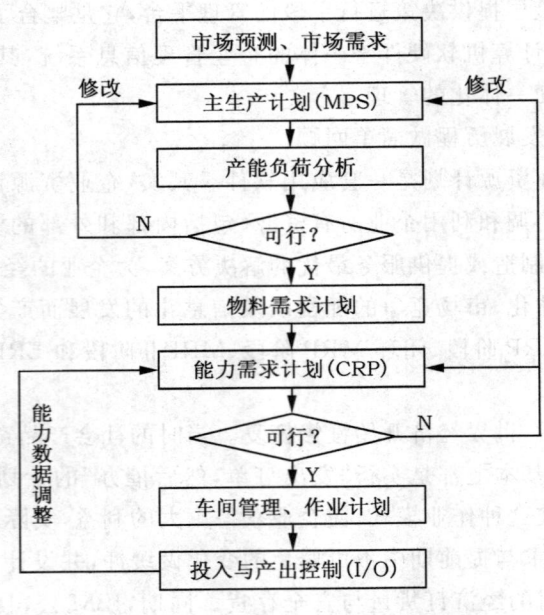

图 1—2 闭环 MRP 流程图

闭环 MRP 根据市场需要和市场预测制订企业生产计划,根据生产规划制订主生产计划,同时进行生产能力与负荷分析,以达到主生产计划基本可靠的要求;再根据主生产计划和企业的库存信息、物料清单等制订物料需求计划;由物料需求计划、产品生产工艺流程及各车间加工工序能力数据生成对能力的需求计划,通过平衡各加工工序的能力,调整物料需求计划。如果能力无法平衡,必要时还可修改主生产计划。闭环 MRP 的运行,在生产计划中有其先进性和实用性,特别是对生产计划的控制较完善。但是,这一运行过程主要是物流的过程。企业的生产经营过程,以及产品从原材料的投入到产成品的产出所伴随的企业资金流通过程,闭环 MRP 都无法反映,而且企业的资金余缺也会影响主生产计划的执行。

3. MRPⅡ阶段

20 世纪 70 年代中期,面对市场激烈竞争的压力和信息技术发展的支持,奥列夫·怀特提出了制造资源计划(Manufacturing Resources Planning)的思想,为区别物料需求计划,将其缩写为 MRPⅡ。它是围绕企业的基本经营目标,以生产计划为主线,秉承对企业制造的各种资源进行统一计划和控制的思想。它整合了企业的物流、资金流及信息流,并使它们保持畅通。如图 1—3 所示,制造资源计划围绕生产而展开,但是增加了财务会计活动,强调了成本管理活动。

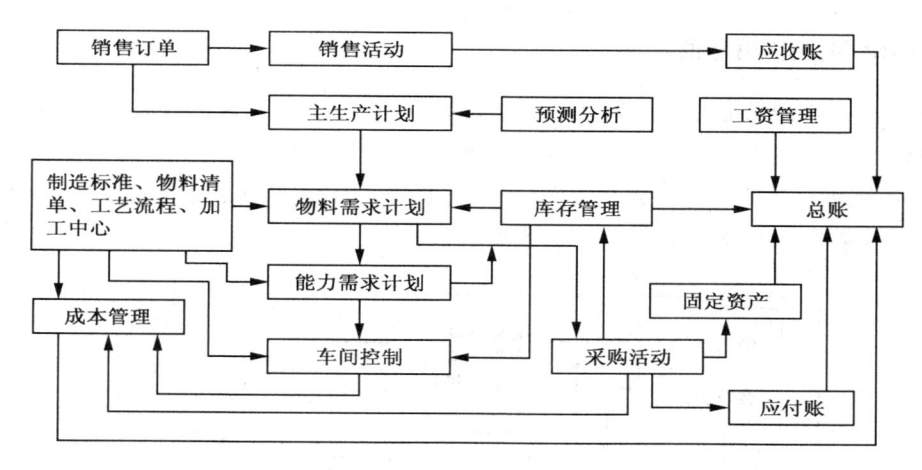

图 1－3　MRPⅡ流程图

从图 1－3 中可以看出，MRPⅡ系统集成了应收、应付、成本及总账的会计信息系统。采购时根据采购单和供应商的信息、收货单及入库单形成应付款的信息；商品销售后，根据客户信息、销售订单信息及产品出库单形成应收款的信息，并把应收款的信息、应付款的信息、生产成本信息和其他会计信息记入总账，完成整个企业资金流及物流的反映工作。通过对企业生产成本和资金运作过程的掌握，调整企业的生产经营规划，以得到更为可行、可靠的生产计划。

4. ERP 阶段

现代企业间的竞争是综合实力的竞争，要求企业有更强的实力，充分利用企业的各种资源而不仅仅是制造资源，需要多集团、多工厂协同合作，形成企业战略联盟。在这种要求下，企业的经营管理理念在 MRPⅡ 的基础上吸收和融合了多种先进的经营管理思想，到 20 世纪 90 年代发展到一个新的阶段——企业资源计划（ERP）。它系统地综合了企业的销售活动、生产活动、采购活动、财务活动、人力资源活动、质量管理、设备管理、成本管理、客户关系、供应链联系等，并利用信息技术流畅地沟通、合理地协作这些活动，延伸了企业经营范围，极大地提高了企业的经营能力、管理水平和综合竞争力。ERP 作为企业经营管理的一种先进理念，其核心思想是：以企业经营目标为中心，以市场为龙头，以经营（生产）能力为基础，以财务为重心，以信息为纽带，使得企业实现高效的科学化经营管理，如图 1－4 所示。

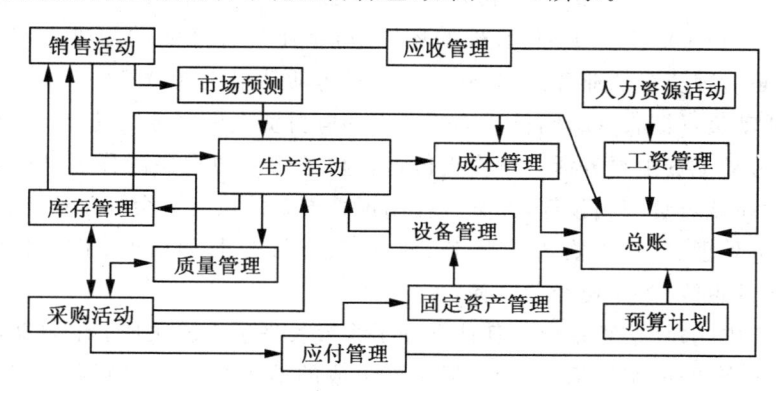

图 1－4　ERP 流程图

(二) ERP 与会计、财务的关系

通过以上对 ERP 发展的回顾和 ERP 流程图(见图 1-4)可以看出,ERP 包含了企业的各种活动,财务活动与会计活动只是其中的组成部分。但是,如果把企业中的事务活动与信息活动加以区分,则可以更清楚地研究企业的会计、财务与 ERP 之间的关系。图 1-5 分解了企业事务活动与信息活动,并勾画出了其中的重要联系。

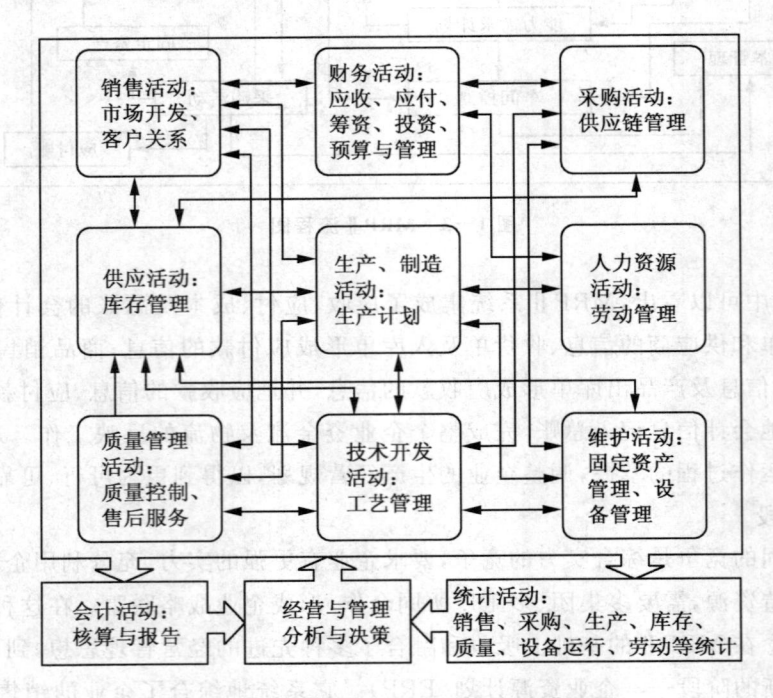

图 1-5 企业事务活动与信息活动联系图

显然,图 1-5 中上部分是各种事务性活动,下部分是信息性活动。ERP 是在把各种事务性活动信息化的同时,强化了信息性活动,并且有机地把信息活动集成在一起,实现了企业经营管理的全面信息化,提升了企业整体的经营管理能力。

可见,ERP 是围绕企业经营目标,协调、管理企业全部活动的先进经营思想,是企业经营的总体信息系统。在企业实施 ERP 管理的环境下,企业的各种活动均成为 ERP 的子系统。其中,财务活动是管理资金的业务活动,它由多项具体活动组成:(1)采购活动所产生的应收资金收入由财务活动负责接收;(2)销售活动所产生的应付资金由财务活动负责支付;(3)企业经营、生产活动的劳动工资由财务活动负责支付;(4)财务活动的重要部分是进行筹资和投资活动;(5)财务活动应该负责编制预算,并管理控制预算方案的执行。会计是业务核算活动,其核算内容包括:账务处理、应收账款、应付账款、现金、银行账款、固定资产、工资和成本核算等,同时也负责编制会计报告,为企业经营服务。

在 ERP 系统中,会计信息系统与其他管理子系统实现了无缝集成。它涵盖了企业所有的经济业务,可将生产活动、采购活动、销售活动等生成的信息自动记入财务系统,生成总账、财务报表,取消了输入凭证烦琐的过程,几乎完全替代以往传统的手工操作。ERP 提供了一个

集成、完善的数据环境,使得会计信息系统能打破企业传统的财务管理运作方式,具有集成化、准确化、实时化、决策化的特点。ERP 环境下会计信息系统的运作如图 1—6 所示。

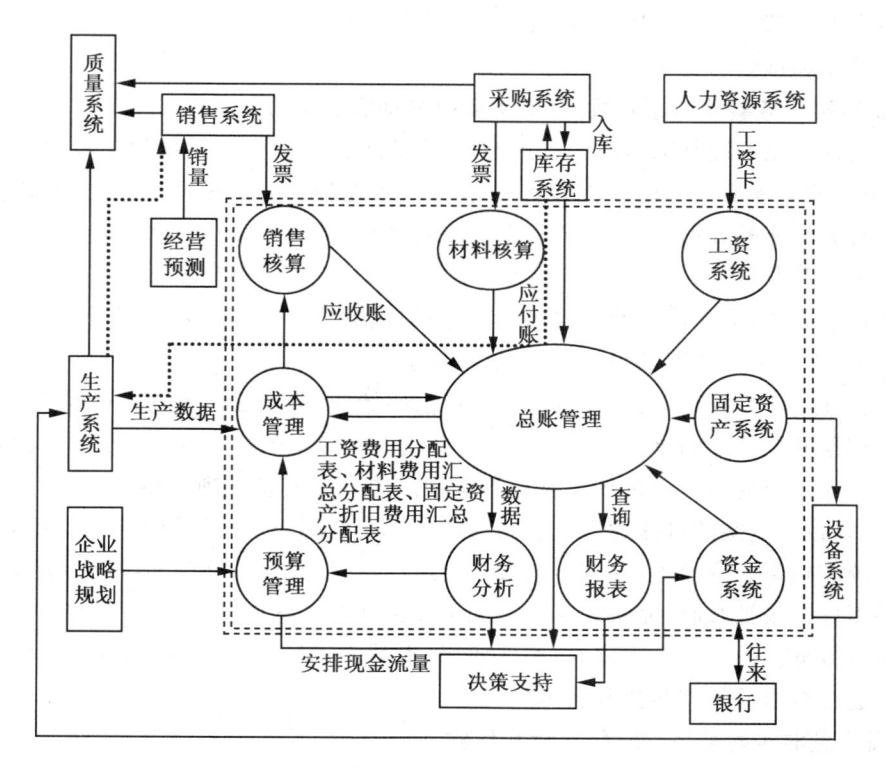

图 1—6　ERP 环境下会计信息系统的运作

(三)现代会计信息系统的特征

现代会计信息系统的核心是集成,即集成业务处理和信息处理、集成财务信息和非财务信息,集成核算和管理,使会计信息系统由部门级系统升级为企业级系统。简单地说,现代会计信息系统是业务活动(事件)驱动的信息系统。它的输入不再是原始凭证或记账凭证,而是原始的业务数据;系统根据预设的规则对业务进行处理和控制,同时采集业务事件的详细信息,存储到集成的业务数据仓库;通过不断丰富、动态调整的信息提取规则,可满足不同信息用户不同角度、不同范围的信息需求。系统成功的关键在于采集全面细致的业务事件数据存储到集成数据库中;有了这样的数据库,可以定义多种输出视图满足不同用户的信息需求。具体表现在以下几个方面:

1. 与业务处理系统相结合,集成业务信息和财务信息

传统会计的计量方法几乎完全局限于货币计量,因而不能记录和使用那些难以用货币计量的信息,如生产力、执行情况、可靠性等。传统会计系统只采集了业务活动数据的一个子集:日期、账户和金额。这些信息能满足编制财务报表的需要,却不足以满足决策者管理整个企业活动的需要。现代会计信息系统的最大特点是财务信息和业务信息的集成,实行财务和业务的一体化管理,所采集和处理的信息相当广泛。它不仅采集和处理财务信息,而且还采集和处理非财务信息。一个企业所发生的任何一项业务活动都会在该系统中加以记录,而且所产生的数据除了日期、账户余额外,还包括发生地点、参与者、涉及的资源等数据。这些数据都由业务发生地所在业务部门进行采集,通过数据的共享和筛选,满足企业编制财务报表和日常业务活动、决策、控制和预测的要求。

2. 集成存储业务事件的原始数据,支持多种信息输出要求

传统的会计信息系统是部门级信息系统,与企业中的其他信息系统缺乏及时而有效的交流,而一个企业的业务活动往往涉及多个职能部门,各业务部门出于并限于自身管理的需要,只采集与其有关的业务数据,仅是一个子集。因此,同一业务活动的相关数据被分别采集,并存储在会计人员和非会计人员手中,容易导致数据的重复、冗余和不一致。而现代会计信息系统是企业级信息系统,追求信息的集成和共享,使物理上分散的多个数据库在逻辑上集中,而且消除了冗余,支持不同角度、不同层次的信息需求。

在现代会计信息系统中,大部分事件数据都以原始的、未经处理的方式存放。大部分信息处理工作是记录业务事件的个体特征和属性。分类、总计和余额计算处理都放在报告查询输出过程中。这比传统的信息处理环境更为简单。在传统的信息处理环境下,读者不仅需要控制输入,还需要控制复杂的过账过程(该过程执行分类、总计和余额计算工作)。而现代会计信息系统的系统结构则十分简单,它直接记录事件属性,这使我们的控制手段更为直观。控制的关键是确保事件记录被及时、完整和准确地记录在正确的文件中,然后按照信息客户的需求参数准确地报告数据。做到了一次输入、多处使用,也消除了数出多门、相互不一致的弊端。更有利于企业进行全面的管理与控制。

3. 实现信息的实时采集、处理、存储和传输

传统会计信息系统对业务活动的反映总是落后于业务的实际发生,具有明显的滞后性。在现代会计信息系统中,会计信息系统与各业务管理子系统相集成,形成一个整体。各业务部门发生经济业务时,所有相关数据可实时地进入 ERP 系统,会计部门可实时地从系统中提取数据,按照会计事项的定义来确认、计量和报告业务活动的发生情况,这将大大提高会计信息的及时性和相关性,使会计人员能够直接关注企业的实际业务过程,从而有助于通过事前预防来控制业务处理风险。这是会计人员控制风险的最佳时机;而当会计人员远离实际业务过程时,他们就只能主要通过事后检查来控制风险。后一种方法导致会计人员专注于控制会计系统中的信息处理风险,而不是实际业务处理本身的风险,强化了其控制能力。同时,也使得财务人员能及时、全面地获得相关信息,进而增强了其监督、分析、预测与决策的管理功能。

4. 在会计信息系统中嵌入业务处理规则

事件处理规则和其他程序化的业务逻辑能帮助组织检查错误和舞弊行为,有时还有助于防止错误的发生。事件处理规则还能帮助防止失误和欺诈。如果使用 AIS 应用程序来支持业务事件的执行,就可以实施控制事件的规则,并实时记录描述事件的数据。系统将注意到违反规则的活动,并向负责人员发送异常情况的消息,或者阻止舞弊活动的执行。如果企业只是利用 AIS 在事件发生之后对其进行记录,则系统预防失误和舞弊行为的能力将大大降低,系统只能检查出可能的失误和舞弊行为,而不能预防它们。

(四)会计信息系统的功能结构与构成要素

1. 会计信息系统的功能结构

一个完整的会计信息系统不仅能满足财务上的基本核算要求,而且增加了计划和控制功能,实现了由事后核算到对过程进行控制的转变,提供了包括预测、计划、预测管理、成本管理、业绩评价等管理方面的功能,实现了财务核算、业务管理与辅助决策一体化。其功能结构如图1-7所示。

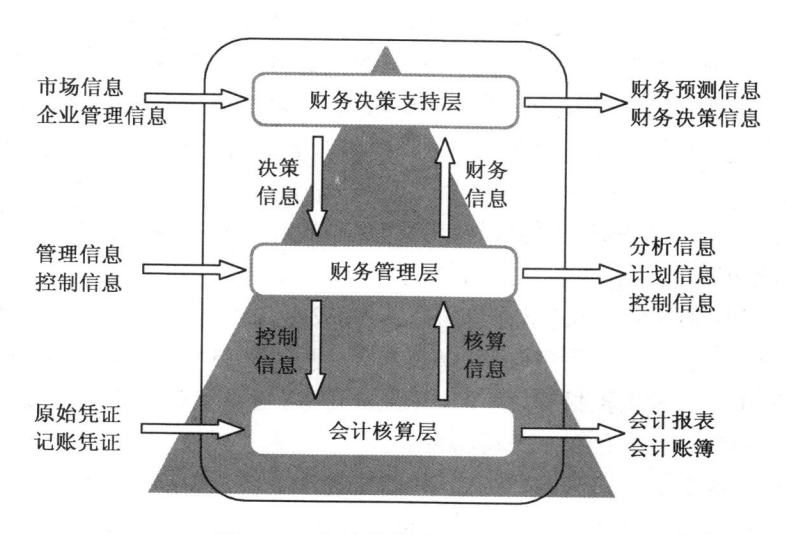

图1-7 会计信息系统的功能结构

(1)会计核算功能

在会计信息系统中最基层的是会计核算系统,其功能是运用会计学原理和方法对已经发生的经济业务进行核算,它的主要数据来源于从物资、设备、生产、销售、人力资源等管理系统中获取的各种原始数据,输出的是各种会计账簿与报表。在我国,会计核算系统已有许多成熟的商品化软件,不同行业的会计核算系统功能结构有所区别,工业企业会计核算系统的主要功能模块一般包括账务处理、产品销售、成本核算、材料核算、工资核算、固定资产核算、报表处理、报表分析、往来核算、系统管理和领导查询等模块。各模块又有下级功能模块,而成为会计核算系统子系统。

(2)财务管理功能

其功能是利用企业价值最大化等管理目标,运用财务分析、财务控制等方法,对核算信息进行分析与目标考核,生成控制信息,反作用于会计核算系统,并为预测决策支持系统提供财务信息。它运用数据库和方法库建立各种模型,如利用成本核算数据和回归分析方法,建立成本估计模型;利用存货核算数据和经济批量法,建立财务预测模型;根据模型进行观测和辅助会计决策,对企事业单位的资金运动进行管理,为管理者提供科学的控制、财务、预测和决策信息,实现会计的监督、控制与辅助决策职能。如资本结构分析、资金需要量预测、资金的筹集与管理、资金和利息管理、应收账款管理、股票投资管理、债券投资管理、设备与项目投资管理、成本预测、成本计划、成本控制、成本分析、销售收入管理、价格管理、利润分配、现金流量分析、本一量一利分析、偿债能力等能力指标分析、分支机构财务监控、领导查询等。

会计信息系统是核算层、财务管理层和决策层三个层次相互依存、有机统一的结合体，下一层的系统输出除了满足日常业务处理需求之外，还作为上一层系统的数据输入。上一层系统的输入数据除了来自于下一层系统的输出外，还要根据系统目标要求，输入内、外部其他系统的数据。三层系统构成有机的会计信息系统整体。

2. 会计信息系统功能模块划分

(1)应收账款管理系统。财务部门应收会计使用，处理客户应收账款、销售发票和应收单审核、填制收款单、核销应收账款等，提供应收款账龄分析、欠款分析、回款分析等统计分析，提供资金流入预测功能，根据客户信用度、信用天数的设置实现自动报警，并提供控制预警功能。

(2)应付账款管理系统。财务部应付会计使用，处理供应商应付账款、采购发票和应付单审核、填制付款单、核销应付账款等，提供应付款账龄分析、欠款分析等统计分析，提供资金流出预算功能。

(3)存货核算系统。财务部材料会计使用，处理由库存管理模块传递过来的各种出、入库单据，审核记账，根据预先定义好的成本结转方式（如先进先出法、后进先出法、移动平均法等），系统自动结转出库成本。可调整存货的出、入库成本，最后生成凭证传递到总账中。

(4)薪资管理系统。财务部使用（也可以人事部使用），核算公司员工工资，可以做到简单的人事档案管理，出具各种工资报表，处理计件工资业务，提供工资的现金发放清单或银行代发工资功能，处理员工工资中代扣个人所得税业务。

(5)固定资产管理系统。财务部使用，管理固定资产业务，将固定资产用卡片形式进行登记，处理固定资产的维修、自动计提折旧、部门转移等业务，可处理一个固定资产多部门使用的情况（如复印机，多部门使用时，部门数为2～20个）。固定资产卡片还可以关联图片。

(6)总账管理系统。财务部总账会计使用，处理由各模块传递过来的凭证，也可以自己填制凭证，生成财务报表，月底结转工作、月末处理工作等。

(7)报表系统。提供资产负债表、损益表等报表模板，也可以自定义企业所需要的报表。

3. 会计信息系统的构成要素

会计信息系统是一个人机交互系统，其基本构成要素包括硬件、软件、人员、规程和数据五大部分，它们共同构成了会计信息系统的物理架构。

(1)硬件

硬件的作用是实现数据的输入、处理、输出等一系列根本性的操作。一般硬件设备包括数据采集设备、处理设备、存储设备、输出设备和网络通信设备。例如，键盘、光电扫描仪、条形码扫描仪等输入设备；计算机主机等数据处理设备；磁盘机、光盘机等存储设备；打印机、显示器等输出设备。

(2)软件

会计信息系统的软件包括系统软件、通用应用软件和财务软件。在会计信息系统中，财务软件是最重要的部分，没有财务软件，现代会计信息系统就无法实施。

(3)人员

会计信息化的人员是指从事研制开发、使用和维护的人员。这些人员一般可分为两类：一类称为系统开发人员，包括系统分析员、系统设计员、系统编程人员和测试人员；另一类称为系统的使用和维护人员。会计信息化要求的人员是复合型人才,同时具备计算机专业和财务专业两方面的知识。

(4) 规程

规程是指各种与会计有关的法令、条例、规章制度。它主要包括两大类:一是政府的法令、条例;二是基层单位在会计信息化工作中的各项具体规定,如岗位责任制度、软件操作管理制度等。国家颁布的法令、制度除了有关会计的一般性法规外,还有一部分是专门针对会计信息化的,如1994年6月30日,我国财政部发布了全国性会计电算化管理规章——《会计电算化管理办法》《商品化会计核算软件评审规则》《会计核算软件基本功能规范》3个规章制度;为指导基层单位开展会计电算化工作,1996年又发布了《会计电算化工作规范》。为了进一步促进财务及企业管理软件开发的规范化,1998年6月,由财务软件分会发起,在国内多家著名厂商的大力支持下,《中国财务软件数据接口标准》出台。2012年发布《可扩展商业报告语言(XBRL)技术规范系列国家标准符合性测试要求》,2013年印发《企业会计信息化工作规范》,这些规范和标准都是目前指导我国会计信息化工作最重要的指南。

(5) 数据

在会计信息化系统中,数据量大、面广、数据载体无纸化。该组成部分的会计数据是广义的会计数据,主要是指会计信息、数据库、数据文件、文本文件等。会计信息系统的一个重要任务是提供会计信息。这些会计信息通常以数据的形式、按照一定的存储结构存放在会计信息系统的数据库中,随时供系统查询、处理和输出。

第三节 会计信息系统的实施与管理

一、会计信息系统的建立

(一) 建立方式

1. 自主开发

自主开发是指企业依靠自身的力量,独立完成信息系统的需求分析、系统设计、程序代码编写、测试、系统维护、升级等阶段的工作。企业对开发的软件拥有全部版权,享有全部收益,同时也承担全部风险。

以自主开发方式开发的软件比较适合企业的需要,实施难度也不大,但自主开发容易模仿手工管理,缺乏先进的管理思想指导,起点低,不利于企业管理水平的提高;同时,存在开发周期较长,人员流动较大,文档不易规范,开发质量难以保障,产品维护和升级困难等问题。自主开发方式在信息系统发展的早期较为流行,比较适合大型的、有一定开发和维护实力的企业选用。

2. 委托开发或联合开发

委托开发是指企业委托软件开发单位,根据本企业的实际业务进行信息系统的开发。委托开发的软件版权一般归委托企业所有。

联合开发是指企业和其他单位共同组成开发机构,发挥各自的优势和资源,共同完成本企业信息系统的开发工作。联合开发的产品版权一般归双方共同拥有。

该类开发方式适用于对信息系统有特殊要求,市场上已有的商品化软件不能满足,又没有足够的力量自主开发的企业。

3. 购买商品化软件

购买商品化软件是指企业在市场上选购适合或基本适合本企业需要的商品化软件,经过实施(含二次开发)后建立本企业信息系统。大型软件由于产品较为复杂,实施工作一般由供应商或第三方(如咨询公司等)完成。软件的版权归供应商所有。企业应尽量选用成熟的、稳定的、能满足企业需求的商品化软件。这也是实际应用最多的一种方式。

4. 租用应用服务供应商(ASP)的系统

租用应用服务供应商(ASP)的系统是指企业无须再花钱购买和维护复杂的应用软件系统,而是通过高速网络向应用服务供应商(ASP)租赁其应用软件系统和服务。企业只要将自己的业务数据上传到 ASP 的系统中,经过 ASP 应用软件系统的处理后就可得到需要的信息和分析结果。

租用 ASP 方式是近几年来伴随着互联网技术的发展而出现的一种最新的企业信息系统建立方式。目前在西方发达国家开始流行,在我国随着大数据建设步伐的加快以及云会计的出现,这种租用软件服务的方式逐渐流行开来,也是未来我国中小企业信息系统建设发展的方向。

本节后续的有关内容主要针对购买商品化软件的方式进行讨论。

(二)商品化软件评价的主要标准

1. 软件的功能

商品化会计软件功能模块很多,适用范围较广,这就需要针对不同的企业,选择不同的功能模块。软件功能应满足企业当前和今后发展的需要。多余的功能只会造成使用和维护的复杂性。软件可用部分的比率,取决于软件对用户的适用程度,而不是以进口或国产来区分。另外要考虑系统的开放性和扩展性,最好是组件式的且预留各种接口。

2. 开发工具

任何商品化软件都不能完全适用于企业的需求,都或多或少有用户化和二次开发工作。所以,商品化软件应提供必要的开发工具,并同时保证该开发工具简单易学、使用方便。

3. 软件文档

商品化软件必须配备齐全的文档,其全面详尽程度应达到用户能够自学使用,如用户手册、不同层次的培训教材(如软件设计开发的工具培训手册、数据库开发及维护培训手册、产品功能培训手册等)、产品实施指南等。

4. 售后服务与支持

售后服务与支持非常重要,关系到系统应用的成败。售后服务工作包括各种培训、项目管理、实施指导、二次开发及用户化,可由专业的咨询公司或软件公司承担,由熟悉企业管理、有实施经验的专家组成顾问组做售后的支持与服务工作。在国外,服务与支持的费用和软件价格之比一般为 1 : 1 或更高。由此也可以看出售后服务与支持的重要性。

5. 软件商的信誉和稳定性

选择软件时要考虑供应商的实力和信誉。软件供应商应当有长期的经营战略，能够跟踪技术的发展和客户的要求，不断对软件进行版本的更新和维护工作。

6. 价格问题

价格方面要考虑软件的性能、功能、技术平台、质量、售后服务与支持等，另外也要做投资效益分析，包括资金利润率、投资回收期。要考虑实施周期及难度，避免造成实施时间、二次开发或用户化时间过长而影响效益的兑现。软件的投资一般包括：软件费用＋服务支持费用＋二次开发费用＋因实施延误而损失的收益。

7. 企业原有资源的保护

这里所说的资源，不仅是指硬件资源，还包括已有的数据资源。在选择软件时，要考虑软件产品对硬件平台的要求是否过高、原有的 PC 机能否使用、原有的数据资源能否平滑地移植到新的系统中。另外，在采用租赁软件在线服务方式的情况下，对于数据安全性的保障，也是企业在选择时应考虑的一个重要方面。

二、会计信息系统的实施

从前面的叙述中可以看出，会计信息系统是一个人机交互系统，它的实施是一项复杂的系统工程，它涉及企业的方方面面。实施并不只是一个软件、硬件的选择和购买问题，而是一项复杂的系统工程。通常组织都需要成立有高层主管参加的项目组来管理信息系统的实施。一般来说，信息系统的实施是指从信息系统项目立项开始直到新系统正式运行为止的所有阶段性工作，包括系统分析（可行性分析和需求分析）、系统设计和实现（自行开发或购买商品化软件）、系统转换、系统运行和维护的全部过程。其主要内容如表1－1所示。

表1－1　　　　　企业会计信息系统实施的主要阶段及工作内容

阶段名称	目　的	工作内容
总体规划	制定企业会计信息化总体规划	制定会计信息化工作要达到的目标及为实现这一目标进行相应规划
企业调研	了解企业的组织结构、业务内容及其处理流程；获取计算机实施方案的必要参数信息	企业基本情况及组织机构调研；企业当前业务内容及其处理流程；企业核算及管理方面的需求
解决方案设计	将企业需求与软件系统充分结合，设计符合企业特点的信息化解决方案	系统配置方案；总体数据流程；各模块基本参数；业务流程的确定
业务准备	确定和核实系统运行所需的各项基础数据	确定数据编码方案；静态和动态的数据准备
建立系统	按照设定好的解决方案和准备的各项数据初始化计算机系统	企业建账；输入各项基础档案；输入各模块期初余额
日常运行与维护	在信息系统上运行企业业务，进行分析处理，不断优化流程，最终确定业务运行模式	日常处理；业务分析

(一) 制定企业会计信息化的总体规划

1. 明确企业会计信息化的工作目标

本阶段的具体工作包括：首先，讨论信息系统实施过程潜在的各种风险，并对风险性高低做出评价，以便尽早做好准备，尽可能将风险出现时造成的影响降到最小，特别是要让企业主管明白这些潜在的风险性。然后，明确企业准备建立一个什么样的信息化系统，其基本的依据是企业发展的总目标。对大多数准备开展信息化的企业来说，信息系统的实施是一个全新的概念，因循守旧是实施过程的一大障碍，完全迷信软件和一味依赖实施顾问同样也是一种危险的倾向。应用软件原本是一个实用性很强、牵涉面较广的企业管理工具，在实施之前，应该让与该项目有关的人都能自觉认识项目的意义，了解企业的目标，清楚自己的作用。因此，实施顾问与用户讨论和确定现实可行并且合理的目标，把原先是少数项目决策者的先知先觉，变为今后多数人的行为共识，这是保证应用系统实施成功关键性的第一步。

2. 设定会计信息化系统的总体结构

这是指系统的规模、业务处理范围、子系统构成及其之间的联系和系统间界面划分等。系统结构应从分析现有手工系统的任务、业务处理过程及部门之间的联系入手，根据计算机数据处理的特点和系统的目标来确定。确定系统的总体结构，应在企业条件允许的情况下，具有一定的高起点和超前性。

3. 选择会计信息化系统建立的途径

建立会计信息化系统有多种途径，主要有自行开发、联合开发和购买商品化会计软件等几种。究竟采用何种途径，主要是依据企业管理的需要，以及企业在经济上、技术上和组织上是否可行来决定。

4. 规划系统的硬、软件配置

在总体规划中，应根据企业的发展目标和企业的经济力量，对系统的硬、软件配置提出原则性要求和指导性意见。尤其是对计算机档次、型号、计算机硬件体系结构等做出原则性的规定。在计划阶段就对硬、软件系统提出规定和原则性要求，有助于从会计信息化工作的整体需要出发，做出合理性的长远安排，克服从眼前局部利益出发的局限性，避免系统资源的浪费。

5. 确定工作步骤

确定工作步骤，是指规定系统的实施应分几步来完成，每一步的发展目标和任务，各实施阶段资源的分配情况等，以便进行统筹的安排。工作步骤的制定，要根据各子系统在整个系统中的地位以及企业的工作需要来划分，同时还要考虑企业在经济、技术和组织上的可行性。

6. 确定会计信息系统建设工作的管理体制和组织机构

规划中应明确规定建设过程中的管理体制和组织机构，以利于统一领导、专人负责、高效率地完成系统的建设工作。另外，会计信息系统的建立，不仅改变了传统会计工作的方式，而且还会引起会计业务处理方式、人员组织方式，甚至是整个管理模式的一系列重大变革。因此，在建立会计信息系统的管理体制和组织机构时，还应组织专门人员根据本企业的具体情况制定一套新的工作流程、管理制度、组织形式乃至各类人员的上岗标准，以便能适应新系统的工作方式。

7. 制订专业人员的培训与配备计划

会计信息系统的运行和管理,需要不同专业、不同层次的专业人员,因此应根据系统目标和本单位现有人员的情况,制订专业人员的培训与调配计划,以便合理调配工作人员,使人员的培训与系统的建设同步进行。

8. 筹划资金的来源及预算

开展会计信息化工作,需要投入较多的资金,因此,要对资金的使用做出预算。而在制定预算时,往往容易重视硬件的费用而忽视软件及其他辅助和扩展的费用。实际上,目前在一个系统实施的总费用中,软件的费用通常要占到总费用的50%以上,甚至高达80%,这是制定预算时必须要重视的问题。

(二)企业现状调研

实施会计信息化项目,需要对会计主体的情况有一个基本了解。业务调研与分析是实施过程中的必要环节,通过这一阶段的工作,可以了解企业的基本情况、现有组织结构、企业现有业务处理流程、主要业务处理方式,明确企业核算特点及管理要求,为制订信息化解决方案做好前期准备。具体包括如下内容:

1. 企业基本情况

对企业基本情况的了解,主要应包括以下两项内容:

(1)企业生产背景情况。比如,企业创建的背景及投资主体,企业的生产规模、资本规模、人员规模等,企业的银行账户情况,企业的生产性质和纳税性质等。

(2)企业会计的核算和管理背景情况。比如,企业对会计信息化的需求、企业会计核算与管理的规范等。

2. 企业组织结构

对企业组织结构的调研,包括了解企业的组织架构、组织中各岗位的设置及其职责、主要人员职责情况等。

(1)调研企业组织架构,了解企业组织架构的设置情况,绘制组织机构结构图。

(2)理清企业各职能机构的职责。

(3)调查企业目前各部门的主管人员及分管工作情况。

3. 企业业务流程

流程是用来描述企业活动及其间存在的相互关系的。企业流程涉及的面很宽,例如,生产流程、工艺流程、业务流程等。在了解企业现有业务流程时,要注重对流程中各项业务的描述、业务流程涉及的单据及其流转关系,当前业务流程存在的缺陷,改进的目标方向等。其中,对企业的业务流程的调查至关重要,因为企业正常的生产经营活动都应遵循一定规范。业务流程在所有流程中容量最大也最关键。可以说,每一种业务类型都对应着一种业务流程。在企业调研过程中,为了获取全面而有效的信息,应事先拟订调研计划,在调研计划中明确调研时间、调研人员、调研内容、需要配合的部门及人员等项目。在调研过程中,按照事先拟订的调研问卷展开,可以有效地避免信息遗漏,加快调研的进程。

4. 企业核算制度

(1)账务处理程序

企业账务处理程序调研是指明确企业会计工作是采用何种会计核算形式。比如,某企业的会计工作是采用集中核算形式,账务处理程序采用科目汇总表核算,按旬登记总账。

(2)财务管理要求

对财务管理要求的调查包括:外币业务核算要求、对外投资的核算办法、材料核算制度及流程、固定资产和无形资产的核算办法、各项费用的报销分配办法、制造费用的归集与分配方法,以及销售收入的确认、产品售价、销售核算流程等企业各项财务核算和管理要求。

5. 企业管理要求

计算机会计信息系统的实施,不仅是核算工具的改变,而且也是企业管理的改造工程。在这个平台上,利用计算机运算速度快、存储量大的特点,很多以前企业不敢想也做不到的事情变得轻而易举。因此,企业不再受核算手段的局限,完全可以从加强管理的目的出发,提出管理要求,并在计算机会计信息系统中寻求相应的解决方案。

(三)方案设计

解决方案设计的过程是把信息化管理软件与企业目标流程相结合的过程,决定了企业个性化应用模式。主要包括:企业基本情况的说明、总体数据流程、各模块基本参数设置及业务流程、特殊业务处理方法等。

1. 系统配置方案

主要包括:企业选择会计信息系统软件的来源(如自行开发、联合开发或购置通用商品软件等)及软件系统配置的功能模块;系统的物理架构,比如,是单机结构、局域网结构还是企业网结构;所使用的数据库情况;系统管理员的确定;等等。

2. 总体数据的流程设计

总体数据的流程设计是指根据企业的具体情况,设计在计算机信息化环境下的总体数据流程,该步骤一般会形成如企业财务业务一体化系统总体数据流程图等数据流程图。

3. 设计企业业务流程

建立计算机信息系统的过程也是对企业原有的手工作业流程进行改造的过程,企业管理实质上是对业务流程的管理,规范的业务流程就是基于计算机信息系统的规范的语言。具体工作包括:(1)分析业务目标和策略;(2)了解和分析当前业务处理流程;(3)根据业务目标,结合软件功能,对当前业务流程进行重新调整和优化改进;(4)确定系统设置和报表方面的需求;(5)收集信息,为建立实验运行阶段使用的数据做准备;(6)确定新的业务处理流程中的各项业务处理程序、业务控制规则、完成的任务与处理步骤。

4. 确定账套参数

为适应不同的企业类型及行业特征,商品软件通常设置了很多参数,选择不同的参数会形成不同的业务处理流程。每个企业都需要根据自身的核算特点和管理要求设置对应的参数,确定计算机业务处理方法和处理流程,从而将通用软件转换为符合企业特点的专用软件。

系统参数规定了企业业务处理的规则及业务处理的范围。会计信息系统的各子系统关系紧密,对同一项业务活动的约定可能会涉及多个子系统,也就是说,子系统间参数的设置彼此会发生影响,因此,应了解各项参数的意义,明晰设置某项参数后对业务流程、核算方式会造成哪些影响,特别对各项参数设置的先后顺序应引起足够重视。

（四）会计信息系统运行前的业务准备

实现会计信息化，并不是开发或购买了会计软件、安装了设备就可以了。在从手工向会计信息化方式过渡前，还有许多的准备工作要做，下面就这方面的有关问题展开讨论。

1. 规范会计数据

（1）会计数据收集的规范化

会计对经济活动的反映和监督的第一步是对经济活动发生时的各种原始数据进行收集。为了满足不同管理层次对会计信息的不同需求，数据的收集必须制定明确的制度，对原始数据收集的渠道、需收集的数据内容等做出规定，并设计制作符合需要的各种单、证，以保证收集数据的真实、系统和完整。对数据收集的规范化工作可以按以下步骤进行：

①分析企业管理对信息的要求。企业的类型、规模、经营性质不同，对会计信息的要求也不同。因此，要从企业参与市场竞争、强化经济管理、提高经济效益这一根本需要出发，对会计信息的收集提出具体要求。

②分析现有手工会计系统的数据收集、存储和流转情况。由于体制和历史的原因，在手工条件下，现有企业的业务数据往往多以部门内的纵向流动为主，部门间的横向流动较少。同一经济活动的数据通常要在不同的部门进行归集、汇总和使用，数据重复环节多，而各部门之间又缺乏必要的数据交流，由此造成各部门之间数据遗漏、脱节、重复、交叉现象严重，数据之间差异较大，任何部门都难以得到或提供完整的信息。因此，在实施企业会计信息系统时，要分析现有手工环境下数据冗余、遗漏和脱节的具体原因，然后采取措施理顺数据的收集方式、传递渠道和存储方式。

③设计科学合理的凭证和单据格式。凭证和单据是业务数据的源载体，因此设计科学、合理的凭证和单据格式，是保证数据收集质量的前提。企业的原始会计数据，不仅来源于企业内部，更多来源于企业外部。对大量的外部原始凭证，虽然在内容和格式上无法进行统一要求，但也存在规范化的问题。这种规范化主要是加强对外来原始凭证的审核，凭证上应有的格式内容要求完整，尤其对凭证上不具备但又是企业核算和管理所必需的内容，应采取必要的措施将其记录补充完整。

（2）基础数据的规范化

基础数据主要有两类：一类是进行管理和会计监督所必需的能源、工时材料等耗用的定额和费用开支的标准和预算；另一类是应用计算机进行会计核算必不可少的各种材料、零配件、产成品、固定资产等的名称和编码。对第一类基础数据，要结合制度的制定编制出科学、合理、完整的标准，并规定相应的审核、批准权限。第二类基础数据是计算机进行数据处理的基本要求，也是系统高效运行的基本保证，必须对原有数据做通盘的认真整理。

（3）历史数据的规范化

它包括两个方面：

①往来账户的清理。即对企业以往的呆、乱、错账进行清理，以免使会计信息化系统中所建立的往来账户过于庞大。不同的会计软件对往来账户的处理不一样，有些软件将往来账户设置为明细账科目，而有些则将其设置为辅助账。对于设置有辅助账核算功能的软件，系统在登记往来账户总账和明细账的同时，还要按企业或个人名称在辅助账数据文件中进行明细登

记。所以若不对往来账款进行必要的清理,那么在信息化系统中,由于往来单位或个人的名称使用不规范,将可能会出现记串账的问题。需要规范和清理的往来账户资料主要包括:企业名称、个人姓名、地址、电话、邮政编码等。这些资料要做到使用名称规范,相关资料齐全。

②银行账的清理。将企业自己的银行存款日记账与银行方面的对账单进行核对,对出现的有关未达账项及时查找原因,会计信息化系统一般都提供了计算机自动进行银行对账的功能,为保证会计信息化系统中银行账初始数据的准确性,应对银行账及时进行清理。对于因种种原因留有大量未达账项的单位,一定要组织力量进行清理。

2. 规范会计核算方法

在信息化环境下,各项会计核算工作都将由计算机来完成,因此,客观上要求会计核算方法要程序化和规范化,以适应计算机自动处理的特点。会计业务的具体核算方法在《企业会计准则》和有关会计制度中都有原则性的规定。会计核算方法的规范化主要是指在制度允许的各种核算方法中,确定最适合企业特点的具体方法及其工作程序,并使之相对稳定下来。会计核算方法的规范化,可以按以下几个步骤来进行:

(1)对原有的核算方法进行分析。首先要看其是否能满足现行会计制度和其他相关财经法规的规定;其次要看其是否能满足信息化环境下企业更高层次的管理需要。在会计制度中,往往对一些业务的会计核算方法都提供了几种可选的方案,以保证所有企业都能在不同条件下有切实可行的方法可用。

(2)对会计核算方法中涉及的有关基础工作进行必要的整理。它包括对生产工艺过程的整理,材料进出库计量、检验工作的整理,固定资产归口分级管理及购置、建造、调入、调出、封存、报废工作的整理等。企业的会计核算方法与企业的生产工艺过程密切相关,如成本核算方法需要按企业的生产工艺过程来确定,只有明确了企业产品加工工序、每工序定额工时、材料消耗定额、产品结构等情况,才能确定出科学合理的成本核算方法。

(3)确定信息化条件下企业的会计核算方法。有了前两步工作做基础,就可以根据企业的实际状况和管理的需要来确定信息化条件下企业的核算方法了。在选择企业的核算方法时,应尽量考虑发挥计算机的核算优势,选择尽可能精确的核算方法。如可选择分品种方式来处理材料的成本差异,选择单台折旧法来核算固定资产的折旧等。需要指出的是,核算方法的选择还要考虑会计软件功能的限制,特别是商品化的软件,一定要在软件功能允许的范围内进行选择。

3. 规范会计科目体系

会计科目是对会计对象的具体内容进行分类核算的指标体系。会计科目体系设置的好坏直接影响系统提供的会计信息的科学性、系统性,从而决定管理的科学性,因此,建设会计信息系统时必须对会计科目的设置进行规范化。会计科目体系的规范首先是对原有手工系统的科目体系进行识别,找出其中不规范、不适用之处;其次是对科目体系进行优化,使其适合于会计信息的需要,提高会计信息的深度和广度。会计科目体系的规范化应考虑以下几个方面的要求:

(1)科目的设置首先要满足会计核算的要求。要根据不同企业经济业务的特点,本着全面核算其经济业务的全过程及结果的目的来确定,使全部经济业务在所设的科目中都能得到反映。

(2)设置的会计科目必须满足管理的要求。科目应能提供管理所需要的信息,从而为考核、分析企业的经营状况,实施控制,做出预测、决策提供依据,这也是实施会计电算化的根本目的。在手工会计条件下,由于受到手工处理能力的限制,科目往往不能设得过细,使用也不够规范。由于多年来重核算、轻管理的影响,很多企业的科目设置难以方便地提供有关的管理信息。在信息化条件下,可以根据管理需求和软件所提供的辅助管理功能对会计科目进行优化改进。例如,费用科目按部门设置明细,可以考核各部门的费用开支情况;销售类科目按地区设置明细,可以了解企业的市场情况;应收账款按供销人员设置二级科目,可以加强应收款的管理,尽量避免坏账、呆账的发生。这种对会计科目的细化、优化是规范会计科目体系的重要内容。

(3)设置会计科目必须满足报表的需要。会计核算的基本成果是会计报表。一个好的会计信息系统,其报表数据应能方便地从机内账中自动生成。报表中的各个要素应能从各级会计科目中找到,这些要素可以直接对应于一个或多个完整的科目。

(4)会计科目体系要保持相对稳定性。保持科目的稳定性是会计核算的基本要求。在会计信息系统中,会计数据的处理是计算机自动完成的,处理的依据是会计科目。为了保证数据处理的正确性,在系统投入使用后,只有年末结账后才允许修改科目。日常业务中一般只允许出现增加同级科目的情况,不要出现因为科目体系设置不合理而导致的需要增加下级科目的情况。因此,进行科目设置时必须考虑企业经营活动的前景,留出较充分的余地。

(5)设置会计科目要满足会计制度的要求。我国的会计规范体系具有很强的统一性特点,对科目的名称、编码使用范围都有明确的规定,不允许企业随意修改,只能在制度允许的条件下进行适当的增减,这是确定科目体系时必须注意的问题。

4. 规范会计信息输出

会计信息系统输出,主要分为账簿和报表两种形式,报表又可分为对外报送的财务会计报表(简称财务报表)和满足企业内部管理需要的内部报表(简称管理报表)两种。因此,所谓会计信息输出的规范化,主要包括账簿体系规范化、财务报表体系规范化和管理报表体系规范化三个方面。主要分析原有管理报表体系在提供会计信息的深度、广度、时效性和准确性上是否能满足企业在信息化环境下及时准确进行会计预测和决策的需要,是否能满足及时实施控制和加强管理的需要,是否能满足进一步提高企业经济效益的需要。对不能满足上述要求的地方,应及时查找原因,找出相应的解决办法。同时,确定信息化条件下管理报表的种类、格式和内容。对需要定时编制、定范围报送的常规管理报表,在以上分析的基础上,应将这些报表的构成要素、时效要求和组织格式确定下来,同时制定出相应的编制报送制度。对原有报表体系无法提供的管理信息,特别是用于实施控制和加强管理所需要的非常规信息,应结合数据收集和处理程序的规范化,制定出相应的解决办法。

5. 准备基础数据

在会计业务由手工向计算机处理转换时,还需要对会计科目的期初余额和有关明细资料进行收集整理。这种收集与整理是企业会计业务核算工作能够在信息化条件下得以延续的保证,同时也是会计软件初始运行的数据基础。

为了保证数据准备的及时、准确和完整,数据准备之前,实施方最好提出各类数据的准备要求,包括落实数据准备人员、规范数据提供格式、明确完成时间。数据准备的内容涉及两个方面:一是确定各类数据的编码方案;二是基础数据的收集及整理。

(1)确定各类数据的编码方案

计算机信息处理的特点主要表现在:数据处理速度快、精确度高,分析统计汇总方便,内部控制严密等。无论是从数据录入的速度考虑,还是从内部控制的严格性考虑,计算机对数字的敏感程度远比文字要高,因此应用计算机信息系统之初,需要对一切涉及录入、查询统计口径的内容(如科目、存货、客户、收发类别等)全部编制数字编码。为了体现分级核算和管理的要求,对数字编码还要事先规定其级别及每级的位数,可以设置编码方案的项目有部门、会计科目、客户、供应商、结算方式、收发类别等。分类编码方案一旦设定并使用,一般不允许修改。确定数据编码方案时,应确保编码的唯一性、易用性、还要考虑到将来的可扩展性。

(2)基础数据的收集及整理

依据企业基础数据的稳定性,可以将数据准备的主要内容分为两类:静态数据和动态数据。静态数据是指一段时间内数据内容不会随日常经济业务的发生而轻易改变的数据,如客户信息、供应商信息、存货信息、科目信息等;动态数据是指随企业日常经济业务的发生会随时发生变化的数据,如各科目的余额、存货、库存信息等。划分静态数据和动态数据的意义在于可以合理安排时间,静态数据可于确定了系统的解决方案后立即布置进行,动态数据必须于系统上线前才能确定。静态数据对应于系统中的基础档案内容;动态数据主要是指期初余额,通常要在各业务子系统初始化工作中进行设置。

①基础档案的整理。基础档案的整理工作应是在已确定了基础档案的分类编码方案基础上进行的,基础档案的整理必须遵循分类编码方案中的既定规则(包括级次和各级编码长度的设定)。基础档案是企业核算或汇总分析所必需的基础信息,也是系统运行的基石。这些基础信息包括:组织机构设置、职员、客户、供应商、固定资产分类、人员类别、存货、仓库、采购及销售类型等。在手工环境下,这些信息分散在各个部门进行管理,大多根本就没有规范的档案,这对计算机来说是致命的。计算机业务处理建立在全面规范的基础档案管理之上,且要求事先设置各种分类、统计口径,才能在业务处理过程中分类归集相关信息,并在事后提供对应的分析数据。

②期初数据整理。在企业实现信息化前,手工核算方式已延续了多年,在采用计算机信息管理后,为了保证手工业务与计算机系统衔接,继承历史数据,保证业务处理的连续性,要将截止到目前手工核算的余额输入到计算机系统中作为期初数据,才能保持业务的完整性。

对科目期初余额的收集整理,主要是将所有会计科目截止到目前的科目余额计算出来,以作为会计软件初始运行时该科目的期初余额。对有关明细资料的收集整理,是指对手工方式下银行日记账的未达账、银行对账单的未达账、各种应收应付账款的未清账项、采购业务中的暂估入库和在途存货、销售业务中的已发货未开票和已发货未结算业务及库存和存货业务管理中的各存货结存数等明细资料进行收集整理。因为对这些账簿来说,在从手工方式向计算机方式转换时,只输入一个期初余额是不够的,这些明细资料的整理和输入,是将来软件能进行自动银行对账、清理往来账以及与以往业务核算继续延续的基础。

6. 进行人员培训

会计信息系统项目的实施,是一项复杂的系统工程。它不仅涉及财会部门和财会人员,而且还涉及单位内部的其他相关部门和人员,需要许多具有新知识结构的人才来共同完成。从这个意义上说,必须首先搞好会计信息化管理人员、操作人员、技术人员的培训工作,它是进行系统实施的基础。

7. 调整机构设置

在机构调整方面,要根据企业的实际情况和会计信息系统的使用特点结合进行。对不同的单位,由于会计业务量和会计管理的要求不尽相同,岗位设置也不完全相同,因此需要进行相应的调整设置。

8. 建立相关管理制度

在会计信息化条件下,以往手工环境下的会计工作制度,有相当部分已经不再适应新系统运行的要求了。在此基础上,必须要建立与会计信息系统相适应的新的会计制度体系,这一制度体系主要包括:(1)会计信息系统的运行与操作管理制度;(2)机房管理制度;(3)档案管理制度等。

(五) 会计信息系统的建立

1. 硬件平台建设

硬件平台建设是会计信息系统运行的基础。硬件的选择不限于讨论单机如何选型、如何配置,而是更侧重于计算机网络的规划和建设。计算机网络系统设计一般要考虑特定企业会计信息系统技术发展策略、企业管理机构设置、业务处理流程等众多因素。可以说,网络解决方案是对每个企业而言的,不可能给出一个标准的方案供大家共同使用。一般缺乏经验的企业可以聘请专业的咨询公司或系统集成商辅助进行网络设计。企业会计信息系统网络硬件平台建设时应该考虑以下几个原则:(1)先进性原则;(2)实用性原则;(3)可维护原则;(4)安全性原则;(5)经济性原则;(6)开放性原则;(7)标准化原则。

2. 软件平台建设

系统软件主要包括计算机操作系统、数据库管理系统以及工具软件和办公自动化软件等。

(1)操作系统。操作系统是计算机的重要组成部分,它有效组织和管理了计算机的软、硬件资源,合理组织计算机的整个工作过程,以提高计算机资源的利用率,并为用户提供强大的使用功能和灵活的使用环境。

(2)数据库管理系统。数据库管理系统是对大量复杂数据进行有效管理的软件,在会计信息化中用来进行数据的管理工作。常用的数据库管理系统有 Oracle,SQL Server,Sybase,Informix 等。

(3)工具软件和办公自动化软件。在计算机的使用过程中,工具软件是帮助用户方便完成一些较为困难和复杂操作任务的软件。工具软件的种类有很多,大多功能非常强大,使用极其方便,是会计信息系统维护的主要工具;办公自动化软件通常是一些具有强大的文字处理和表处理功能的软件,在会计信息化工作中常用的有微软公司推出的 Word 及 Excel 等。它们可以作为会计信息系统的辅助部分,完成一些财务报告等文字处理工作。

3. 手工与计算机系统之间的转换

在系统的软、硬件配备完成后,就可以进行系统的转换工作了。在真正完全转换之前通常需要进行试运行试验。试运行使用标准的软件、用户定义的业务流程以及实际用户数据,在一个可控的环境中模拟用户正常的业务处理功能。用户可以具体考察软件是怎样满足其业务需求的;同时,用户应确定对软件以及实现业务流程两方面可能进行的调整或修改,并确定可采取其他必要的步骤以确保业务处理需求得以满足。试运行阶段可以积累经验与操作技巧,并且使项目组了解到后续工作开展的难度和应该如何开展,以便在必要时提前采取相关措施以保证项目的顺利执行。在试运行通过之后,就可以进行信息化会计系统的转换。

(六) 系统投入实际运行

本步骤要求实现企业首次在真实的生产环境中接受和使用软件系统,还包括以企业要求的格式和存储介质递交文档。这时,系统实施进入最关键的阶段。本阶段具体工作包括:(1)制订应急计划和出现意外事故的处理措施;(2)准备真实系统环境,以保证系统运行环境的完整性,清除无关数据;(3)进行数据最后更新,保证初始数据和记录的正确性;(4)系统正式投入运行;(5)系统运行的初次评价,确定系统的优缺点,确定已解决的问题,软件实施告一段落。

由于系统实施阶段存在的时间压力,最好的解决方案往往难以实施,一些业务需求没有提出,或者随着企业发展、管理和业务流程的变化,需求也发生了变化,因此需要对信息系统运行进行审查(通常在软件实施工作完成后 6~12 个月内进行),审查工作有三类:(1)年度审查。审查工作要帮助企业充分用好已在运行的软件并了解该软件在功能与技术上的最新发展;如何应用软件系统功能以适应变化的业务需求;指出当前系统应用中的不足之处。(2)技术审查。审查内容包括操作规程(如夜间运行、数据备份与恢复、升级管理与安全管理)、系统运行指标、数据维护、技术维护人员的知识更新和改进版本的技术特性等。(3)应用审查。主要了解系统运行情况,确定系统运行或业务处理过程的不足之处,审阅报表需求以及怎样提高业务处理能力。

三、会计信息系统的运行管理

企业信息系统正常运行后,与传统的手工处理模式相比,会计工作的重点、内部控制、人员的分工和职责、会计信息的表现和传递形式、会计档案的存放介质,甚至会计工作的程序等都发生了较大变化。为了对会计信息系统进行全面管理,保证会计信息系统安全、正常运行,促进会计基础工作规范化、提高会计工作质量、提高经济效益,在企业中应切实做好会计信息系统的运行管理,有关的内部会计管理制度也必须随之进行相应的调整,才能适应变化。

(一) 建立健全岗位责任管理制度

一般来说,在会计信息化后,会计工作应设置如下岗位:

(1)总会计师岗位。总会计师岗位负责对企业会计信息化的发展方向、会计软件的开发应用和计算机设备选型进行决策,以保证会计信息化工作的健康发展。

(2)会计主管岗位。会计主管岗位负责组织本单位会计信息化工作的具体实施,包括参与制定会计信息化的发展规划和总体方案,组织会计核算软件的开发或选型,检查监督会计信息化的日常工作(包括确定岗位分工、人员培训、档案管理等方面)。如果企业没有设置总会计师,会计主管还要担负总会计师的岗位职能。

(3)系统管理员岗位。系统管理员的主要职责是:参与制定本单位会计信息化的发展规划及系统总体方案;组织协调会计软件的开发研制或选型,参与系统分析或系统初始化设计工作；参与会计信息化管理制度的制定，并负责检查和监督执行；确定会计信息化系统中的岗位设置及责任，制定岗位责任制，协调管理各岗位有关人员的工作；负责会计软件日常运行和管理工作，每月及时组织收集、整理、输入会计软件运行所需要的各种会计信息和企业数据；当系统发生故障时，组织有关人员尽快恢复运行；负责系统各种输出资料（如报表、凭证）的签字和确认工作；负责会计软件的运行安全，授予或取消操作人员的使用权限；等等。对于大型企业，通常需要专门设置会计信息化系统管理员以完成上述任务。如果企业会计业务量较小、会计人员数量又不多时，系统管理员也可以由会计主管兼任。

（4）系统维护岗位。系统维护岗位负责保证计算机硬件、软件的正常运行，管理机内会计数据。该岗位人员要求具备较高的计算机知识水平。采用大型、小型计算机的计算机网络会计软件的单位，应设立此岗位，该岗位在大中型企业中应由专职人员担任。系统维护员一般不对实际会计数据进行操作。

（5）各种操作员岗位。系统操作员负责输入、审核、备份系统运行所需要的数据，通常包括记账凭证、银行对账单、职工考勤记录、企业生产资料等；负责会计软件的日常运行操作，包括汇总登账、结账、工资核算、固定资产核算、材料核算、成本核算、销售核算、报表生成等；负责打印输出、屏幕查询、数据备份工作，处理生成的各种会计凭证、会计报表、总分类账和明细账等。系统操作员可以根据企业的具体需要进行不同岗位的设置和分工。

（6）信息化审查岗位。信息化审查岗位负责监督计算机及会计软件系统的运行，防止利用计算机进行舞弊。审查人员要求具备会计、审计和计算机等方面的知识。此岗位可由会计稽核人员兼任，也可在企业内部审计部门设置。

（7）档案保管员岗位。对于会计数据发生量比较大的单位，应专门设置会计档案保管员，负责保存打印输出的各种会计档案和磁盘备份文件，同时负责保存所购买的会计软件磁盘或会计软件的完整开发资料，并负责完成档案登记、账表装订、磁盘定期复制检查等工作。

（8）其他操作人员岗位。根据企业会计软件工作的具体操作需要，还可以设置诸如专职会计员和凭证审核员等岗位。因为目前多数的会计软件仍然都是采用输入记账凭证作为会计数据的主要来源，所以企业可以设置专职的会计人员，负责根据原始凭证编制记账凭证的工作，以保证会计凭证中会计科目、摘要、金额的完整和正确无误。凭证审核员可以完成两个职能：一是审核手工编制的记账凭证是否正确，是否符合会计核算软件的操作要求；二是对已经输入计算机的记账凭证进行审核。

要说明的是，会计信息系统对系统运行过程和环境可靠性、保密性等方面要求都非常高。无论是在企业、系统还是在法规制度等方面，都要求严格区分各不相容岗位，以免出现交叉操作的疏漏。这些岗位包括：系统管理员与具体操作员之间、凭证录入员与凭证审核员之间、出纳员与记账人员之间、系统开发维护人员与各岗位操作员之间等。除此之外，从原则上讲，如果不是不相容岗位，那么岗位之间可以根据需要相互兼任。

（二）建立健全操作维护管理制度

1. 操作运行管理

实施会计信息信息化后，会计信息系统的正常、安全、有效运行的关键是操作使用。操作管理主要体现在建立与实施各项操作管理制度上。操作管理的任务主要是建立会计信息系统的运行环境,按规定录入数据,执行各自模块的运行操作,输出各类信息,做好系统内有关数据的备份及故障时的恢复工作,确保计算机系统的安全、有效、正常运行。主要包括:

(1)操作权限及规程管理。确定系统合法使用人员及操作权限、上机运行系统的规定、操作使用人员的职责、操作的程序、会计业务处理程序管理等。

(2)运行安全管理。在信息化条件下,由于受计算机数据传递特殊性的影响,网络化、信息化环境下会计数据的安全管理出现了许多新的特点,我们应制定新的会计数据安全管理方法,以防范数据的丢失、损毁和黑客的侵犯、病毒的攻击等问题。

2. 维护管理

系统的维护包括硬件维护和软件维护两部分。软件维护主要包括正确性维护、适应性维护和完善性维护三种。正确性维护是指诊断和清除错误的过程;适应性维护是指当单位的会计工作发生变化时,为了适应会计工作的变化而进行的软件修改活动;完善性维护是指为了满足用户改进已有功能的需求而进行的软件修改活动。

维护是系统整个生命周期中最重要、最费时的工作,应贯穿于系统的整个生命周期,不断地重复进行,直至系统过时和报废为止。现有统计资料表明:软件系统生命周期各部分的工作量中,软件维护的工作量一般占50%以上,因此,各单位应加强维护工作的管理,保证软件的故障及时排除,满足单位会计工作的需要。加强维护管理是系统安全、有效、正常运行的保证之一。系统维护管理制度的主要内容包括:

(1)系统维护的任务管理。主要包括:实施对系统硬件设备的日常检查和维护,以保证系统的正常运行;及时排除系统故障并恢复系统运行;在系统扩充时,负责新系统的安装、调试和运行;在系统环境发生变化时,随时做好适应性维护工作。

(2)系统维护的操作权限管理。主要是明确哪些人可以进行系统的维护操作。

(3)软件的修改手续管理。为防止非法修改软件行为,应对软件的修改制定审批手续。例如,①由系统管理员提出软件修改请求报告。②由有关领导审批请求报告。③原程序清单存档。④当上述手续完备后,实施软件修改。⑤软件修改后应形成新的文档资料。⑥发出软件修改后使用变更通知。⑦进行软件修改后的试运行。⑧根据运行的情况总结并修改文档资料。⑨发出软件修改后的正式运行通知。⑩对软件做新的备份,并将备份材料与定稿后的文档资料一起存档。这里的文档资料主要包括:本次维护的审批人、提请人、执行维护人,本次维护的时间、修改的原因、修改的内容、修改后的现状等。

3. 软件版本升级管理

财务软件版本升级,是商品化会计软件公司提供的售后服务内容之一。对财务软件版本进行升级的主要原因包括:会计软件由于改错而升级版本;会计软件由于功能改进、扩充而升级版本;财务软件由于运行平台升级而升级版本。一般在下列情况下,用户需要考虑对现有的财务软件版本进行升级:原有软件功能已不能满足实际的需要;原有软件存在质量或功能缺陷;经对比审核,确认新版软件更能满足用户的实际需要。软件升级后,原有版本软件及相关文档说明应视作会计档案的一部分进行妥善保管。

(三)建立健全档案管理制度

会计信息系统档案工作是重要的会计基础工作。会计工作信息化后,会计档案和传统档案具有很大的不同,具有磁性化和不可见的特点。因此,建立会计档案管理制度必须考虑这些特点。

1. 信息化会计档案

信息化会计档案的内容包括:(1)存储在计算机及相关介质(如磁带、磁盘、光盘、缩微胶片等)中的会计数据和打印出来的呈书面形式的会计数据。会计数据是指记账凭证、会计账簿、会计报表等数据。(2)会计信息系统开发运行中编制的全套文档资料及软件安装文件等。不论哪种形式,都应当作为会计档案保存。其保存期限按照《会计档案管理办法》的规定执行。

2. 档案管理制度

档案管理制度一般包括以下内容:(1)存档的手续。这里主要是指各种审批手续,如打印输出的账表必须有会计主管、系统管理员的签章,才能存档保管等。(2)各种安全保证措施。比如,备份软盘应贴上防护标签,存放在安全、洁净、防潮场所等。(3)档案管理员的职责与权限。(4)档案的分类管理办法。(5)档案使用的各种审批手续。比如,调用系统源程序应由有关人员审批,并应记录调用人员的姓名、调用内容、归还日期等。(6)各类文档的保存期限及销毁手续。比如,对打印输出的各种账簿应按《会计档案管理办法》制定有关保管期限和销毁手续。(7)档案的保密规定。比如,对伪造、非法涂改、故意毁坏数据文件、账册、软盘等行为,制定相应的处理措施等。

第四节 会计信息系统的内部控制

随着会计信息系统应用的深入和普及,信息技术已经了构成了企业的基本工作手段。与此同时,信息技术应用的复杂性也带来了与以往不同的风险。企业传统的内部控制已经不能适应信息技术环境中的企业管理工作,需要控制理念和控制手段的创新。随着信息系统在企业应用的逐步深入,企业对信息系统的依赖性逐渐增大。由此,信息系统的安全、可靠、应用效率和效益等也需要进行有效的审查和评价,信息系统审计正是针对这一需求而产生和发展的。

一、风险与风险管理

风险是指导致一个组织或机构发生损失的可能性。

(一)风险的特征

风险具有以下几个方面的特征:首先,风险是由于事件本身的不确定性导致的客观存在,它是否发生不以人的主观愿望为转移;其次,风险是否发生以及发生的程度如何,与一定条件有关,如果条件变了,风险也会变化;最后,风险是否发生以及发生的程度如何,与一定的时间有关,如果时间变了,风险也会变化。

(二)风险的组成

风险是由风险因素、风险事故和风险损失等要素共同组成的。风险因素是对所有可能导致风险发生的各种因素的总称;风险事故是指在各种风险因素作用下所发生的不利风险事件;风险损失是指由于风险事故发生所造成的损失。任何组织都会面临着来自其内部和外部的各种各样的风险。管理者无论做出什么样的决策,对组织来说风险都是存在的。所以,我们的问题不是有没有风险,而是如何及时了解风险并适时对其进行处理,以减少或转移风险所造成的损失。

(三)企业业务风险

企业在运营过程中通常会面临很多风险,我们将其统称为企业业务风险。常见的有:

(1)战略风险。战略风险是指企业战略抉择失误带来损失的可能性。例如,不能及时了解潜在的竞争对手或竞争对手的实力;不能准确掌握当地政府的有关政策;不能明确企业的核心竞争力;等等。

(2)决策风险。决策风险主要是指决策失误造成损失的可能性。对企业来说,无论是高层管理人员还是具体业务执行人员,都需要做出适当的决策,只是决策的层次可能不同,所以,决策失误带来的损失可能是多方面的。

(3)业务执行风险。业务执行风险是指业务具体执行过程中的失误带来损失的可能性。

(4)信息处理风险。信息处理风险是指信息处理过程中的错误带来的损失的可能性。

(5)财务风险。财务风险是指带来财务资源的损失或造成财务债务发生的可能性。

如果对这些风险不加以防范和控制,就会给企业造成很大的损失。因此,企业必须分析和评价这些风险的来源、性质,并制定有针对性的控制目标、政策、规则和措施。

(四)风险的管理

企业应该对风险进行科学管理。风险的管理是一个过程,它一般包括以下几个环节:风险识别、风险评估、风险控制和风险监督等。

(1)风险识别指的就是在明确风险管理目标的前提下,确认必定会带来不利影响的因素,从而及时判别组织有可能面临的风险,并区分风险与机会。

(2)风险评估包括风险分析、风险估计和风险评价三个方面:风险分析是用定性或定量的方法对企业可能遭受的各种风险损失的因果进行分析和评定的过程;风险估计是依据风险分析的信息,利用概率统计方法把损失发生的可能性与可能产生的幅度进行数据量化的过程;风险评价是风险管理人员依据风险的来源及风险的估计值,确定各风险重要性的过程。

(3)风险控制就是在明确组织风险容忍度的基础上,对各种风险采取不同策略和措施以消除或降低风险的损失,确保企业实现经营目标的过程。

(4)风险监督是指对已经掌控的风险情况进行监督和监测并发现可能潜在其他风险的过程。

二、会计信息系统的风险

信息技术手段的应用,改变了原来手工会计的作业环境,这种环境的改变可能使原来手工方式下的某些风险变得无足轻重甚至消失,但又会产生一些新的风险。这些风险可能贯穿于会计信息系统生命周期,从分析、设计、实施、运行、维护,直到生命终结的全过程。限于篇幅,这里我们更多地侧重于讨论系统运行阶段的风险,也仅限于安全方面的风险探讨。

（一）系统固有的安全风险

系统固有的安全风险也就是系统在设计和实施过程中出现的安全风险。会计信息系统在设计、制造和组装过程中，由于人为和自然的原因，可能会留下各种安全方面的隐患，如硬件的兼容性、软件的设计漏洞、网络和通信协议方面的隐患等。

（二）由人为恶意操作或舞弊产生的安全风险

第一，针对硬件系统，如不按操作规程使用硬件设备而引起的硬件系统损坏（如不按正确顺序开启设备致使硬件系统被烧或无法正常运行等），或在系统中非法接入硬件设备以窃取密码和重要信息等；第二，针对软件系统，对软件系统攻击和舞弊的方法和手段更是多种多样，常用的方法有截尾术、越级法、程序天窗、逻辑炸弹、冒名顶替等；第三，针对数据进行的破坏，其中最简单且最常用的方法就是篡改输入，即在输入计算机之前或输入过程中篡改原始数据内容，另外还可以通过改变系统的执行路径对数据进行破坏等；第四，计算机病毒所引起的安全风险；第五，网络黑客所引起的安全风险。

（三）由系统管理不善所产生的安全风险

如密码、权限管理不当、数据备份等会计档案保管不当、运行软件未按正常操作规程进行等行为，都会给系统带来意想不到的后果。

三、内部控制

目前人们普遍认同的企业内部控制概念，是 1992 年美国 COSO 委员会在《内部控制——整体框架》报告中对其进行的阐释。该报告认为：内部控制应是由企业董事会、经理阶层和其他员工实施的，为公司资产的保护、公司运营效率的提高，以及保证财务报告的准确可靠性和相关法令的遵循性等目标的达成提供合理保证的过程。

（一）内部控制构成要素

为了达到这些目标，内部控制必须考虑五方面的内容，即内部控制构成要素。

1. 控制环境

控制环境主要包括企业员工的职业道德和价值观、胜任能力，管理理念与经营风格，人力资源政策与实践，组织结构，权力和职责的划分，董事会及审计委员会等的参与程度。控制环境塑造着企业文化，影响着企业员工的控制意识，对内部控制的建立和实施具有重大影响，是内部控制其他组成部分的基础。

2. 风险评估

风险评估是指量化测评某一事件或事物带来的影响或损失的可能程度。每个企业都面临来自内部和外部的不同风险，这些风险都必须加以评估。评估风险的先决条件是制定目标。风险评估就是分析和辨认实现所定目标可能发生的风险，具体包括目标、风险、环境变化后的管理等。作为风险管理的基础，风险评估是组织确定信息安全需求的一个重要途径，是提高内部控制效率和效果的关键，它属于组织信息安全管理体系策划的过程。

风险评估的主要任务包括:识别评估对象面临的各种风险;评估风险概率和可能带来的负面影响;确定组织承受风险能力;确定风险消减和控制的优先等级;推荐风险消减对策。风险评估包括风险辨识、风险分析、风险评价三个步骤。

3. 控制活动

控制活动是指管理者为了确保管理指令能够得以有效实施而制定并实行的各种政策和程序。控制活动贯穿于整个企业内部的各个阶层和各职能部门。可以将控制活动按照其用途分成三类:(1)预防性控制,主要用于预防错误和舞弊行为,如分离不相容的职责就属于预防性控制;(2)检查性控制,主要用于在错误和舞弊发生时识别它们,比如记账之前检查原始交易记录,以验证该交易是否经过授权;(3)纠正性控制,主要用于从错误和舞弊所带来的后果中恢复或修复损害,以及减轻损失,如根据实际成本和标准成本之间的差异分析来确定业务的改进方向。

4. 信息和沟通

围绕在控制活动周围的是信息与沟通系统。其中,信息系统承担了信息与沟通中的大部分功能,使企业内部的员工能取得他们在执行、管理和控制企业经营过程中所需的信息,并交换这些信息。健全的信息系统必须有效地传输或沟通各种信息。有效沟通的含义包括:员工必须自最高管理层开始,清楚地获得需谨慎承担责任的信息,必须了解自己在内部控制制度中所扮演的角色,以及每个人的活动如何影响他人的工作;必须具有向上沟通重要信息的方法;应与顾客、供应商、政府主管机关和股东等进行有效沟通。

5. 监督

监督是对内部控制的整体框架及其运行情况的跟踪、监测和调节,以便自始至终确保其有效性的过程。这一过程可以通过日常的监控活动来完成,也可通过执行独立监督(内部审计和外部审计)或两者结合来实现。

(二)会计信息系统内部控制目标

按照以上对企业内部控制概念的解释和分析,我们可以为企业会计信息系统的内部控制的含义进行限定:企业会计信息系统的内部控制就是指为了保证会计信息系统的正确性、可靠性和安全性,提高会计信息系统的运营效率,确保会计信息的准确可靠,利用各种技术和手段对会计信息系统实施管理和控制的过程。它以信息系统本身为控制对象,其根本目的就是在信息系统风险分析基础上,消除或降低系统风险所带来的危害。其控制的目标主要有以下几个方面:

1. 保证系统的合法性

系统的合法性包括两层含义:一是指设计的会计信息系统是合法的,即遵循当前会计法规和财经制度的有关规定,并且符合财政部颁布的有关会计软件开发的有关规定;二是指会计信息系统所处理的经济业务是合法的,即符合企业既定的会计政策,符合公认的会计准则、法律和法规等。因此,在会计信息系统的设计和运行阶段,都要建立严格的内部控制制度和措施,以确保系统及其所处理经济业务的合法性。

2. 保证系统的安全性

会计信息系统的安全可靠是其正常运行的前提和基础。因此,在系统设计及正式投入运行之前，就应充分考虑到可能对系统安全构成威胁的各种因素，并通过建立严密完善的硬件、软件和数据安全措施，来减少和消除这些因素带来的安全隐患。

3. 保证系统处理数据的真实性和准确性

会计数据真实和准确是会计工作最基本的要求。为保证系统处理数据的准确、完整和安全，以及财务报告信息的真实可靠，应将系统内部控制重点放在软件开发质量和人员行为规范控制上，应充分发挥内部审计的监督作用。在系统设计过程中，可将一些控制措施嵌入到程序中，如授权控制、数据处理控制、数据准确性控制、数据安全性控制、业务发生与各种预算监控控制、主要数据处理步骤留有痕迹控制、监控系统设置以及重要数据文件和重要程序文件被非法篡改控制等；在系统运行过程中，应通过建立有效的组织管理制度，加强对输入数据的控制，确保输入数据的准确性和真实性。

4. 提高系统的效率和效益

企业经营管理决策，离不开及时、有效、真实、完整的会计信息支持。因此，系统的效率和效益必然会影响企业管理层的决策，进而影响企业的竞争力和企业经营目标的实现。

需要说明的是，对会计信息系统内部控制的作用，必须要有一个客观和正确的认识。要充分认识到内部控制的实施所存在的局限性，这种局限性主要表现在以下几个方面：一是在设计内部控制措施时，如果要建立或实施某项控制措施的成本过大，取得的效益相对较小，那么这样的控制措施就应该放弃；二是内部控制措施的设计，一般只是针对经常发生的事项而设置，通常要忽略掉那些偶然发生的事项；三是即使很有效的控制措施，也可能会因为执行人错误的理解、粗心大意、疲劳或其他人为因素而导致失效；四是即使很有效的控制措施，如果不相容职务的用户相互勾结、串通舞弊，或用户判断错误，也会导致失效；五是如果系统管理者越权或滥用职权，同样会使系统的内部控制措施形同虚设；六是系统内部控制措施的实施与控制执行的环境和条件息息相关，如果系统运行的环境或条件发生了变化，设计再精巧的控制措施也会失效。

四、会计信息系统内部控制体系

在国际上，针对企业信息系统的应用情况，信息系统审计与控制协会（Information Systems Audit and Control Association，ISACA）提出了一套建立企业内部控制体系的框架，分为一般控制和应用控制。

一般控制是指对信息系统的开发、实施、维护和运行的过程所进行的控制，其目的是确保应用系统恰当地开发与实施、确保程序和数据文件的完整性、确保信息系统良好运作。应用控制与每一具体的应用系统有关，适用于单个应用程序的处理，是对数据处理过程本身的控制。它是为保证数据处理的完整、准确和可靠而建立的控制。

（一）一般控制

1. 系统规划控制

信息系统规划确定了一个组织信息系统的建设目标。高层管理者应负责制定信息系统的总体规划，包括长期战略规划和短期运作计划。战略规划涉及确定目前状况、战略方针、开发策略等方面；运作计划包括进展情况汇报、将要采取的行动、将要开发的系统、软硬件平台的改变、人力资源的获得与培养、资金的取得、实施计划表等。

2. 组织控制

组织控制是将组织作为主要的控制对象和手段,通过建立具有控制能力的组织结构、采用满足控制要求的组织流程、构筑认同和重视控制的组织文化达到控制的目标。组织控制是其他控制实施和发挥作用的基础。

会计信息系统的组织控制应包括以下两方面的工作:

(1)合理的职责分工。一是要合理地划分人、机之间的职责,分清哪些是需要机器做的,哪些是需要人工来干预或完成的。二是要合理地划分岗位之间的职责。划分岗位并确定岗位职责时,要考虑不相容职务的分离和岗位之间的相互牵制。岗位的划分还应该是分层次的,如系统维护员还要进一步分为软件维护员和硬件维护员。业务处理人员要根据具体业务分为凭证处理、审核、成本核算、固定资产核算、工资核算及往来核算等岗位。三是要确定岗位的标准。会计信息系统是人机系统,内部控制的成败离不开人员的素质,因此要对各岗位人员的知识、技能及职业道德提出具体的岗位标准要求。

(2)设置满足控制要求的组织流程。组织流程是由组织建立并实施、为实现组织目标而采取行动的过程。组织流程本身就是一种控制手段,按照组织控制的需要,组织中每一项核心工作都应规定明确的流程,而且在流程设计时要考虑到业务记录、岗位之间的牵制及上下级之间的签核方式等主要内容,以实现对组织流程进行控制的目的。

3. 系统开发和维护控制

(1)新系统开发控制

新系统开发控制包括以下方面:审批控制,即在信息系统的开发过程中,从项目建议、系统分析、设计到实施的每一阶段,都应经有关人员审批;内部审计控制,即内部审计人员(最好是信息系统审计人员)参与到系统开发过程中,就新系统的整个开发过程及各个阶段是否达到预期目标进行审查和评价;软件质量控制,即在新系统开发过程中,应指派至少一名质量监督人员专职负责监督质量体系运行情况、资源使用情况以及基本质量策略和方针落实情况;系统测试和转换控制,即在新系统开发后期,由内部审计人员、用户和系统开发人员共同提出测试方案,对系统是否满足使用目标进行测试,并对旧系统的数据转换到新系统实施控制,为确保转换结果完整准确,防止未经授权而更改数据;验收控制,是指新系统付诸运行后,参与信息系统开发的有关管理人员、用户和内审人员应该对系统进行验收评审,以验证系统是否符合预期的目标和要求。

(2)系统维护控制

系统维护控制主要包括:维护的授权与批准,即对系统有任何修改要求时,都必须有正式的维护或修改的请求、授权形式和程序;维护的标准规程与文档控制,系统维护工作应该有严密的标准规程,并建立有关文档;系统测试与文档更新控制。

(3)文档控制

信息系统文档既是控制又是控制的证据,主要的文档包括可行性研究报告、项目开发计划、系统分析说明书、系统设计说明书、程序设计报告、测试计划、系统测试报告、用户手册、操作手册、运行维护记录等。文档控制的常见措施有:文档的制度化管理、文档的标准化、规范化、文档的保管、维护制度等。由于信息系统的开发、运行过程中会有多个版本,因此,文档的版本管理也要有相应的制度。

4. 数据资源管理控制

数据资源是企业的重要资源,特别是数据库的正确使用及其数据的完整性、安全性是整个信息系统运行和为企业提供决策的重要环节。为此,应实施下列控制:

(1)对数据库的访问控制。即对数据的接触和访问进行控制,包括密码、身份鉴别和存取权限控制。其主要措施有:一是密码或身份鉴别。即通过密码和身份鉴别来限制对数据库的访问人员,可以采用如口令等软件手段,也可以采用如指纹及声音等鉴别设备的硬件手段。二是存取权限控制。即根据岗位、工作性质和涉及的内容等,对数据库的访问范围设置权限,包括为不同用户确定其数据存取的范围,哪些用户可更新修改数据,哪些用户只能读取数据等。三是对数据存储介质进行管理,如规定磁盘不得随意摆放,磁盘使用后要加锁,以及对重要的数据甚至采用硬加密防复制和防跟踪技术等措施。

(2)建立数据备份和恢复制度。一方面,数据库中的数据应定期或不定期地按需要转储;另一方面,计算机系统的硬件故障、软件故障、操作员的失误以及故意的破坏都会影响数据库中数据的正确性,甚至造成数据库部分或全部数据的丢失,为此,数据库管理员必须定义和实施适当的备份和恢复策略。

5. 安全管理控制

安全管理控制包括以下几个方面:

(1)实体安全控制。实体安全控制是指为保障信息系统安全可靠的运行,保护系统硬件和附属设备及记录信息载体不致受到人为或自然因素的危害而实施的控制。比如,合理选择计算机房的场地,制定对磁介质的管理制度,制订应急计划和购买保险等。

(2)软件安全控制。软件安全控制主要针对系统的软件,主要措施包括:选择、安装和运行安全可靠的操作系统和数据库管理系统;严格按照操作规程运行软件,对信息系统中所有的软件都应规定安全属性,并且进行登记注册;系统软件和应用软件都应妥善安全保管,建立安全备份等措施。

(3)数据安全控制。数据安全控制措施包括:建立数据安全规程,对于系统中的数据应规定各种人员的使用权限,防止合法用户有意或无意的越权访问以及非法用户的入侵;数据备份及安全管理。

(4)系统入侵防范控制。为防止非法用户对网络化的应用系统入侵,可采取设置外部访问区域、建立防火墙等措施。

(5)通信安全控制。通过对数据加密,将数据转换为对非法用户无意义的形式,可以保证通信的安全。对数据加密一般可以使用密钥。为增加数据的安全性,密钥一定要做到难以被非法用户推断出来,并且要妥善管理和经常更换。

(6)计算机病毒防范控制。防范病毒的具体措施包括:在系统的每个台式机上要安装台式机的反病毒软件;在服务器上要安装基于服务器的反病毒软件;加强员工教育,使每一个员工都做到个人使用的台式机不受病毒感染,从而保证整个企业网不受病毒感染。

6. 对档案资料的控制

会计信息系统档案资料,不仅包括一切与会计核算有关的原始凭证、手工填制或计算机打印输出的各种记账凭证、会计账簿、会计报表等会计核算资料,以及各时期的分析对比资料、各种相关的经济合同、财务文书文件以及记载会计数据的其他书面文件等,还包括会计信息系统所有与硬件和软件有关的全套文档资料,存储在计算机硬盘内或存储在磁盘、磁带、光盘等介质上的源程序、目标程序、会计数据备份等文件资料。

会计档案管理主要是建立和执行会计档案立卷、归档、保管、调阅、销毁等管理制度。档案管理的任务是负责系统内各类文档资料的存档、安全保管和保密工作。有效的档案管理是存档数据安全、完整与保密的有效保证。档案管理一般也是通过制定与实施档案管理制度来实现的。

档案管理制度一般包括以下内容:

(1)存档的手续。主要是指各种审批手续,比如打印输出的账表,必须有会计主管、系统管理员的签章才能存档保管。

(2)各种安全保证措施。对档案资料的管理,要注意做好防磁、防火、防潮和防尘工作,重要的会计档案应准备双份,并分别存放在两个不同的地点。采用磁性介质保存的会计档案,要定期进行检查、定期进行复制,以防止由于磁性介质的损坏而致使会计档案丢失。

(3)档案使用的各种审批手续。调用源程序应由有关人员审批,并应记录下调用人员的姓名、调用内容、归还日期等。

(4)各类文档的保存期限及销毁手续。打印输出账簿应按《会计档案管理办法》的规定保管期限进行保管。

(5)档案的保密规定。对任何伪造、非法涂改更改、故意毁坏数据文件、账册、软盘等的行为都将进行相应的处理。

另外,在一般控制中,除强调要求建立切实可行的管理制度外,还要重视建立信息系统灾难预警和恢复机制,以便在企业信息平台遭到灾难性打击或破坏后,能以最快的速度恢复系统,并尽可能把灾难损失减少到最小。

(二)应用控制

1. 输入控制

输入是会计信息系统的主要信息入口,也是出错的主要环节,只有输入正确有效的数据,才能保证系统处理的最终结果正确。因此,必须严把数据输入质量关,保证未经批准的业务不能进入系统;保证经批准的业务无一遗漏、完整准确地输入系统;保证被系统拒绝的错误数据能在改正后重新输入系统。

会计信息系统输入的数据分为手工原始数据输入和其他系统数据转入两种情况。输入的方式又分为手工输入、机器读取、网络传递和磁盘传递等。输入控制就是为了防止和发现进入信息系统的数据错误而施加的控制。完整的数据输入过程一般包括数据采集、数据准备、输入数据和数据存储等几个环节。因此,对输入的控制包括以下几方面:

(1)对数据采集与数据准备环节的控制。数据采集控制的目的是确保在合理授权的基础上,全面、完整、准确地收集经济业务数据。主要控制措施有:合法及合规性检查、授权、原始凭证采用标准化格式、原始凭证审核、经济业务履行适当的程序、数据采集采用适当的程序,以及原始单据进行批量控制等。

(2)授权控制,即用户只能输入被允许的数据,主要控制的方法是授权和密码。

(3)正确性控制,即保证输入数据的正确性,常用方法有校验、格式化输入和比较等。其中,校验控制可采用人工目测核对和计算机校验两种方式。人工目测核对是指在数据录入后,在处理之前,由人工目测屏幕上的数据,核对无误后再处理;计算机校验是在应用程序中嵌入校验程序,对输入数据的正确性进行校验,包括合理性校验、界限校验、平衡校验和校验码检验等。格式化输入控制即是提供标准化输入格式,以减少用户输入出错的概率。比较控制则是将同样的数据向计算机系统输入两次,由系统自动核对两次输入的结果,并标记不一致的记录,核对后由输入员修改标记错误的记录。

(4)完整性控制。即保证输入的数据能完整地反映业务全貌,能提供后续加工处理所需的全部信息。常见的有批总数控制,即对处理的一批业务单证,在数据输入前先以某种特征为基础(如凭证张数和金额)计算总数。输入该批业务后,由计算机程序自动计算该批的总数,通过两者核对来判断该批业务数据是否全部输入系统。

(5)错误纠正控制。即对输入系统中的错误数据,应提供改正和重新输入的机会,并对改错与重新输入的数据实施控制。

2. 处理控制

处理控制是为保证在合法的权限内,数据能按照预先设定的程序正确、完整地进行处理而实施的控制,如数据校验、记账、计算、分类、汇总、访问、纠错等。数据处理过程中的各种控制,一般是通过预先编制好的计算机程序自动进行的,其目的在于防止系统可能出现调用顺序错误、计算出错、用错文件或记录等错误处理,从而保证数据处理的正确性和可靠性。常用的控制措施有以下几个:

(1)处理权限控制。程序中应设计处理权限的授权功能,即只有经过授权的人员才能执行处理操作。

(2)业务处理时序控制。在会计信息系统中,业务数据处理的各项功能之间通常都有一定的次序,即某一处理的运行结果要取决于一定的相关条件及数据环境,不能随意调用。业务时序控制违反顺序的处理应通过预先设置的检查来发现。

(3)参照检查控制。这是利用某些数据的处理结果应当与另一组数据的处理结果相等,或具有其他某些对应关系而对数据处理的正确性实施控制。在会计信息系统中,应充分利用会计数据之间的各种钩稽关系来验证处理的正确性。

(4)数据合理性检验控制。由计算机程序/数据库为数据处理结果确定一个合理的范围(或预测结果),数据处理时能自动将处理的结果与设定的范围进行比较,若结果超出了范围(或与预测结果不一致),系统将自动报警。

(5)出错纠正控制。出错纠正控制是指将数据处理过程中可能出现的错误预先嵌入纠错程序,以便错误发生时及时更正。可能出现的错误有两种情况:一种是在数据有效性检测中发现的错误,其处理办法是将出错数据暂存入临时文件,待更正后同下一批数据一起进行处理。另一种错误是在处理过程结束后通过人工审核输出数据才发现的,这类错误数据已经影响主文件的结果,其处理方法是对错误数据做抵销处理,以得出正确的数据,然后再进行下一步骤的处理。另外,在对重要数据进行处理之前首先要对其进行备份,一旦机内数据部分甚至全部被破坏时,通过备份文件予以恢复,也是一种非常有效的出错控制方法。

(6)断点技术控制。断点是指由一条指令或其他条件所规定的程序中的一点,当程序运行到该点时能被外部干预或为监督程序所中断。程序运行中断后,用户可以进行直观检查,如打印输出或进行其他分析。利用断点技术,可以在断点处计算控制数据(主文件金额数、记录计数、前一程序指令的序号等),如果发现处理错误,就能发现错误出在程序运行的哪一个环节,从而及时进行纠正。

(7)审计线索控制。在数据处理过程中,应当产生必要的审计线索,以便对各项交易进行追踪审查。对于成功处理的交易应记录在交易日志中,交给适当的用户核对;未能成功处理的交易应记录在错误文件中,交给适当的用户纠错并重新提交。

(8)备份及恢复控制。在信息系统运行过程中,偶尔也会出现因意外事件而中断处理的情况。如果此时正在更新处理数据文件,数据的完整性将会遭到破坏。因此应当进行一些必要的备份,一旦处理过程意外中断,可恢复到处理前的状态,并再次处理,从而保证数据处理的正确性。对重要的数据系统可增设在退出系统时的强制备份功能,当用户再次进入系统时,可自动把备份数据与机内数据比较对照,及时发现数据文件的改变。

3. 输出控制

信息系统数据处理的结果输出主要有屏幕显示输出、打印输出、存入磁性介质输出及网络传输等方式。输出控制就是对系统输出结果进行的控制,其目标就是要保证各种输出结果的真实性、完整性和正确性,同时还要确保输出的信息只提供给经过授权的使用者。对输出的控制主要有以下措施:

(1)输出授权控制。未经授权人员不能进行输出操作,以防有人窃取或篡改输出资料。

(2)输出资料的正确性控制。对输出数据的正确性控制有多种方法,应针对具体的应用系统,设计相应的控制措施。这些措施包括:总数控制,即将初始的输入控制总数与最后输出的控制总数相比较;数据稽核控制,即根据证、账、表之间的钩稽关系,设置控制程序对输出数据进行核对;审校输出结果,即检查数据的正确性和完整性;抽样统计控制,即通过对某些特定的项目进行抽样统计来判断输出的正确性;对照检查控制,即将输出文件中的有关数据与其他相关文件对照检查;制度保证,即规定纠正输出错误和处理重要数据。

(3)输出资料的传递控制。重要机密资料的泄露往往会给企业带来巨大的经济损失,因此输出的信息要有适当的审核过程和签章,并只能分发给有权接受资料的使用者,对此应建立数据输出登记簿,并设专人审核登记所有输出资料。无论是输出到磁性介质还是打印出的资料,输出后都应立即受到严格控制,并认真检查其完整性、正确性,以及进行详细的记录。

(4)输出数据审核控制。业务职能部门要对其收到的机制单证数据进行审核,与自己保存的原始凭证清单逐一核对,确定输出数据的完整性和正确性。对于与实物有关的数据应核对实物。对于发现的输出信息差错必须予以调查和更正。同时,内部审计人员也要定期对输出数据与报告进行审核。

4. 数据存储控制

数据存储(文件)控制确保只有经过授权的处理才能存储和访问数据。主要的控制措施有:

(1)设置交易日志。交易日志记录所有的交易行为,包括时间、用户ID号、终端号、交易处理前后数据映像记录和报告等,以便为审计提供线索。

(2)数据文件保存控制。数据文件应根据需要保存足够长的时间,以确保可以重新查询、分析或检查数据。数据文件应专门保存,并使用标签等标志,只有经授权的人才能调阅。

(3)版本管理。对数据文件应标识版本号,以确保处理时使用的是正确版本的数据。

本章习题

1. 何谓信息？信息有何特点？
2. 何谓系统？系统有何特征？
3. 何谓会计信息系统？会计信息系统有何特征？会计信息系统的目标是什么？
4. 会计信息系统的发展经历了哪几个阶段？其发展趋势如何？
5. 如何理解会计信息系统和ERP的关系？
6. 会计信息系统实施的基础工作包括哪些？
7. 从计算机数据处理的特点出发,举例说明如何规范会计科目体系。
8. 在会计信息系统实施过程中,财务管理软件选型时应注意什么问题？
9. 从现代会计信息系统角度出发,谈谈如何建立企业的内部控制制度。
10. 如何理解关于会计信息系统的"三分技术、七分管理和十二分数据"的论断？
11. 信息技术对会计的影响表现在哪些方面？
12. 会计信息系统的流程包括哪些？请描述其具体过程。
13. 会计信息系统一般由哪些模块构成？它们的具体功能是什么？
14. 会计信息化条件下一般应配备哪些运行操作岗位？
15. 简述会计信息系统的维护管理。

第二章　系统服务

教学目的及要求

系统地学习系统管理的基本原理知识、主要内容和操作方法。要求掌握账套的建立、修改、备份与恢复的方法；掌握操作员权限的设置；理解账套、年度账之间的关系和系统工作原理；了解软件安装的方法和过程；了解系统安全管理措施。

第一节　软件的安装与系统操作流程

一、用友软件的运行环境说明

在安装软件之前，首先要了解软件运行所要求的软硬件环境，如表2—1所示。

表2—1　　　　　　　　　　软件安装运行的系统环境

硬件环境		
	最低配置	推荐配置
客户端	内存512MB以上、CPU 1GHz以上、剩余磁盘空间2GB以上	内存1GB以上、CPU 2GHz以上、剩余磁盘空间4GB以上
数据服务器	内存1GB以上、CPU 1GHz以上、剩余磁盘空间10GB以上	内存2GB以上、CPU 2GHz以上多CPU（或多核CPU）、剩余磁盘空间20GB以上
发布服务器	内存1GB以上、CPU 1GHz以上、剩余磁盘空间10GB以上	内存2GB以上、CPU 2GHz以上多CPU（或多内核CPU）、剩余磁盘空间10GB以上
网络带宽	广域网	局域网
	256KBPS以上	100MBPS以上
软件环境		
操作系统	服务器端：Win 2000S(SP4)、Win 2003S(SP2)、Vista、Windows 7 客户端：Win 2000P(SP4)、Win 2000S(SP4)、Win XP(SP2)、Win 2003(SP2)、Vista、Windows 7，建议使用Win 2000P、Win 2000S、Win XP	
数据库	MS SQL 2000(SP4)、MSDE 2000(SP4)、MS SQL 2005(SP2)	
网络协议	TCP/IP、Named Pipe	
IE	IE 6.0(SP1)以上	

注：T6系列产品支持的最大客户端数为100个。数据服务器和发布服务器的配置应随最大并发数（站点数）的增加而调整，当并发数小于20个站点时，可使用标准配置，如果并发数超过20个站点，可通过增大内存和CPU来提高访问性能，同时剩余硬盘空间将随着用户数据增多而合理地扩展。客户端配置与并发数无关。

【安装前的准备事项】

（1）请对照用友 T6－中小企业管理软件 V5.0 环境说明文件所描述的配置准备环境；
（2）安装时操作系统所在的磁盘分区剩余磁盘空间必须大于 512M；
（3）确保计算机名是以字母开头，不得含有"－"等标点符号；
（4）确保机器日期的显示格式为：××××－××－××（在控制面板中设置）。

二、安装 MSDE2000

在安装用友软件之前应安装 MSDE2000。操作步骤如下：

操作步骤

（1）双击光盘中 MSDE 2000 文件夹中的 setup.exe 文件，打开"SQL Server 2000 Desktop Engine 安装程序"对话框，如图 2－1 所示。

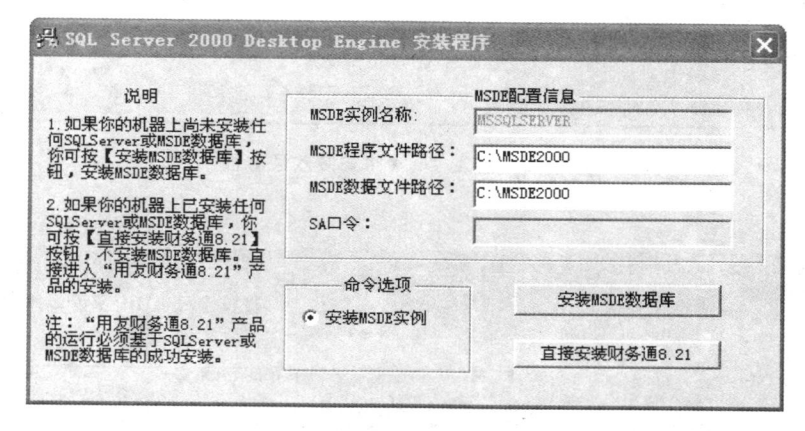

图 2－1 "SQL Server 2000 Desktop Engine 安装程序"对话框

（2）单击对话框中【安装 MSDE 数据库】按钮。
（3）安装完毕后，重新启动计算机设置软件运行环境。

三、安装用友 T6 管理软件

【安装简要步骤】

（1）运行安装盘下的 Setup.exe，进入如图 2－2 所示的欢迎界面。
（2）在安装欢迎界面中选择【下一步】，如图 2－3 所示，确认软件使用许可证协议。
（3）如果同意许可证协议，选择"是"。
（4）单击【下一步】，输入用户名和公司名称，如图 2－4 所示，然后单击【下一步】，进入"安装选项设置"界面。
（5）安装类型界面中选择所要的安装类型（安装全部产品、单机版安装、应用客户端、应用服务器安装、数据服务器安装、服务器安装、自定义安装），并可选择目的文件夹，如图 2－5 所示。选择后单击【下一步】，进行环境监测。
（6）正式安装程序检测系统环境是否满足程序要求，检测后退出检测界面，如图 2－6 所示。

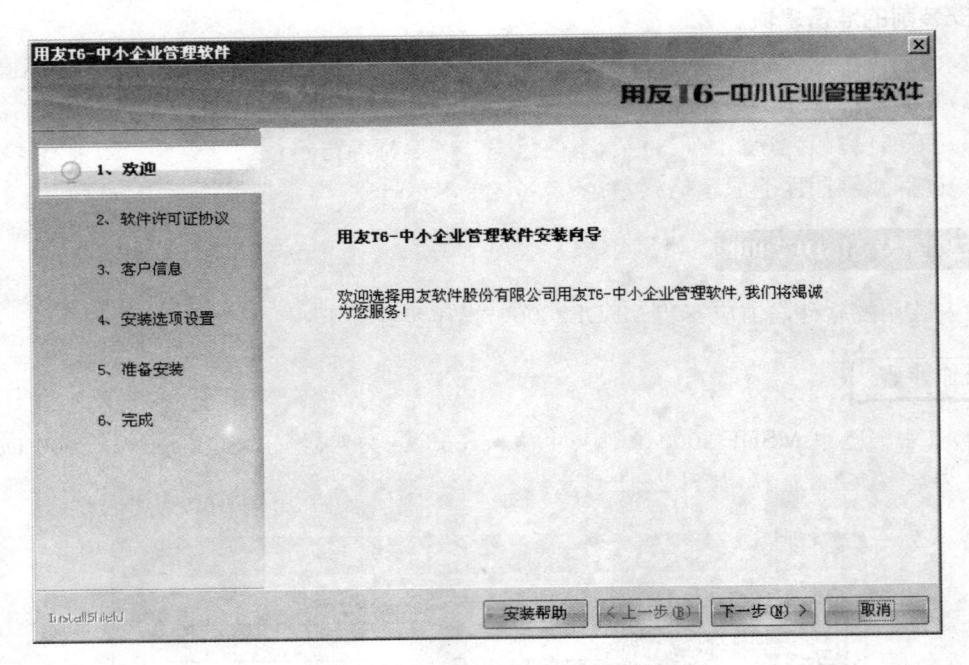

图 2—2　用友 T6 软件安装欢迎界面

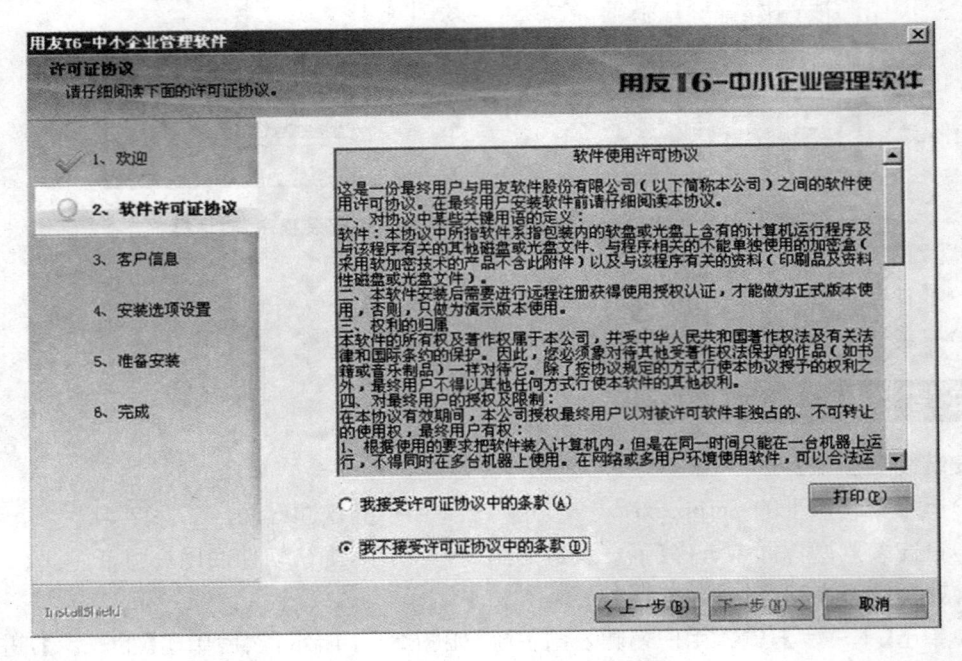

图 2—3　软件许可证协议确认界面

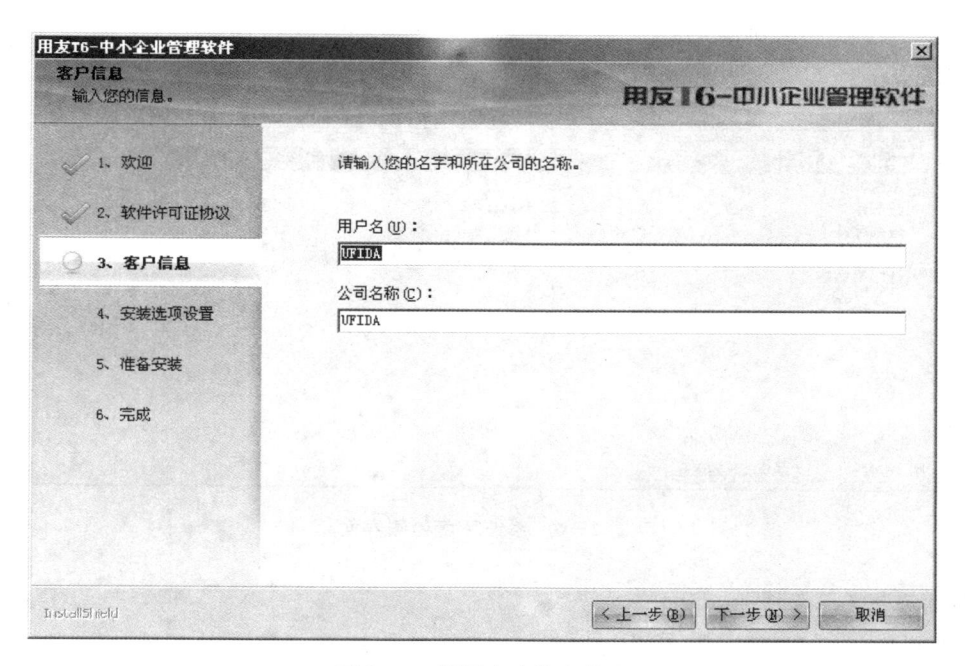

图 2—4 填写客户信息界面

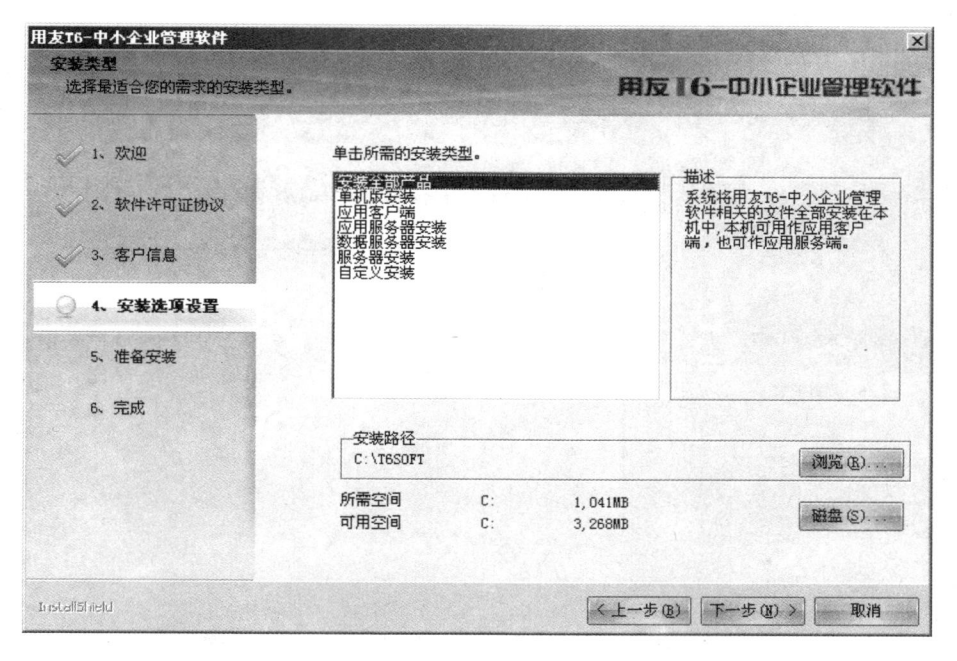

图 2—5 安装选项设置窗口

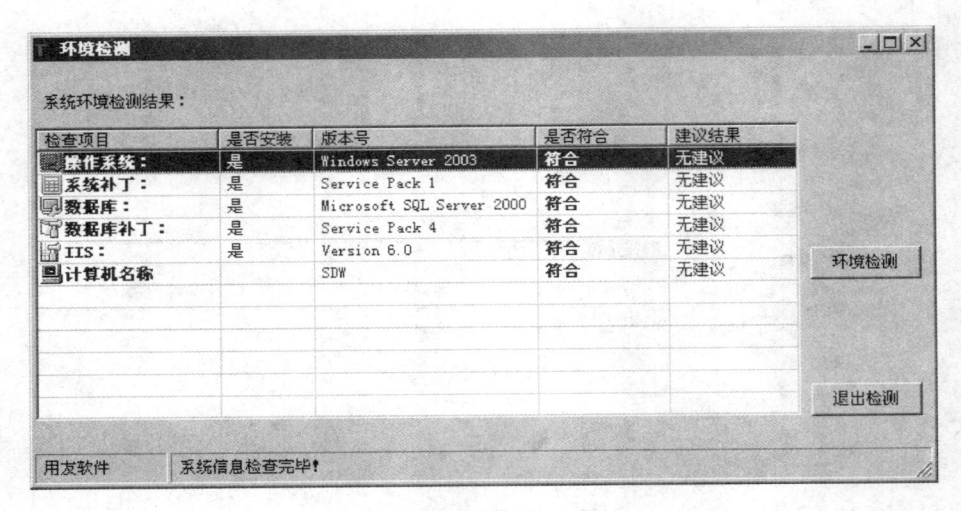

图 2—6 系统环境检测界面

【说明事项】
安装过程中如有"IIS 虚拟目录建立不成功"的信息出现,并在系统环境检测是反映"IIS"一项不符,并不影响用友软件的使用,可以忽略该错误继续安装。

(7)系统配置符合要求可点击【开始安装】,如图 2—7 所示。

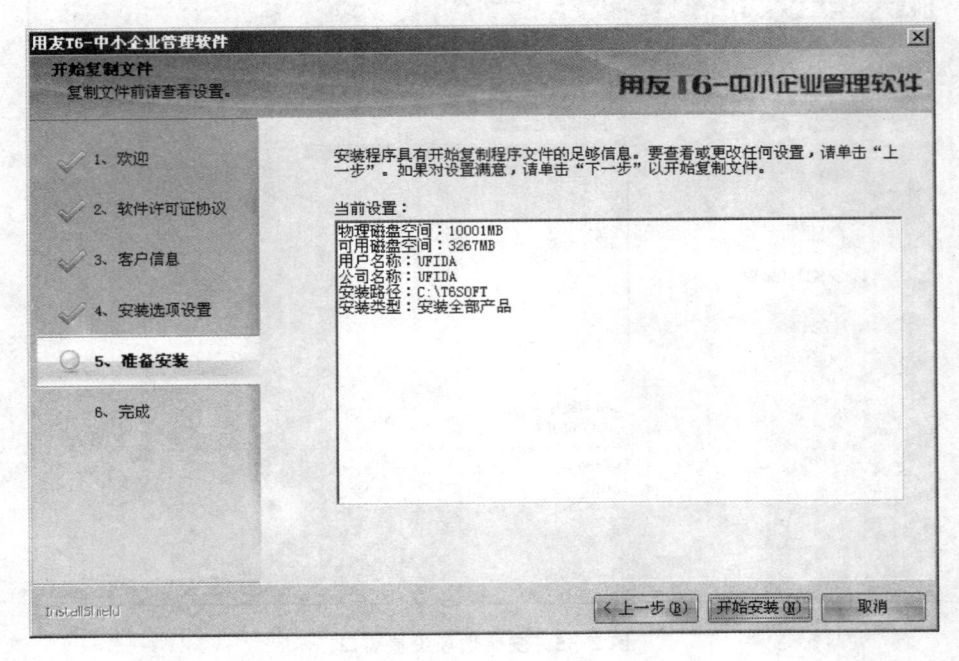

图 2—7 准备安装界面

(8)各产品文件的安装过程如图 2—8 所示。
(9)安装完成对话框中选择重启计算机,如图 2—9 所示。

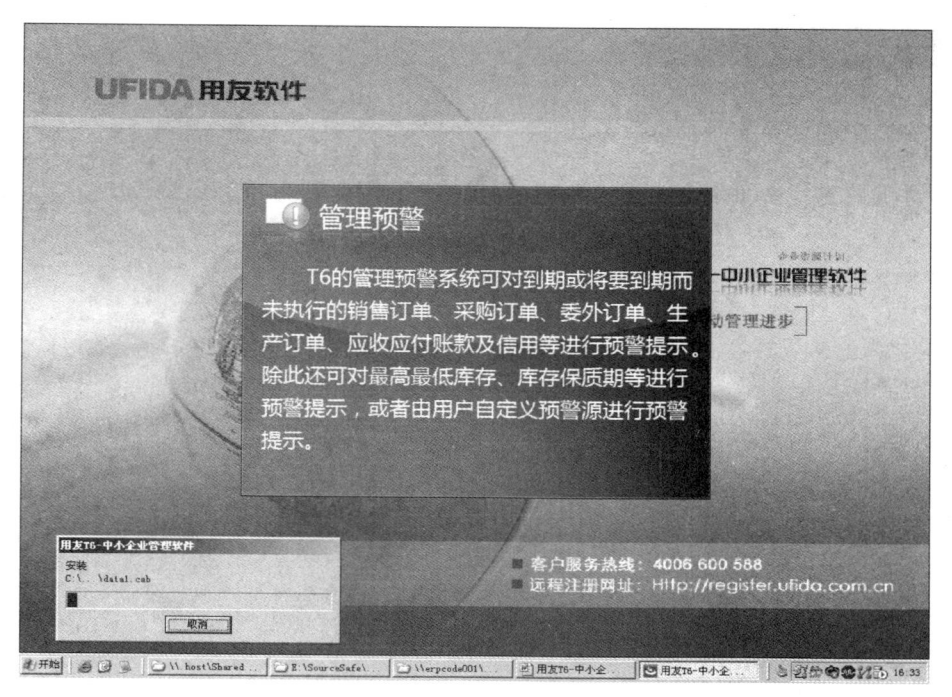

图 2—8 软件安装过程

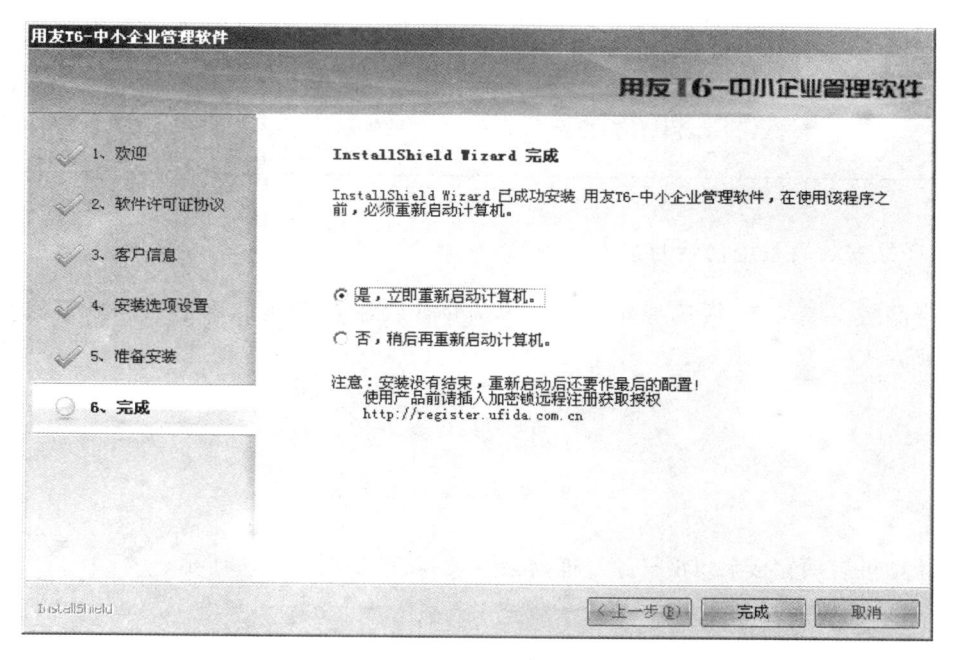

图 2—9 安装完成重启计算机

四、常见问题及解决办法

(一)安装中的常见问题及解决办法

在软件安装过程中可能会出现一些问题,具体现象及解决方法见表2—2。

表2—2　　　　　　　　　安装中常见的问题及解决办法

序号	环境	现象	说明及解决办法
1	WinNT 4.0 Windows 2000 Windows XP Windows 2003	文件拒绝访问	该问题往往是由于查毒软件的实时监控造成的,请关闭查毒的实时监控功能,并重新启动计算机
2	WinNT 4.0 Windows 2000 Windows XP Windows 2003	建立IIS虚拟目录不成功	IIS建立不正确,检查IIS及其相关的组件是否正确
3		有些文件没有覆盖	● 检查是否有系统在运行,有的话退出后再安装 ● 检查操作系统的系统目录下的DLLCache子目录是否存在相同的旧文件,若存在,应删除后再安装 ● IIS中T6Web相关程序没有退出,重启计算机或重启IIS服务即可
4		注册表监控程序报警	如果系统安装杀毒软件等注册表监控程序,在程序安装时可能会出现报警信息(如瑞星注册表监控,当安装mdac_typ.exe时提示有注册表修改),请确认修改
5		杀毒软件监控提示	安装过程中杀毒软件可能提示一些警告或注意性的提示信息,不要采取拒绝执行操作,要允许执行,程序才能安装成功

(二)产品安装后系统初始的常见问题

(1)产品安装完后必须选择重启计算机,重启后在右下角能看到T6服务的图标,如图2—10所示。

图2—10　数据库及T6服务图标

(2)计算机启动完成后T6服务管理器会自动运行,如图2—11所示。

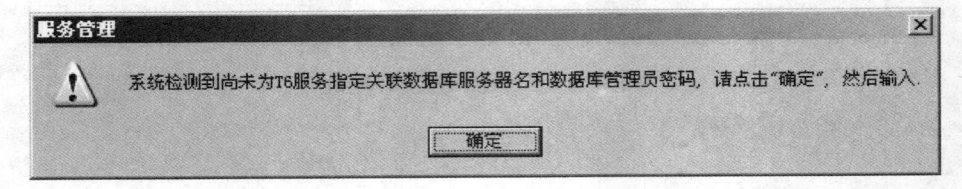

图2—11　T6服务管理器运行图

(3)根据应用需要配置所需的服务(设置数据库服务器等),如图 2—12 所示。

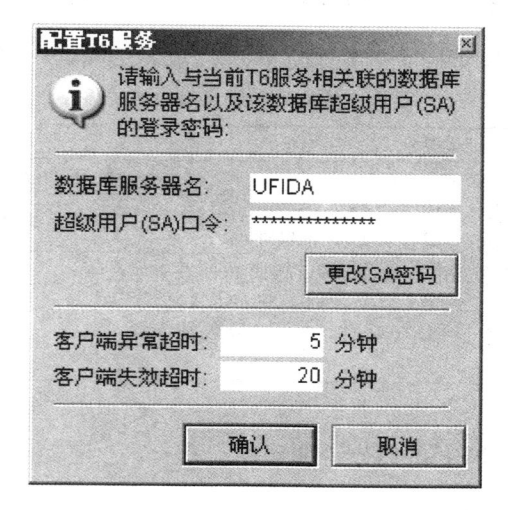

图 2—12　配置 T6 服务

(4)配置完数据库后,系统将提示是否启动相关联的预警服务,如果您的企业不用预警功能,则可以不启用,启用预警服务对业务没有负面影响,如图 2—13 所示。

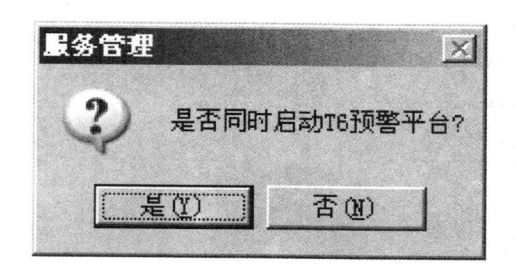

图 2—13　启动 T6 预警平台

(5)在数据库服务器端运行系统管理进行建账或用户权限等操作,具体如表 2—3 所示。

表 2—3　　　　　　　　　　数据库配置问题及解决方法

序号	现象	说明及解决办法
1	配置数据库服务器后确定,提示连接数据库失败	检查所指定的数据库服务器的 SQL Server 是否正常
2	客户端登录时提示:不能登录到服务器[…]请检查 T6 管理服务是否已启动	检查客户端机器与服务端机器的网络连接是否正常(可使用 Ping 命令测试)
3	配置数据库服务器后确定,提示数据库 sa 登录失败	检查 SQL Server 安装时选择的是不是混合登录模式,在企业管理器中选择相应的注册,编辑其注册属性,选择使用 SQL Server 混合身份验证

(三)产品维护(修改、修复、卸载)的常见问题

产品的维护可运行操作系统的控制面板或安装盘的 Setup.exe,具体问题如表 2—4 所示。

表 2—4　　　　　　　　　　　软件维护常见问题及解决方法

序号	现象	说明及解决办法
1	文件无法卸载	检查产品是否正在运行
2	analysismethodcom.dll、indexcom.dll、pscmcom.dll、sendemail.dll、topiccom.dll 等控件没有正确注册	安装时未能正确注册
3	当产品使用中发生异常断电等事故后,重新启动计算机时 SQL 会自动进行数据库恢复,如果此时查毒的实时监控功能打开,由于查毒软件会锁定文件,就会造成数据库无法恢复,数据丢失	由于这些控件在安装时未正确注册

(四)有关 MSDE 2000(SP4)的特别说明

MSDE 2000(SP4)默认情况下是禁用网络连接的,当进行系统管理或登录门户时会提示 1433 端口禁用,提示用户非本机客户端不能连接到此数据库服务器,解决方法如下:运行 Program Files\Microsoft SQL Server\80\Tools\Binn\svrnetcn.exe(如图 2—14 所示),启用 TCP/IP,单击【属性】可以看到数据库默认的网络端口是 1433(如图 2—15 所示),请不要改动。

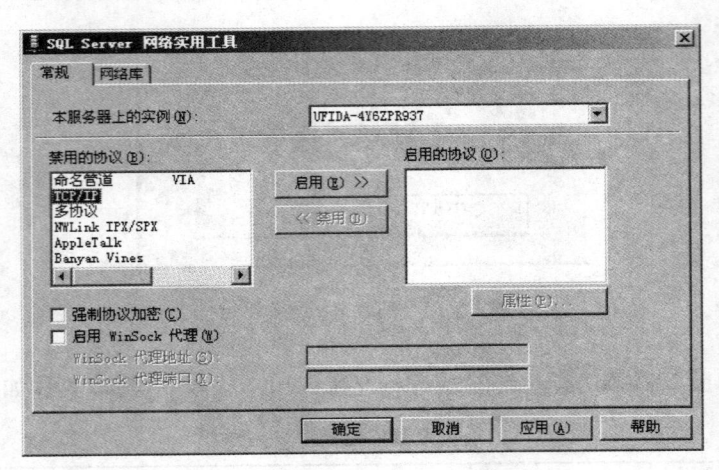

图 2—14　SQL Server 配置

图 2—15　默认端口配置

五、产品的卸载

如果安装有误或不再需要该软件,可通过"卸载"从计算机系统中删除产品,产品的卸载有两条途径:

(1)重新运行 Setup.exe 文件,在安装维护界面中选择"删除"——删除所有已安装组件,即可删除所有已安装产品。

(2)选择"控制面板"中的"添加或删除程序"项,在提示界面选择"用友 T6－中小企业管理软件",点击【更改/删除】按钮,系统开始删除产品,如图 2－16 所示。

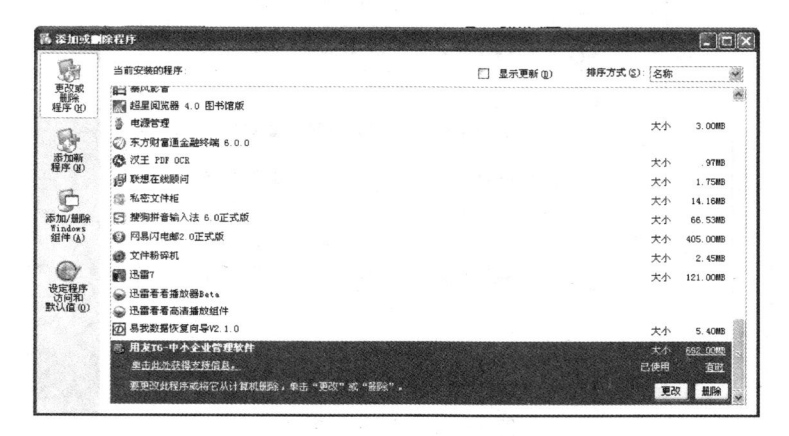

图 2－16 控制面板中的"添加或删除程序"窗口

六、应用服务器设置

(一)SQL Sever 服务管理器

如果 SQL Sever 数据库服务器安装成功,在屏幕任务栏显示 图标,双击图标显示如图 2－17 所示界面,可修改服务器,或开始、暂停、停止使用服务器。

图 2－17 SQL Server 服务管理器的使用

（二）T6 服务管理器配置

如果 T6 应用库服务器安装成功,在屏幕任务栏显示 图标,双击图标显示如图 2－18 所示界面,可启动或停止 T6 服务。

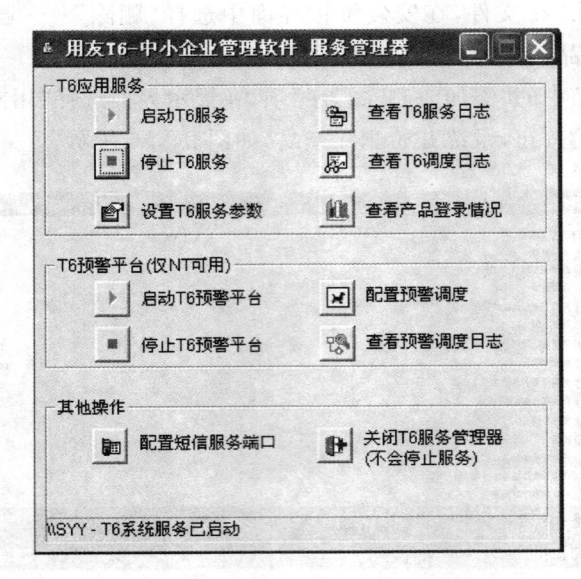

图 2－18　服务管理器

1. 修改 T6 服务参数

如果要修改 T6 服务参数,可以在如图 2－18 所示界面中直接点击"设置 T6 服务参数",也可以在"T6 应用服务器图标"的右键菜单中选择"配置 T6 服务",选中后系统显示如图 2－12 所示的设置界面,在这里可以修改数据库服务器及相应的超级用户口令。

同时,为了保证客户端和服务器的有效联系,提高使用中的安全性和高效性,用户可在 T6 服务管理器中设置服务端异常和服务端失效的时间。如果客户端由于网络断线或其他不可预见的原因非法退出某产品,造成客户端异常时间超过 5 分钟,服务器自动切断与客户端的联系,客户端要重新注册才能登录服务器。客户端异常显示在服务器系统管理的状态栏,如果异常,状态栏显示"异常(5)",系统会在到达服务端失效时间 20 分钟时,自动清除异常任务。在等待时间内,用户也可选择系统管理中的【清除异常任务】菜单,手工删除异常任务。

2. 查看 T6 服务日志

在如图 2－18 所示的服务管理器主界面中,直接点击"查看 T6 服务日志",可以查看 T6 各子系统的执行信息以及与服务端的连接情况,如图 2－19 所示。

3. 查看产品登录情况

在如图 2－18 所示的服务管理器主界面中,直接点击"查看产品登录情况",可以查看 T6 各子系统的登录情况。

4. T6 预警平台管理

通过预警平台,用户可以设置预警任务,制订执行计划,并将预警信息利用邮件或短信通知给有关人员。比如,当客户应收账款超过信用额度时,可以及时通过邮件或短信通知相关销售人员及发货人员;库存超过上限等都可以进行预警设置。

可以进行预警设置的内容包括:

(1)应收款管理:应收单据预警、应收信用预警;

(2)应付款管理:应付单据预警、应付信用预警;

(3)库存管理:库存保质期预警、库存盘点预警、库存最高最低预警;

(4)销售管理:销售订单预警;

(5)采购管理:采购订单预警、采购订单逾期报警。

在如图 2-18 所示的 T6 服务管理器主界面中,直接点击"配置预警调度",弹出如图 2-20 所示的预警管理界面,在该窗口中可以编辑预警任务列表。

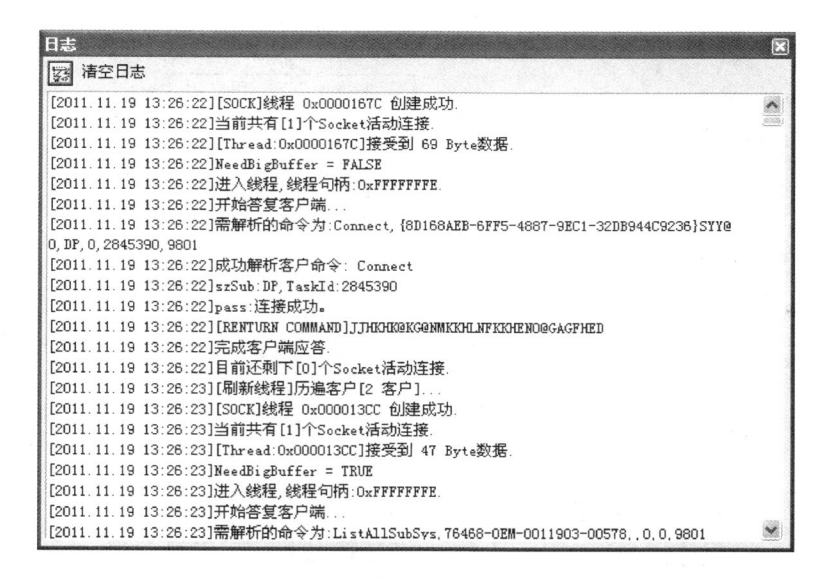

图 2-19 服务日志

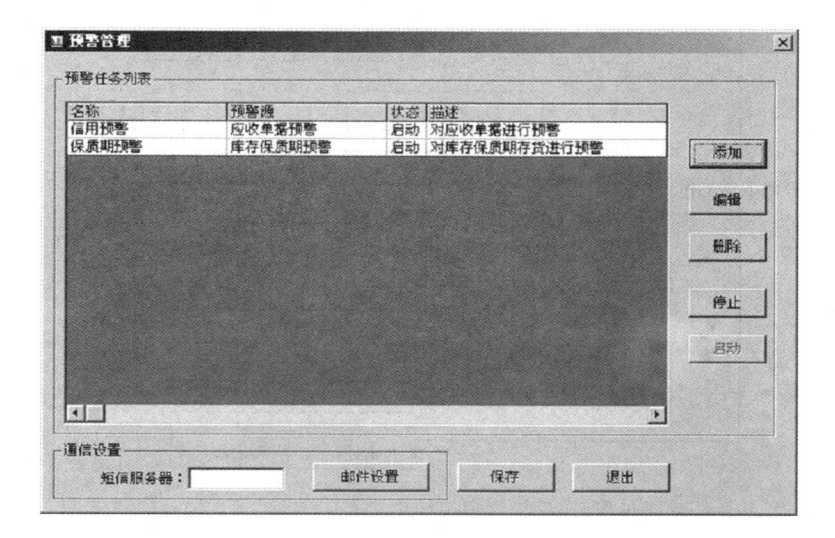

图 2-20 预警管理界面

七、系统操作流程

（一）新用户操作流程

作为新用户，第一次使用用友软件时应遵循如下操作流程：启动系统管理→以系统管理员 Admin 身份登录→新建账套→增加角色、用户→设置角色、用户权限→启用各相关系统。具体操作流程见图 2-21。

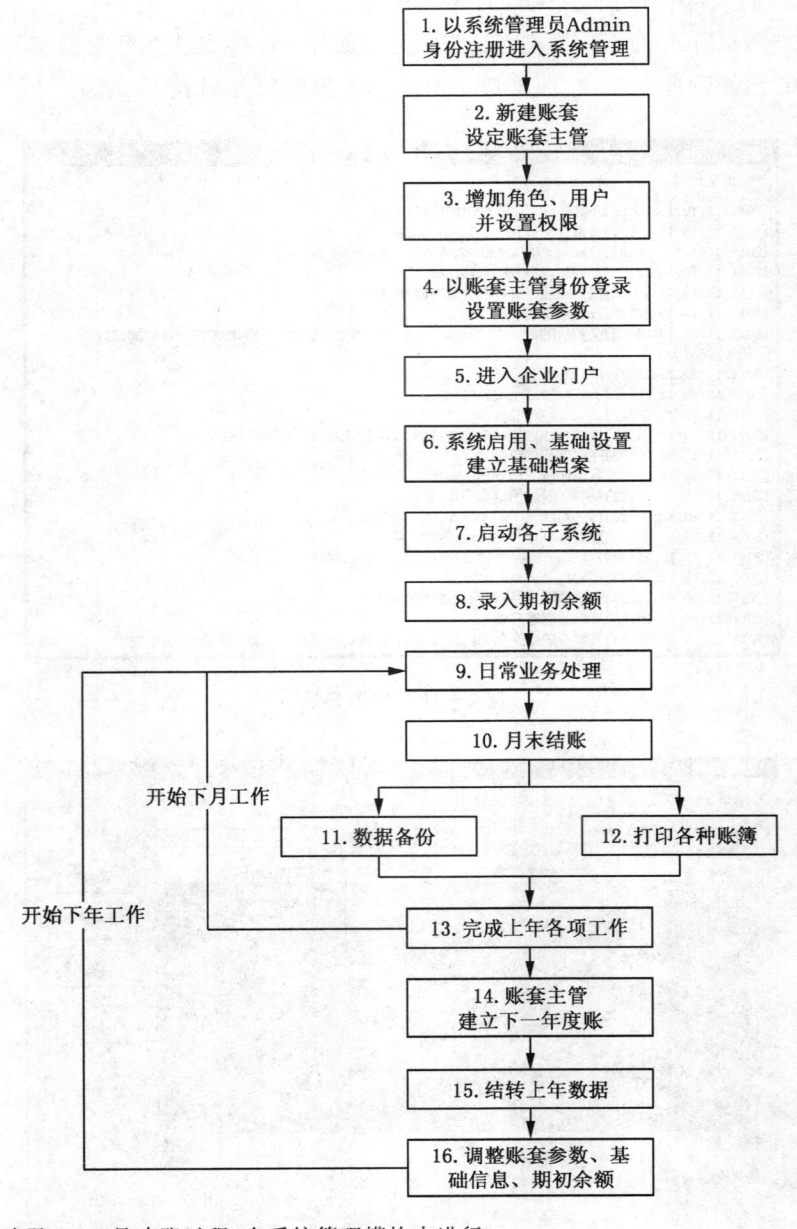

```
        1. 以系统管理员Admin
           身份注册进入系统管理
                 ↓
           2. 新建账套
           设定账套主管
                 ↓
           3. 增加角色、用户
              并设置权限
                 ↓
           4. 以账套主管身份登录
              设置账套参数
                 ↓
           5. 进入企业门户
                 ↓
           6. 系统启用、基础设置
              建立基础档案
                 ↓
           7. 启动各子系统
                 ↓
           8. 录入期初余额
                 ↓
   ┌─────→  9. 日常业务处理
   │             ↓
   │        10. 月末结账
   │        ↙         ↘
开始下月工作  11. 数据备份    12. 打印各种账簿
   │                       ↓
   │             13. 完成上年各项工作
开始下年工作         ↓
   │             14. 账套主管
   │             建立下一年度账
   │                   ↓
   │             15. 结转上年数据
   │                   ↓
   └─────  16. 调整账套参数、基
              础信息、期初余额
```

说明：步骤 1～4 是建账过程，在系统管理模块中进行。

图 2-21 新用户操作流程

（二）老用户操作流程

如果您已经使用了本系统，并且需要进行年末结转，以便进入下一年度的处理，请按照如下所示的流程执行操作。

操作流程：启动系统管理模块→以账套主管身份注册登录→建立下一年度账→结转上年数据→启动其他系统→进行新年度操作。

第二节　系统管理

系统管理的主要功能是对用友 ERP 管理系统的各个产品进行统一的操作管理和数据维护。其主要功能体现在四个方面：第一，对账套的统一管理，包括建立、修改、引入和输出（恢复备份和备份）。第二，对年度账的管理。在用友 ERP－T6 应用系统中，用户不仅可以建立多个账套，而且每个账套中还可以存放不同年度的会计数据。这样，对不同核算单位、不同时期的数据只需要设置相应的系统路径，就可以方便地进行操作。年度账管理包括年度账的建立、清空、引入、输出和结转上年数据。第三，对操作员及其功能权限实行统一管理，包括用户、角色和权限设置，可保证系统及数据的安全与保密。第四，设置统一安全机制。对用户来说，系统运行安全、数据存储安全是必需的，为此，用友系统设立了强有力的安全保障机制。在系统管理中具备监控并记录整个系统的运行过程、设置数据自动备份、清除系统运行过程中的异常任务等功能。

一、系统管理的使用权限

用友管理系统由多个子系统组成，各个子系统服务于同一主体的不同层面。子系统本身既具有相对独立的功能，彼此之间又具有紧密的联系，拥有公共的基础信息、相同的账套和年度账。在一体化管理应用模式下，用友管理系统为各个子系统提供了一个公共平台——"系统管理"，用于对整个系统的公共任务进行统一管理，包括账套的管理、年度账的管理、系统操作员及权限的集中管理、系统安全运行的管理及控制等，任何其他产品的独立运行都必须以此为基础。鉴于系统管理平台的重要性和独特性，对登录系统管理的人员做了严格界定。系统只允许以两种身份注册进入系统管理：一种是以系统管理员的身份；另一种是以账套主管的身份。

（一）系统管理员

系统管理员是大中型企业信息化管理必需的一个岗位，负责整个信息系统的安全运行和数据维护，系统管理员只能进入系统管理模块，不能进入具体的账套中进行业务处理，主要负责以下几项工作内容：

(1) 按账套主管要求设置系统操作员，分配其对应权限。

(2) 按已确定的企业核算特点及管理要求进行企业建账，启用相关子系统。

(3) 随时监控系统运行过程中出现的问题，设定安全策略，清除异常任务、排除运行故障，并对上机日志进行管理。

(4)保障网络系统的安全,预防计算机病毒侵犯。

(5)设置备份计划,定期进行数据备份,保障数据安全、完整。

(二)账套主管

账套主管负责所辖账套的相关管理工作,其工作任务为:确定企业会计核算的规则、对企业年度账进行管理、为该账套内操作员分配权限、组织企业业务处理按既定流程运行等。账套主管具备所辖账套的最高使用权。

在用友系统中,对系统管理员和账套主管的权限做了细分,如表2—5所示。

表2—5　　　　　　　　系统管理员(Admin)和账套主管操作权限明细表

主要功能	详细功能1	详细功能2	系统管理员(Admin)	账套主管
账套操作	账套建立	新账套建立	Y	N
		年度账建立	N	Y
	账套修改		N	Y
	数据删除	账套数据删除	Y	N
		年度账数据删除	N	Y
	账套备份	账套数据输出	Y	N
		年度账数据输出	N	Y
	设置备份计划	设置账套数据输出计划	Y	N
		设置年度账数据输出计划	N	Y
	账套数据恢复	账套数据恢复	Y	N
		年度账数据恢复	N	Y
	升级Access数据		Y	Y
	升级SQL Server数据		Y	Y
	清空年度数据		N	Y
	结转上年数据		N	Y
人员、权限	角色	角色操作	Y	N
	用户	用户操作	Y	N
	权限	权限操作	Y	Y
其他操作	清除异常任务		Y	N
	清除单据锁定		Y	N
	上机日志		Y	N
	视图	刷新	Y	Y

二、启动系统管理

企业在初次运行财务软件时,由于尚未建立核算账套,故只能由系统管理员 Admin 登录,此时系统并没有为其设置登录口令,其密码为空。实际工作中为了系统的安全运行,系统管理员登录后应及时修改系统管理员 Admin 的密码。

业务描述

以系统管理员 Admin 的身份启动系统管理模块并注册。

操作步骤

(1)执行"开始"→"程序"→"用友 T6 系列管理软件"→"系统服务"→"系统管理"命令,打开"用友 T6—中小企业管理软件系统管理"窗口,如图 2—22 所示。

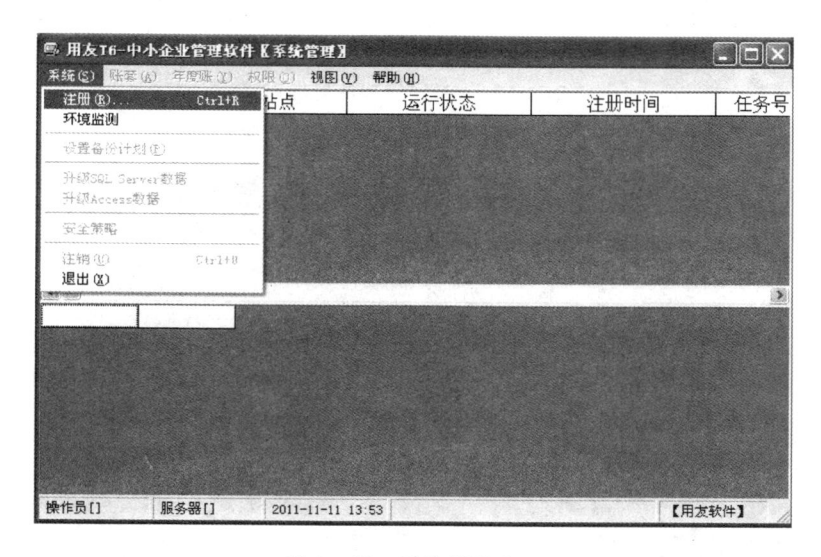

图 2—22 系统管理窗口

(2)在"系统管理"窗口中,选择"系统"菜单中的"注册"命令,出现"注册【系统管理】"对话框,如图 2—23 所示。

(3)在"注册【系统管理】"对话框的"操作员"文本框中输入"Admin"后,按 Enter 键,出现如图 2—24 所示登录后的界面。

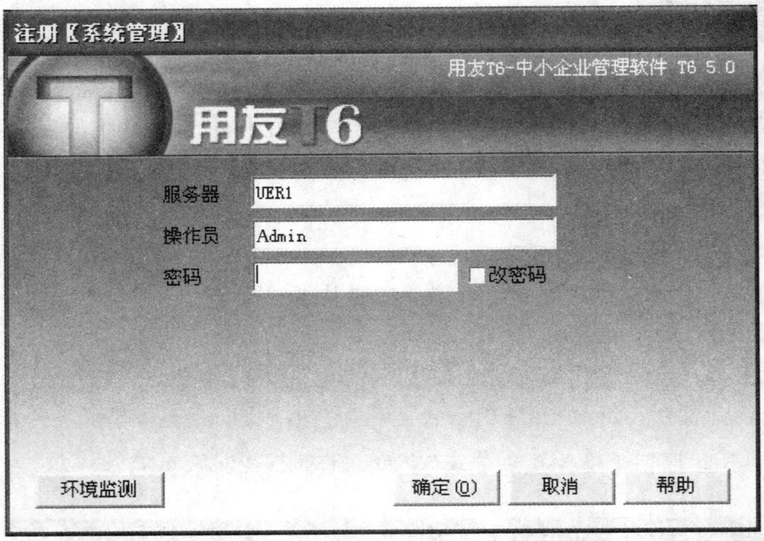

图 2—23　系统管理注册界面

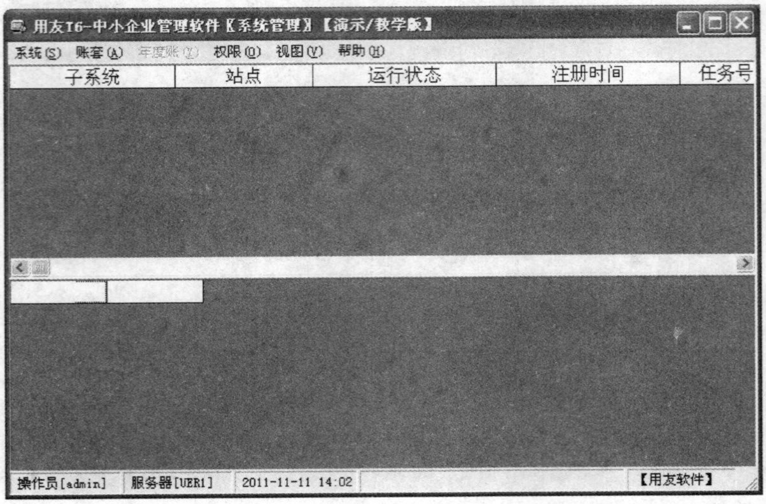

图 2—24　Admin 登录后系统管理窗口

【说明事项】

登录后显示"系统管理界面",界面分为上下两部分,上面部分列示的是正登录到系统管理的各系统名称、运行状态和注册时间,下面部分列示的是各系统中正在执行的功能。查看时,用户可在上面部分用鼠标选中一个子系统,下面部分将自动列示出该子系统中正在执行的功能。这两部分的内容都是动态的,它们将根据系统的执行情况而自动更新变化。

第三节　账套管理

用友软件是一个多账套管理系统。账套指的是一组相互关联的数据，是一个独立核算单位的全部经济数据。一般可以为企业中每一个独立核算的单位建立一个账套，系统最多可以建立999个账套。账套管理包括账套的建立、修改、引入和输出等。下面先来明确一下在用友软件中数据的存储层次与形式。

企业应用计算机处理经济业务时，需要首先在系统中建立企业的基本信息、核算方法、编码规则等，称为建账。然后在此基础上启用用友管理系统的各个子系统，进行日常业务处理。这里的"账"是"账套"的概念。在计算机管理信息系统中，每一个企业的数据都存放在数据库中，称为一个账套。手工核算方式下，可以为会计主体单独设账进行核算；在计算机中则体现为多个账套，可以为多个企业（或企业内多个独立核算的部门）分别立账，各账套间相互独立、互不影响。

对每个账套而言，为方便管理，不同年度的数据存放在不同的数据库中，称为年度账。采用"账套"—"年度账"两级管理，系统的结构清晰、含义明确、可操作性强，而且由于系统自动保存了不同会计年度的历史数据，对查询历史数据和比较分析也显得特别方便。

账套是年度账的上一级，账套由基本账套信息和各年的年度账数据组成。先有账套，然后才有年度账，一个账套可以拥有多个年度的年度账数据。采用账套和年度账两层结构的好处是：便于企业的管理，如可以实现对不同范围的数据进行引入和输出，可以方便地进行跨年度数据结构调整等，以利于提高系统的工作效率。

在计算机系统中，账套和年度账的表现形式为：如果2011年4月新建一个企业账套，账套号设定为001，且软件默认安装路径为C:\T6SOFT\Admin，则账套建立完成后，会形成的层级结构为C:\T6SOFT\Admin\ZT001\2011。其中，ZT001对应企业账套的概念，而2011则对应年度账的概念。2011文件夹中有两个文件：UFDATA.LDF和UFDATA.MDF。UFDATA.LDF是事务文件，存储该账套建账的相关信息；UFDATA.MDF是数据文件，存放的是该账套的全部财务数据。进入2012年度，建立新年度账后，又会形成C:\T6SOFT\Admin\ZT001\2012目录结构，用来存放2012年度账。

一、账套的建立

企业单位会计核算在由手工核算管理方式向计算机核算管理方式转化时，由于在财务管理软件系统中无任何本单位的信息资料，企业必须在计算机中建立自己的账套，并将单位的基本信息输入计算机，才能利用财务管理软件系统进行财务业务处理。因此，在财务管理软件系统中建立本单位的核算账套是企业实施计算机核算管理的前提。建立账套就是在企业财务管理软件中为本企业或本核算单位建立一套符合核算要求的账簿体系。

计算机建账的工作内容远比手工建账的工作内容宽泛。主要包括：

第一，设置系统操作员并进行岗位权限划分。

第二，设定企业账套的相关信息。

第三，系统启用设置。根据企业核算购置的模块及管理要求按顺序启用相关子系统。

第四，账套参数设置。

第五，基础档案建立。

第六，期初数据录入。按顺序启用相关子系统。

由于计算机建账的工作内容较多，且在软件中前四步需要在系统管理模块中完成，后两步在企业门户的各模块中分别完成，这里我们主要讲解如何通过系统管理模块的账套建立命令来完成本单位相关账套参数的设定。

通常，企业财务管理软件只要求根据企业的具体情况设置基础参数，软件将按照这些基础参数自动建立一套"账"，而系统的数据输入、处理、输出的内容和形式就是由账套参数决定的。

账套参数主要包括以下内容：

（一）账套信息

账套信息主要包括账套代码（或称账套号）、账套名称、账套路径、启用会计日期等内容。

账套代码通常是系统用来区别不同核算账套的编号。账套代码不能重复，它与核算单位名称是一一对应的关系，共同用来代表特定的核算账套。每个账套只能用一个账套代码表示。

账套名称反映账套的基本特性，即与账套代码有对应关系的核算单位名称。一般可以输入核算单位的简称或特定的编号。

账套路径是新建账套所要存放在计算机系统中的位置，通常系统核算数据都储存在计算机系统某一指定目录下的数据库文件中。有些财务软件会指定某一路径为系统默认路径，用户不能更改；多数财务软件则允许用户自行指定某一路径为账套路径。

启用会计日期是指新建账套被启用的会计核算日期，一般指定为某一月份。启用日期应在第一次初始设置时设定，而且一旦设定将不能更改。规定启用日期的目的主要是明确账务处理的起始点，以保证核算数据的完整性和连续性。设置启用会计日期时，同时设置会计日历，确认当前会计年度以及会计月份的起始日期和结账日期。一般财务软件系统按照国家统一会计制度的规定划分会计期间。如果不选择启用会计日期，系统则自动默认以当前计算机系统时间为启用日期。

（二）核算单位基本信息

核算单位基本信息用于储存企业或核算单位的常用信息，主要包括单位的名称、简称、地址、邮政编码、法人代表、电话、传真、税号等。其中单位名称和简称是系统必要信息，必须输入，单位全称在打印发票时使用，其余全部使用单位简称。

（三）账套核算信息

账套核算信息主要包括企业类型、所属行业性质、账套主管、记账本位币、编码方案、数据精度等。企业类型是区分不同企业业务类型的必要信息，用于明确核算单位特定经济业务的类型。行业性质表明企业所执行的会计制度。编码方案的设置是对企业关键核算对象进行分类级次和各级编码长度的指定，以便于用户进行分级核算、统计和管理。可分级设置的内容有：科目编码、客户分类编码、部门编码、存货分类编码、地区分类编码、货位编码、供应商分类编码、收发类别编码和结算方式编码。编码方案的设置取决于核算单位经济业务的复杂程度及管理要求。数据精度是指定义数据的保留小数位数，以保证数据处理的一致性。

下面通过一个具体的业务示例来演示建账过程。

【业务描述】

账套号 908;账套名称:翔飞公司;启用会计期:2011 年 3 月。

科目编码级次:4222;客户分类编码级次:12;供应商分类编码级次:11;存货分类编码级次:122;部门编码级次:222;地区分类编码级次:122;结算方式编码级次:12;货位编码级次:222;收发类别编码级次:12;其余默认。换算率小数位:3。

【操作步骤】

(1)输入账套信息。在"系统管理"窗口中,选择执行"账套"→"建立"命令,弹出"创建账套——账套信息"对话框,如图 2—25 所示。在对话框中填写相关信息。输入完成后,点击【下一步】按钮,进行第二步设置。

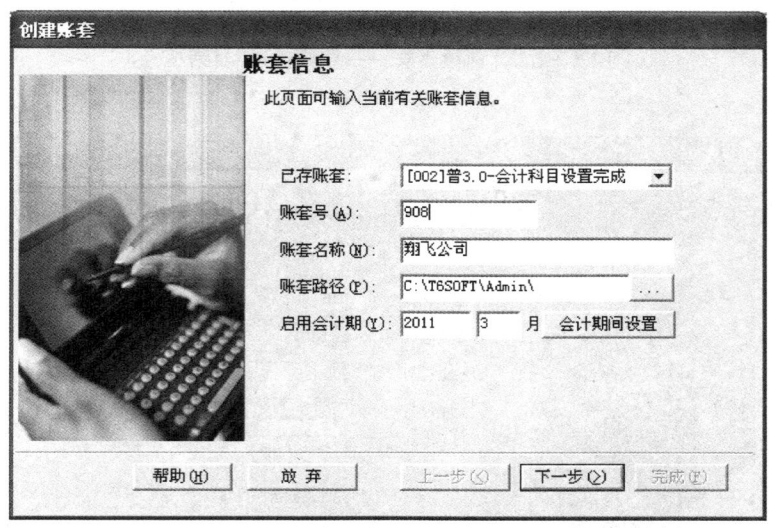

图 2—25 "创建账套——账套信息"对话框

【说明事项】

①新建的账套号不能与已经存在的账套重号。

②账套路径:用来输入新建账套所要被保存的路径,用户必须输入,可以参照输入,但不能是网络路径中的磁盘。

③启用会计期:用来输入新建账套将被启用的时间,具体到"月",用户必须输入。

④会计期间设置:因为企业的实际核算期间可能和正常的自然日期不一致,所以系统提供此功能进行设置。

(2)输入单位信息。在"创建账套——单位信息"对话框中填写相关资料,如图 2—26 所示。输入完成后,点击【下一步】按钮,进行第三步设置。

(3)核算类型设置。在"创建账套——核算类型"设置窗口中设置企业核算类型,如图 2—27 所示。输入完成后,点击【下一步】按钮,进行第四步设置。

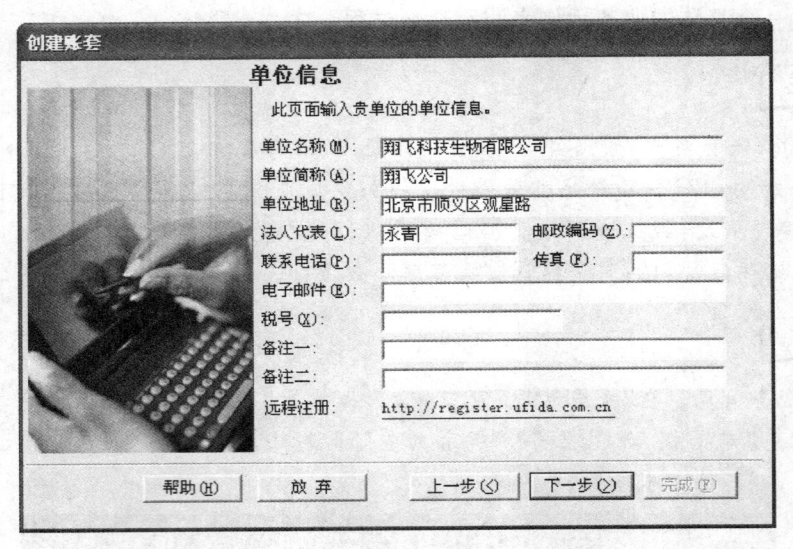

图2—26 "创建账套——单位信息"对话框

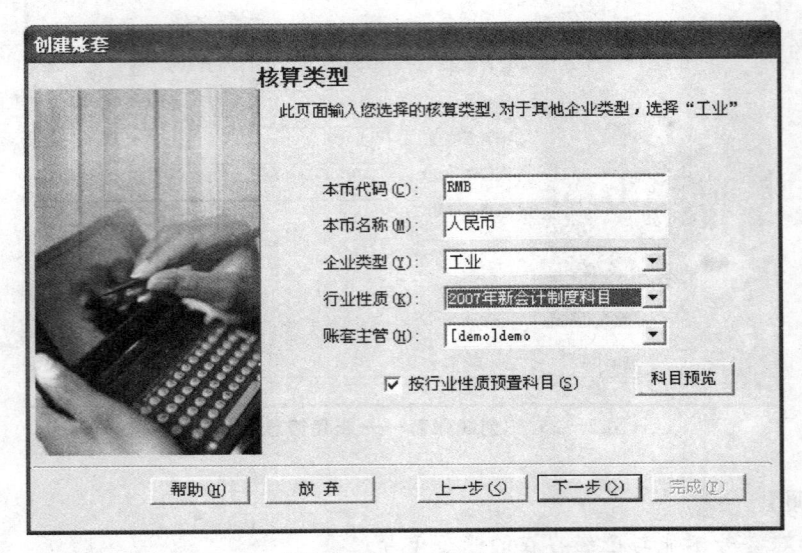

图2—27 "创建账套——核算类型"设置窗口

【说明事项】

①企业类型：系统提供工业和商业两种选择。

②账套主管：用来确认新建账套的账套主管，用户可以从下拉框中选择系统提供的三个系统操作员DEMO、SYSTEM、UFSOFT中任选一个输入，其后，可以在"权限管理"中重新指定主管。

③行业性质：用户必须从下拉框中选择输入适用于本企业的行业性质。这为"是否按行业预置科目"确定科目范围，并且系统会根据企业所选行业（工业和商业）预置一些行业的特定方法和报表。

④是否按行业预置科目：如果用户希望采用系统预置所属行业的标准一级科目，则在该选

项前打"√",那么进入产品后,会计科目由系统自动设置;如果不选,则由用户自己设置一级会计科目。

(4)设置基础信息。在"创建账套——基础信息"窗口,选择设定企业各项核算的分类信息,如图2—28所示。输入完成后,点击【完成】按钮,系统提示"可以创建账套了吗",点击"是"完成上述信息设置,进行下一步设置。

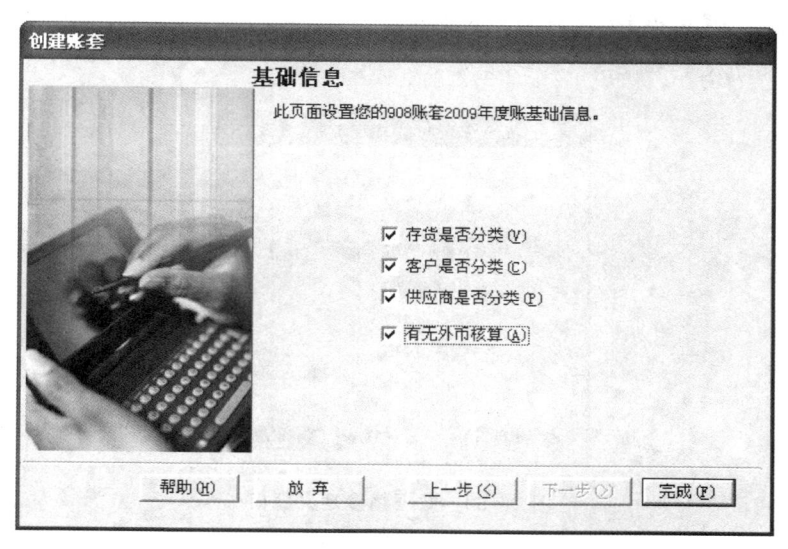

图2—28 "创建账套——基础信息"设置窗口

【说明事项】

①如果单位的存货、客户、供应商较多,且希望进行分类管理,则可以在这三项分类选项前打"√",表明要对其进行分类管理。如果选择的各项管理要分类,那么在进行基础信息设置时,必须先设置各项目的分类信息,然后才能设置相应的档案资料。

②是否有外币核算:如果本单位有外币业务,例如用外币进行交易业务或用外币发放工资等,可以在此选项前打"√"。

(5)分类编码方案设置。如图2—29所示。

图2—29 "分类编码方案"设置窗口

【说明事项】

为了便于对经济业务数据进行分级核算、统计和管理，软件提供档案的编码分级管理功能。本功能主要用于设置各级次档案的分级方式和各级编码长度。编码级次和各级编码长度的设置将决定用户单位如何编制基础数据的编号，进而构成用户分级核算、统计和管理的基础。这里的编码采用分段组合码方式。

输入完毕后点击【保存】按钮，进入"数据精度定义"窗口。

(6) 定义数据精度。如图 2—30 所示。

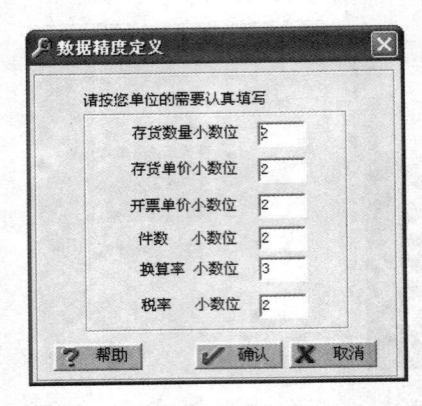

图 2—30 数据精度定义窗口

点击【确认】按钮后，屏幕提示账套建立成功，是否进行系统启用的设置。点击"是"后，即可进行系统启用的设置，如图 2—31 所示。

图 2—31 "系统启用"窗口

做完系统启用退出后即完成账套的建立。

【说明事项】

第(5)、(6)、(7)步中设置的相关信息,还可以在账套建立完成后通过"企业门户"登录系统,在"企业门户——基础信息——基本信息"中进行设置、修改。

二、账套的修改

账套建立完成后,在使用过程中如果发现账套的某些信息有遗漏需要补充修改或想要查看账套的某些信息,可以通过账套修改功能来实现。账套修改功能是由账套主管来完成的。在系统管理模块中以账套主管的身份登录,然后选择要修改的账套,按屏幕提示即可完成操作。账套参数信息若已被使用,进行修改可能会造成数据的紊乱,因而对账套信息的修改应谨慎对待。

三、账套的输出

输出账套功能是指将所选的账套数据进行备份输出。企业在实际运营中会存在很多不可预知的不安全因素,如火灾、计算机病毒、人为破坏等,任何一种情况的发生对系统安全都是致命的。如何在意外发生时将企业损失降至最低,是每个企业共同关注的问题。因此,系统必须提供一个保存机内数据的有效方法,可以定期将机内数据备份出来存储到不同的介质上。备份数据一方面用于意外发生时恢复数据之用,利用备份数据,可以尽快恢复系统数据,从而保证企业财务核算和管理业务正常进行;另外,对于异地管理的公司,还可以利用备份数据来解决审计和数据汇总的问题;再者,系统中的数据在会计期末要备份出来作为档案保存,这也需要通过账套输出来完成。账套数据备份是保护数据的主要手段,企业必须严格根据会计制度的要求进行会计数据的备份工作,要做到有计划、经常化。

用友管理系统提供三种方式用于备份数据,即账套输出、年度账输出和设置自动备份计划。

(一)账套输出

账套输出即会计数据备份,就是将用友系统所管理的数据备份到硬盘、U盘、光盘或其他存储设备中保存,以便在发生意外事故造成数据丢失或被他人篡改时可以利用备份数据将系统数据尽快恢复,从而保证业务的正常运行。

【业务描述】

将908账套数据输出到D:盘下"翔飞备份"文件夹中。

【操作步骤】

(1)在D:盘下建立"翔飞备份"文件夹。

(2)以系统管理员的身份登录进入"系统管理"窗口,选择"账套"菜单中的"输出"命令,打开"账套输出"窗口,如图2—32所示。

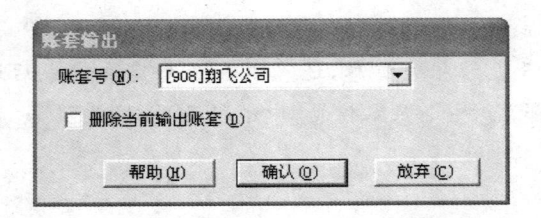

图 2—32 "系统管理——账套输出"窗口

(3)选择"账套号"下拉框中的"[908]翔飞公司"一项。单击【确认】按钮,系统开始进入数据压缩进程。

(4)经过数据压缩,系统进入"选择备份目标"对话框,如图 2—33 所示。

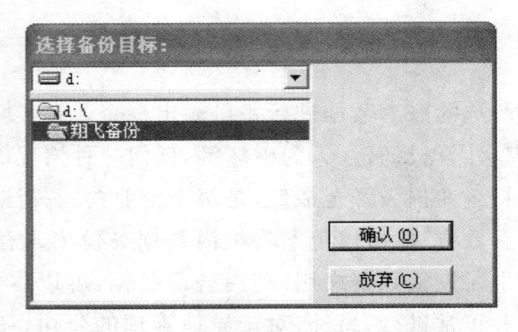

图 2—33 "选择备份目标"对话框

双击 D:盘下"翔飞备份"文件夹,单击【确认】按钮,系统弹出"备份完毕"信息提示框,如图 2—34 所示。单击【确定】按钮完成备份。

图 2—34 硬盘备份提示信息

打开"D:\翔飞备份"文件夹,可以看到两个文件"UFDATA.BA_"和"UfErpAct.LST",即是备份内容,如图 2—35 所示。

图 2—35 用友备份文件

【说明事项】

①只有系统管理员才有权输出账套。

②在选择输出账套时,如果选中了"删除当前输出账套"复选框,则在输出账套后可以删除该账套。

③在做账套输出和删除时,应关闭所有系统模块。

④可按时间序列等不同方式给出不同时期的备份文件夹命名,但不要修改备份文件名。

(二)年度账输出

年度账操作中的输出与账套操作中的输出的含义基本一致,所不同的是年度账操作中的输出不是针对某个账套,而是针对账套中的某一年度的年度账进行的。

年度账输出操作是由账套主管来进行的。以账套主管身份登录系统管理模块后,选择"年度账"菜单中的"输出"命令,即弹出如图2—36所示的"输出年度数据"窗口,在该窗口中选择待输出的年度,同时可决定是否删除该年度数据。删除当前年度账后,其他年度账依然可以使用。

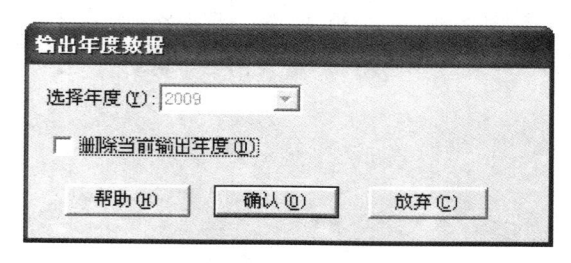

图2—36 "输出年度数据"窗口

(三)设置自动备份计划

系统在提供单账套数据输出的同时,还能自动定时对设置好的多账套进行输出(备份),这就是设置备份计划功能。它是一种自动备份数据的方式。利用该功能可以实现定时、自动输出多个账套的目的,在很大程度上减轻了系统管理员的工作量,同时又能有效保障系统数据的安全。

系统管理员或账套主管都可设置备份计划,系统管理员既可以对账套设置自动备份计划,也可以对年度账设置自动备份计划。账套主管只能对年度账设置自动备份计划。

【操作步骤】

(1)以系统管理员身份登录系统管理模块后,选择"系统"菜单项下的"设置备份计划"命令,如图2—37所示。即可进入"备份计划设置"窗口,如图2—38所示。

(2)单击"备份计划设置"窗口中的【增加】按钮,弹出"增加备份计划"窗口,如图2—39所示。

会计信息系统教程

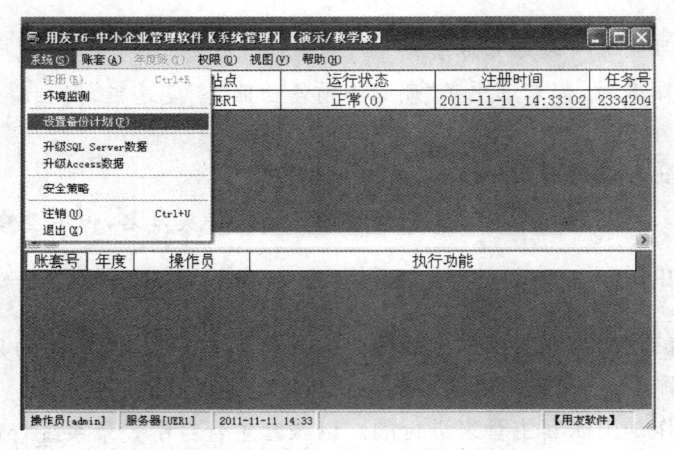

图 2－37 选择"系统——设置备份计划"命令

图 2－38 "备份计划设置"窗口

图 2－39 "增加备份计划"窗口

【说明事项】

①备份类型:以系统管理员(Admin)身份增加备份计划时可以进行的选择,分为账套备份和年度备份。以账套主管注册进入系统管理增加备份计划时只能做年度备份,此处显示为非选项。当选择"账套备份"时,下面列表框中显示待选的账套编号和名称;当选择"年度备份"时,列表框中还会增加各账套的年份供选择。

②发生频率:系统提供"每天、每周、每月"三项选择,可以根据备份需要进行选择。

③发生天数:系统根据发生频率,确认执行备份计划的确切天数。选择"每天"为周期的设置,系统不允许选择发生天数;选择"每周"为周期的设置,系统允许选择的天数为"1~7"之间的数字(1代表星期日,2代表星期一,以此类推);选择"每月"为周期的设置,系统运行选择的天数为"1~31"之间的数字,如果其中某月的时间日期不足设置的天数,系统则按最后一天进行备份。

④开始时间:是指在指定的发生频率中的发生天数内的某个时间开始备份。

⑤有效触发:如遇网络或数据冲突无法备份时,以备份开始时间为准,在有效触发小时的范围内,系统可反复重新备份,直到备份完成或触发时间终止放弃备份。

⑥保留天数:指自动备份文件的保留时间。如果过了保留天数,系统会自动删除时限之外的备份数据。当保留天数为0时,永不删除备份。

⑦备份路径:对于系统输出路径,只能是本地磁盘。

(3)设置完毕后单击【增加】按钮,即可进行下一个计划的设置。单击【退出】按钮,返回如图2—40所示界面,备份计划即设置成功。

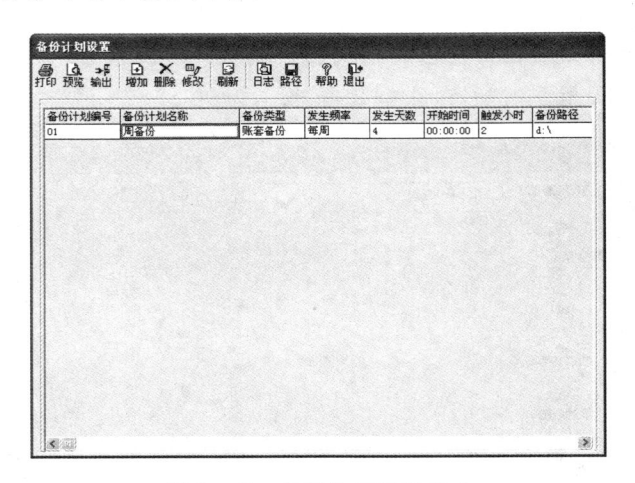

图2—40 备份计划设置完成

(四)不同输出方式差异

无论是使用账套输出、年度账输出或设置备份计划输出,其目的只有一个:将目标数据进行输出备份。但三种方式的输出方法和输出内容是有一定区别的。具体内容如表2—6所示。

表 2—6　　　　　　　　　　　三种输出方式的比较

类别 内容	账套输出	年度账输出	设置备份计划	
			设置账套备份计划	设置年度账备份计划
范围	一次只能输出一个账套的数据	一次只能输出一个账套中的一个年度账的数据	一次可以输出多个账套的数据	一次可以输出多个账套的多个年度账
自动备份定时输出功能	N	N	Y	Y

说明：Y 表示可以，N 表示不可以。

四、账套的引入

引入账套功能是指将系统外某账套数据引入本系统中，也称账套恢复。进行账套引入（或数据恢复）的目的是：当硬盘数据被破坏时，将 U 盘或光盘等外存储设备上的最新备份数据恢复到硬盘中。系统还允许将系统外某账套数据引入本系统中，从而有利于集团公司的操作。例如，子公司的账套数据可以定期被引入母公司系统中，以便进行有关账套数据的分析和合并工作。

业务描述

将 908 账套的备份数据（存储在"D:\翔飞备份"文件夹下）引入到系统中。

操作步骤

（1）以系统管理员的身份注册登录到系统管理模块并选择执行"账套"菜单中的"引入"命令，即可打开如图 2—41 所示的"引入账套数据"窗口。

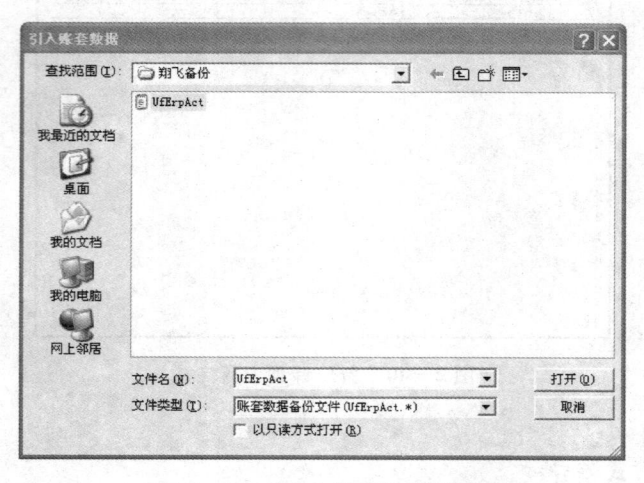

图 2—41　"引入账套数据"窗口

（2）在"引入账套数据"窗口中"查找范围"下拉列表框中选择"D:\翔飞备份"文件夹。并选中其中的文件 UfErpAct.LST，单击【打开】按钮，即弹出如图 2—42 所示的提示信息窗口。

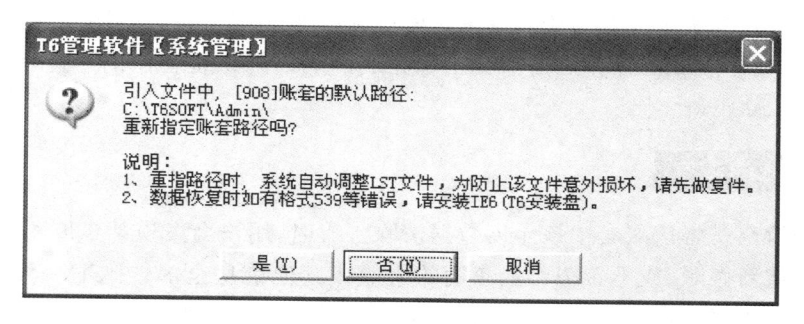

图 2—42　引入账套提示信息窗口 1

（3）在如图 2—42 所示窗口中选择【否】命令按钮不要求重新指定路径，即可进行数据引入。如果要引入的账套在系统中已经存在，会弹出如图 2—43 所示的信息窗口，要求用户决定是否用备份数据覆盖当前系统中的所有信息，如果选【是】，则引入备份数据；如果选【否】，则放弃当前的引入操作而保留系统中现有数据。

图 2—43　引入账套提示信息窗口 2

第四节　年度账管理

前面我们已经讨论过账套和年度账的关系，用户不仅可以建立多个账套，而且每个账套中可以存放多个年度的会计数据。这样一来，系统的结构清晰、含义明确、易于理解、可操作性强，对不同核算单位、不同时期数据的操作，只需通过设置相应的系统路径即可进行，而且由于系统自动保存了不同会计年度的历史数据，对利用历史数据的查询和比较分析也显得特别方便。年度账的管理是由账套主管来完成的。年度账的管理分为年度账的输出、引入、清空、建立、结转上年度数据。

一、年度账的输出和引入

年度账的输出方式为那些有多个异地单位的客户及时集中管理带来方便。例如，某单位总部在北京，其上海分公司每月需要将最新的数据传输到北京。此时第一次只需上海将账套输出（备份），然后传输到北京进行引入（恢复备份），以后当需要传输数据时只需要将年度账进行输出（备份）然后引入（恢复备份）即可。这种方式使得以后传输时只需要传输年度账即可，其好处是传输的数据量小，便于提高传输效率和降低费用。

年度账的输出和引入操作与账套的输出和引入操作基本一致,其差别是账套的管理由系统管理员进行,而年度账的操作是由账套主管完成的,另外,系统备份的年度账的备份文件其前缀名统一为 uferpyer。

二、年度账的清空

年度账的清空是将该账套中该年度数据清除。有时,用户会发现某年度账中错误太多,不想保留而希望重新做账,或不希望将上年度的余额或其他信息全部转到下一年度,这时候,便可使用清空年度数据的功能。清空并不是指将年度账的数据全部清空,还是要保留一些信息,主要有基础信息、系统预置的科目报表等。保留这些信息主要是为了方便用户使用清空后的年度账重新做账。

操作步骤

(1)以账套主管的身份注册登录系统管理窗口后选择"年度账"→"清空年度数据"命令。即会弹出如图 2—44 所示的窗口,让用户选择要清空数据的会计年度。

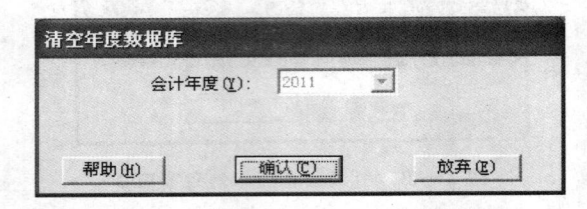

图 2—44 选择要清空数据的会计年度

(2)点击【确认】按钮后,进入清空数据库的进程,如图 2—45 所示。

图 2—45 清空数据库进程

(3)清除完毕后弹出确认成功的信息窗,如图 2—46 所示。

图 2—46 清空年度数据库成功提示信息

三、年度账的建立和结转上年度数据

年度账的建立是在已有上年度账套的基础上,通过年度账建立,自动将上个年度账的基本档案信息结转到新的年度账中。对于上年余额等信息需要在年度账结转操作完成后,由上年自动转入下年的新年度账中。

企业是持续经营的,因此企业的日常工作是一个连续性的工作,只是为了统计分析而人为地将企业持续的经营时间划分为一定的时间段。一般以年为最大单位来统计。因此,每到年末,需要启用新年度账,将上年度中的相关模块的余额及其他信息结转到新年度账中。

操作步骤

(1)结转上年数据之前,首先要建立新年度账。以账套主管身份登录系统管理模块后,执行"年度账"→"建立"命令即可。

(2)建立新年度账后,可以执行供销链产品、资金管理、固定资产、工资系统、总账、网上银行等的结转上年数据的工作。

对于结转顺序请参见图 2-47,对于水平方向的模块是不分先后顺序的,但对于垂直方向的顺序是自上而下的。无论使用的模块是否齐全,只要应用了其中的任意几个,就要依照此顺序执行。

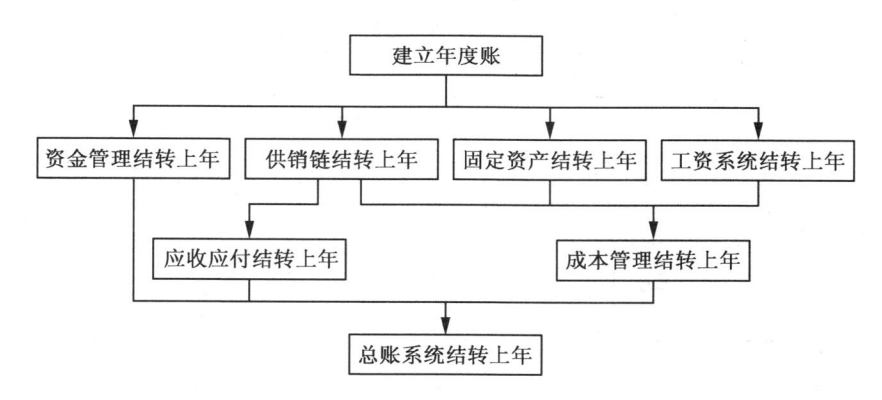

图 2-47 结转上年度账流程图

第五节 用户权限管理

企业在使用会计信息系统进行核算和管理时,应首先对操作人员进行岗位分工,对指定的操作人员操作权限进行明确规定,实施权限控制,以避免无关人员对系统进行错误或恶意操作,从而保证整个系统的安全性和保密性。财务分工总体包含设置操作员和为操作员分配操作权限两部分。其中操作员的设置是由系统管理员来完成的,而系统管理员或账套主管皆可为已有操作员授权。但他们的授权范围是有区别的:系统管理员可以指定账套主管以及设置所有操作员相关信息并为其赋予各个账套的相应权限;而账套主管只能将所辖账套的权限赋予已经由系统管理员设置好的操作员。

用户权限管理包括角色、用户的增减维护和权限的设置。

一、用户管理

用户是指有权限登录系统,对信息系统进行操作的人员,即通常意义上的"操作员"。每次注册登录系统都要进行用户身份的合法性检查。只有事先设置、系统认可的用户才能以特定身份进入系统。用户增加完毕以后,需要给每一个用户赋予一定权限,这样才能在登录企业门户以后进行相应的操作。下面来说明如何操作用户的增加和权限的设定。

业务描述

增加 2 名用户:王容若(出纳),宋雪龙(主管)。

操作步骤

(1)以系统管理员的身份登录系统管理模块,执行"权限"→用户命令,弹出如图 2—48 所示的"用户管理"窗口。

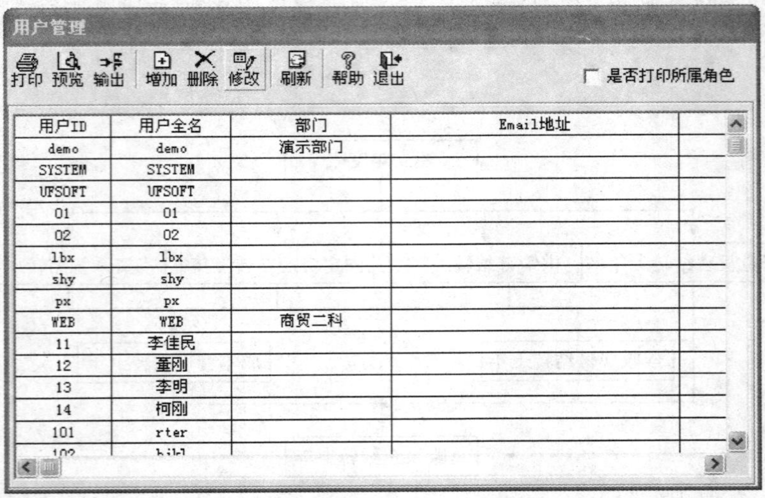

图 2—48 "用户管理"窗口

(2)点击【增加】按钮,弹出如图 2—49 所示的"增加用户"窗口。在该窗口中分别增加"王容若"和"宋雪龙"这两名用户。

(3)设定宋雪龙的主管权限。点击"权限"菜单中的"权限"命令,在弹出的"操作员权限"定义窗口中(如图 2—50 所示),先在右上角的下拉列表框中选择"[908]翔飞公司",在选中的左侧用户和角色列表中选择"912,宋雪龙,用户",然后在右上角"账套主管"复选框中选中打一个对号,表明将宋雪龙设置为 908 账套的 2009 年的财务主管。在随后弹出的询问窗口中选择【是】,即完成了主管的设定工作。主管自动拥有该账套的全部权限,其结果如图 2—51 所示。

图 2-49 "增加用户"窗口

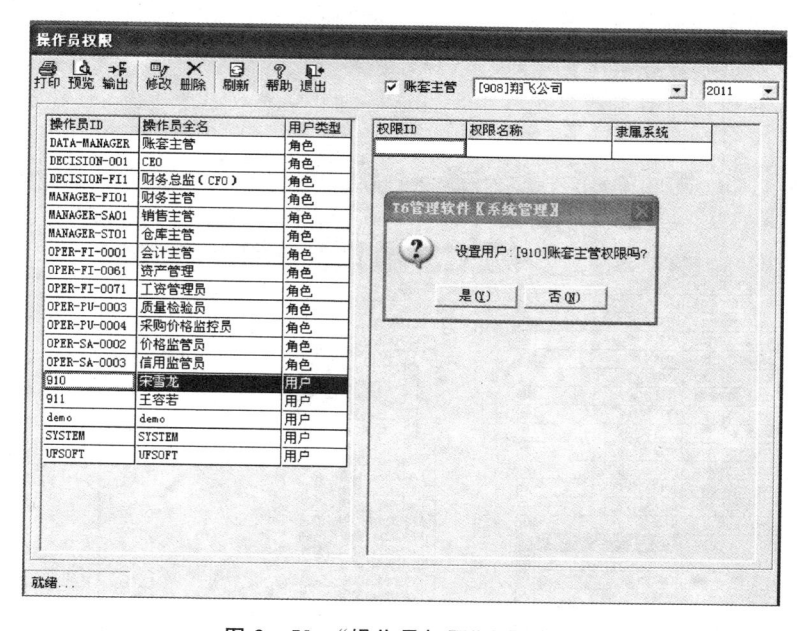

图 2-50 "操作员权限"设置窗口

图 2—51 主管权限设定完毕

（4）设定王容若的出纳权限。在图 2—50 所示的"操作员权限"设定窗口的用户和角色列表中选择"911，王容若，出纳"，点击【修改】按钮，即会弹出"增加和调整权限"窗口，在该窗口中选择所要赋予的权限，在相应项目前的复选框中点击选择即可完成权限的设定，如图 2—52 所示。

图 2—52 增加和调整权限窗口

【说明事项】

①操作员编号在系统中必须唯一。

②在实际工作中可以根据需要随时增加操作员。所设置的操作员一旦被使用,就不能删除。

③为保证系统安全、分清责任,系统管理员应设置操作员口令。该操作员第一次登录企业门户时应及时修改口令。

④在设置用户时可以直接指定该用户的角色,使该用户直接拥有该角色的相应权限。如果不指定该用户的角色,则应在权限设置中再设置该用户所拥有的某一账套的操作权限。

二、角色管理

实际工作中,如果某个单位业务量特别大,同一岗位有很多操作员,那么就需要增加操作员并给他们逐一地设置相同的权限,这样的操作是非常烦琐且耗费时间的,为解决这类问题,系统提出了"角色"这一概念,增加了按角色分工管理的理念,以加大控制的广度、深度和灵活性。

角色是指在企业管理中拥有某一类职能的组织,这个角色组织可以是实际的部门,也可以是由拥有同一类职能的人构成的虚拟组织,即它是一个虚拟的概念。在设置了角色后,就可以给角色设定权限,当某用户归属某一角色后,就相应地拥有了该角色的权限。此功能的好处是方便控制操作员权限,可以依据职能统一进行权限的划分。

角色的增加和权限的设定与用户的相关操作相类似,这里不再赘述。

【说明事项】

①用户和角色的设置可以不分先后顺序,但对于自动传递权限来说,应该首先设定角色,然后分配权限,最后进行用户的设置。这样在设置用户的时候,选择其归属哪一个角色,则其自动具有该角色的权限,包括功能权限和数据权限。

②一个角色可以拥有多个用户,一个用户也可以属于多个不同的角色。

三、权限设置

前面我们讲述了如何根据企业内部控制的要求,对各操作员进行权限的设置,以保证各操作员间有严格的岗位分工,不能越权操作。但是目前我们所做的权限的划分是粗线条的,为了保证系统运行安全、有序,适应企业精细管理的要求,权限管理必须向更细、更深的方向发展。用友系统提供了权限的集中管理功能。除了提供用户对各模块操作权限的管理之外,还相应地提供了金额的权限管理和对于数据的字段级和记录级的控制,不同的组合方式使得权限控制更灵活、更有效。

在用友应用系统中可以实现三个层次的权限管理:功能级权限管理、数据级权限管理和金额级权限管理,其管理的对象及管理的内容是完全不同的。

第一个层次,功能级权限管理。该权限提供了更为细致的功能级权限管理功能,包括各功能模块相关业务的查看和操作权限。例如,赋予操作员 SYSTEM 对某账套中总账模块、工资模块的全部功能。

第二个层次,数据级权限管理。该权限可以通过两个方面进行控制:一个是字段级权限控制;另一个是记录级权限控制。例如,设定操作员马方只能录入某一种类别的凭证。

第三个层次,金额级权限管理。该权限主要用于完善内部金额控制,实现对具体金额数量划分级别,对不同岗位和职位的操作员进行金额级别控制,限制他们制单时可以使用的金额数量,不涉及内部系统控制的不在管理范围内。例如,设定操作员马方只能录入金额在20 000元以下的凭证。

功能权限的分配在系统管理中的"权限"中设置,数据级权限和金额级权限在"企业门户"→"基础信息"→"数据权限"中进行设置,且必须是在系统管理的功能权限分配之后才能进行。

第六节　系统安全管理

一、数据库的升级

随着时间的推移和技术的发展,软件公司可能不断推出新的版本,用户所使用的财务软件也随之从低到高相继更新。这样带来的一个新问题是:如何在高版本的软件下读取出以前年度的低版本数据? 这就用到了数据库的升级功能。

对于用友软件,系统提供对以前版本数据的升级操作,以保证客户数据的一致性和可追溯性。以升级 SQL Server 数据库为例,对于用友软件以前的 SQL 数据,可以使用此功能一次将数据升级。

操作步骤

(1)以系统管理员 Admin 身份登录系统管理,选择执行"系统"菜单项下的"升级 SQL Server 数据库"命令,随即弹出如图 2—53 所示的数据库升级窗口。

(2)在升级数据库窗口中选择要升级的账套和年度,点击【确定】按钮即可完成升级操作。

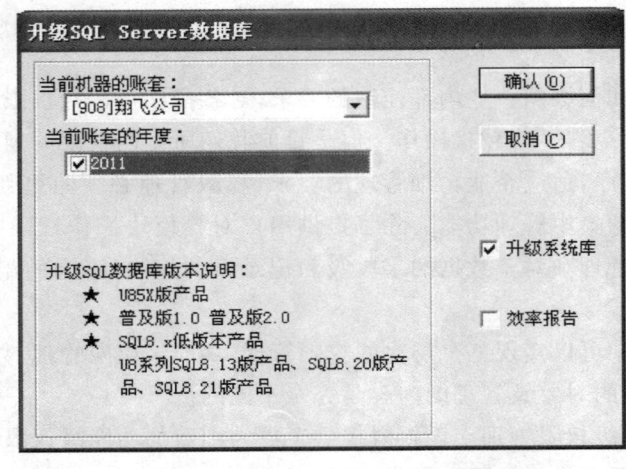

图 2—53　"升级 SQL Server 数据库"窗口

【说明事项】

在升级之前,一定要将原有的 SQL 数据进行备份。

二、安全策略

通过这一功能可以达到对新增用户的初始密码和密码策略进行管理的目的。以系统管理员身份登录系统管理并选择执行"系统"菜单项下的"安全策略"命令，即可调出如图 2－54 所示的窗口，在该窗口中可以对新增用户设定统一的初始密码，可以规定密码的最小长度和最多使用天数等。

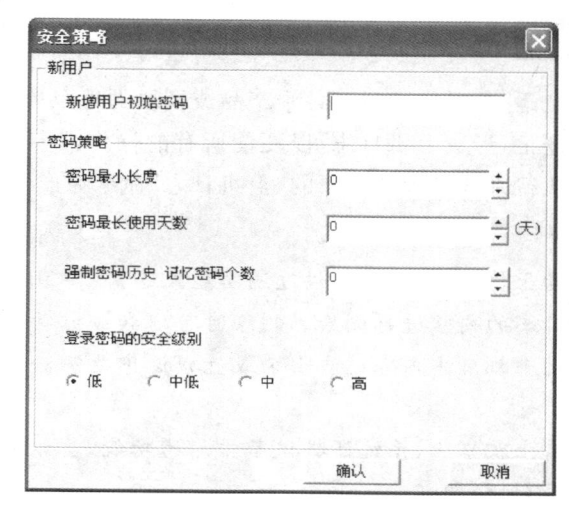

图 2－54 "安全策略"设置窗口

三、清除异常任务和单据锁定

在系统管理模块中"视图"菜单项下有"清除异常任务和清除单据锁定"两项功能，如图 2－55 所示。这两项操作是为系统管理员提供的对系统进行简单维护的功能。首先来看一下"清除单据锁定"功能。在使用过程中由于不可预见的原因可能会造成单据锁定，此时单据的正常操作将不能使用，此时使用"清除单据锁定"功能，将恢复正常功能的使用。

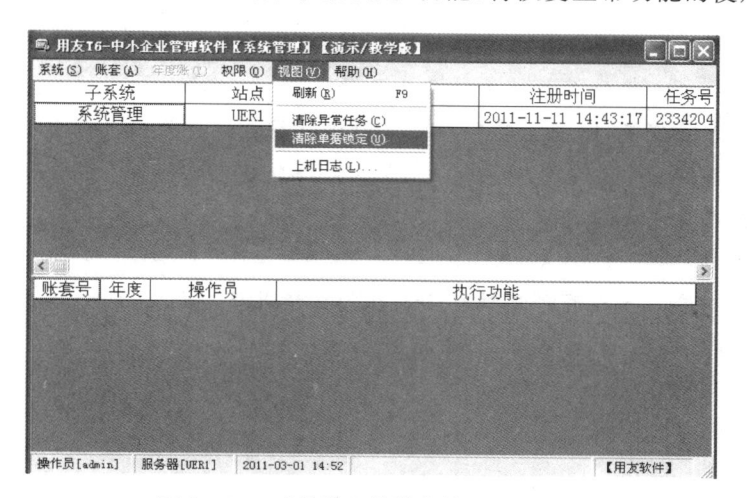

图 2－55 系统管理模块中的"视图"菜单

系统除了提供手动进行异常任务的清除之外，还提供了增强自动处理异常任务的能力，不用每次必须由系统管理员登录系统管理后手工清除。用户在使用过程中，可在服务管理器中设置服务端异常和服务端失效的时间，提高使用中的安全性和高效性。如果用户服务端超过异常限制时间未工作或由于不可预见的原因非法退出某系统，则视此为异常任务，在系统管理主界面显示"运行状态异常"，系统会在到达服务端失效时间时，自动清除异常任务。在等待时间内，用户也可选择"清除异常任务"菜单，自行删除异常任务。

四、上机日志的使用

　　为了保证系统的安全运行，系统随时对各个产品或模块的每个操作员的上下机时间、操作的具体功能等情况进行登记，形成上机日志，以便使所有的操作都有所记录、有迹可循。有关上机日志的操作可通过执行系统管理菜单下的"上机日志"命令完成。

【说明事项】

①为了方便用户查看上机日志，系统提供过滤功能来过滤上机日志的内容。

②用户可以对上机日志的内容进行删除。删除时可以和过滤功能结合起来使用，即先利用过滤功能将需要删除的上机日志内容过滤出来或直接选中要删除的启示，然后在菜单条中点击【删除】按钮即可。

③为了方便用户查看上机日志，系统还提供了排序的功能，具体方法是：用户选择要进行排序的列，然后点击【排序】按钮即可。

④上机日志是动态的，它随着系统的使用情况而不断发生变化，因此，要想看到最新的上机日志，就要实时地将上机日志的内容予以刷新，刷新的办法是：用鼠标在菜单条中点击【刷新】按钮。

⑤当日志存储到一定极限的时候，系统会提示您进行清除日志工作。具体的操作方法按照系统提示进行即可。

本章习题

1. 系统管理模块的主要功能有哪些？
2. 何谓财务分工？进行财务分工的意义是什么？
3. 试比较系统管理员、账套主管和一般普通操作员在操作权限上的差异。
4. 说明账套备份和恢复的作用。
5. 如何为操作员设置操作权限？
6. 试说明账套与年度账的关系。
7. 账套数据备份的方式有哪几种？分别在什么情况下应用？
8. 系统提供的"角色"有何用处？

第三章 基础设置

教学目的及要求

系统掌握使用每一个子系统所需要的基础数据以及各系统的公用数据；掌握各个基础设置的操作方法；重点掌握会计科目设置中各种辅助账类的设置方法和工作原理；理解项目管理的应用；了解各编码体系的设置原则与方法。

用友软件的基础设置标签页内提供：账套基本信息编辑、基础档案管理、数据权限管理、单据格式设置、工作流程设置和快速使用向导等基本功能，在这一部分用户要完成进行具体日常业务处理前的基础准备工作。本章将着重讲解基本信息和基础档案的管理功能。

第一节 企业门户简介

用友系统为所有用户提供了一个单一的入口——企业门户，可供用户访问企业的各种信息，并设计自己的工作流程。通过它可以做到信息的及时沟通、资源的有效利用、与合作伙伴的在线和实时连接，这将提高企业员工的工作效率以及企业的总体处理能力。

在企业门户中可进行基础信息设置、处理企业业务工作、系统服务等内容。基础信息的设置包括基本信息、基础档案、数据权限、单据设置、工作流程设置等内容；业务工作包括总账、财务报表、工资管理、固定资产管理、应收应付核算、采购管理、销售管理、库存管理、存货核算等内容；系统服务包括升级工具、系统管理、总账工具、数据复制、科目转换等内容。

用户要想处理企业相关的经济业务，必须登录企业门户，企业门户注册的界面如图3-1所示。任何有该账套操作权限的操作员都可通过该注册界面进入系统中进行相关操作。同时，它也是系统进行密码权限控制的平台。

企业门户注册通过后，即进入系统操作主界面，如图3-2所示。在企业门户中可以完成企业所有相关的经济业务。在该窗口中一共有三个标签页，分别是"基础""业务"和"工具"，分别见图3-2、图3-3、图3-4。

在"基础"页中可以完成企业基本信息、基础档案、数据权限、单据格式和工作流程的设置。

在"业务"页中的功能有：财务会计、供应链相关模块、企业应用集成等。

在"工具"页中能完成升级工具、系统管理、总账工具、数据复制、预警设置、科目转换、账务函数转换、经理综合查询数据抽取等操作。

下面来学习一下各基础信息的设置方法。

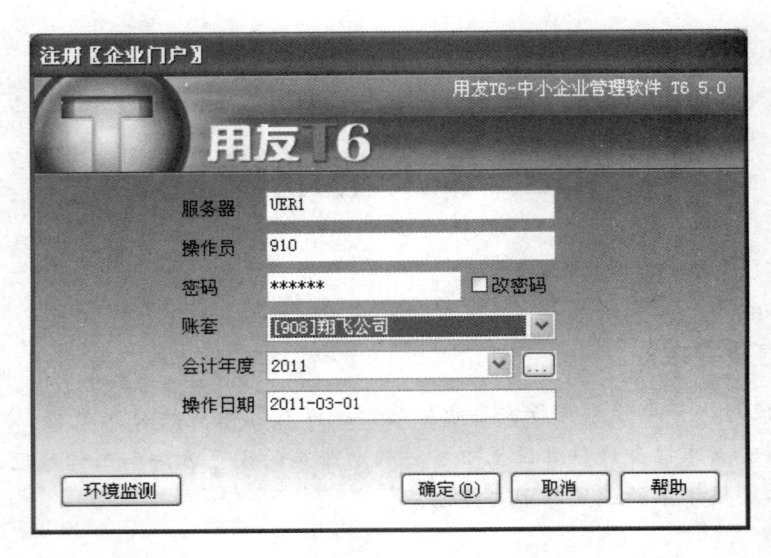

图 3—1　企业门户注册窗口

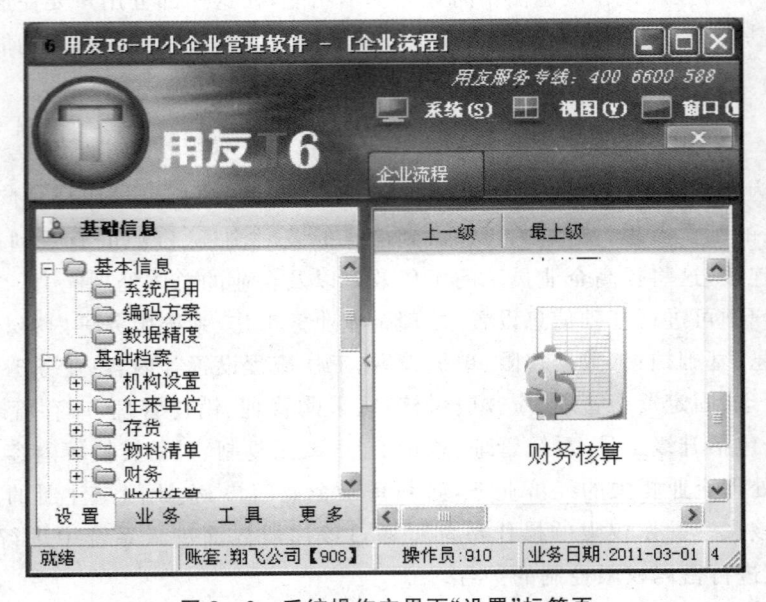

图 3—2　系统操作主界面"设置"标签页

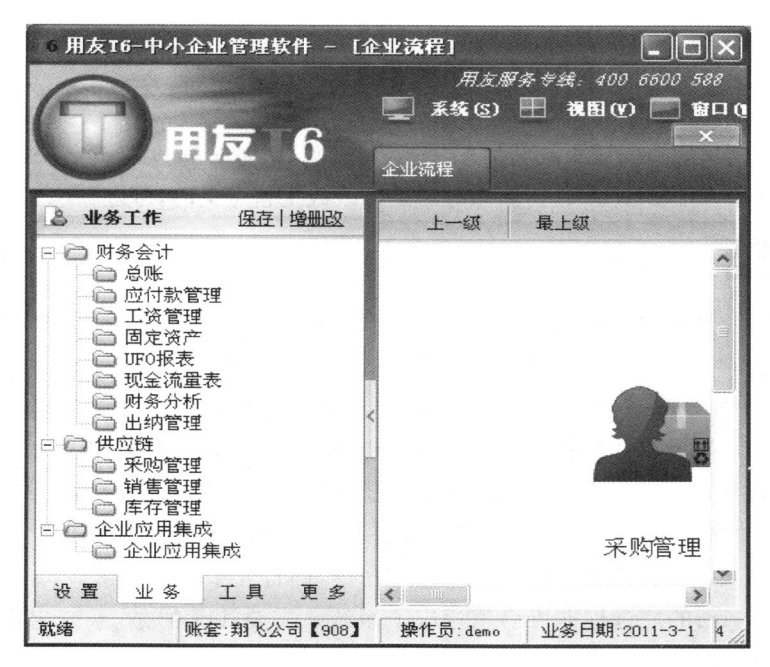

图 3—3　系统操作主界面"业务"标签页

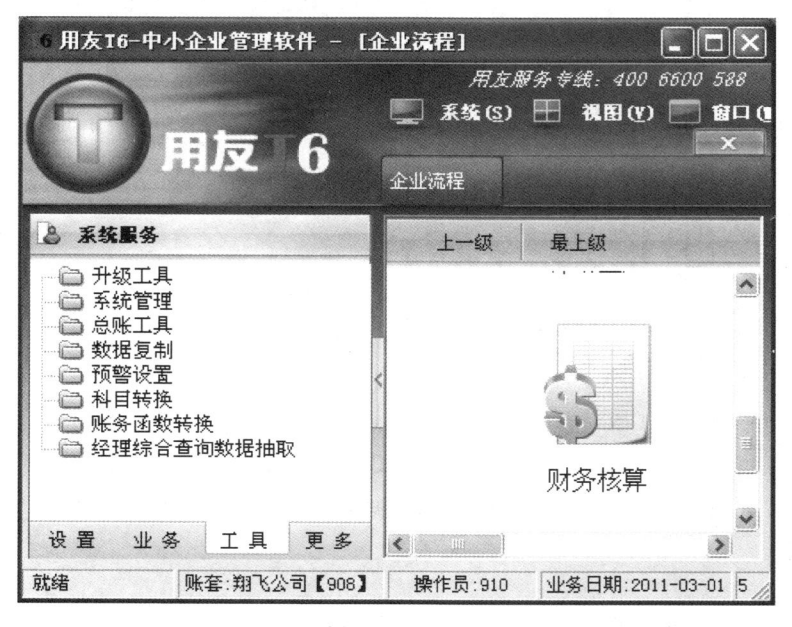

图 3—4　系统操作主界面"工具"标签页

第二节　基本信息管理

基本信息管理模块能够完成系统的启用、编码方案设置、数据精度的设定三方面的工作，这三项数据在建账过程中都已经定义过，如果有需要修改或重新定义的，可以在这里进行操作。

一、系统启用

在前面我们已经分析过，用友软件是一个集成软件，由多个子系统组成，要使用一个子系统，必须先启用它。本功能用于已安装系统（或模块）的启用，并记录启用日期和启用人。系统启用有两种方法：一种是在系统管理中创建账套完成后启用系统；另一种是在建账完成后在企业门户中启用系统。如果在系统管理中由系统管理员创建账套完成后启用系统，系统启用人为 Admin。如果在建账完成后由账套主管在企业门户中启用系统，系统启用人为账套主管。在相应系统没有任何数据发生的前提下，仍可取消系统启用。其操作步骤如下：在系统主界面"设置"页中选择"基本信息"菜单中的"系统启用"命令，即打开系统启用窗口，如图 3—5 所示，在该窗口中选择第一列的复选框即可启用相应子系统。需要注意的是，系统启用时间的确定一般为启用月的第一天。

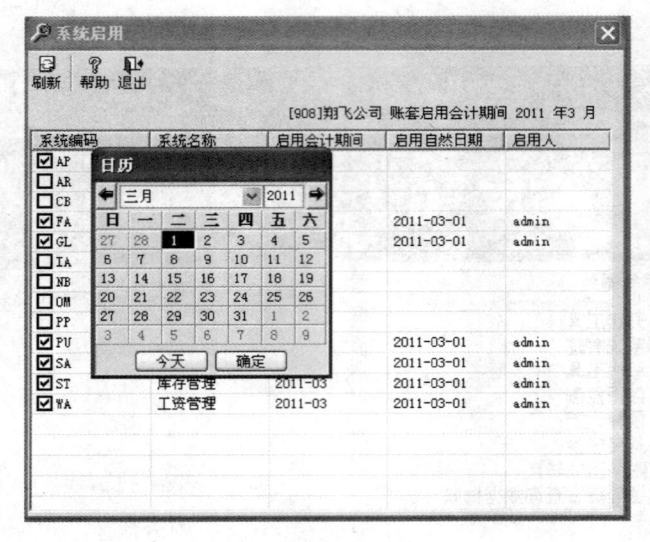

图 3—5　"系统启用"窗口

【说明事项】

系统启用的约束条件如下：

（1）财务会计相关系统的启用

各系统的启用日期必须大于或等于账套的启用日期。

（2）供应链系统启用

①采购、销售、委外、存货、库存五个模块，如果其中有一个模块后启用，其启用期间必须大于等于其他模块最大的未结账月。

②应付先启,后启采购,采购的启用月必须大于等于应付的未结账月。

③应收先启,后启销售,销售的启用月必须大于等于应收的未结账月,并且,必须要求应收款管理系统未录入当月(销售启用月)发票,或者将录入的发票删除。

④销售先启,应收后启,如果销售已有结账月,应收的启用月应大于等于销售未结账月,如果销售无结账月,应收的启用月应大于等于销售启用月。

⑤销售先启,后启应收,应将销售当月已审核的代垫费用单生成应收单(单据日期为当月)。

⑥要启用委外管理,必须启用生产管理。

⑦生产管理必须在采购管理、库存管理启用后才可启用。

二、编码方案的设定

在这一模块中可以进行会计信息系统中所需的各种代码编码方案的设定和修改。编码方案是指设置编码的级次长度方案。为了便于识别和统计数据,财务软件系统通常将重要核算信息进行编码。编码级次和编码长度的设置取决于核算单位经济业务的复杂程度、分级核算管理的要求以及软件系统所固有的数据结构要求。

在会计信息系统中,代码设计是一项不可缺少的重要内容,它能帮助了解信息的需求,是进行系统分类、核对、总计以及检查的关键。有时也通过设计代码来制定数据的处理方法,区别数据类型并指定计算机处理的范围和内容,编码工作涉及科目名称、职工名称、商品名称、部门名称、单位名称等编码符号。由于代码能用简单、统一的编码符号唯一地确定被标识的对象数据,因此,它有利于计算机进行查询、分类、排序、统计等处理,有利于提高系统的输入速度。建立合理的代码体系,是会计电算化所必需的。

(一)代码设计原则

代码在逻辑上应能满足用户需要,在结构上应能与处理的方法保持一致,这样才能满足用户要求并提高计算机处理的效率,代码在设计时应满足以下要求:

1. 唯一性

一个编码对象只能有一个代码,每一个代码也必须唯一地标志一个编码对象,否则会造成系统的混乱。

2. 标准化和通用性

必须遵守国家有关的编码标准,如一级会计科目编码,财政部已有统一规定,不允许随便更改,以保证全国会计数据的统一口径。系统内部同一类代码的结构、类型及编码规则应该统一,而且要兼顾其他部门的需要,这样有助于扩大代码的使用范围和数据共享。

3. 稳定性和可扩充性

编制一套科学适用的代码工作量很大,并需要较长时间人们才能熟练地使用它们,同时会计资料需要保存多年以便随时查阅,因此代码要有稳定性,尽可能使用较长的时间。同时,也要考虑系统的发展变化,当需要增加新实体或属性时,应能直接利用原代码扩充,而不需要修改代码体系。因此,代码应具有良好的可扩充性,这是保证代码稳定性的前提。

4. 简单性

由于代码的使用范围很广,又是各文件记录的关键字,代码位数过长不但影响所占存储空间的大小,也会影响代码的输入速度和增加出错的机会。因此,代码必须简单明了、短小精炼,这样也有利于代码的维护和系统的初始化。但是,适当增加代码的位数,对代码分类细化,使之包含更多的特性,对数据分类、检索、统计、汇总、分析和满足信息处理多样化有利,从而提高信息价值。因此,设计时要全面权衡,不能顾此失彼。

5. 便于识别和记忆

代码是人机共用的语言,因此要便于财会人员识别和使用。规律性强、逻辑含义明确的代码有助于记忆,使用时间较长、比较稳定的代码也不容易出错。

(二)代码的种类

代码按编码元素来划分,通常可分为数字码、字母码和混合码;根据编码方法可分为顺序码、组码、层次码、助记码和组合代码等。

1. 顺序码

这是最常用也是最简单的一种代码。它按编码对象的某种特性或业务发生的顺序,以固定位数连续增加的自然数作为编码,即为顺序码。例如,凭证号、支票号等。顺序码的优点是简单方便、简短紧凑,但这种代码毫无逻辑含义,不便于分类。而且增加代码只能添加在末尾,删除代码会造成空号。但这可以因出现空号而发现账页、单据、支票的丢失缺损等现象,因此顺序码常用在单据、账页、凭证的编码上。

2. 组码

组码也称区段码,即根据编码对象的特点,按照代码值的大小分成若干组(区段),每组分别代表编码对象的某一类别。例如某厂的部门编码规定"01~39"为管理部门代码,"40~79"为生产部门代码,"80~99"为辅助部门代码。组码的优点是能以较少的位数分组表示事物的类别,并且每组都可以留出一些空号以备将来添加新代码,故增加、删除某个代码非常方便,不影响整个编码体系。该编码方法的缺点是分组无统一标准,不能满足复杂分类的需要,故通常在需要分组但位数又有限的情况下使用。

3. 层次码

层次码也称组别分类码或群码,就是将整个代码按位分成若干段,按从左到右的次序各段子码分别表示编码对象的大、中、小类别,每段子码可由若干位组成并可采用不同编码,这样就组成了一个有层次及隶属关系的代码,这种编码方法称为层次码。例如材料代码,可以用第1位表示材料大类,用"1"表示金属材料,用"2"表示化工材料;第2位是中分类,在金属材料下"1"表示黑色金属,"2"表示有色金属;在化工材料大类下,用"1"表示无机化工材料,"2"表示有机化工材料;第3、4位分别表示材料的品种。例如,"1111"表示黑色金属材料—钢材—钢板;"2112"表示无机化工材料—碱类—纯碱;等等。层次码的特点是分类标准明确,有严格的隶属关系,每一段子码都有特定的含义,因此容易修改和扩充,也便于计算机进行复杂的分类处理。层次码常用于分类要求较高或分类标准明确的业务处理中,在会计信息系统中应用最广,如会计科目代码、固定资产编码等。

4. 助记码

将编码对象的名称、规格等特性作为代码的一部分来使用的编码称为助记码,由于常用英文或汉语拼音等缩写字母表示,所以也称缩略码。助记码的优点是有表意作用,易读、易记、易理解,缺点是位数较多,不便于计算机处理。

5. 组合代码

将上述两种或两种以上形式的代码组合,即从两个或两个以上的角度识别和处理的编码称为组合代码。

(三)代码设计的步骤

上面列举了一些常用的编码方法,应根据编码对象的特点使用。代码设计的步骤如下:

1. 确定编码对象,明确编码目的

以系统说明书为依据,分析研究所有会计数据,确定编码对象及编码目的。主要从下面两方面考虑:在业务核算和管理上需要系统化和标准化处理的会计数据;为方便计算机分类、检索、合并、汇总和输入等处理与操作而需要进行编码的会计数据。无疑,会计科目、固定资产、材料、产品、部门、职工、客户、工程等这些用来作分类标志的数据都必须编码。

2. 分析编码对象,确定编码方法

对需要编码的对象特性进行分析,要特别注意编码对象的使用范围、使用期限、使用频率、变更周期及增删比例,是否只限于计算机处理,删除代码是否设为空码等用户要求,然后确定编码方法。

(1)决定代码种类。根据编码目的、使用范围及处理特点选择合适的代码种类。

(2)决定编码方法。根据代码的种类、个数、使用期限以及管理要求等确定代码的体系,如代码的总位数、级次、各级的位数、字符的种类及其含义等。

(3)决定是否采用校验码。对于特别重要的、使用中如果发生错误将导致严重后果的代码,应设置校验码,如身份证号码,实时处理的银行存款、取款业务,其顾客账号可设置校验码。

3. 编写代码设计书

对已确定编码方法的编码对象编写代码设计书,说明编码目的、编码对象的数量、使用范围、使用期限及编码方法等。

4. 编写代码

根据已确定的编码方法编写并印发编码本。编码本即编码对象的值与其代码的对照表,应及时交给编程、测试、维护人员及用户。

5. 校验码设计

代码常常要重复抄写和手工输入计算机,因此为了保证输入的正确性,对于重要的代码,应该进行校验控制来防止差错。常用的方法是使用校验码,通过事先确定的数学方法计算原代码的校验码(1或2位),并把它附加在原代码的后面一起使用。校验原理是:代码(包括校验码)输入后,由计算机按同样算法对原代码运算,计算出校验值并与输入的校验码比较,若一致,则认为输入的代码正确;若不一致,则输入的代码肯定错误。

经过以上分析,我们确定应该在建账以前为整个会计信息系统设计一整套科学合理的编码方案,以备后续业务处理所需。系统提供的编码方案的编辑窗口如图3—6所示。

为了便于用户进行分级核算、统计和管理,系统可以对基础数据的编码进行分级设置。编码级次和各级编码长度的设置将决定用户单位如何编制基础数据的编号,进而构成用户分级核算、统计和管理的基础。可分级设置的内容有:科目编码、存货分类编码、地区分类编码、客

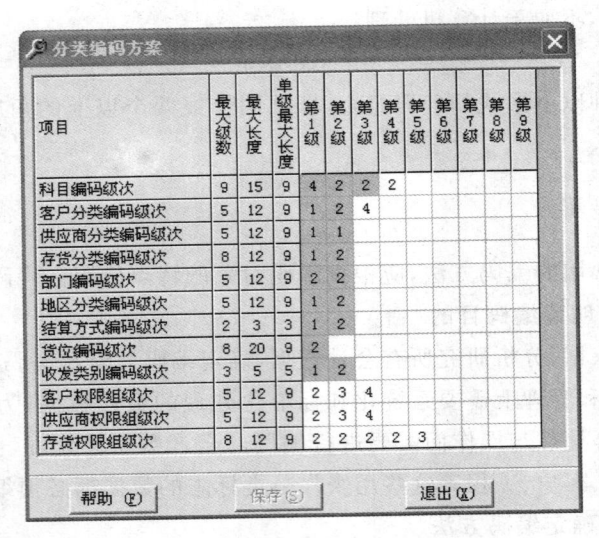

图 3—6 "分类编码方案"设定窗口

户分类编码、客户权限分类编码、供应商分类编码、供应商权限分类编码、部门编码、收发类别编码、结算方式编码和货位编码。

【说明事项】
根据用户建账时对相关选项选择的不同,编码方案中的设置内容可能出现以下几种情况:

● 情况一
前提条件:在新建账套时选择设置"存货分类、客户分类、供应商分类、有无外币核算"为"√"。
结果:显示所有需要进行编码方案设置的项目名称,项目的级次和级长可以修改。

● 情况二
前提条件:在新建账套时选择设置"存货分类、客户分类、供应商分类、有无外币核算"为"空"。
结果:显示所有需要进行编码方案设置的项目名称,项目的级次和级长可以修改。不显示客户、存货、供应商分类编码方案设置。

● 情况三
前提条件:选择"是否使用预制会计科目"为"空"。
结果:科目编码每级的长度可以修改。

● 情况四
前提条件:选择"是否使用预制会计科目"为"√"。
结果:根据不同行业的科目预置内容,至少一级编码长度不可修改。

三、数据精度的定义

数据精度的定义是指定义数据的保留小数位数。在会计核算过程中,多数时候都要求对核算数据进行小数保留位数取舍处理,定义数据精度就是要保证数据处理的一致性。由于各用户对数量、单价的核算精度要求不一致,为了适应各用户的不同需求,用户可根据企业的实际情况,输入在进行存货数量核算、存货单价核算时所要求的小数位数,输入在开票时所要求的单价、所要求的件数的小数位数,输入在进行单位换算时所要求的换算率的小数位数。

第三节　基础档案的设置

企业信息化一般选择商品化通用管理软件。软件安装完成之后,其中是不包括任何数据的。但用计算机系统处理企业日常业务需要用到大量的基础信息,如员工、部门、科目等,因此,应根据企业的实际情况,结合计算机系统技术信息设置的要求,做好基础数据的整理准备,并正确地录入系统中,作为系统运行的基本条件。

基础档案是指计算机系统运行必需的基础数据。用友 T6 软件是财务业务一体化管理系统,基础数据不仅涉及财务部门,还会涉及业务部门,因此数据收集、整理的工作量很大。计算机信息处理的特点主要表现在数据处理速度快、精确度高、分析统计汇总方便等方面,而基础档案是计算机汇总统计的依据。本章将对在企业财物链管理中所需的基础信息集中逐一讲解其设置方法,为以后各章子系统的使用打下良好的基础。

按照用友 T6 软件的要求,需要准备的基础数据见表 3—1。

表 3—1　　　　　　　　　　基础档案分类表

基础档案分类	基础档案目录	档案用途	前提条件
机构设置	部门档案	设置与企业财务核算和管理有关的部门	先设置部门编码方案
	职员档案	设置企业的各个职能部门中需要对其核算和业务管理的职工信息分析	先设置部门档案,才能在其下增加职员
往来单位	客户分类	便于进行业务数据的统计、分析	先对客户分类,然后确定编码方案
	客户档案	便于进行客户管理和业务数据的录入、统计、分析	先建立客户分类档案
	供应商分类	便于进行业务数据的统计、分析	先对供应商分类,然后确定编码方案
	供应商档案	便于进行供应商管理和业务数据的录入、统计、分析	先建立供应商分类档案
	地区分类	针对客户/供应商所属地区进行分类,便于进行业务数据的统计、分析	
存货	存货分类	便于进行业务数据的统计、分析	先对存货分类,然后确定编码方案
	存货档案	便于存货核算、统计、分析和实物管理	先对存货分类,然后确定编码方案
财务	会计科目	设置企业核算的科目目录	先设置科目编码方案及外币
	凭证类别	设置企业核算的凭证类型	
	外币	设置企业用到的外币种类及汇率	
	项目目录	设置企业需要对其进行核算和管理的对象、目录	可将存货、成本对象、现金流量直接作为核算的项目目录
收付结算	结算方式	设置资金收付业务中用到的结算方式	
	付款条件	设置企业与往来单位协议规定的收、付折扣优惠方法	
	开户银行	设置企业在收付结算中对应的开户银行信息	

续表

基础档案分类	基础档案目录	档案用途	前提条件
业务	仓库档案	设置企业存放存货的仓库信息	
	收发类别	设置企业的入库、出库类型	
	采购类型	设置企业在采购存货时的各项业务类型	先设置收发类别为收的收发类别
	销售类型	设置企业在销售存货时的各项业务类型	先设置收发类别为发的收发类别
	产品结构	用于设置企业各种产品的组成内容,以利于配比出库、成本计算	先设置存货、仓库档案

为了使账套能够顺利运行,在启用新账套之初,企业应该根据实际情况和信息化管理需求,把手工资料加工整理,做好系统运行所需基础数据的准备工作,并在"企业门户"的"基础档案设置"页中完成相关信息的设置,以便建立起软件系统的应用平台。各个档案在设置时应按照一定顺序进行,如图3—7所示。

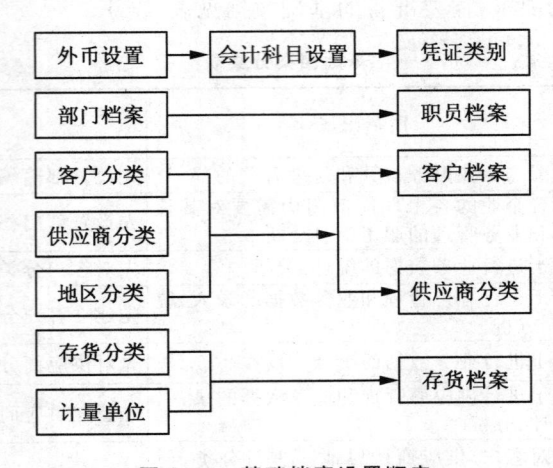

图3—7 基础档案设置顺序

下面分别介绍财务链部分所需基础档案的设置方法。

一、部门档案

在会计核算和管理中,很多信息是需要按部门进行分类和汇总的,如会计科目设定时有要进行部门核算的科目和要进行个人往来核算的科目。想要满足类似的管理需求,就要预先设置相关部门信息。下面举例说明部门档案的设置方法。

业务描述

增加如表3—2所示的部门信息。

表3-2　　　　　　　　　　　　部分部门信息

部门编码	部门名称	负责人名称	部门属性	电话	地址
01	办公室	王大伟			
02	财务部				
03	采购部				
04	销售部				
05	生产部				
0501	针剂车间				
0502	片剂车间				
06	仓储部				

操作步骤

(1)选择如图3-2所示的设置页中"基础档案——机构设置"中的"部门档案"菜单项,即弹出如图3-8所示的"部门档案"编辑窗口。

(2)点击【增加】按钮,在编辑区输入部门的编号、名称、负责人、属性、电话、地址等基础信息资料。

(3)单击【保存】按钮。

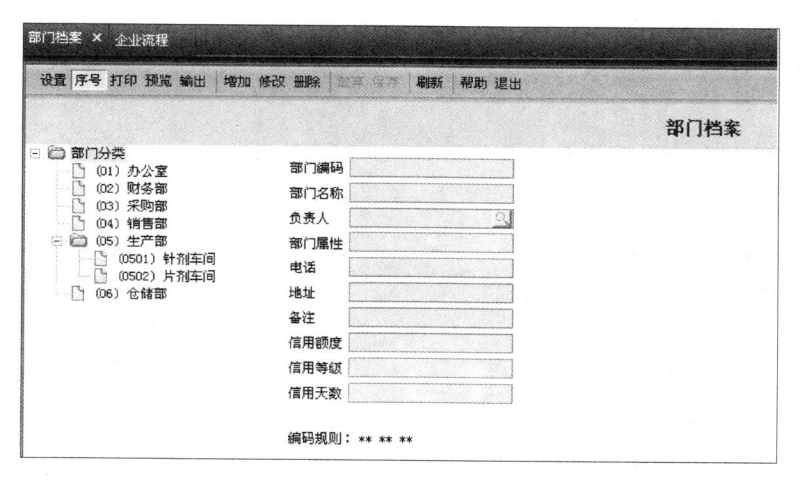

图3-8　"部门档案"编辑窗口

【说明事项】

①部门编码和部门名称必须输入。

②部门编号必须符合部门编码级次原则。

③如果要在"销售管理系统——信用控制"中选择"部门信用控制"进行部门信用管理,建议在这里输入部门信用状况。

④负责人一项在新增部门时不能填写,因为要与职员档案中的职员信息做比对,所以要在

设置完职员档案之后通过部门档案修改功能添加。

二、职员档案

本功能主要用于记录本单位职员个人的信息资料,设置职员档案可以方便地进行个人往来核算和管理等操作。职员档案包括职员编号、名称、所属部门及职员属性等。

业务描述

增加如表3—3所示的职员信息。

表3—3　　　　　　　　　　　　部分职员档案

职员编码	职员名称	部门名称	职员属性
001	马丁	财务部	会计
002	王大伟	办公室	
003	杜传	采购部	
004	王林	仓储部	
005	张晓月	针剂车间	
006	段成智	销售部	

操作步骤

(1)执行"基础档案"→"机构设置"→"职员档案"命令,打开"职员档案"编辑窗口,如图3—9所示。

(2)在左边目录区选择要增加职员的部门,点击【增加】按钮,在图3—10界面中输入职员的编号、姓名、所属部门、信用额度、信用天数、信用等级等相关信息资料。

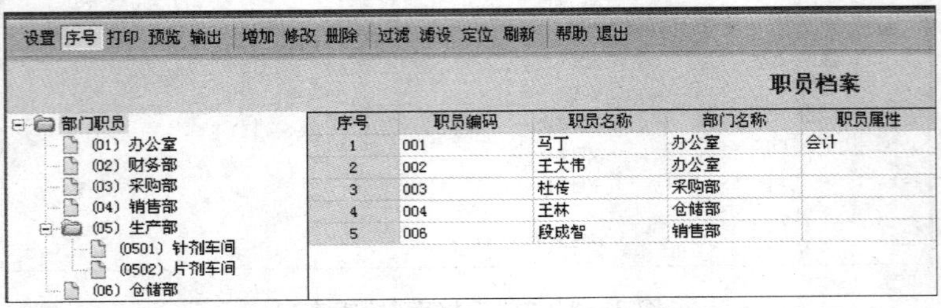

图3—9　"职员档案"编辑窗口

【说明事项】

①其中职员编号、职员名称和所属部门必须输入。

②如果要在"销售管理系统——信用控制"中选择"业务员信用控制",建议在这里输入职员信用权限。

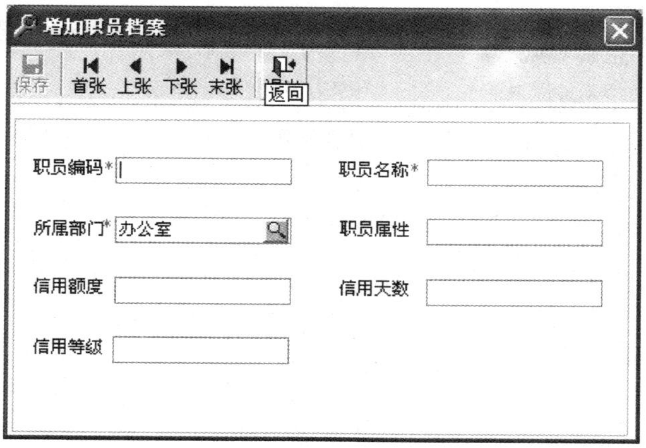

图 3—10 "增加职员档案"窗口

三、地区分类

如果您的企业需要对供货商或客户按地区进行统计,那就应该建立地区分类体系。地区分类最多有 5 级,企业可以根据实际需要进行分类。

业务描述

增加如表 3—4 所示的地区分类信息。

表 3—4　　　　　　　　　　　部分地区分类信息

地区编码	地区名称
1	东北
111	长春
112	沈阳
113	哈尔滨
2	华北
211	北京
212	天津

操作步骤

执行"基础档案"→"往来单位"→"客户分类"命令,打开如图 3—11 所示的"地区分类"编辑窗口,在其中单击【增加】按钮,即可添加分类信息。

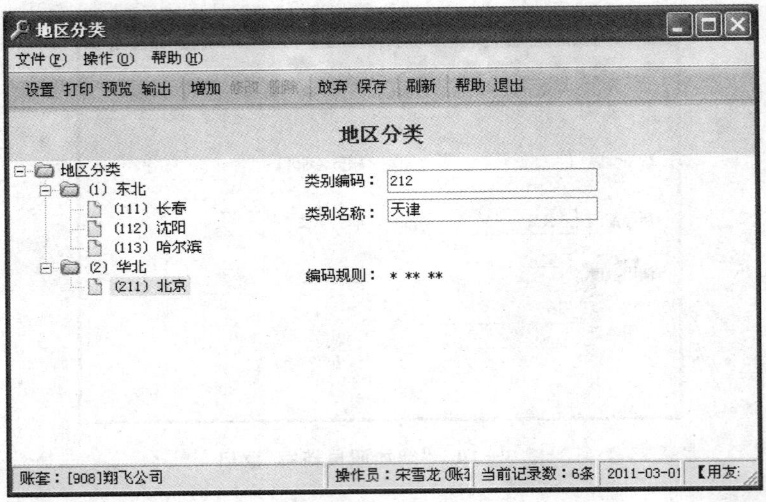

图 3—11 "地区分类"编辑窗口

四、客户、供应商分类

企业根据自己管理的要求，需要对客户、供应商进行相应的业务数据统计、汇总分析，因此需要建立一套完善的分类体系进行管理。例如，可以按照行业或者重要性对客户及供应商进行划分。用户根据已设置好的分类编码方案对客户/供应商进行分类设置，在 T6 产品中，总账、应收、销售、库存、存货系统都可能用到客户分类。

如果在建账时选择了客户及供应商分类，就必须先建立客户及供应商分类，再在最末级的客户及供应商分类之下增加客户及供应商档案；若对客户及供应商没有进行分类管理的需求，可以直接建立客户及供应商档案。

业务描述

增加如表 3—5 和表 3—6 所示的客户和供应商分类信息。

表 3—5 客户分类信息

分类编码	分类名称
1	医院
111	长春
112	沈阳
2	公司
211	长春
212	哈尔滨

表 3－6　　　　　　　　　　　　　供应商分类信息

序号	分类编码	分类名称
1	1	厂家
2	11	原料供应商
3	12	药品供应商
4	2	公司

由于供应商分类与客户分类的操作方法相似,下面仅以客户分类为例进行讲解,供应商分类的编辑请参照处理。

【操作步骤】

(1)执行"基础档案"→"往来单位"→"客户分类"命令,打开"客户分类"编辑窗口,如图 3－12 所示。

(2)单击【增加】按钮输入数据。

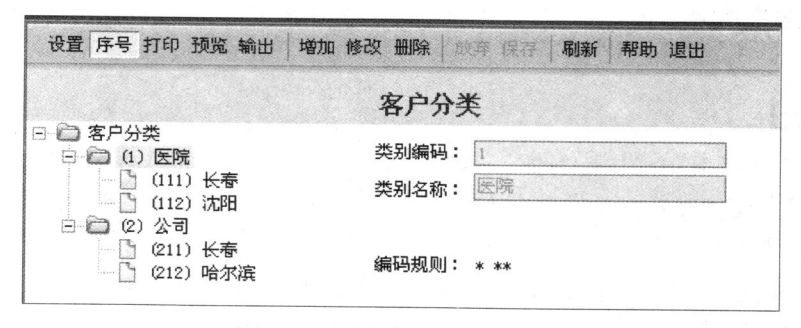

图 3－12　"客户分类"编辑窗口

【说明事项】

①已经使用的客户分类不能删除。
②非末级客户分类也不能删除。

五、客户、供应商档案

完成客户/供应商分类设置后,开始进行客户/供应商档案的设置和管理。下面以客户档案的管理为例予以说明,供应商档案设置的操作同客户档案的设置,这里不再赘述。

企业如果需要进行客户往来管理,那么必须将企业中客户的详细信息录入客户档案中。建立客户档案直接关系到对客户数据的统计、汇总和查询等分类处理。在销售管理等业务中需要处理的客户档案资料,应先行在本功能中设定,平时如有变动应及时在此进行调整。客户档案主要包括客户编号、开户银行等基本信息和联系方式,以及信用等级等其他信息。

【业务描述】

增加如表 3－7 和表 3－8 所示的客户和供应商档案。

表 3—7　　　　　　　　　　　部分客户档案资料

客户编码	客户简称	客户分类编码	所属地区码	税号	开户银行	银行账号	业务员姓名	分管部门名称
001	长春市中心医院	111	111	3451	工行——重庆路支行	01-5462	段成智	销售部
002	沈阳仁爱医院	112	112	5623	工行——开发区支行	01-6545	段成智	销售部
003	长春医药公司	211	111	2345	建行——翔运分行	03-4478	段成智	销售部
004	哈市医药批发	212	113	0789	建行——卫星支行	03-5659	段成智	销售部

表 3—8　　　　　　　　　　　部分供应商档案资料

供应商码	供应商简称	所属分类编码	所属地区码	税号	开户银行	银行账号	业务员名称	分管部门名称
01	吉林东方制药厂	11	111	4112	工行——景阳支行	11-12456	杜传	采购部
02	辽宁成大药业公司	2	112	7945	工行——普阳支行	12-45679	杜传	采购部
03	哈市大华药厂	12	113	5686	建行——道外支行	12-13169	杜传	采购部
04	天津泰达药厂	11	212	9794	建行——河北支行	13-65464	杜传	采购部
05	北京通宝公司	2	211	1545	建行——中关村支行	11-95589	杜传	采购部

(一)增加客户档案

操作步骤

(1)执行"基础档案"→"往来单位"→"客户档案"命令,打开"客户档案"编辑窗口。

(2)在屏幕左边的列表中选择一个末级的客户分类,点击【增加】按钮,显示如图 3—13 所示的"增加客户档案"界面。

(3)分别填写基本页签(如图 3—13 所示)、联系页签(如图 3—14 所示)、信用页签(如图 3—15 所示)和其他页签(如图 3—16 所示)内容,增加客户信息。

基本页签

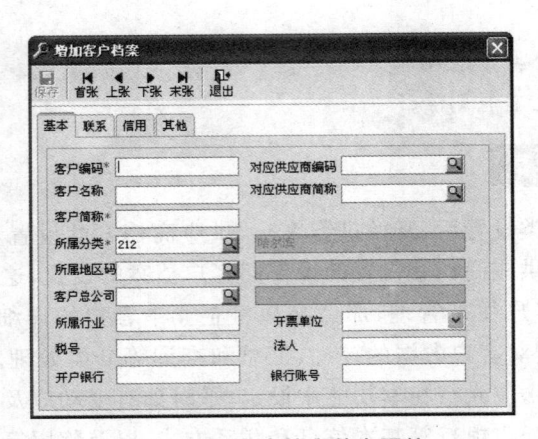

图 3—13　客户档案基本页签

【说明事项】

①填写一些主要客户信息,其中带"*"为必填项。

②客户编码：客户编码必须唯一；客户编码可以用数字或字符表示。

③客户名称：可以是汉字或英文字母，客户名称最多可写 49 个汉字或 98 个字符。客户名称用于销售发票的打印，即打印出来的销售发票的销售客户栏目显示的内容为销售客户的客户名称。

④客户简称：可以是汉字或英文字母，客户名称最多可写 30 个汉字或 60 个字符。客户简称用于业务单据和账表的屏幕显示，例如，屏幕显示的销售发货单的客户栏目中显示的内容为客户简称。

⑤对应供应商编码、简称：实际业务中往往出现某一单位既是该企业的客户又是其供应商的情况。这时，需要用户在定义客户档案和供应商档案时相互指定客户和供应商的这种对应关系，以方便以后的业务处理。在客户档案中输入对应供应商名称时不允许记录重复，即不允许有多个客户对应一个供应商的情况出现。且当在 001 客户中输入了对应供应商编码为 666，则在保存该客户信息时同时需要将 666 供应商档案中的对应客户编码记录存为 001。

⑥所属分类码：系统根据用户增加客户前所选择的客户分类自动填写，用户可以修改。如果新增客户档案有上级分类，则这里显示上级分类编码，您只需输入下级编码即可。

⑦客户总公司：客户总公司是指当前客户所隶属的最高一级的公司，该公司必须是已经通过【客户档案设置】功能设定的另一个客户。在销售开票结算处理时，具有同一个客户总公司的不同客户的发货业务，可以汇总在一张发票中统一开票结算。在此处，可输入客户所属总公司的客户编号，输入系统中已存在编号时，自动转换成客户简称，显示在该栏目的右编辑框内。

⑧开票单位：选择总公司名称或本身的名称录入，必须参照选择输入。

⑨税号：输入客户的工商登记税号，用于销售发票的税号栏内容的屏幕显示和打印输出。

⑩开户银行：输入客户的开户银行的名称，如果客户的开户银行有多个，则在此处输入该企业与用户之间发生业务往来最常用的开户银行。

⑪银行账号：输入客户在其开户银行中的账号，可输入 50 位数字或字符。银行账号应对应于开户银行栏目所填写的内容。如果客户在某开户银行中银行账号有多个，则在此处输入该企业与用户之间发生业务往来最常用的银行账号。

联系页签

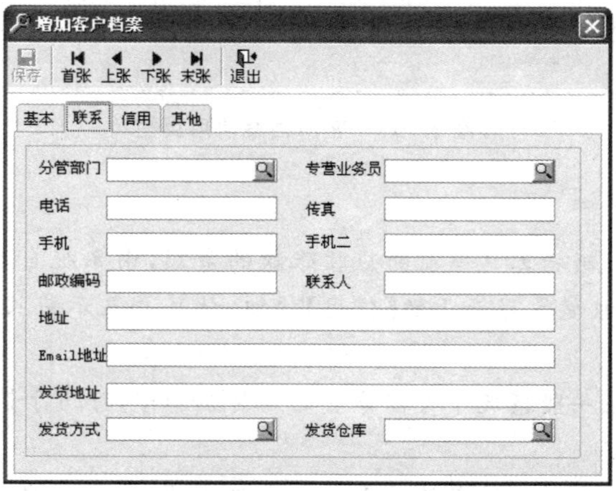

图 3—14　客户档案联系页签

【说明事项】

①分管部门:该客户归属分管的销售部门。

②专营业务员:指该客户由哪个业务员负责联系业务。

③地址:可用于销售发票的客户地址栏内容的屏幕显示和打印输出,最多可输入49个汉字和98个字符。如果客户的地址有多个,在此处输入该企业与用户之间发生业务往来最常用的地址。

④电话、手机号码:可用于销售发票的客户电话栏内容的屏幕显示和打印输出。

⑤发货地址:可用于销售发货单中发货地址栏的缺省取值,它可以与客户地址相同,也可以不同。在很多情况下,发货地址是客户主要仓库的地址。

⑥发运方式:可用于销售发货单中发运方式栏的缺省取值,输入系统中已存在代码时,自动转换成发运方式名称。我们建议输代码,也可以用参照输入法。

⑦发货仓库:可用于销售单据中仓库的缺省取值,输入系统中已存在代码时,自动转换成仓库名称。我们建议输代码,也可以用参照输入法。

信用页签

输入有关用户信用等级、信用期限等客户信用信息;如果您在应收款管理中选用"根据单据自动报警",那么在这里要输入相应的信用期限;如果您在应收款管理中启用"信用额度控制",那么建议在这里应输入信用额度的金额。

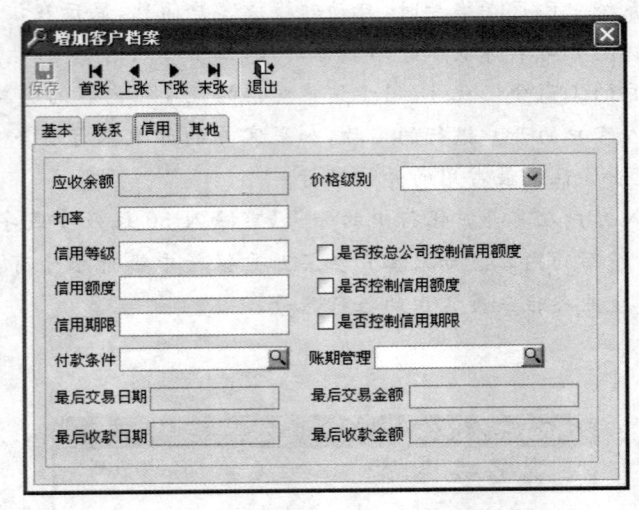

图3—15 客户档案信用页签

【说明事项】

①应收余额:应收余额指客户当前的应收账款的余额,由系统自动维护,用户不能修改该栏目的内容。点击客户档案主界面上的【信用】按钮,计算并显示应收款管理系统中客户当前应收款余额。

②扣率:输入客户在一般情况下可以享受的购货折扣率,可用于销售单据中折扣的缺省取值。

③信用等级:按照用户自行设定的信用等级分级方法,依据客户在应收款项方面的表现,

输入客户的信用等级。

④是否按总公司控制信用额度：选择集团账套时使用此控制项，打"√"表示对该客户的应收账款信用额度受总公司制定的信用额度控制。如果按总公司控制信用额度，必须输入该客户的所属总公司。

⑤信用期限：可作为计算客户超期应收款项的计算依据，其度量单位为"天"。

⑥是否控制信用期限：此控制项打"√"表示对该客户的信用控制要实行信用期限控制。

⑦信用额度：内容必须是数字，可输入两位小数，可以为空。

⑧是否控制信用额度：此控制项打"√"表示对该客户的信用控制要实行信用额度控制。

⑨付款条件：可用于销售单据中付款条件的缺省取值，输入系统中已存在代码时，自动转换成付款条件表示，也可以用参照输入法。

⑩最后交易日期：由系统自动显示客户的最后一笔业务的交易日期，例如，该客户的最后一笔业务（在各种业务中业务日期最大）是开具一张销售发票，那么最后交易日期即为这张发票的发票日期。用户不能手工修改最后交易日期。

⑪最后交易金额：由系统自动显示客户的最后一笔业务的交易金额，例如，该客户的最后一笔业务（在各种业务中业务日期最大）是开具一张销售发票，那么最后交易金额即为这张发票的总价税合计金额。用户不能手工修改最后交易金额。

⑫最早欠款日期：由系统自动显示客户的最早一笔欠款的日期，即在所有欠款单中该欠款日期最早。

⑬最后收款金额：由系统自动显示客户的最后一笔收款业务的收款金额，即在最后收款日期收到的款项，金额单位为发生实际收款业务的币种。

⑭应收余额、最后交易日期、最后交易金额、最后收款日期、最后收款金额这五个条件项，是点击客户档案主界面上的【信用】按钮，在"应收系统"中计算相关数据并显示的。如果没有启用应收系统，则这五个条件项不可使用。

⑮应收余额、最后交易日期、最后交易金额、最后收款日期、最后收款金额在基础档案中只可查看，不允许修改，是点击主界面上的【信用】按钮，由系统自动维护。

其他页签

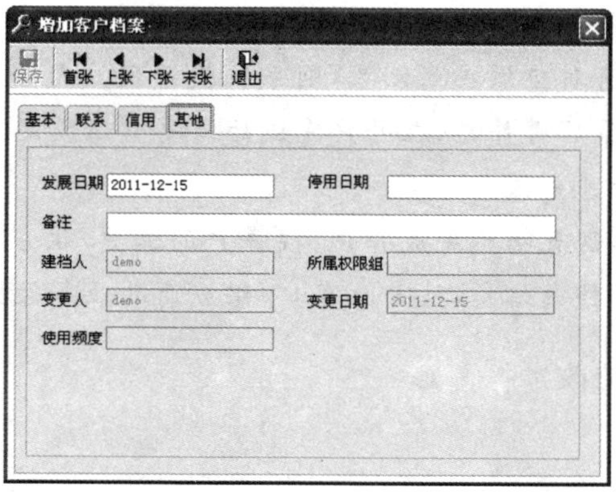

图 3－16　客户档案其他页签

【说明事项】

①发展日期:该客户是何时建立供货关系的。

②停用日期:输入因信用等原因和用户停止业务往来的客户被停止使用的日期。到停用日期后,在任何业务单据开具时都不能使用该客户,但可进行查询。

③建档人:在增加客户记录时,系统自动将该操作员编码存入该记录中作为建档人,以后不管是谁修改这条记录均不能修改这一栏目,且系统也不能自动进行修改。

④所属的权限组:该项目不允许编辑,只能查看;该项目在数据分配权限中进行定义。

⑤变更人:新增客户记录时变更人栏目存放的操作员与建档人内容相同,以后修改该条记录时系统自动将该记录的变更人修改为当前操作员编码,该栏目不允许手工修改。

⑥变更日期:新增客户记录时变更日期存放当时的系统日期,以后修改该记录时系统自动将修改时的系统日期替换原来的信息,该栏目不允许手工修改。

(二)并户

在增加完客户档案后,如果出现两个客户企业合并或其他情况导致其实质成为一个客户时,就需要用到并户功能。

操作步骤

(1)在客户档案主窗口工具栏上点击【并户】按钮,即弹出如图3—17所示的"合并客户"窗口。

(2)在该窗口中输入被并户的客户/供应商编码以及并至客户/供应商处的编码,单击【确定】按钮。

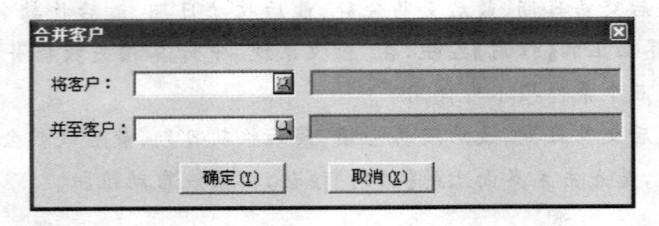

图3—17 "合并客户"窗口

【说明事项】

①如果要并户的客户有对应供应商记录,则系统提示用户是否需要并户,若选择"是",则系统自动清除这种对应关系后再并户,在并户完成后需要重新设定客户与供应商的对应关系;若选择"否",则系统不进行并户操作。

②系统提示并户成功,则表明已完成并户,被并户的客户/供应商将不再出现在客户列表中,只保留并至用户的基础档案信息,被并户客户/供应商的业务数据保留并入"并至用户"。

(三)客户档案的批量修改

操作步骤

(1)点击工具栏上的【批改】按钮,显示批量修改界面,如图3—18所示。

(2)从"修改项目"下拉框中选择可以批量修改的项目,输入"修改内容"。

(3)编辑条件表达式,选择项目、关系符号和条件内容,点击【加入条件】按钮,设定的条件表达式显示在显示区内。

(4)如果还有其他过滤条件,则先选择与已设定条件的逻辑关系,如果是并集的关系,选择"或者";如果是交集的关系,选择"并且"。

(5)再次输入条件项、关系符号和条件值,点击【加入条件】按钮,设定的条件表达式显示在上一条表达式下面。

(6)点击【清除条件】按钮,可删除不需要的条件表达式。

(7)输入完成后,点击【修改】按钮,系统根据设置的条件批量修改所有符合条件的记录。

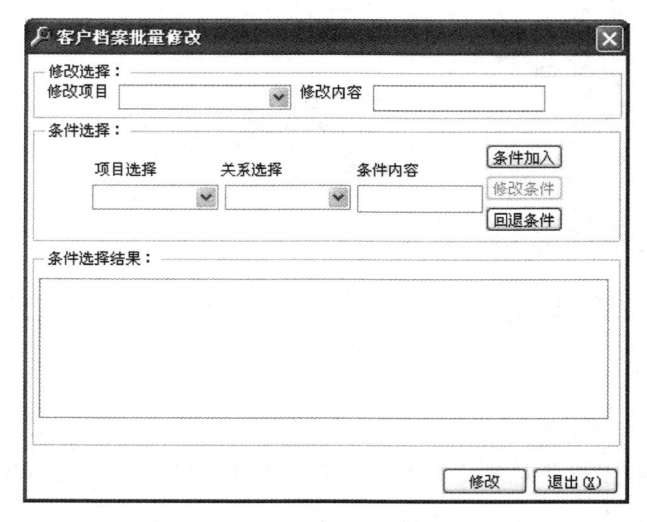

图3-18 "客户档案批量修改"窗口

六、结算方式

该功能用来建立和管理用户在经营活动中所涉及的货币结算方式。它与财务结算方式一致,其设置目的主要是便于银行对账和票据管理。

业务描述

设置结算方式,见表3-9。

表3-9　　　　　　　　　　　　设置结算方式

结算方式编码	结算方式名称	票据管理
1	支票	否
101	现金支票	是
102	转账支票	是
2	银行汇票	否
3	现金	否

操作步骤

(1)执行"基础档案"→"收付结算"→"结算方式"命令,打开"结算方式"编辑窗口,如图 3—19所示。

(2)单击【增加】按钮,即可在右侧的编辑框内添加新的结算方式。

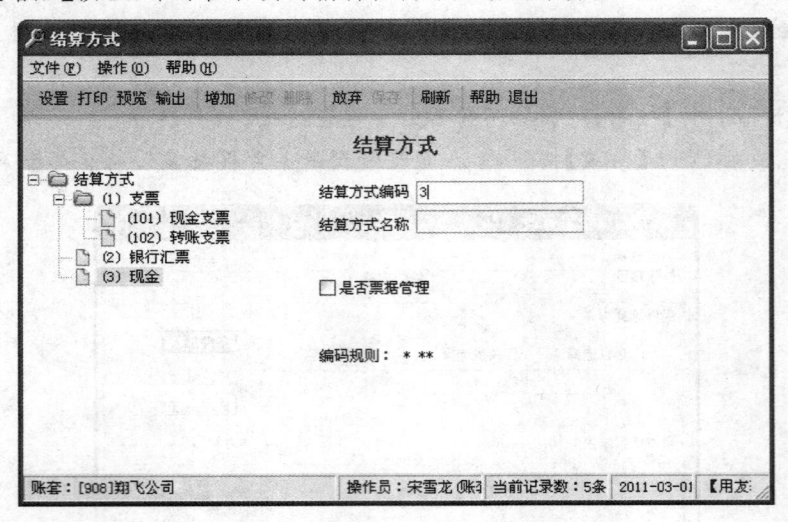

图 3—19 "结算方式"定义窗口

【说明事项】

①结算方式编码:用以标识某结算方式。用户必须按照结算方式编码级次的先后顺序来进行录入,录入值必须唯一。结算方式编码可以数字 0~9 或字符 A~Z 表示,但编码中&、"、;、一以及空格禁止使用。

②用户可根据实际情况,通过单击复选框来选择该结算方式下的票据是否要进行票据管理。

七、付款条件

付款条件也称现金折扣,是指企业为了鼓励客户偿还货款而允诺在一定期限内给予规定的折扣优待。这种折扣条件通常可表示为 5/10,2/20,n/30,它的意思是客户在 10 天内偿还货款,可得到 5%的折扣,只付原价 95%的货款;在 20 天内偿还货款,可得到 2%的折扣,只付原价 98%的货款;在 30 天内偿还货款,则须按照全额支付货款;在 30 天以后偿还货款,则不仅要按全额支付货款,可能还要支付延期付款利息或违约金。

该功能用于设置企业在生产经营过程中与往来单位协议规定的收、付款折扣优惠方法。

业务描述

增加付款条件 8/5,5/10,10/15,3/20。

操作步骤

(1)执行"基础档案"→"收付结算"→"结算方式"命令,显示如图 3—20 所示的"付款条件"

编辑窗口。

(2)点击【增加】按钮,在显示区增加一空行,输入唯一、最多 3 个字符的付款条件编码等其他信息。

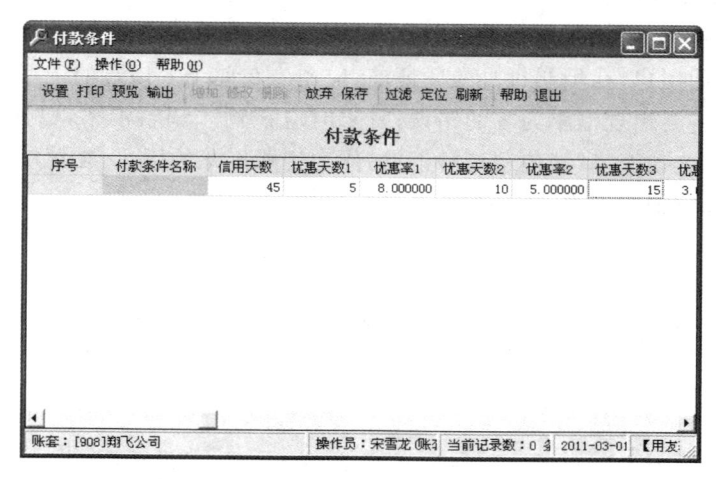

图 3—20 "付款条件"编辑窗口

【说明事项】

付款条件将主要在采购订单、销售订单、采购结算、销售结算、客户目录、供应商目录中引用。系统最多同时支持 4 个时间段的折扣优惠。

八、开户银行

用友系统支持多个开户行及账号的情况。此功能用于维护及查询使用单位的开户银行信息,其编辑窗口如图 3—21 所示。

【业务描述】

编号:01;名称:建行开发区支行;账号:020—45213。

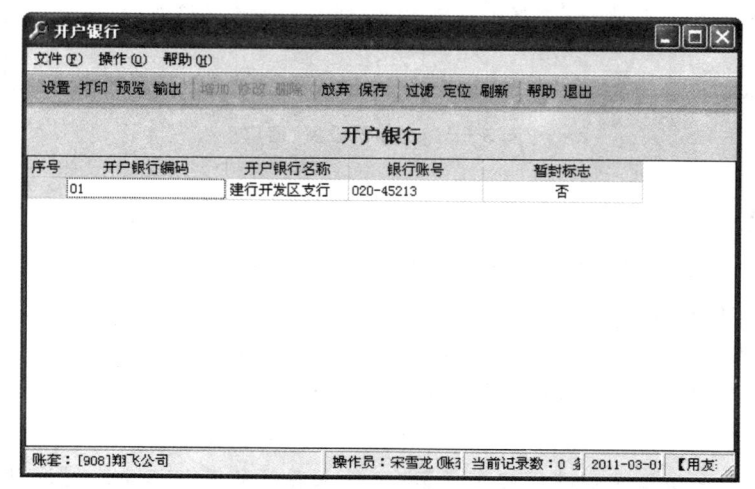

图 3—21 "开户银行"编辑窗口

九、外币设置

在此可以对本账套所使用的外币进行设置;在"填制凭证"中所用的汇率应先在此进行定义,以便制单时调用,减少录入汇率的次数和差错。对于使用固定汇率(即使用月初或年初汇率)作为记账汇率的用户,在填制每月的凭证前,应预先在此录入该月的记账汇率,否则在填制该月外币凭证时,将会出现汇率为零的错误;月末时应该输入调整汇率,以便进行本月汇兑损益处理。对于使用变动汇率(即使用当日汇率)作为记账汇率的用户,在填制该天的凭证前,应预先在此录入该天的记账汇率。

业务描述

增加"美元,固定汇率,记账汇率 6.8325"。

操作步骤

(1)执行"基础档案"→"财务"→"外币设置"命令,打开"外币设置"窗口,如图 3—22 所示。
(2)单击【增加】按钮,在各编辑框中添加信息并单击【确认】按钮。

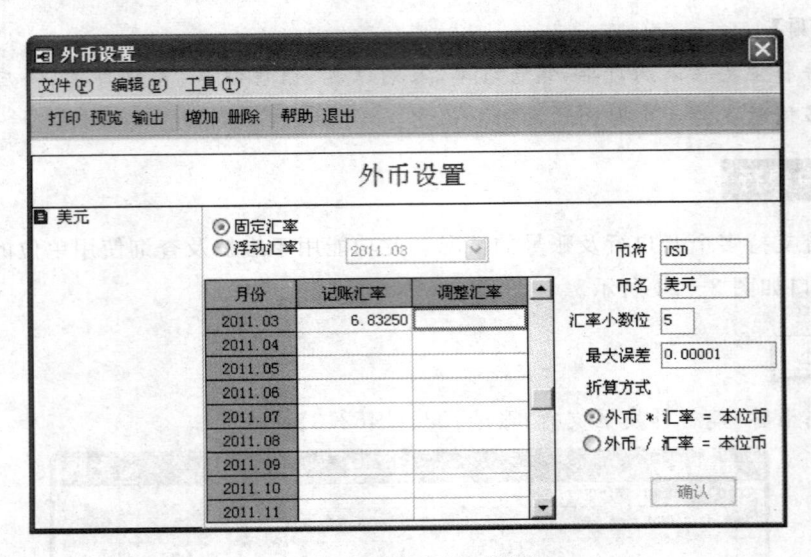

图 3—22 "外币设置"窗口

【说明事项】

①折算方式:分为直接汇率与间接汇率两种,用户可以根据外币的使用情况选定。

②最大折算误差:在记账时,如果外币*(或/)汇率—本位币>最大折算误差,则系统给予提示,系统默认最大折算误差为 0.000 01,即不相等时就提示,如果用户希望在制单时不提供最大折算误差提示,可以将最大折算误差设为一个比较大的数值,如 1 300 000 即可。

③固定汇率与浮动汇率:选【固定汇率】即可录入各月的月初汇率,选【浮动汇率】即可录入所选月份的各日汇率。

十、会计科目设置

会计科目是填制会计凭证、登记会计账簿、编制会计报表的基础。会计科目是一个完整的体系,它是区别于流水账的标志,是复式记账和分类核算的基础。会计科目设置的完整性影响会计过程的顺利实施,会计科目设置的层次深度直接影响会计核算的详细、准确程度,它是实施会计过程和各种管理手段的保障、是整个会计信息系统运行优劣的决定性因素之一。

因此,在实际工作中,具体设置会计科目之前一定要做好充分的准备工作,根据企业的业务处理要求和各部门管理需求制订该账套的科目编码方案、创建所需各会计科目、设定各科目的核算属性。设置会计科目应遵循如下原则:

(1)会计科目的设置必须满足会计报表编制的要求,凡是报表中需要从总账系统中取得数据的项目,必须设立相应的科目。

(2)会计科目的设置必须保持科目与科目之间的协调和统一。

(3)会计科目的设置要保持相对稳定,会计年度中不能删除;如果科目已被使用,则不能增加其下一级明细科目。系统中一级会计科目名称应符合国家会计制度的规定。

(4)设置会计科目要考虑到与子系统的衔接。在总账系统中,只有末级会计科目才允许有发生额,才能接收各个子系统转入的数据,因此,应将各个子系统中的核算科目设置为末级科目。

(5)充分利用软件提供的辅助核算功能。

由于会计处理手段已由手工改为计算机,企业各个部门的核算和管理工作的广度和深度都会有所增加,很多财务软件都提供了辅助账簿核算管理功能。为了充分体现计算机管理的优势,在企业原有的会计科目基础上,应对以往的一些科目结构进行调整,以便充分发挥计算机的辅助核算功能。

如果企业原来有许多往来单位、个人、部门、项目是通过设置明细科目来进行核算管理的,那么,在使用总账系统后,最好改用辅助核算进行管理,即将这些明细科目的上级科目设为辅助核算科目,并将这些明细科目设为相应的辅助核算目录。用友总账系统中一共可设置13种辅助核算,包括部门、个人、客户、供应商、项目5种辅助核算以及部门客户、部门供应商、客户项目、供应商项目、部门项目、个人项目、部门客户项目、部门供应商项目8种组合辅助核算。一个科目设置了辅助核算后,它所发生的每一笔业务将会登记在辅助总账和辅助明细账上。

例如,未使用辅助核算功能时科目设置如表3-10所示。

表 3-10　　　　　　　　　　　未使用辅助核算功能时的科目

科目编码	科目名称	科目编码	科目名称
1122	应收账款	1604	在建工程
112201	北京石化公司	160401	工程物资
112202	天津销售分公司	16040101	办公楼
1221	其他应收款	16040102	整装车间
122101	差旅费应收款	6602	管理费用

续表

科目编码	科目名称	科目编码	科目名称
12210101	李玲	660201	办公费
12210102	李丽	66020101	A部门
122102	私人借款	66020102	B部门
12210201	李玲	66020103	C部门
12210202	李丽		

若启用总账系统的相应辅助功能,需设置辅助核算各目录,整理目录如下:

- 客户目录:
  - 1　北京石化公司
  - 2　天津销售分公司
  - ……　……

- 部门目录:
  - 1　A部门
  - 2　B部门
  - 3　C部门
  - ……　……

- 个人目录:
  - 1　A部门　李玲
  - 2　B部门　李丽
  - ……　……　……

同时,会计科目重新调整设置如表3—11所示。

表3—11　　　　　　　设置成辅助核算的科目

科目编码	科目名称	辅助核算
1122	应收账款	客户往来
1221	其他应收款	
122101	差旅费应收款	个人往来
122102	私人借款	个人往来
1604	在建工程	
160401	工程物资	项目核算
6602	管理费用	
660201	办公费	部门核算

这样设置科目的好处是既能满足企业核算要求,又能减少科目设置量和维护量,使得科目相对稳定,另外还能从科目账和辅助账两个角度查询数据,比手工系统情况下所设置的科目体系能提供更全面的会计数据。因此,在启用总账系统之前,一定要按照企业财务管理需求并结

合财务软件的具体功能对会计科目进行精心的设计与梳理,形成一套科学合理的科目编码表备用。

(一)科目的增加

用户在建立账套时一般会选择预置某一行业的会计科目,这样系统会自动加载该行业的一级会计科目,因此,需要增加的主要是明细科目。会计科目设置的基本内容包括:

(1)科目编码:必须唯一且必须符合编码规则;科目编码必须按其级次的先后次序建立,即先输入上级科目,后输入下级科目。科目编码只能由数字0～9、英文字母及减号、正斜杠表示,其他字符禁用。

(2)科目名称:分为中文名称和英文名称,可以是汉字、英文字母或数字、减号、正斜杠,不能输入其他字符,二者不能同时为空。

(3)科目类型:可为资产、负债、共同、所有者权益、成本和损益六种类型。

(4)助记码:用于帮助记忆科目,作用与科目编码相同,这样可加快录入速度,又便于记忆。

(5)账页格式:用于定义该科目在账簿打印时的默认打印格式。系统提供了金额式、外币金额式、数量金额式、外币数量式四种账页格式供选择。

(6)辅助账类:系统除完成一般的总账、明细账核算外,还提供了以下几种专项核算功能供用户选用:部门核算、个人往来核算、客户往来核算、供应商往来核算、项目核算。一个科目可同时设置三种专项核算。辅助核算属性可以组合设置,例如可以进行部门+客户+项目、部门+供应商+项目的组合设置,但部门和个人不能组合设置,客户与供应商核算不能一同设置。

(7)其他核算:用于说明本科目是否有其他要求,如银行账、日记账等。一般情况下,现金科目要设为日记账;银行存款科目要设为银行账和日记账。

(8)科目性质(余额方向):增加登记在借方的科目,科目性质为借方;增加登记在贷方的科目,科目性质为贷方。一般情况下,资产类科目的科目性质为借方,负债类科目的科目性质为贷方。只能在一级科目设置科目性质,下级科目的科目性质与其一级科目的相同。已有数据的科目不能再修改科目性质。

(9)外币核算:用于设定该科目核算是否有外币核算,以及核算的外币名称。一个科目只能核算一种外币,只有具有外币核算要求的科目才允许也必须设定外币币名,如果此科目核算的外币币种还没有定义,可以用鼠标点取【参照】按钮,进入"外币设置"中进行定义。

(10)数量核算:用于设定该科目是否有数量核算,以及数量计量单位。计量单位可以是任何汉字或字符,如千克、件、吨等。

(11)受控系统:为了加强各系统间的相互联系与控制,在定义会计科目时引入受控系统概念。即设置某科目为受控科目,受控于某一系统,则一般情况下该受控科目只能在该受控系统中制单,在总账系统中不能使用该受控科目制单。

(12)汇总打印:在同一张凭证中当某科目或有同一上级科目的末级科目有多笔同方向的分录时,如果希望将这些分录按科目汇总成一笔打印,则需要将该科目设置汇总打印。只有会计科目修改状态才能设置汇总打印,只有末级科目才能设置汇总打印,且汇总到的科目必须为该科目的上级科目。当将该科目设成汇总打印时,系统登记明细账仍按明细登记,而不是按汇总数登记,此设置仅供凭证打印输出。

(13)封存：被封存的科目在制单时不可以使用。此选项只能在科目修改时进行设置。

业务描述

增加、修改如表3—12所示的科目信息。

表3—12　　　　　　　　　　　　　科目编码

编码	名称	辅助账类型	方向
1001	库存现金	日记账	借
100201	人民币户	银行账、日记账	借
10020101	吉林银行支票户	银行账、日记账	借
10020102	建行汇票户	银行账、日记账	借
1122	应收账款	客户往来	借
1401	材料采购	数量核算,吨	借
170101	非专利技术		借
170102	专利权		借
2202	应付账款	供应商往来	贷
220201	应付供应商款		贷
222101	应交增值税		贷
22210101	进项税		贷
22210102	销项税		贷
400201	资本溢价		贷
510101	折旧费		借
510102	管理人员工资		借
660201	办公费	部门	借
660202	人工费	部门	借
660203	差旅费	部门	借
660204	折旧费	部门	借
660205	无形资产摊销		借

操作步骤

(1)执行"基础档案"→"财务"→"会计科目"命令,打开如图3—23所示的"会计科目"编辑窗口。

图3—23 "会计科目"设置窗口

(2)点击【增加】按钮,即可弹出如图3—24所示的"会计科目_新增"窗口。

图3—24 "会计科目_新增"窗口

(3)在新增窗口各编辑区内输入相关信息后,单击【确定】按钮可继续输入。

【说明事项】

①新增的会计科目编码必须符合前面在编码方案中设定的编码规则,且须逐级增加。

②科目已经使用就不能再增设下级科目(这样的操作被称为科目展级,如有必要,一般在

年初进行调整,原有科目信息会被第一个下级明细科目继承)。

③新增明细科目时,系统默认其类型与上级科目保持一致。

④银行存款科目要按存款账户设置,需进行数量、外币核算的科目,要按不同的数量单位、外币单位建立科目。

⑤由于建立会计科目的内容较多,很多辅助核算内容会对后面的凭证输入和账簿管理产生影响,因此在建立会计科目时要仔细认真并反复检查。

(二)科目的成批复制

在新增会计科目过程中可能会遇到新增会计科目的下级科目与一个已设置好的科目的下级明细科目类似,在这种情况下可以将本账套或其他账套中的相似的下级科目复制给某一科目,如有不同之处,只需稍做修改即可,这样既减少重复设置的工作量,又能提高正确率和一致性。具体操作如下:

在图3—23所示的会计科目编辑主窗口中选择"编辑"菜单下的"成批复制"命令,即弹出如图3—25所示的"成批复制"窗口,按照要求在编辑框中填写相关科目编码,如果需要复制携带辅助核算、数量核算和外币核算的,在三个辅助核算前打"√"即可。确认后即完成科目复制操作,可谓方便、快捷。

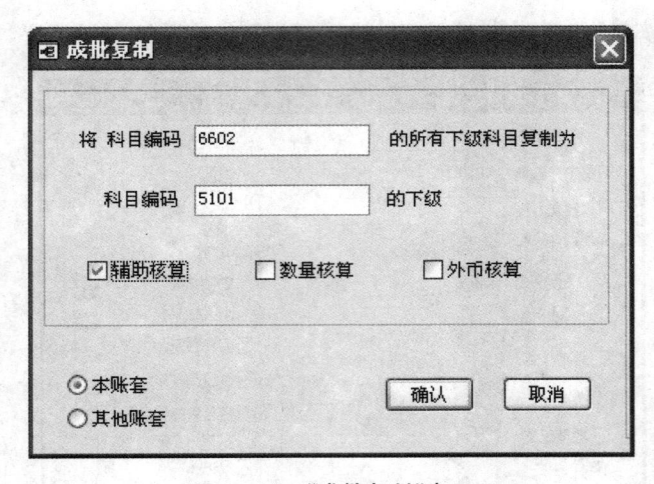

图3—25 "成批复制"窗口

另外,该功能除了能完成本账套内各科目之间下级科目的成批复制,还可以实现不同账套之间科目的复制。如图3—26所示,只要选中【其他账套】单选按钮,再在窗口右侧"选择账套"列表中选中源账套后单击【确定】按钮,就能实现将指定账套内科目的下级科目信息复制到本账套内指定科目下的操作。

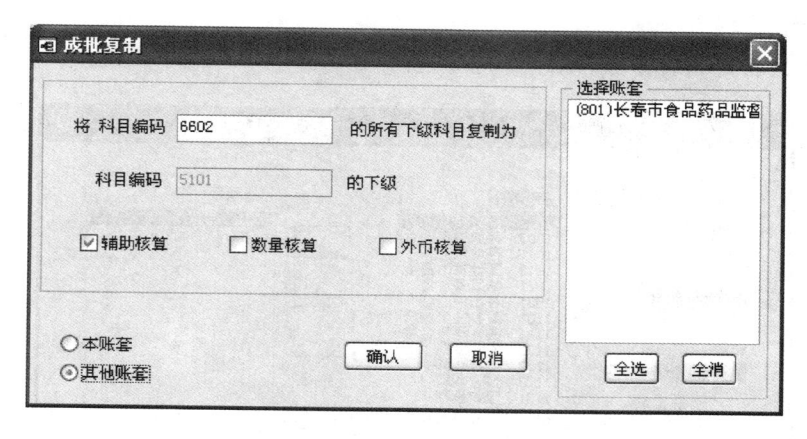

图 3—26 不同账套间科目的复制

(三)修改、删除科目

如果需要对已经建立的会计科目的某些属性,如账页格式、辅助核算、汇总打印、封存标志等进行修改,可以通过系统提供的修改功能来完成。如果某些科目已经不需用或不适合企业科目体系的特点,可以在未使用之前将其删除。

【说明事项】

①已有数据的科目不能修改科目性质,如科目编码、类型、余额方向,也不能被删除。

②只有处于修改状态才能对汇总打印和封存状态进行设置,被封存的科目在制单时不可以使用。

③对于非末级科目也不能被删除。

④如果科目已经被使用,要修改或删除该科目,必须要先删除所有涉及该科目的凭证,并将该科目及其下级科目余额清零后才能进行修改或删除操作。

⑤被指定为现金或银行科目的会计科目不能删除,如果要删除,必须先取消指定。

(四)指定科目

指定科目是指定出纳专管科目,一般是"库存现金""银行存款"科目。指定科目后,才能执行出纳签字,从而实现现金、银行存款的保密性。所以在查询现金、银行存款日记账前,必须指定"库存现金""银行存款"总账科目。

指定科目还可以用来指定与现金流量有关的科目。现金流量表的编制方法有两种:一种是利用总账中的现金流量辅助核算;另一种是利用专门的现金流量表软件编制现金流量表。如果选用第一种,则应先在此处明确与现金流量有关的科目。

操作步骤

(1)在如图 3—23 所示的"会计科目"窗口中,执行"编辑"→"指定科目"命令,进入如图 3—27所示的"指定科目"窗口。

(2)选中"现金总账科目"单选按钮,选择"1001 库存现金"科目,单击【>】按钮,将其由待选科目选入已选科目。

(3) 同样方法指定银行总账科目和现金流量科目。

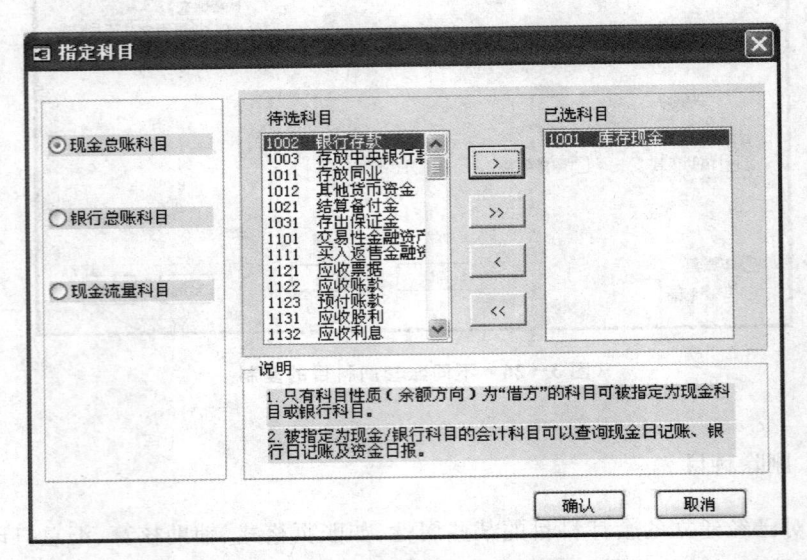

图 3—27 "指定科目"编辑窗口

【说明事项】

① 在指定现金科目、银行科目之前,应在建立现金、银行总账会计科目时选中"日记账"复选框。

② 必须在这里先指定现金流量科目,才能在填制凭证时录入现金流量项目,从而生成现金流量表、现金流量统计表和现金流量明细表等报表。

③ 现金科目和银行科目只能指定一级科目,而现金流量科目只能指定末级科目。

(五) 定义科目自定义项

在填制凭证时,除了摘要、科目、金额等主要信息外,可能还需要录入其他系统并未提供的辅助信息,这些信息并不是凭证的主要信息,又不用系统提供的辅助核算设定其辅助账类,而在制单时又希望对这些信息提供录入的地方,并在查询时可以进行统计。这就用到了科目自定义项,科目自定义项是由用户在会计科目处自由设置并在填制凭证中自由录入的科目辅助项。

操作步骤

(1) 在如图 3—23 所示的窗口中执行"编辑"→"定义自定义项"命令,或点击工具栏上的【定义】按钮,即弹出如图 3—28 所示的科目自定义项的定义窗口。

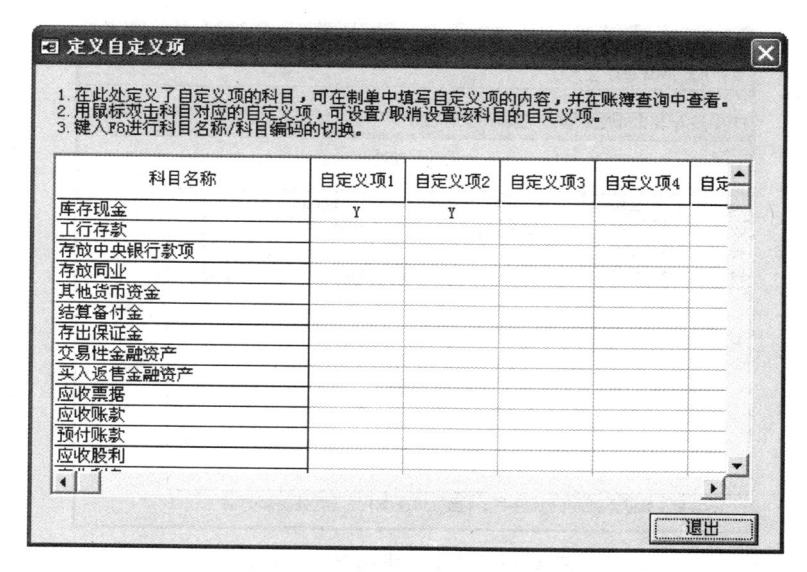

图 3-28 "定义自定义项"设置窗口

（2）双击自定义项栏目，显示"Y"标记，可设置各科目对应的自定义项，在此处定义了自定义项的科目，可在制单中填写自定义项的内容，并在账簿查询中查看自定义信息。

十一、凭证类别设置

许多单位为了便于管理或登账方便，一般对记账凭证进行分类编制。多数财务软件提供了凭证类别设置功能，并预设了凭证分类方案，用户可以从中选择，也可以根据本单位的需要自定义设定。本系统提供了"凭证分类"功能，如果用户是第一次进入凭证类别设置，系统提供了几种常用分类方式以供用户选择。

第一种分类方式：记账凭证；

第二种分类方式：收款、付款、转账凭证；

第三种分类方式：现金、银行、转账凭证；

第四种分类方式：现金收款、现金付款、银行收款、银行付款、转账凭证；

第五种分类方式：自定义凭证类别。

用户可按需要进行选择，选择完后仍可进行修改。当选择了分类方式后，则进入凭证类别设置，系统将按照所选的分类方式对凭证类别进行预置。凭证类别设置界面如图 3-29 所示。

系统给每一种凭证类型提供了限制条件。即某些类别的凭证在制单时对科目有一定的限制，这里，系统有 7 种限制类型可供选择：

（1）借方必有：制单时，此类凭证借方至少有一个限制科目有发生。

（2）贷方必有：制单时，此类凭证贷方至少有一个限制科目有发生。

（3）凭证必有：制单时，此类凭证无论是借方还是贷方至少有一个限制科目有发生。

（4）凭证必无：制单时，此类凭证无论是借方还是贷方不可有一个限制科目有发生。

（5）无限制：制单时，此类凭证可使用所有合法的科目，限制科目由用户输入，可以是任意级次的科目，科目之间用逗号分隔，数量不限，也可参照输入，但不能重复录入。

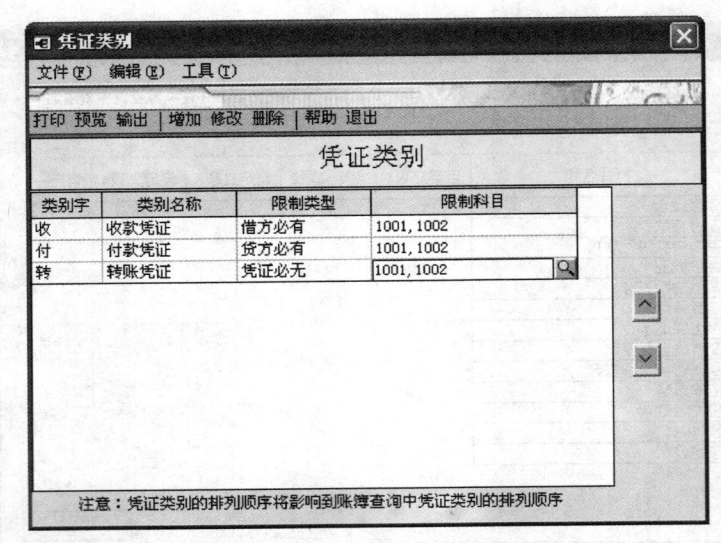

图 3-29 "凭证类别"设置窗口

（6）借方必无：金额发生在借方的科目集必须不包含借方必无科目。可在凭证保存时检查。

（7）贷方必无：金额发生在贷方的科目集必须不包含贷方必无科目。可在凭证保存时检查。

用户可以根据需要对凭证类型加以限制，以便在录入凭证时能够有所控制。

十二、设置项目档案

在实际业务中，企业经常需要核算某些项目，如课题、工程项目、产品、合同订单等的成本、费用、往来情况以及收入等。传统的方法是按具体的项目开设账户进行核算，这样必然增加了明细科目的级次，科目体系庞大，同时给会计核算和管理资料的提供均带来了极大的困难。功能齐全的用友总账系统中，借助于计算机处理数据的特点，增加了项目核算管理功能模块。项目核算作为账务系统辅助核算管理的一项重要功能，通过该功能不仅可以方便地实现对成本费用和收入的按项目核算，而且为这些成本费用及收入情况的管理提供了快速方便的辅助手段。

所谓项目，可以是一个专门的经营项目内容。一个单位项目核算的种类可能多种多样，比如，在建工程、对外投资、技术改造等。为了满足企业的需要，在计算机账务系统中，提供了项目核算与管理功能。企业可以将具有相同特性的一类项目定义成一个项目大类，一个项目大类可以核算多个项目，为了便于管理，企业还可以对这些项目进行分级管理。用户可以根据需要随时进行项目大类的设置以及项目目录及分类的维护。项目档案设置的内容主要有项目大类、项目核算科目、项目分类、项目栏目结构以及项目目录。设置项目档案可通过向导一步步完成，其基本过程大体可分为五步：

第一步，定义项目核算类会计科目。先在前面表述的会计科目设置功能中将进行项目核算所需要用到的会计科目如"在建工程""生产成本"等设置为"项目核算"辅助核算形式，以便为相关的项目核算做准备。

第二步,定义项目大类。项目大类定义可以按照向导提示来完成,在项目大类定义过程中,需要设置项目大类名称、项目栏目结构、项目分类编码级次方案等内容。其中项目栏目结构设置,除了项目名称外,还应有一些其他的备注说明栏目,比如课题核算除了课题名以外,还有如课题性质、课题承担单位、课题负责人等备注说明;项目分类级次设置应综合考虑项目的分类情况,并应考虑到项目分类的扩展性。

第三步,设置项目大类核算科目。选择项目大类,从"待选科目"中选择需要的核算科目添至"已选科目"中。"待选科目"栏中的科目是在会计科目设置过程中定义为项目辅助核算的会计科目,其他非项目核算科目在此不会显示。

第四步,定义项目分类。设置项目分类需注意不能隔级录入分类编码,若某项目分类下已定义项目则不能删除,也不能定义下级分类,必须先删除项目,再删除该项目分类或定义下级分类。

第五步:设置项目目录。选择此项后,系统将列出所选项目大类下的所有项目。"所属分类码"为此项目所属的最末级项目分类的编码。通过单击【维护】按钮,进入项目目录维护界面,可实现项目目录的增加、删除和修改等操作。

【业务描述】

翔飞公司要对其在建工程进行项目管理,分为"自建""外包"两大类,目前企业有"办公楼"和"新生产车间"两个在建项目,分属自建和外包两类。

(一)**定义项目核算类会计科目**

在设置会计科目时,根据需要将进行项目核算的科目设置为项目核算会计科目:"1604 在建工程""160401 材料费""160402 人工费""160403 利息""160404 其他"。

【操作步骤】

(1)在企业门户中执行"基础设置"→"基础档案"→"财务"→"会计科目"命令,打开会计科目设置对话框。

(2)在其中增加上述四个明细科目,并将其设置为"项目核算"辅助核算类别。

【说明事项】

必须将需要进行项目核算的会计科目设置为"项目核算"辅助核算形式后,才能定义项目和目录。

(二)**定义项目大类**

项目大类即项目核算的分类类别,主要设置项目大类名称、指定该大类使用的级次和设置项目栏目结构。

【操作步骤】

(1)在企业门户中执行"基础设置"→"基础档案"→"财务"→"项目目录"命令,打开"项目档案"设置窗口,如图 3—30 所示。

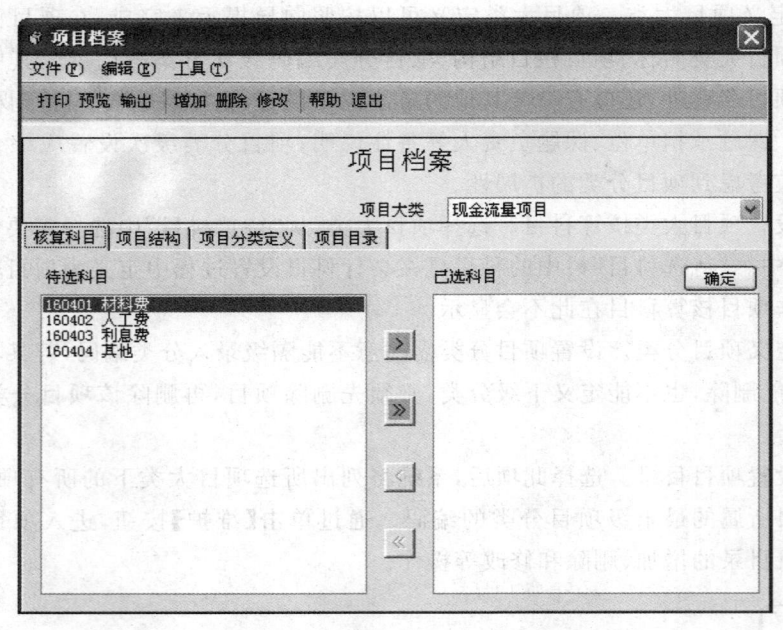

图 3—30 "项目档案"设置窗口

(2)单击工具栏上的【增加】按钮,弹出"项目大类定义_增加"窗口,如图 3—31 所示。

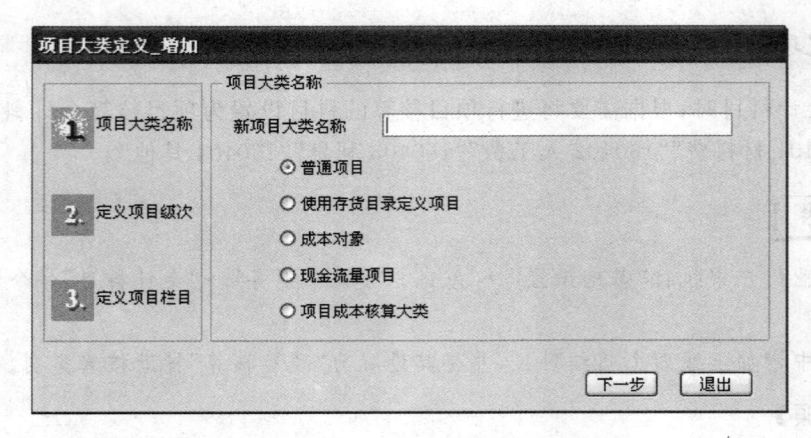

图 3—31 定义项目大类名称

(3)可在其中定义项目大类名称——"在建工程类",选中"普通项目"类别。然后单击【下一步】按钮,进入项目级次定义界面,如图 3—32 所示。

(4)设置项目分类级次为 2,单击【下一步】进入向导第三步"定义项目栏目",如图 3—33 所示。

(5)在"定义项目栏目"界面,可根据项目管理需求对项目栏目进行增加、删除和修改操作,在本例中可增加"负责人"一栏,单击【完成】按钮,结束项目大类定义,返回"项目档案"设置主界面。

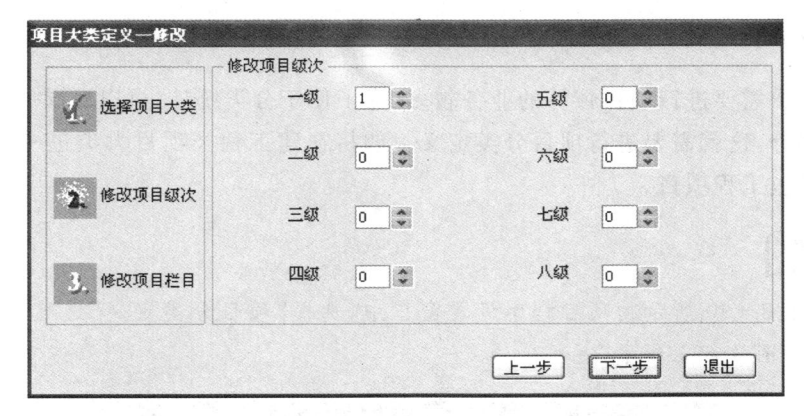

图 3—32　定义项目级次

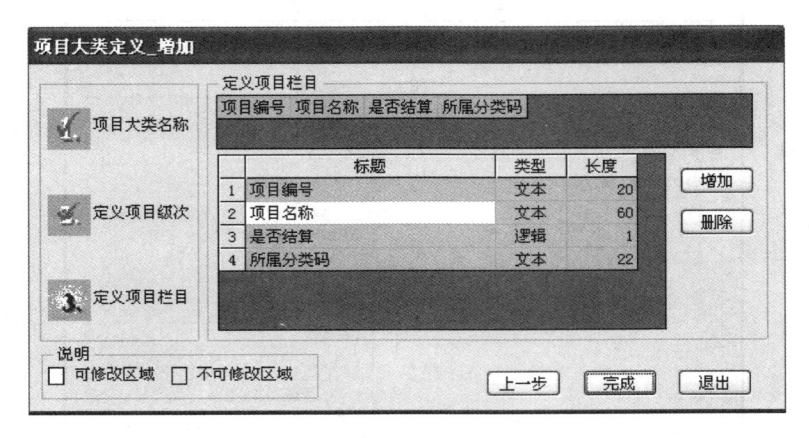

图 3—33　定义项目栏目

(三)设置项目核算科目

设置项目核算科目就是将各个具有"项目核算"的辅助核算性质的科目与各项目大类相匹配,确定哪个项目大类在核算时用到哪些科目。一个项目大类可以指定多个会计科目,一个会计科目只能指定给一个项目大类。如将直接材料、直接工资和制造费用指定为按生产成本项目大类核算的会计科目。

操作步骤

在如图 3—30 所示的项目档案设置窗口中单击项目大类文本框右侧的下拉按钮,选中"在建工程类"项目大类,然后通过【＞】按钮将"160401 材料费""160402 人工费""160403 利息费"和"160404 其他"四个科目从待选区添加到已选科目列表中,选择完毕后单击【确定】按钮确认保存。

(四)项目分类定义

如果企业中需要进行项目核算的业务较多,为了便于分类统计,可以对同一项目大类下的项目进一步划分,这就需要进行项目分类定义。如将在建工程类项目大类进一步划分为自建工程项目和外包工程项目。

【操作步骤】

(1)在如图3—30所示的项目档案设置窗口中,选择"项目分类定义"选项卡,进入项目分类定义界面,如图3—34所示。

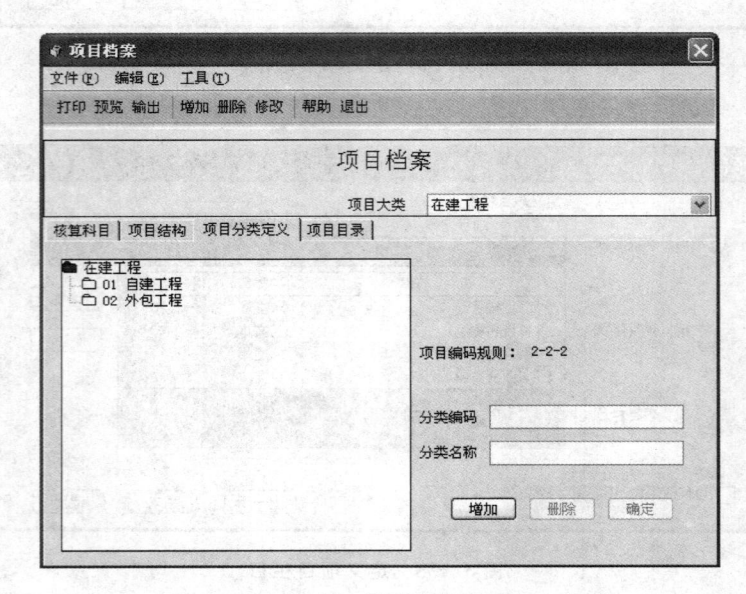

图3—34 定义项目分类

(2)分别录入"自建工程""外包工程"两个分类后确定保存。

【说明事项】

①不能隔级录入分类编码。

②若某项目分类下已定义项目,则不能删除,也不能定义下级分类,必须先删除项目,再删除该项目分类或定义下级分类。

③不能删除非末级项目分类。

(五)设置项目目录

设置项目目录就是将各项目大类中的具体项目内容输入到系统中。在本例中为01自建项目类下的"01办公楼"和"02新生产车间"两个项目。

【操作步骤】

(1)在项目目录设置界面选择"在建工程"大类,然后打开"项目目录"选项卡,再单击

【维护】按钮,进入如图 3—35 所示的"项目目录维护"窗口。

(2)单击工具栏上的【增加】按钮,一次输入"办公楼"和"新生产车间"两个项目。

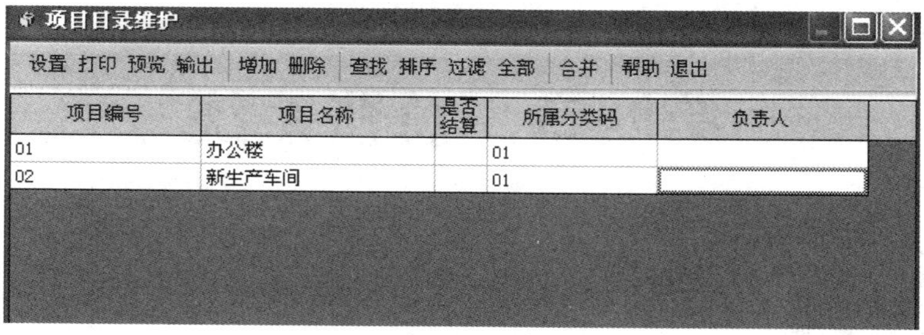

图 3—35 设置项目目录

【说明事项】

①标志结算后的项目将不能再使用。

②系统中提供的"维护"功能主要用于录入各个项目的名称及定义的其他数据,因此平时项目目录有变动,应及时通过本功能进行调整。

③在每年年初应将已结算或不用的项目删除。

本章习题

1. 基础设置模块的设置内容有哪些?
2. 部门档案与职员档案在设置上应注意什么问题?
3. 客户/供应商分类与客户/供应商档案在设置上应注意什么问题?
4. 会计科目设置时辅助账类的选择依据是什么?
5. 各编码方案的设定原则是什么?
6. 各编码方案和基础数据在什么情况下不允许修改?

第四章 总账系统

教学目的及要求

系统地学习总账系统的工作原理和各个模块的基本功能。要求掌握总账系统的基本业务流程;掌握总账系统初始化包含的内容和操作方法;掌握日常处理中凭证、账簿的处理方法;掌握银行对账的基本方法;熟悉各账簿的格式和提供的信息内容;熟悉期末业务处理的内容和方法。

总账系统是财务管理软件的核心模块,主要进行会计凭证、账簿的管理。它既可以独立运行,也可以与其他子系统协同使用,它通过通用数据接口为财务报表、财务分析、领导查询、决策分析等相关子系统提供财务数据,以实现财务信息与业务信息的高度整合,为企业决策提供实时的财务信息。

第一节 总账系统概述

总账系统,又称账务处理系统,它在整个会计信息系统中处于核心地位,在整个会计信息系统中既是中枢,又是最基本的系统,它综合、全面、概括地反映企业供产销各个方面的会计工作内容。其他各子系统的数据都必须传输到账务处理系统,同时还要把账务处理系统中的某些数据传送给其他的子系统供其利用。许多企业单位的财务信息化工作往往都是从账务处理系统开始的。

一、总账系统的特点

由于总账系统在会计信息系统中处于核心地位,与其他子系统有着密切的联系,因此,它也有着不同于其他子系统的特点:

(一)规范性强,一致性好

账务处理子系统采用世界通用的会计记账方法——复式记账法,并满足以下基本处理原则:有借必有贷,借贷必相等;资产=负债+所有者权益;总账余额或发生额必须等于其下属明细账余额或发生额之和。尽管不同的单位由于业务量不同而选择不同的会计核算组织程序(登记总账的方法),但最终的账簿格式基本相同。正因为如此,无论是在西方还是在国内,到处都可以看到大量商品化账务处理系统或总账软件。

（二）综合性强，在整个会计信息系统中起核心作用

会计信息系统中的其他子系统是局部反映供产销过程中某个经营环节或某类经济业务的，销售子系统主要反映销售、应收账款核算这一经营环节等。这些子系统不仅采用货币作为计量单位，而且还广泛使用实物数量指标。而账务处理系统则是以货币作为主要计量单位，综合、全面、系统地反映企业供产销的所有方面。因此，账务处理系统产生的信息具有很强的综合性和概括性。此外，账务处理子系统还要接收其他子系统产生的数据，同时还要向其他子系统传递数据，这样账务处理子系统又是数据交互的桥梁，它把其他子系统有机地结合在一起，形成了完整的会计信息系统，账务处理子系统是整个会计信息系统的核心。

（三）控制要求严格，正确性要求高

由于账务处理子系统所产生的账表要提供给投资者、债权人、管理人员、财政部门、税务部门等，所以必须保证账务处理数据的正确性，保证结果的真实性。正确的报表来自正确的账簿，正确的账簿来自正确的凭证，只有从凭证开始，对账务处理的各个环节加以控制，才能防止有意无意的差错发生。

二、系统主要功能

总账管理系统适用于各行各业单位进行财务核算和管理工作，主要包括初始设置、凭证管理、出纳管理、标准账簿处理、辅助核算管理和月末处理等。

（一）初始设置

初始设置的基本功能是由用户根据自己的需求建立账务应用环境，将通用账务处理转化为适合本单位实际工作需求的专用系统。主要包括：定义各种编码的编码方案、定义各辅助项的目录、设置所需的会计科目、定义凭证分类和各种外币信息、录入期初余额等。

（二）凭证管理

可完成凭证的录入、修改、审核、出纳和主管签字、自定义转账生成、记账等基本操作。可通过严密的制单控制保证所制单据的正确性。系统提供如资金及往来赤字控制、支票控制、预算控制、外币折算误差控制以及查看科目最新余额、联查原始单据及明细账等功能，加强对发生业务的及时管理和控制。

（三）出纳管理

为出纳人员提供一个集成办公环境，加强对现金及银行存款的管理。可进行支票登记和管理，并可随时查阅银行日记账、现金日记账，随时报出最新资金日报表，可及时进行银行对账，给出余额调节表，并可过滤长期未达账项以供审核。

（四）标准账簿管理

系统提供对各种标准账簿的管理，包括总账、余额表、明细账、序时账、日记账、多栏

账。对以上账簿进行查询时可以包含未记账凭证实现模拟记账功能,从而获得最新数据,且能实现总账、明细账、凭证、原始单据的相互联查。在打印时可自定义输出格式,做到方便灵活。

(五)辅助核算管理

1. 个人往来核算

主要是进行个人借款、还款的管理工作,做到及时控制个人借款,完成清欠工作;能提供个人借款明细账、催款单、余额表、账龄分析表,以及自动清理核销已清账等功能。

2. 部门核算

该功能的设置主要是为了考核部门费用收支的发生情况;能及时地反映、控制部门费用的支出,并对各部门的收支情况加以比较;提供各级部门总账、明细账,并能对部门输入与费用进行部门收支分析处理。

3. 项目管理

该功能用于生产成本、在建工程等业务的核算,以项目为中心,为使用者提供各项目的成本、费用、收入等汇总与明细情况以及项目计划执行报告等;也可以用于科研课题、专项工程、产成品成本、合同、订单、旅游团队等的核算;还可以提供项目总账、明细账即项目统计表的查询。

4. 往来管理

主要进行客户和供应商往来款项的发生、清欠等管理工作,做到及时掌握往来款项的最新情况;可提供往来款的总账、明细账、催款单、往来账清理、账龄分析报告等账表。

(六)月末处理

提供灵活的自定义转账功能,可自动完成月末分摊、计提、对应转账、销售成本、汇兑损益、期间损益结转等业务;能进行试算平衡、对账、结账、生成月度工作报告。

三、与其他系统的关系

总账系统属于会计信息系统的核心部分,与其他子系统属并行关系,系统间数据接口的关系十分密切,见图4-1。总账系统与其他子系统关系说明如下:

(1)成本管理。成本管理系统引用总账系统提供的应计入生产成本的间接费用(制造费用)或其他费用数据。成本管理系统将成本核算结果自动生成转账凭证,传递到总账系统。

(2)应付款管理。应付款管理中的所有凭证都传递到总账系统中。

(3)应收款管理。应收款管理中的所有凭证均应该传递到总账系统中。

(4)工资管理。工资管理系统将工资计提、分摊结果自动生成转账凭证,传递到总账系统。

(5)固定资产。总账系统接收从固定资产系统传递的凭证。

(6)存货核算。总账系统接收从存货核算系统传递的凭证。

(7)商业智能。为数据分析、专家财务评估、管理驾驶舱等决策分析系统提供分析数据。

(8)UFO报表、现金流量表、财务分析。总账系统为以上系统提供财务数据生成财务报表及其他报表。

(9)网上银行。网上银行系统根据各种单据等记账依据生成凭证并传输到总账系统;网上银行系统可以根据总账系统生成的凭证进行管理与查询。

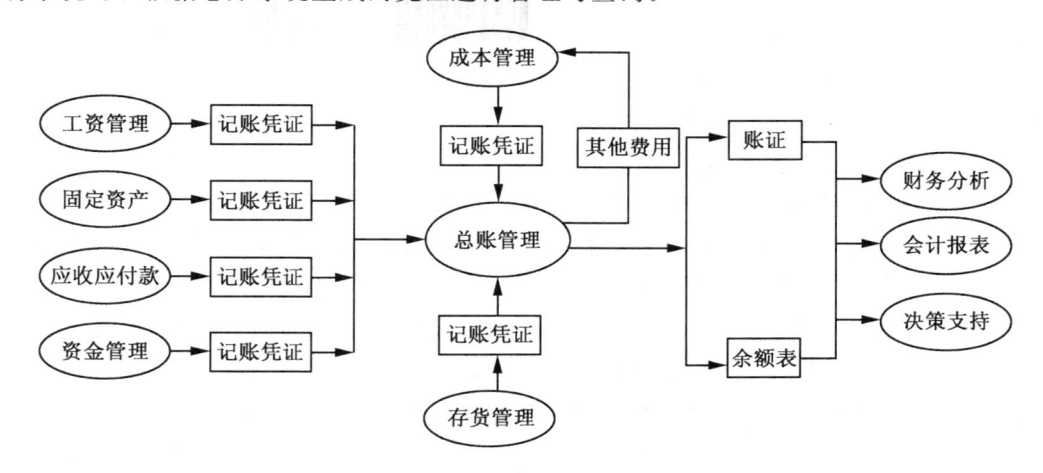

图 4-1 总账系统与其他子系统关系

四、应用解决方案

针对不同企业业务类型、业务量大小和管理需求的不同,用友软件总账系统提供了不同的应用解决方案。

(一)对于业务较少的小型企业

如果企业属于实际经济业务比较简单、业务数据量较小的小型企业,那么可以只使用总账系统,按照制单→审核→记账→查账→结账的业务流程进行日常业务处理。

(二)对于业务较复杂的企业

如果企业核算业务较复杂,建议使用本系统提供的各种辅助核算进行管理,如个人往来借款的管理、部门管理、项目管理,以及客户和供应商管理。

(三)对于机构设置较复杂的企业

如果企业机构设置较复杂,则应使用部门核算管理,多级部门的设置将更方便地管理企业各部门的收入和支出。

(四)对于往来业务较多的企业

如果企业的往来业务较频繁,则会有较多的往来客户、供应商,在这种情况下,如果再把往来单位作为二级明细科目来设置,那么科目体系臃肿且不稳定,进行业务处理时会显得极其不便,另外,在查询数据时系统只能提供按科目查询的科目账,不能提供按往来单位查询的往来账。鉴于以上问题,企业可以根据实际情况从以下两种应用模式中选择一种来应用:

1. 总账+往来辅助核算模式

在这种模式下，科目应设置为客户（供应商）往来辅助核算，将客户（供应商）核算选择在总账系统完成，能在总账中查询供应商往来和客户往来辅助账；期初余额录入时，需要在总账系统录入客户（供应商）辅助核算的科目的期初明细数据，凭证在总账系统填制；月末结账时，不必判断应收（应付）系统是否已经结账。

2. 总账+应收（应付）子系统模式

在这种模式下，科目应设置为客户（供应商）往来辅助核算，且科目为应收（应付）系统受控科目，将客户（供应商）核算业务选择在应收（应付）系统完成；期初余额录入时，在总账系统要录入客户（供应商）辅助核算的科目的期初明细数据，在应收（应付）子系统要录入期初发票等明细单据且与总账系统对账平衡；日常业务发生时在应收（应付）系统录入单据，并据此生成凭证转到总账系统，在总账系统形成辅助账。应收（应付）系统可以执行单据录入、核销、制单、查询等功能。在总账系统可进行相关辅助账的查询操作；月末结账时，要判断应收（应付）系统已经结账后才能结总账。

五、系统操作流程

作为新用户，在使用之前应该首先熟悉系统操作流程，在整体架构上把握其基本脉络。总账管理系统的基本操作流程如图 4-2 所示。

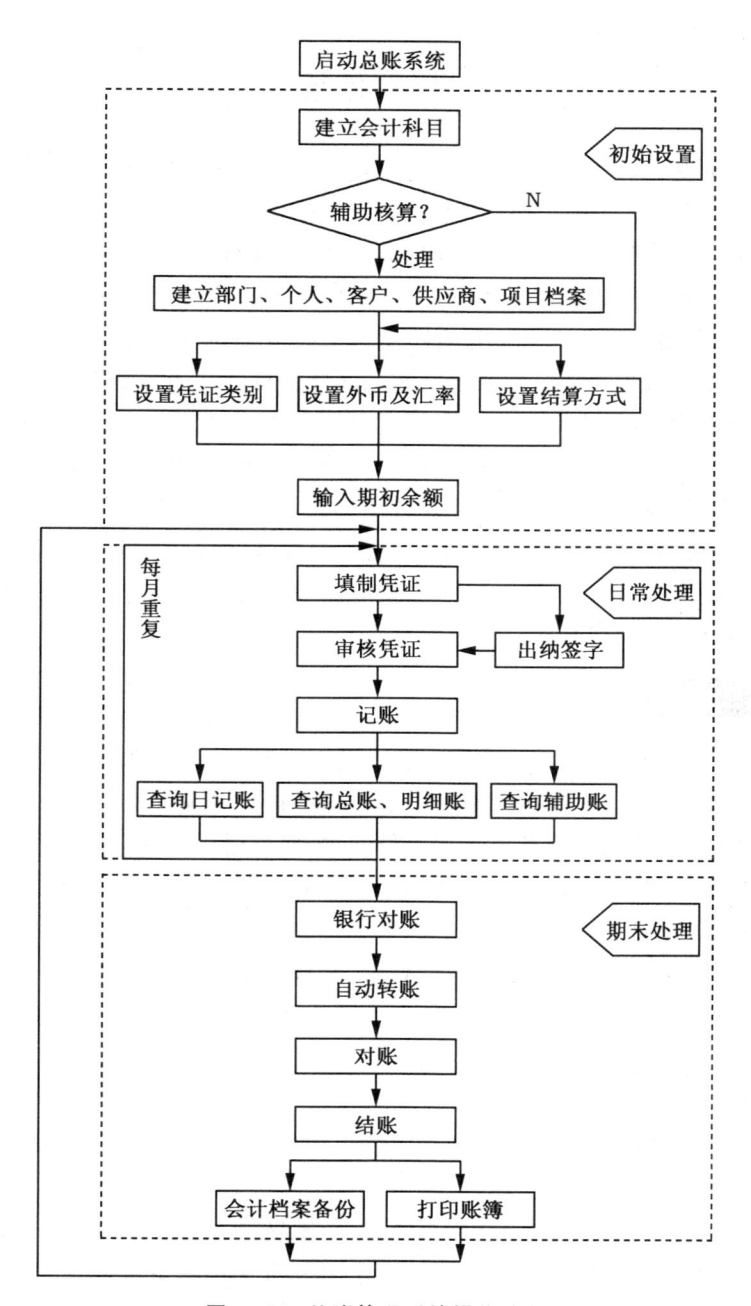

图 4—2 总账管理系统操作流程

第二节 总账系统初始化

作为系统使用的基础,账务处理的初始化至关重要。首次使用财务管理系统时,最好指定专人或由财务主管进行此项工作,因为有些初始设置必须在第一次使用时一次性设置好,以后不能改变,因此必须认真对待。通过账务处理系统的初始设置阶段,可以把核算单位的会计核算规则、核算方法、应用环境以及基础数据输入计算机,实现会计手工核算向计算机核算的过渡,同时完成将通用的财务管理系统向适合本单位实际情况的专用财务管理系统的转化。

总账系统的初始化设置一般是在系统安装完成并进行了初始参数设置后,由账套主管(一般是本单位的财务主管)根据本单位的实际情况负责完成的。系统初始化的主要内容包括:设置账簿选项、定义外币及汇率、设置会计科目、建立辅助核算、设置明细权限、定义结算方式、设置凭证类型、定义自定义项、定义常用凭证及常用摘要、录入期初余额等。考虑到初始设置内容之间的相互关系,初始设置的基本流程为:设置账套参数→定义外币及汇率→设置会计科目→设置凭证类型→定义结算方式→定义客户/供应商等分类信息→定义客户/供应商等档案信息→定义项目档案→录入期初余额。

一、设置总账参数

用友系统在每一个子系统启用之前都有相关选项参数设置,其作用相当于确定企业的会计核算管理政策,决定着整个系统运行和管理的基调,因此非常重要。在初次启动总账系统时,首先需要确定反映总账系统核算要求的各种参数,使得通用总账系统适用于本单位的具体核算要求。总账系统的业务参数将决定总账系统的输入控制、处理方式、数据流向、输出格式等,设定后一般不能随意更改。

系统启用后,如果系统预置的"总账系统启用"参数与实际需要不符,应根据实际情况,在总账系统使用之前通过设置总账系统"选项"正确选择适合本单位的各种参数,以达到会计核算和财务管理的目的。

业务描述

该企业的总账选项设置如下:

凭证进行序时控制,不可以使用存货受控科目,不可以使用应收受控科目,不可以使用应付受控科目,进行资金及往来赤字控制,进行支票控制,出纳凭证必须由出纳签字,凭证必须由会计主管签字,自动填补凭证断号,账簿打印时单价宽度设为 15,数量、单价小数位保留 2 位小数。

总账系统"选项"对话框包括凭证、账簿、会计日历和其他 4 个选项卡,如图 4—3 所示。有关内容说明如下:

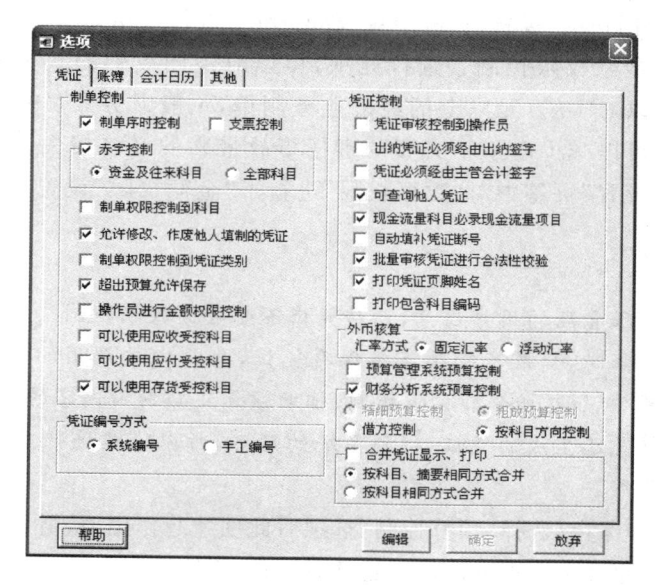

图 4-3 选项设置——凭证选项卡

(一)凭证标签页设置内容

1. 制单控制

制单控制主要限定在填制凭证时系统应对哪些操作进行控制,主要包括以下内容:

(1)制单序时控制。此项和"系统编号"选项联用,选中此项意味着制单时随着凭证号的递增凭证日期必须按由小到大的顺序排列。如 3 月 8 日编制 25 号凭证,则 3 月 9 日只能开始编制 26 号凭证,而不能编制凭证号小于 25 号的凭证,即制单序时。如果有特殊需要,可以将其改为不序时制单。

(2)支票控制。此项与第三章基础设置中结算方式设置一节中所讲到的每一个结算方式的"票据管理"选项联用。若既选择了"票据管理"选项,又在此选择"支票控制"一项,系统即启用了支票登记簿的功能。出纳等相关人员在开列支票时应及时登记支票登记簿,在制单时使用银行科目编制凭证时,如果录入支票号在支票登记簿中已存入,系统提供登记支票报销的功能;如录入了在支票登记簿中未登记的支票信息,系统提供补充登记支票登记簿的功能。

(3)赤字控制。若选择了此项,在制单时,当"资金及往来科目"或"全部科目"的最新余额出现负数时,系统将予以提示。

(4)制单权限控制到科目。选择此项,则在制单时,操作员只能使用具有相应制单权限的科目制单。此项选择生效的前提是预先在企业门户的"设置"页签中对"数据权限"进行了相关设置。

(5)允许修改、作废他人填制的凭证。若选择了此项,在制单时可修改或作废别人填制的凭证,否则不能修改。

(6)制单权限控制到凭证类别。选择此项,在制单时只显示此操作员有权操作的凭证类别,同时在凭证类别参照中按人员的权限过滤出有权限的凭证类别以供参照选择。此参数生效的前提是要在企业门户的"设置"页签中对"数据权限"进行了相关设置。

（7）操作员进行金额权限控制。选择此项，可以对不同级别的人员进行金额大小的控制，例如财务主管可以对 10 万元以上的经济业务制单，一般财务人员只能对 5 万元以下的经济业务制单，这样可以减少由于不必要的责任事故带来的经济损失。此选项起作用的前提是在企业门户的"设置"页签中对"数据权限"进行了"金额权限"设置，再选择此项，权限设置方可生效。

提示：
● 请关注金额权限管理的用户注意，结转凭证不受金额权限控制。
● 在调用常用凭证时，如果不修改直接保存凭证，此时由被调用的常用凭证生成的凭证不受任何权限的控制，例如包括金额权限控制、辅助核算及辅助项内容的限制等。
● 外部系统凭证是已生成的凭证，得到系统的认可，所以除非进行更改，否则不做金额等权限控制。

（8）超出预算允许保存：选择"预算控制"选项后此项才起作用，从财务分析系统取预算数，如果制单输入分录时超过预算也可以保存超预算分录，否则不予保存。

（9）可以使用应收(应付、存货)系统受控科目：若科目为应收(应付、存货)系统的受控科目，为了防止重复制单，一般只允许在应收(应付、存货)系统使用此科目进行制单，总账系统是不能使用此科目制单的。如果您希望在总账系统中也能使用这些科目填制凭证，则应选择此项。

2. 凭证编号方式

系统在"填制凭证"功能中提供两种编号方式：手工编号和系统编号。一般情况下可选择按照凭证类别按月自动编制凭证编号，即"系统编号"；但有的企业需要系统允许在制单时手工录入凭证编号，即"手工编号"。如选用手工编号在编制凭证过程中一定要注意编号要做到连续、不重复、不间断。

3. 凭证控制

（1）权限设置：如规定审核人员只允许审核某操作员填制的凭证，则应选择"凭证审核控制到操作员"；若要求现金、银行科目凭证必须由出纳人员核对签字后才能记账，则选择"出纳凭证必须经由出纳签字"选项；如要求所有凭证必须由主管签字后才能记账，则应选择"凭证必须经主管签字"选项；如允许操作员查询他人凭证，则选择"可查询他人凭证"选项，否则只能查询操作员自身录入的凭证。

（2）现金流量科目必录现金流量项目：选择此项后，在录入凭证时如果使用现金流量科目，则必须输入现金流量项目及金额，这样可为后续自动编制现金流量表提供相关数据。

（3）自动填补凭证断号：凭证录入过程中可能有删除和整理操作，这就会产生凭证断号。如果选择凭证编号方式为系统编号，若选择此项，则在新增凭证时，系统按凭证类别自动查找本月的第一个断号默认为本次新增凭证的凭证号；若未选择此项，则新增凭证编号为本类凭证最大号加 1；如无断号则为新号，与原编号规则一致。

（4）批量审核凭证进行合法性校验：批量审核凭证时针对凭证进行二次审核，提高凭证输入的正确率，合法性校验与保存凭证时的合法性校验相同。

（5）打印凭证页脚姓名：在打印凭证时，是否自动打印制单人、出纳、审核人、记账人的姓名。

（6）打印包含科目编码：在打印凭证时，是否自动打印科目编码。

4. 外币核算

如果企业有外币业务,则应选择相应的汇率方式——固定汇率、浮动汇率。"固定汇率"即在制单时,一个月只按一个固定的汇率折算本位币金额。"浮动汇率"即在制单时,按当日汇率折算本位币金额。

5. 预算控制

该选项从财务分析系统取数,选择该项,则制单时,当某一科目下的实际发生数导致多个科目与辅助项的发生数和余额总数超过预算数与报警数的差额,则报警。注意,报警只针对总账的凭证。

6. 合并凭证显示、打印

选择此项,则在填制凭证、查询凭证、出纳签字和凭证审核时,以系统选项中的设置显示;在科目明细账显示或打印时凭证按照"按科目、摘要相同方式合并"或"按科目相同方式合并"合并显示,并在明细账显示界面提供是否"合并显示"的选项。

(二)账簿选项

此选项卡用来对企业打印凭证和账簿的格式进行规定,如图4-4所示。在此不做逐一解释,如有需要,请参看相关操作手册。下面只对两个选项加以说明:

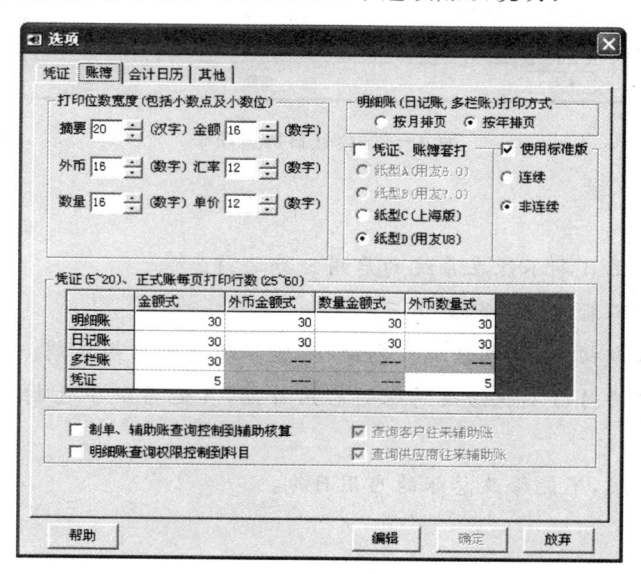

图4-4 账簿选项卡

1. 明细账查询权限控制到科目

如果希望对查询和打印权限做进一步的细化,如只允许某些操作员查询或打印某些特定的明细科目而不能对其他明细科目进行相关操作,则应选择此项。

2. 制单、辅助账查询控制到辅助核算

设置此项权限,制单时才能使用有辅助核算属性的科目录入分录,辅助账查询时只能查询有权限的辅助项内容。

(三)会计日历

单击"会计日历"页签,可查看各会计期间的起始日期与结束日期,以及启用会计年度和启用日期,如图4-5所示。此处仅能查看会计日历的信息,如需修改,请到"系统管理"模块通过账套修改功能进行修改。

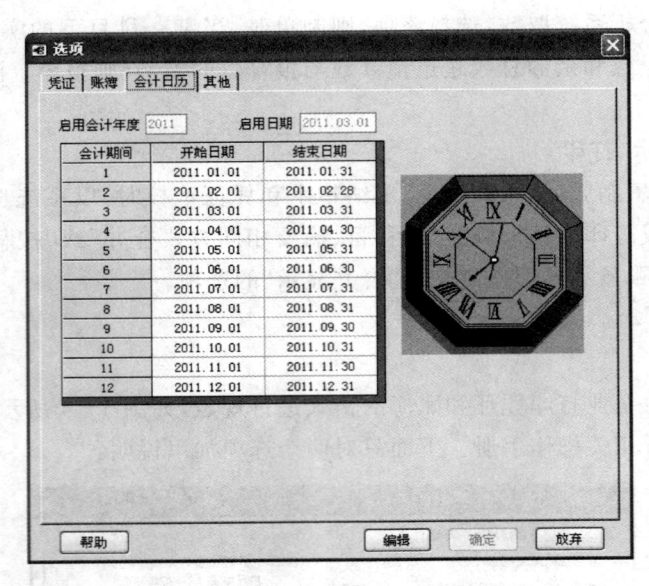

图4-5 会计日历选项卡

【说明事项】

①总账系统的启用日期不能在系统的启用日期之前。

②已录入汇率后不能修改总账启用日期。

③总账中已录入期初余额(包括辅助期初)不能修改总账启用日期。

④总账中已制单的月份不能修改总账的启用日期,其他系统中已制单的月份不能修改总账的启用日期。

⑤第二年进入系统,不能修改总账的启用日期。

(四)其他

(1)数量小数位:在制单与查账时,按此处定义的小数位输出小数,不足位数将用"0"补齐。例如数量小数位数定义为5位,而数量为10.25米,则系统将按10.25000显示输出。系统允许设置的数量小数位范围为2~6位。

(2)单价小数位:在制单与查账时,按此处定义的小数位输出小数,不足位数将用"0"补齐。例如小数位数定义为5位,单价为3元,则系统将按3.00000显示输出。系统允许设置的单价小数位范围为2~8位。

(3)本位币精度:若数据精确到整数(无小数位),则在制单中由汇率、外币计算本位币时,系统自动四舍五入为整数。

(4)部门排序方式:在查询部门账或参照部门目录时,是按部门编码排序还是按部门名称排序,可以根据需要在这里设置。

(5)个人排序方式:在查询个人账或参照个人目录时,是按个人编码排序还是按个人名称排序,可以根据需要在这里设置。

(6)项目排序方式:在查询项目账或参照项目目录时,是按项目编码排序还是按项目名称排序,可以根据需要在这里设置。

(7)打印设置按客户端保存:如果有多个用户使用多台不同型号的打印机时,选择此项则按照每个用户自己的打印机类型和打印选项设置,打印凭证和账簿。

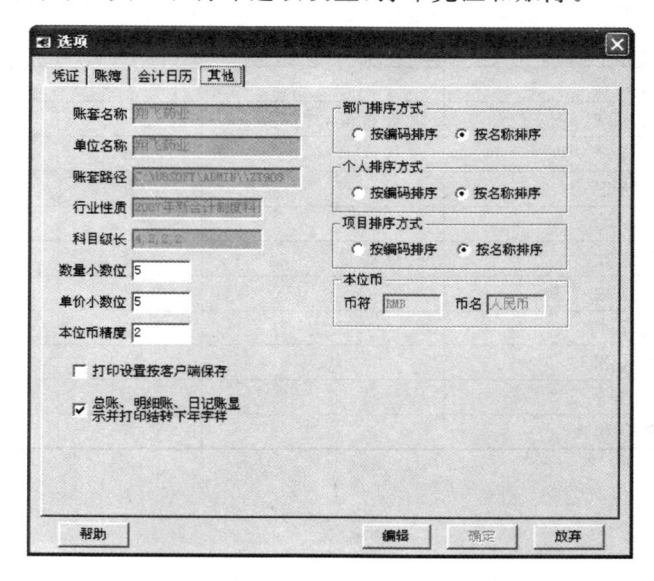

图4-6 其他选项卡

二、期初余额录入

为了保证会计数据连续完整,并与手工账簿数据衔接,如果第一次使用总账系统,还需要将各种基础数据录入系统。如果在年初建账,应录入各账户的本年年初余额;如果在年中建账,应录入各账户当期余额和年初至此的累计借贷方发生额,系统会自动计算出年初余额;如果科目设置了辅助核算,还应录入辅助核算类别的有关初始余额,系统自动将辅助账的期初余额之和加总为该科目的期初余额。

数据录入完毕后,为了保证数据的准确性,应对数据进行校验,判断其是否满足数据间的平衡关系,若不平衡则需查找错误并修改,直至正确平衡为止。否则,系统将允许填制凭证但不能进行记账,这是系统自动控制的一种体现,以保证系统内部数据的真实性。

(一)录入基本科目的期初余额

这里提到的基本科目余额是指无辅助核算科目的期初余额,而且只要求录入最末级科目的余额和累计发生数,上级科目的余额和累计发生数由系统自动计算。

业务描述

录入如表4—1所示的期初余额数据。

表4—1　　　　　　　　　翔飞药业3月初各科目期初余额

编码	名称	辅助账类型	方向	期初数据
1001	库存现金	日记	借	2 700.00
100201	人民币户	银行账、日记	借	95 717 430.00
10020101	吉林银行支票户	银行账、日记	借	95 580 000.00
10020102	建行汇票户	银行账、日记	借	137 430.00
1122	应收账款	客户往来	借	289 000.00
1231	坏账准备		贷	8 700.00
1401	材料采购	数量核算,吨	借	2 514 000.00
1601	固定资产		借	960 487 000.00
1602	累计折旧		贷	187 450 000.00
170102	专利权		借	500 000.00
2202	应付账款	供应商往来	贷	3 500 660.00
220201	应付供应商款		贷	3 500 660.00
4001	实收资本		贷	750 000 000.00
4002	资本公积		贷	100 000 000.00
400201	资本溢价		贷	100 000 000.00
4101	盈余公积		贷	18 550 770.00

操作步骤

(1)执行企业门户主菜单"业务"标签页中"总账"→"设置"项下的"期初余额"命令,打开如图4—7所示的"期初余额录入"窗口。

图4—7　"期初余额录入"窗口

(2)将光标移到需要输入数据的余额栏,直接输入数据即可。

【说明事项】

①若年中启用,则只需录入末级科目的期初余额及累借、累贷,年初余额将自动计算出来。

②如果某科目为数量、外币核算,可以录入期初数量、外币余额。但必须先录入本币余额,再录入外币余额。

③在录入辅助核算期初余额之前,必须先设置各辅助核算目录。

④无论往来核算是在总账还是在应收应付系统,有往来辅助核算的科目都要按明细录入数据。

⑤期初余额清零功能:清除此科目的所有下级科目的期初数据,此功能只能在没有已记账凭证时使用。

(二)录入辅助核算科目的期初余额

在录入期初余额时,如果某个科目被设置为辅助核算科目,则不能直接录入该科目的期初余额,应用鼠标双击辅助核算科目的期初余额(年中启用)或年初余额(年初启用),屏幕显示辅助核算科目期初余额录入窗口,按辅助项录入期初余额的明细资料,输入完毕后系统自动汇总数据,将合计值带回作为该科目的期初余额。

业务描述

录入如表4-2所示的辅助科目的期初余额。

表4-2　　　　　　　　应付账款期初数据(220201)

日期	科目	凭证号	供应商	摘要	方向	期初余额	业务员	票号
2009.5.26	220201	转-5	沈压	购材料	贷	500 660.00	马月月	12589
2009.5.29	220201	转-6	本钢	购材料	贷	1 800 000 000.00	马月月	14576
2009.5.30	220201	转-9	本钢	购材料	贷	1 200 000 000.00	马月月	15660

操作步骤

(1)在科目余额录入窗口双击该科目,打开辅助科目期初明细数据录入窗口,如图4-8所示。

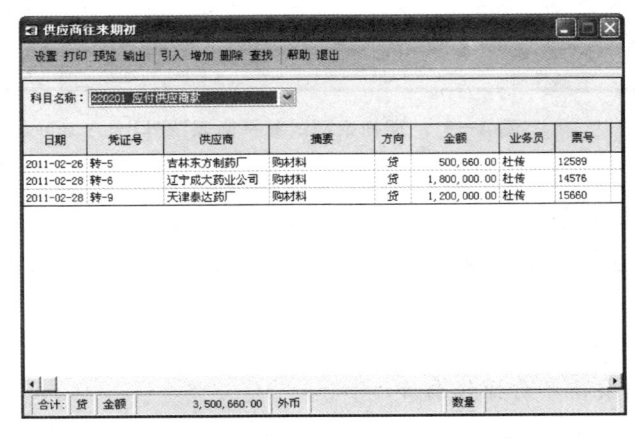

图4-8 "供应商往来期初"数据录入窗口

(2)单击【增加】按钮,屏幕增加一条新的期初明细,可顺序输入各项内容。如果输入过程中发现某项输入错误,可按【ESC】键取消当前项输入,将光标移到需要修改的编辑项上,直接输入正确的数据即可。如果想放弃整行增加数据,在取消当前输入后,再按【ESC】键即可。

(3)用鼠标单击科目下拉选择框可选择相同辅助账类的其他科目录入期初余额。若为项目核算科目,则可选择相同项目大类的其他科目录入期初余额。

(三)科目余额方向的调整

每个科目的余额方向由科目性质确定,占用类科目余额方向为借,来源类科目余额方向为贷。在录入科目余额时,如果有的科目余额方向与原来的设置不同,系统提供了调整余额方向的功能,按图4—7中的【方向】按钮可修改科目的余额方向(即科目性质)。但只能调整一级科目的余额方向,且要求该科目及其下级科目尚未录入期初余额。当一级科目方向调整后,其下级科目也随一级科目相应调整方向。

(四)试算平衡

期初余额及累计发生额输入完成后,为了保证初始数据的正确性,必须依据"资产＝负债＋所有者权益＋收入－成本费用"和"借贷平衡"的原则进行平衡校验。点击余额录入窗口上方工具栏上的【试算】按钮即可启动试算功能。

校验工作由计算机自动完成,校验完成后系统会自动生成一个校验结果报告,如果试算结果不平衡,则应依次逐项进行检查、更正后,再次进行平衡校验,直至平衡为止,如图4—9所示。

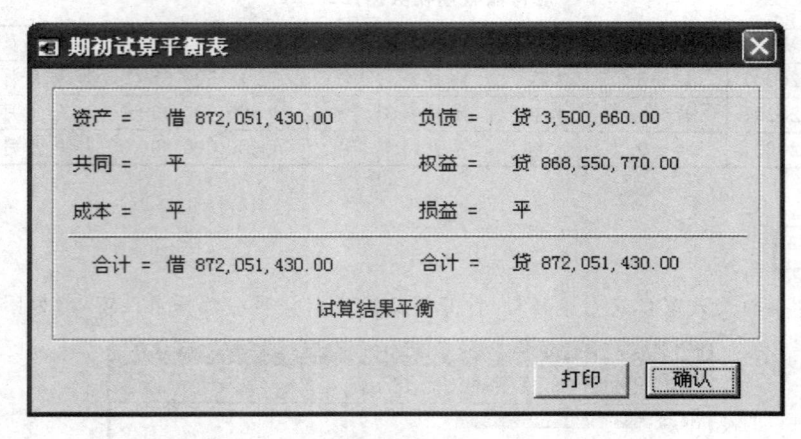

图4—9 "期初余额试算平衡表"窗口

【说明事项】

①若期初余额试算不平衡,那么将不能记账,但可以填制凭证。

②若已经使用本系统记过账,则不能再录入、修改期初余额,也不能执行"结转上年余额"的功能。

③可根据需要定义自己的试算平衡公式,但需要利用SQL对数据库进行操作,这里不再做进一步说明,如有需要请参看操作手册。

(五)期初对账

由于初次使用,对系统不太熟悉,在进行期初设置时的一些不经意的修改,可能会导致总账与辅助总账、总账与明细账核对有误。为了解决此类问题,系统提供对期初余额进行对账的功能,可以及时做到账账核对,并可尽快修正错误的账务数据。

操作步骤

(1)进入期初余额编辑界面后单击【对账】按钮。

(2)单击【开始】按钮可对当前期初余额进行对账,核对内容为:核对总账上下级;核对总账与部门账;核对总账与客户往来账;核对总账与供应商往来账;核对总账与个人往来账;核对总账与项目账。

(3)如果对账后发现有错误,可单击【显示对账错误】按钮,系统将把对账中发现的问题列出来。

三、账簿清理

当年初建账完成后,如发现账建得太乱或错误太多,可执行本功能冲掉已建好的全部账,然后重新开始建账。账簿清理将冲掉本年各账户的余额和明细账,并将上年的会计科目、部门目录、个人目录、客户分类、客户目录、供应商分类、供应商目录、项目目录、凭证类别、常用摘要、常用凭证转入本年。若本年是账套启用年,则冲掉本年各账户的余额和明细账,只保留会计科目、部门目录、客户目录、供应商目录、项目目录、个人目录、凭证类别、常用摘要、常用凭证。执行账簿清理后,应重新调整科目和余额。

操作步骤

(1)执行"总账"→"设置"→"账簿清理"命令。

(2)录入会计主管口令,确认后系统将冲掉本年各账户的余额和明细账。

(3)单击【取消】按钮,可不进行账簿清理并退出【账簿清理】。

【说明事项】

①只有财务主管才能使用本功能。

②执行本功能将冲掉本年录入的所有余额和发生数,所以执行本功能一定要慎重,最好在执行前先进行数据备份工作。

③若已使用其他子系统填制了凭证,则最好不要对总账数据进行清理,否则可能会引起其他子系统的数据无法联查凭证。如果想清空所有系统的数据,可执行系统管理中的"清空年度数据"功能。

第三节 总账系统日常业务——凭证的处理

在总账系统中,当初始设置完成后,就可以开始进行日常业务处理了。日常业务处理的任务主要包括凭证的填制、审核、查询和记账,以及查询与打印输出各种日记账、明细账和总分类账等账簿。

一、填制凭证

记账凭证是登记账簿的依据,是总账系统的起点,也是所有查询数据的最主要来源。实行计算机处理账务后,电子账簿的准确与完整很大程度上依赖于记账凭证录入工作的好坏,因而使用者要确保记账凭证输入的准确、完整。在实际工作中,可直接在计算机上根据审核无误准予报销的原始凭证填制记账凭证,也可以先由人工制单然后集中输入,采用哪种方式应根据本单位实际情况,一般来说,业务量不多或基础较好或使用网络版的用户可采用前者,而在第一年使用或人机并行阶段,则比较适合采用后者。此外,总账系统在凭证录入窗口会有诸多控制措施,以保证用户录入数据的合法性。

记账凭证一般包括三部分:第一部分是凭证头部分,包括凭证类别、凭证编号、凭证日期和附件张数等。第二部分是凭证正文部分,包括摘要、科目、借贷方向和金额等;如果输入会计科目有辅助核算要求和自定义内容,则应输入辅助核算内容和自定义信息。第三部分是责任信息记载,包括制单人、出纳、主管、记账等责任人的签章。

(一)凭证填制中各部分信息说明

(1)凭证类别。可以输入已经定义的某种凭证类别,也可以单击其右侧的参照按钮 或F2键从列表中选择一种凭证类型。

(2)凭证编号。凭证编号是凭证的唯一标识,一般情况下由系统按凭证类别按月自动编制,如果在总账选项设置中将凭证编号方式设置为"手工编号",则可由用户手工录入凭证编号;如果是在网络上多人同时录入凭证,则凭证号的先后顺序取决于操作员的录入速度。

(3)制单日期。系统自动取进入账务系统时输入的业务日期为记账凭证填制的日期,可修改或单击参照输入。如果选项中规定"有制单序时控制",日期必须满足同类别凭证的序时要求。另外,凭证日期应大于或等于启用日期,但不能超过机内系统日期。

(4)付单据数。在该处输入原始单据张数即可。对于无原始单据的机制凭证,此项可为空,系统也能存储。

(5)自定义项。用户根据需要自行定义和输入凭证自定义项,系统对这些信息不进行校验,只进行保存。单击凭证右上角的输入框后进行输入即可,如图4—10所示。

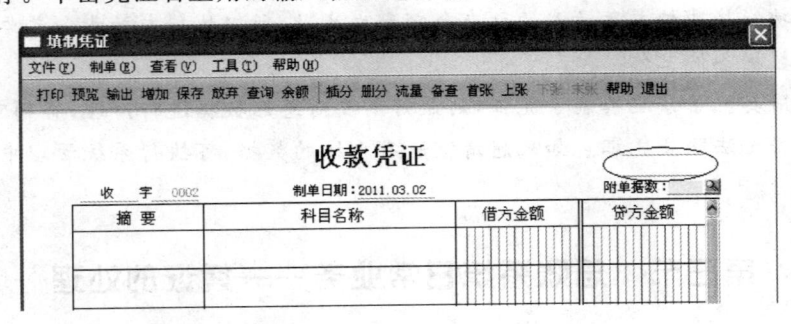

图4—10 自定义项的输入

(6)摘要。摘要要求简洁明了,每笔分录都必须输入摘要,但可以输入不同的内容。可手工输入,也可单击参照按钮或按 F2 键从常用摘要中选入。

(7)会计科目。可以手工录入科目编码,也可通过参照按钮选择录入,系统自动根据代码或助记码显示出对应的科目名称。会计科目录入时要求科目必须是合法的会计科目,即必须是在基础档案中已经录入的科目;必须是末级科目,否则在记账时无法登记明细账;如果科目有辅助核算要求,系统会弹出相应窗口要求用户录入相关信息,如图4—11所示。

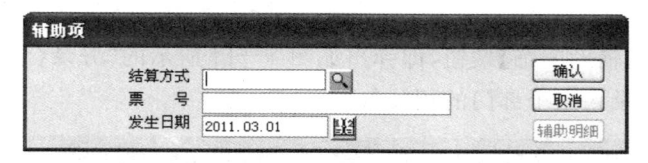

图 4—11 辅助项录入窗口

在此录入的信息会在凭证下方的备注栏中显示,如图 4—12 所示。

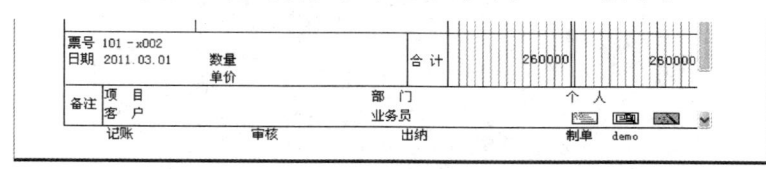

图 4—12 凭证备注栏内容

(8)辅助信息的录入。对于在系统基础档案录入时被设置成辅助核算的会计科目,在填制凭证时系统会弹出相应的辅助信息录入窗口,供用户录入详细的辅助核算信息。例如:

①如果该科目要进行数量核算,则屏幕提示用户输入"数量""单价"。系统根据数量×单价自动计算出金额。

②如果该科目要进行外币核算,系统会自动将凭证格式改为外币式,如果系统有其他辅助核算,则先输入其他辅助核算后,再输入外币信息。金额系统根据折算公式自动计算,如果在账套选项中没有设置数据的小数位,系统自动四舍五入取整。折算公式在"基础信息"的"外币及汇率"中定义。

③若科目在"会计科目"中被指定为银行科目或设置了"银行账"的属性,那么,屏幕提示用户输入"结算方式""票号"及"发生日期"。

④对于要使用"支票登记簿"功能的用户,那么在制单时,如果所输入的结算方式应使用支票登记簿,则在输入支票号后,系统会自动勾销支票登记簿中未报销的支票,并将报销日期填上制单日期,所以在支票领用时,最好在支票登记簿中予以登记,以便系统能自动勾销未报的支票。有关支票登记簿的使用方法请见本章第四节"支票管理"。

⑤关于辅助明细信息的录入。在录入某一科目的辅助信息时,如果辅助信息内容不止一条,则不必重复输入会计科目,可以通过单击辅助项输入窗口的【辅助明细】按钮来完成输入。例如,企业统一为各部门购买办公用品,其中用于购置办公室所需用品花费 300 元,财务部 500 元,仓储部 400 元。这一凭证在录入时因办公费有分部门核算的要求,因此借方会有三个相同的科目 660201(管理费——办公费),但部门不同,在操作时只需在借方录入科目 660201,

即弹出如图4-13所示的部门辅助信息录入窗口。

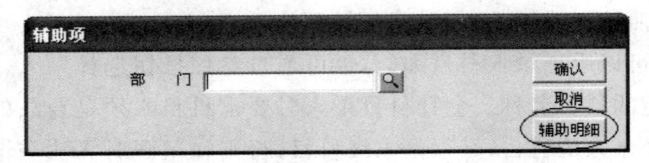

图 4-13 辅助项部门信息录入窗口

在该窗口中单击【辅助明细】按钮，即弹出如图4-14所示的"分录合并录入"窗口，在其中分别通过【增加】按钮录入三个部门的相关数据。

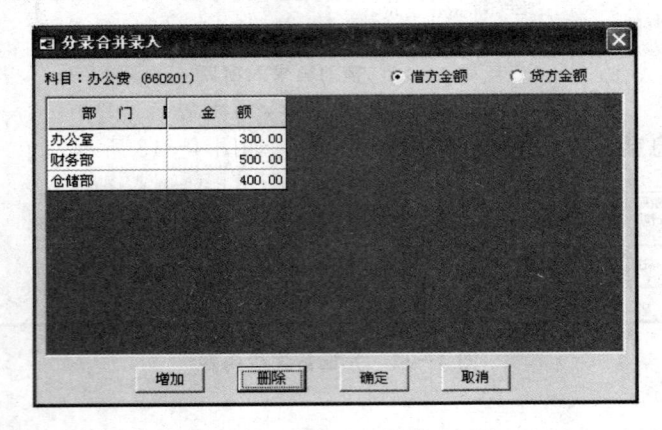

图 4-14 "分录合并录入"窗口

单击【确定】按钮后，即生成如图4-15所示的凭证分录，十分方便。

图 4-15 合并录入后产生的分录

（9）金额。即该笔分录的借方或贷方的本币发生额。在一张凭证中一个科目的借贷方金额不能同时为0，但可以为红字，红字金额以负数形式输入。在账务系统录入凭证时应兼顾到报表的编制要求，从编表的角度综合考虑金额录入方向。在凭证录入完毕保存时，系统会自动进行借贷方金额合计的平衡校验，如不平衡则不接受。

业务描述

翔飞公司3月份发生以下业务，请填制相应凭证。

（1）3月1日，公司统一为各部门购买办公用品，其中用于购置办公室所需用品花费300元，财务部500元，仓储部400元。款项用现金支票支付，支票号X001，吉林银行支票户。

借:管理费用——办公费——办公室　　　　　　　　　　300
　　　　　　　　　　——财务部　　　　　　　　　　　500
　　　　　　　　　　——仓储部　　　　　　　　　　　400
　　贷:银行存款——人民币户——吉林银行支票户　　　　　1 200

(2)3月1日,办公室发生招待费用2 600元,以现金支票支付,票号X002。
　　借:管理费用——办公费——办公室　　　　　　　　　2 600
　　　　贷:银行存款——人民币户——吉林银行支票户　　　　2 600

(3)3月2日,收到广达集团投资资金3 700 000元,入吉林银行支票户,支票号Z901。
　　借:银行存款——人民币户——吉林银行支票户　　　3 700 000
　　　　贷:实收资本　　　　　　　　　　　　　　　　　3 700 000

(4)3月10日,采购部杜传从吉林东方制药厂购入原料Vc 500千克,材料直接入库,无税价款6万元,货款未支付。
　　借:材料采购　　　　　　　　　　　　　　　　　　60 000
　　　　应交税费——应交增值税——进项税额　　　　　　10 200
　　　　贷:应付账款　　　　　　　　　　　　　　　　　70 200

(5)3月15日,现金支付在建办公楼的劳务费用一笔1 300元。
　　借:在建工程——人工费　　　　　　　　　　　　　1 300
　　　　贷:库存现金　　　　　　　　　　　　　　　　　1 300

(6)3月19日,销售部段成智销售给哈市医药批发连锁药店Vc银翘片1 000箱,每箱400元,货款未收。
　　借:应收账款　　　　　　　　　　　　　　　　　　472 000
　　　　贷:主营业务收入　　　　　　　　　　　　　　　400 000
　　　　　　应交税费——应交增值税——销项税额　　　　　72 000

(二)填制凭证的操作方法

操作步骤

(1)执行"总账"→"凭证"→"填制凭证"命令,打开如图4—16所示的"填制凭证"窗口。

(2)用鼠标单击【增加】按钮或按F5键,增加一张新的空白凭证,光标停在凭证类型上,即可逐一输入各项内容。

(3)当凭证全部录入完毕后,按【保存】按钮或按F6键保存这张凭证,或单击【增加】按钮继续填制下一张凭证。

(4)如果在录入过程中有错,若想放弃某笔分录内容,则可用鼠标单击该行并按【删分】按钮删除该分录。若整张凭证都想放弃,则不是单击【保存】按钮而是单击【放弃】即可。

(5)当一批凭证填制完毕后,单击【退出】按钮或通过执行"文件"→"退出"命令退出制单功能。

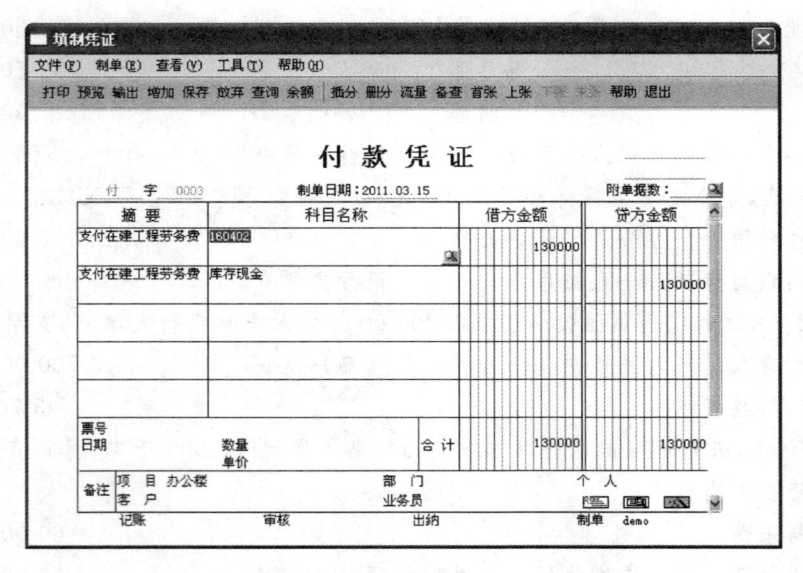

图 4—16 "填制凭证"窗口

【说明事项】

①凭证使用了现金流量科目,则凭证保存时,要求录入现金流量项目,弹出"现金流量录入修改"对话框,对话框中显示金额为净流量,需要根据实际情况进行拆分处理。

②通过选项设置,为录入凭证提供一些快捷操作。在"填制凭证"界面,选择"工具"菜单下的"选项"子菜单,显示"凭证选项设置"对话框,如图 4—17 所示,根据需要选择连续增加凭证时自动携带的上一凭证信息以提高凭证分录的录入速度。

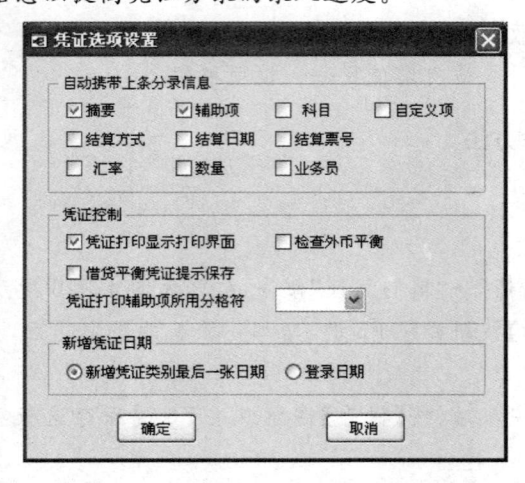

图 4—17 "凭证选项设置"对话框

③如果使用应收系统来管理所有客户往来业务,则在制单时,将不能使用设为纯客户往来辅助核算的科目,需要到应收系统中录入往来单据生成相应的凭证。若使用设为部门客户或客户项目的科目,则只能录入部门或项目的发生数。应付系统科目制单同上。

④凭证一旦保存,其凭证类别、凭证编号均不能修改。

二、审核凭证

为确保登记到账簿上的每一笔经济业务的准确性和可靠性,审核员必须按照财会制度,对制单员填制的记账凭证进行检查核对,以防止在凭证填制过程中发生错误和舞弊行为。在审核时主要审核记账凭证是否与原始凭证相符、会计分录是否正确等,对正确的记账凭证,发出签字指令,计算机在凭证上填入审核人名字;审查认为错误或有异议的凭证,应在凭证上标错后交给填制人员修改后再审核。只有经过审核签字的凭证才能登记入账。按照有关规定,制单人和审核人不能为同一个人。

凭证审核的方法有以下两种。

(一)静态屏幕审核法

静态屏幕审核法是指系统依次将未审核凭证显示在屏幕上,有审核员通过目测的方式对已输入的凭证进行检查,若审核员发现凭证有误或有异议,应对凭证标错,交由制单人修改后重新审核;若审核员认为凭证正确无误,则应单击【签字】按钮进行审核签字,表明审核通过。

操作步骤

(1)执行"总账"→"凭证"→"审核凭证"命令,进入"审核凭证"功能,显示审核凭证条件窗口,如图4-18所示。

图4-18 "凭证审核"条件输入窗口

(2)输入审核凭证的条件,屏幕显示凭证一览表,如图4-19所示。

(3)双击要审核的凭证,屏幕显示此张凭证,审核人员在确认该张凭证正确后,单击【签字】按钮,将在审核处自动签上审核人姓名;若想对已签字的凭证取消签字,可单击【取消】按钮以取消签字。对有错凭证可单击【标错】按钮,即在被审凭证上打上【有错】标签,如图4-20所示。然后可单击【首页】、【上页】、【下页】、【末页】按钮进行下一张凭证的审核。

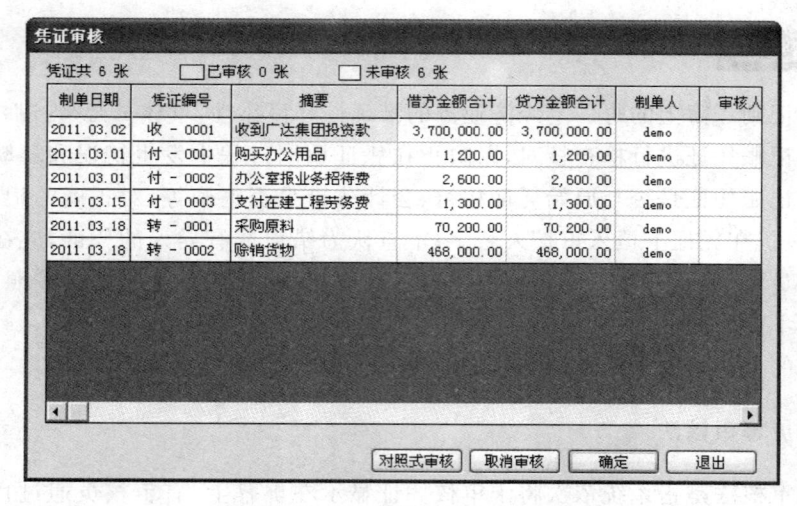

图 4-19　凭证审核一览表

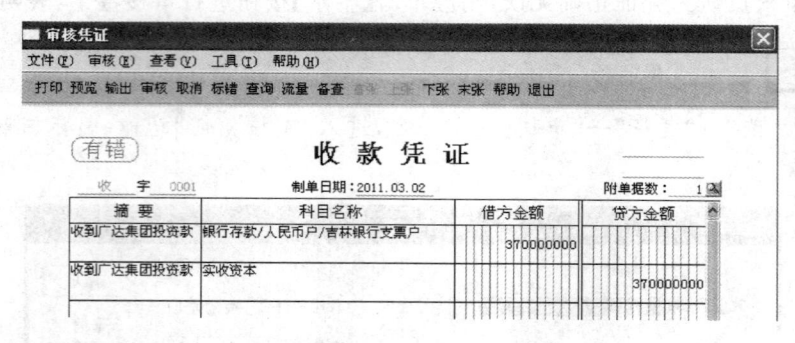

图 4-20　"审核凭证"窗口

【说明事项】

①审核人和制单人不能为同一个人。

②凭证一经审核,就不能被修改、删除,只有被取消审核签字后才可以进行修改或删除。取消审核签字只能由审核人自己进行。

③作废凭证不能被审核,也不能被标错。

④已标错的凭证不能被审核,若想审核,需先按取消标错后才能审核。

(二)二次录入校验法审核凭证

该方法主要是满足金融、证券等一些特殊行业的需要,由不同的操作员将同一笔业务重复输入两次,通过计算机比对两次录入的结果判断凭证录入是否正确的一种方式。该方法可检查出多输、漏输凭证和数据不一的凭证,检查较为严格准确。

操作步骤

(1)执行"业务"→"财务会计"→"总账"→"凭证"→"审核凭证"命令,打开"凭证审核"范围选择对话框。

(2)选定范围后,单击"凭证审核"范围选择对话框中的【确定】按钮,进入"凭证审核"方式选择对话框。

(3)在"凭证审核"方式选择对话框中选择要进行审核的凭证,然后单击【对照式审核】按钮,弹出"凭证审核"对话框,如图 4-21 所示。

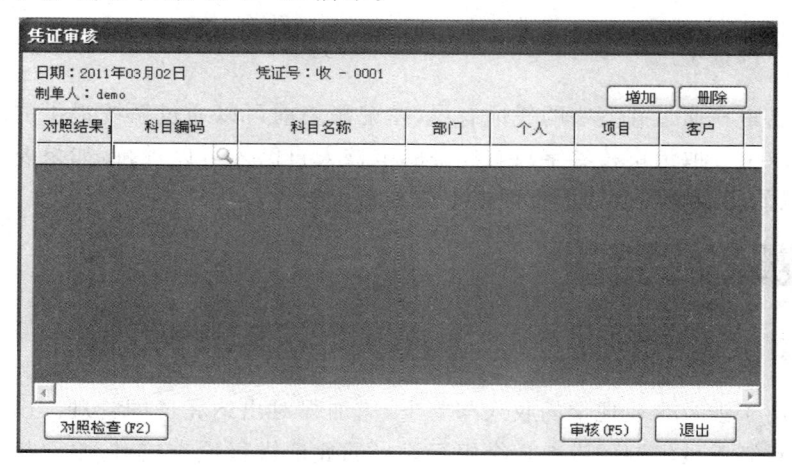

图 4-21 "凭证审核"对话框

(4)根据原始凭证,录入第一条分录信息,单击【增加】按钮,系统自动对当前分录进行对照式检查,并将对照结果显示在"对照结果"栏中,如果对照结果一致,显示 Y,并自动增加一条分录等待录入信息;如果对照结果不一致,则显示为 X,不能增加新分录,要求操作员对录入的信息进行检查,如图 4-22 所示。

图 4-22 对照审核方式录入凭证信息

(5)如果对照检查结果不一致,可单击【对照检查】按钮,或按 F2 功能键,系统会自动进行检查,并显示"审核检查对照表"对话框。

(6)如果经检查确属原凭证填制错误,可直接退回到"凭证审核"方式选择对话框,重新选择下张凭证进行审核;如果检查结果相符,可在如图 4-21 所示的界面中,单击【审核】按钮或按 F5 功能键完成审核签字,系统自动进入下一张凭证审核录入界面,操作员可按第(3)～第(5)步的方式完成对其他凭证的审核。对凭证审核完毕后,退回到"凭证审核"方式选择对话框,此时会发现通过审核的凭证在"审核人"栏添加了审核人姓名,未通过审核的"审核人"栏为空。

(三)取消审核签字

如果发现已审核通过并签字的凭证有误,在记账之前可以通过系统提供的取消审核签字的功能将签字取消。取消审核签字只有凭证的审核人自己才可以进行,如果要大批量地取消审核签字,可以使用系统提供的成批取消审核签字功能。

三、出纳签字与主管签字

(一)出纳签字

出纳凭证由于涉及企业现金的收入与支出,应加强对出纳凭证的管理。出纳人员可通过出纳签字功能对制单员填制的带有现金银行科目的凭证进行检查核对,主要核对出纳凭证中出纳科目的金额是否正确,审查认为错误或有异议的凭证,应交给填制人员修改后再核对。可以说,出纳签字是另一种形式的凭证审核。

【操作步骤】

(1)以出纳员的身份登录企业门户,执行"总账"→"凭证"→"出纳签字"功能,进入"出纳签字"凭证范围选择窗口。在选择条件窗口输入查询凭证的时间、凭证号、操作员、凭证的来源、自定义项和辅助条件等限定条件,缩小查询范围,这在大量凭证环境下可减少查询等待时间。

(2)输入出纳凭证的条件后,屏幕显示凭证一览表,单击【确定】按钮,打开每一张需签字的凭证。检查核对无误后,单击工具栏上的【签字】按钮,系统在凭证中"出纳"位置自动签上出纳员的名字。

【说明事项】

①在对出纳凭证进行签字操作前应做好两项准备,即在总账系统的选项中设置"出纳凭证必须经由出纳签字"和在系统初始化的科目设置中指定"现金"为"现金总账科目"、"银行存款"为"银行总账科目"。

②已签字凭证仍有错误的,则需单击【取消】按钮以取消签字,由制单人修改后再次由出纳员审核签字。

③出纳签字时,可以单击"签字"菜单中的"成批出纳签字"命令;取消签字时,则可以选择"签字"菜单中的"成批取消签字"命令,完成相应的操作。

④凭证一经签字,不能被修改或删除,只有被取消签字后才可以进行修改或删除,取消签字只能由出纳本人进行操作。

（二）主管签字

为了加强企业的集中财务管理，可以采取主管签字的管理模式，即凭证经过审核之后须经主管会计签字后才能记账。

主管签字的操作流程参见出纳签字。

【说明事项】

①已签字的凭证在凭证上显示为当前操作员姓名加红色框。
②签字人不能与制单人相同。
③取消签字必须由签字人本人取消。
④在总账系统的选项中设置"凭证必须经由主管签字"，不签字则凭证不能记账。

四、记账

记账是以会计凭证为依据，将经济业务全面、系统、连续地记录到具有账户基本结构的账簿中的一种方法。在手工方式下，记账是由会计人员根据已审核的记账凭证及所附的原始凭证逐笔或汇总后登记有关的总账、明细账、日记账、部门账、项目账、往来账及备查账簿中。电算化方式下，记账是由有记账权限的操作员发出记账指令，由计算机按照预先设计的记账程序自动进行合法性检查、科目汇总并对数据库内部数据打上相应的标识。由于计算机数据处理的特点，计算机系统内可能不设置相应的账簿文件，在此执行的记账功能并不一定像手工系统一样真正地进行数据存储地的转换，只是数据性质的转换。这属于系统开发的范畴，在此不做详细说明。在记账过程中，系统采用向导方式自动进行会计核算数据处理，使计算机记账工作更加简化而高效。

（一）记账方式

在手工方式下，记账工作需要若干财会人员花费很多时间才能完成；在计算机条件下，财会人员只要使用记账模块，记账工作便由计算机自动、准确、高速地完成。记账工作可以在编制一张凭证后进行，也可以在编制一天的凭证后记一次账，既可以一天记多次账，也可以多天记一次账。

（二）记账处理过程

记账过程采用向导式自动完成，人工无法干预记账过程。在计算机账务处理系统中，记账过程大体划分为以下几个阶段：

1. 记账范围选择

记账前，首先列出各期间尚未记账凭证的清单，并同时列出其中的空号与已审核凭证的范围，要求用户选择记账月份、类别、凭证号范围等，其中记账月份不能为空。采用默认设置时，系统将对所有审核通过的凭证进行记账。

2. 记账凭证合法性检验

首先要检验记账凭证是否有不平衡的情况。虽然在填制凭证和审核凭证时对凭证的合法性和平衡问题都已做过检查，但为了防止病毒感染和非法操作的发生，系统记账前再统一做此项工作，以确保系统正常运转。如果系统发现借贷不平的凭证，就将该凭证的类型及凭证号显示给操作者，同时显示出不平的金额。当所有选择范围内的凭证检验通过后，就可进行下一步工作。

3. 保护记账前状态

记账前,为防止记账过程中出现意外,系统自动进行数据备份,保存记账前数据。记账过程中一旦出现诸如停电等意外,系统立即停止记账并会自动利用备份文件恢复系统数据,恢复到记账前的状态,然后重新进行记账。

4. 正式记账

系统完成上述工作后,就转入自动记账阶段。自动记账分为四个环节。首先,更新记账凭证文件,将经过审核的未记账凭证从临时凭证数据库文件转入历史数据库文件中,使之正式形成系统的基础数据。其次,更新科目汇总表文件,对记账凭证按科目进行汇总,更新"科目汇总表文件"相应科目的发生额,并计算余额。再次,更新有关辅助账数据库文件。最后,将临时凭证数据库文件中已记账的凭证删除,以防止重复记账。

操作步骤

(1)选择记账范围。执行"总账"→"凭证"→"记账"命令,进入记账向导,如图4—23所示。屏幕上列出各期间的未记账凭证范围清单,并同时列出其中的空号与已审核凭证范围,若编号不连续,则用逗号分隔;若显示宽度不够,可拖动表头调整列宽查看。只有已审核的凭证才能记账,在记账范围栏中输入凭证编号或点击【全选】按钮选择本次记账范围。

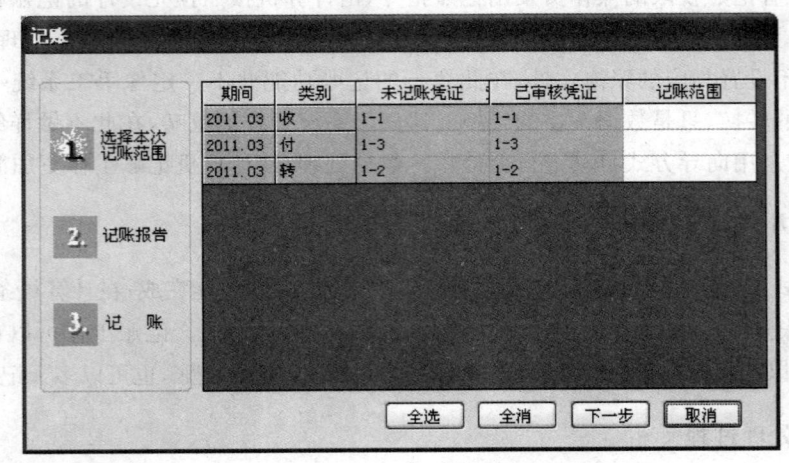

图4—23 记账范围的选择

(2)进行合法性检查,出具记账报告。系统对选中的凭证进行合法性检查,如果没有发现不合法凭证,屏幕会显示所选凭证的汇总表及凭证总数,供用户进行核对,如图4—24所示。

(3)核对后单击【下一步】,进入记账界面,当以上工作都确认无误后,单击【记账】按钮,系统开始登录有关的总账和明细账。

图4—24 记账报告

【说明事项】

①记账过程一旦断电或其他原因造成中断后,系统将自动调用"恢复记账前状态"恢复数据,然后用户再重新记账。

②第一次记账时要判断期初余额试算是否平衡,如不平衡不允许记账。

5. 取消记账

当系统在记账时,万一发生记账被中断,系统将自动启动本功能恢复到中断前状态,然后可以重新记账。另外由于某种原因,事后发现本月记账有错误,利用本功能则可将本月已记账的凭证全部重新变成未记账凭证进行修改,然后再记账。由于本功能容易引发信息混乱,故其操作应严加控制。在进入系统时本功能并没有显示,如果要使用该功能,必须在"对账"功能界面按下快捷键Ctrl+H激活"恢复记账前状态"功能,这样才能在系统菜单中将此项隐含功能显示出来。实际工作中只有账套主管才能进行此项业务操作。具体操作如下:

▶ 操作步骤

(1)在期末对账界面,按下Ctrl+H键,显示"凭证"菜单中的"恢复记账前状态"功能,再次按下Ctrl+H键隐藏此菜单,如图4—25所示。

图4—25 激活恢复记账前状态功能

(2)执行"总账"→"凭证"→"恢复记账前状态"命令,屏幕显示"恢复记账前状态"窗口,可以进行恢复方式的选择,如图4—26所示。

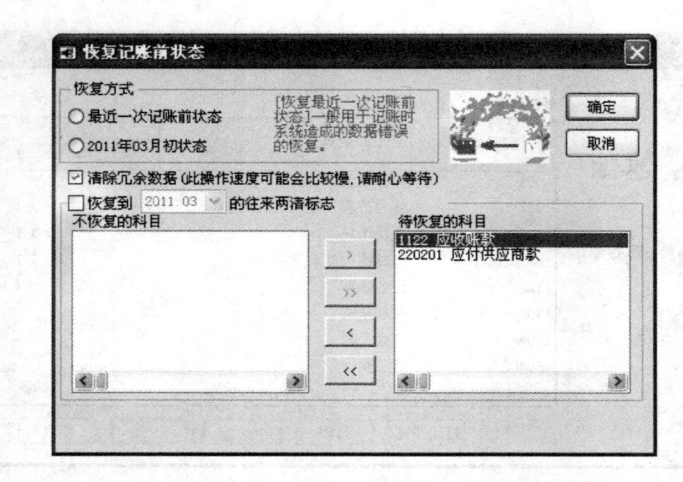

图4—26 "恢复记账前状态"窗口

【说明事项】

①选择恢复方式:
- 最近一次记账前状态。这种方式一般用于记账时系统造成的数据错误的恢复。
- 本月初状态。恢复到本月初未记账时的状态,需要输入会计主管的口令后可生效。

②选择是否恢复"往来两清标志"和选择恢复两清标志的月份,系统根据选择在恢复时,清除恢复月份的两清标志。

③系统提供灵活的恢复方式,可以根据需要不必恢复所有的会计科目,将需要恢复的科目从"不恢复的科目"选入"恢复的科目",即可只恢复需要恢复的科目。

④对于已结账月份,不能恢复记账前状态。

⑤执行完恢复记账前状态功能后,再按Ctrl+H键,隐藏恢复记账前状态功能。

五、查询凭证

(一)查询凭证基本信息

在会计业务处理过程中,可以通过"查询"功能对已录入的凭证进行查看,以便随时了解经济业务发生情况,保证填制凭证的正确性。本功能用于查询全部已记账和未记账凭证。

【操作步骤】

(1)执行"总账"→"凭证"→"查询凭证"命令,进入"凭证查询"条件填写窗口,如图4—27所示。填写查询条件后单击【确定】按钮,即可显示凭证一览表,双击某凭证即可进入单张凭证查询窗口。

(2)如要按科目、摘要、金额等条件进行查询,可按【辅助条件】按钮输入辅助查询条件;如要按科目自定义项查询,可按【自定义项】按钮输入自定义项查询条件。凭证辅助查询条件如图4—28所示。

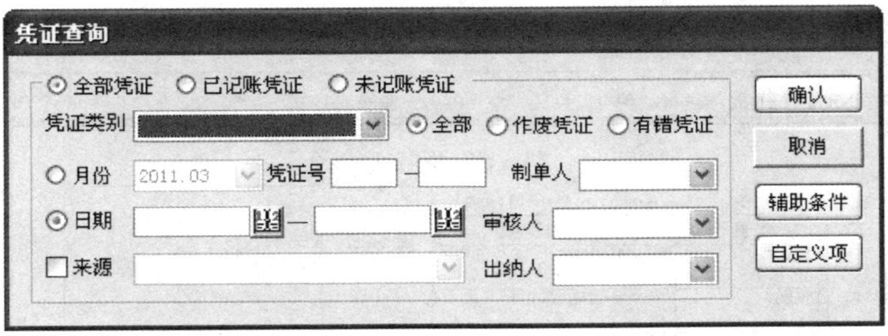

图 4—27 "凭证查询"窗口

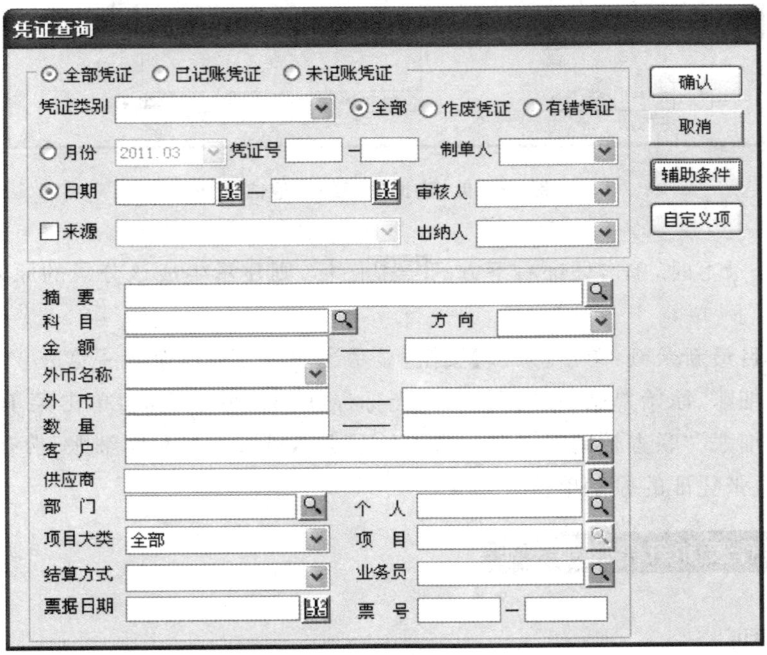

图 4—28 查询辅助条件

(二)查看凭证其他信息

在查询凭证时,除了可以看到科目、摘要金额等基本信息外,还可以查看其他辅助信息,正确运用可以帮助我们在省时、省力的前提下获得更为充分有用的信息,如图 4—29 所示。

(1)辅助信息:光标在各会计分录间移动时,凭证的备注栏将动态显示出该分录的辅助信息。

(2)当前分录号:单击凭证右下方的  图标,屏幕显示当前分录是第几条分录。

(3)科目自定义项内容:单击凭证右下方的  图标,屏幕显示当前科目的自定义项内容。

(4)外部系统制单信息:若当前凭证为外部系统生成的凭证,可将鼠标移到记账凭证的标题处,按下鼠标左键,系统显示当前凭证来自哪个子系统,以及凭证反映的业务类型与业务号。

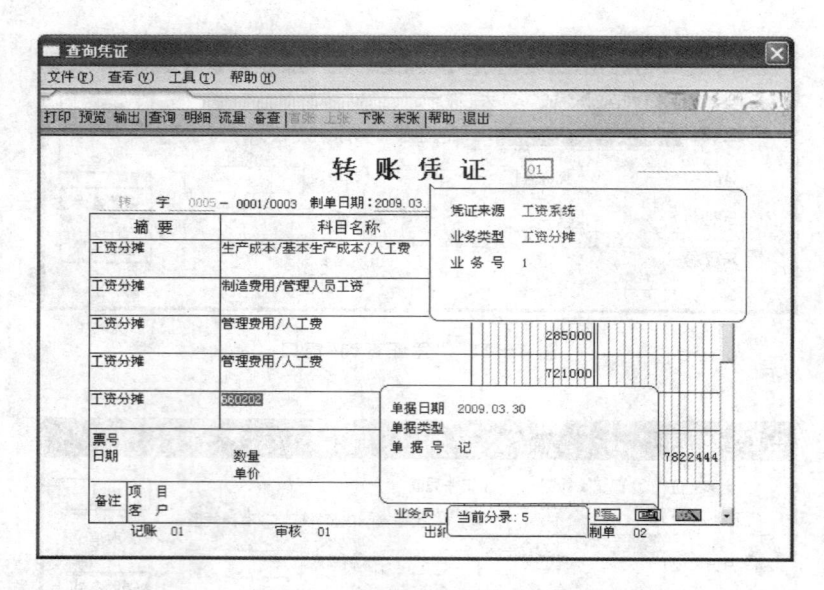

图 4-29 查询凭证的其他信息

当光标在某一分录上时,单击凭证右下方的 [图标] 图标,则显示生成该分录的原始单据类型、单据日期和单据号。

(5)当前科目最新余额:单击【余额】按钮,显示当前科目最新余额一览表。

(6)联查明细账、原始单据、辅助明细:当光标停在凭证分录上时,单击菜单"查看"下二级菜单项"联查明细账""联查辅助明细""联查原始单据",可查询科目明细账、带有辅助核算的明细账以及生成这张凭证的原始单据。

六、修改、作废和红字冲销凭证

(一)修改凭证

输入凭证时,尽管系统提供了多种控制错误的手段,但错误也是可能出现的,为了不影响经济业务的核算,应及时对错误凭证进行修改。

对错误凭证进行修改,以记账为界,可分为无痕迹修改及有痕迹修改两种。

1. 无痕迹修改

未记账的凭证可以进行无痕迹修改,即不留下任何曾经修改的线索和痕迹。如果是未经审核签字的错误凭证,可在填制凭证窗口,通过"查找"功能找到错误凭证直接修改;已审核、出纳签字和主管签字的凭证应先取消相应的签字,再通过凭证"制单"功能进行修改。

【说明事项】

①若已采用制单序时控制,则在修改制单日期时,不能在同类上一张凭证的制单日期之前。

②若在总账系统的"选项"设置中,已选择不允许修改或作废他人填制的凭证权限控制,则不能修改或作废他人填制的凭证,错误凭证只能由该制单人自行修改。

③外部系统传递来的凭证不能在总账系统中修改,只能在生成该凭证的系统中进行。
④凭证的类型和日期不能修改,如有错误只能作废删除。

2. 有痕迹修改

所谓有痕迹修改,即留下曾经修改的线索和痕迹,通过保留错误凭证和更正凭证的方式留下修改痕迹。对于已记账凭证,若发现有错,是不能再通过凭证填制功能修改的,这时可以用红字冲销法或者补充登记法进行更正。采用红字冲销后需再做一张正确的凭证并登记入账。在实际业务处理过程中应尽量采用红字冲销法进行修改,因为,如果采用的是补充登记法,系统会把补充填制的凭证与原有错误凭证按两笔业务对待,这会给后续业务查询带来困难。

(二)作废及删除凭证

对于有错误无法通过修改功能更正的凭证,可以将其作废删除。要想删除凭证,必须先对该凭证进行作废处理。

第一,凭证的作废与恢复。

【操作步骤】

(1)执行菜单"制单"下的"作废/恢复"命令,凭证左上角显示"作废"字样,表示已将该凭证作废。

(2)若当前凭证已作废,执行菜单"编辑"下的"作废/恢复"命令,可取消作废标志,并将当前凭证恢复为有效凭证。

【说明事项】

①外部凭证不能在总账作废。

②作废凭证仍保留凭证内容及凭证编号,只在凭证左上角显示"作废"字样。作废凭证不能修改、不能审核。在记账时,不对作废凭证作数据处理,相当于一张空凭证。在账簿查询时,也查不到作废凭证的数据。

第二,凭证的删除。

有些作废凭证不想保留,可以通过凭证整理功能将这些凭证彻底删除,并利用留下的空号对未记账凭证重新编号。

【操作步骤】

(1)进入填制凭证界面后,执行菜单"制单"下的"整理凭证"命令。

(2)选择要整理的月份,单击【确定】按钮后,屏幕显示作废凭证整理选择窗口。选择要删除的已作废凭证,将这些凭证从数据库中删除,并对剩下凭证重新排号。

【说明事项】

如果本月有凭证已记账,那么本月最后一张已记账凭证之前的凭证将不能作凭证整理,只能对其后面的未记账凭证作凭证整理。若想对已记账的凭证作凭证整理,请先到"恢复记账前状态"功能中恢复本月月初的记账前状态,再作凭证整理。

（三）制作红字冲销凭证

本功能用于自动冲销某张已记账的凭证。具体操作方法是,进入填制凭证功能后,用户可通过菜单"制单"下的"冲销凭证"制作红字冲销凭证。输入要冲销的凭证所在月份、凭证类别和凭证号,系统即自动制作一张红字冲销凭证。

七、汇总查询

（一）科目汇总

本功能可按条件对记账凭证进行汇总并生成科目汇总表。具体操作如下:

操作步骤

(1) 执行菜单"凭证"下的"科目汇总"命令,屏幕显示汇总条件窗口,如图4-30所示。

图4-30 科目汇总条件界面

(2) 选择输入要汇总记账凭证的会计月度、凭证类别、科目汇总级次、凭证号、制单人等汇总条件。系统根据设置的条件生成科目汇总表,如图4-31所示。

科目编码	科目名称	外币名称	计量单位	金额合计 借方	金额合计 贷方	借方
1001	库存现金				1,300.00	
1002	银行存款			3,700,000.00	3,800.00	
1122	应收账款			468,000.00		
1401	材料采购		吨	60,000.00		
1604	在建工程			1,300.00		
资产小计				4,229,300.00	5,100.00	
2202	应付账款				70,200.00	
2221	应交税费			10,200.00	68,000.00	
负债小计				10,200.00	138,200.00	
4001	实收资本				3,700,000.00	
权益小计					3,700,000.00	
6001	主营业务收入				400,000.00	
6602	管理费用			3,800.00		
损益小计				3,800.00	400,000.00	
合计				4,243,300.00	4,243,300.00	

图4-31 科目汇总表

【说明事项】

①屏幕上显示背景色的数据具有辅助核算,双击此行,或将光标移到要查询的专项明细的科目上,单击【专项】按钮,即可查看该科目的专项明细情况。

②当光标在科目汇总表的某一科目行上时,点击【详细】按钮,显示对方明细科目汇总表。

(二)摘要汇总

除了可以按凭证类型、日期范围对记账凭证进行汇总得到科目汇总表以外,系统还提供按凭证摘要汇总一定查询期间内的科目汇总情况,方便用户对当前经济信息的掌握。具体操作如下:

操作步骤

(1)选择执行"凭证"菜单下的"摘要汇总表"命令,显示"摘要汇总表查询条件"窗口,如图4—32所示。

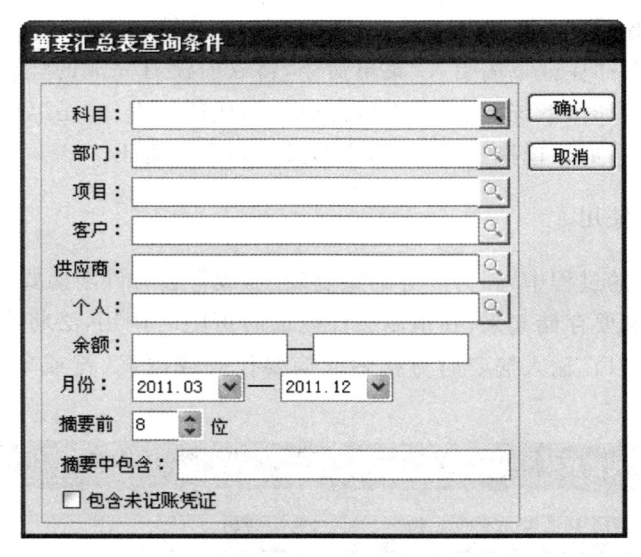

图4—32 "摘要汇总表查询条件"窗口

(2)参照输入要汇总的科目名称,如果选择科目带有部门、项目或科目等科目属性,要选择相应的部门、项目或科目等内容。

(3)可输入余额范围和汇总月份等条件,摘要汇总表只显示输入余额和月份范围内的汇总结果。

(4)选择显示摘要的位数,选择显示"摘要前8位",摘要汇总表显示结果中摘要显示前8位汉字,超过8位的不显示。

(5)提供根据关键字汇总的功能。例如选择"摘要前20位",摘要中包含"报销差旅费",则系统对前20位摘要中包含"报销差旅费"的凭证进行汇总。

(6)单击【确认】按钮即可得到所需的汇总结果。

八、制单技巧

（一）凭证草稿的使用

用户在新增凭证过程中如果有意外情况不能继续，可以保存这张未完成且未保存过的凭证，这张凭证是一张草稿凭证，可以是结转生成的凭证，但不包括其他系统生成的凭证。在保存时，不做任何合法性校验，凭证号也不保存。待以后要使用或继续完成这张草稿凭证时，可以由操作员引入。

1. 如何保存凭证草稿

选择执行"制单"→"凭证草稿保存"菜单命令，保存当前未完成的凭证，方便以后引用继续完成。每个操作员只能保存一张未完成的凭证，保存第二张草稿凭证时系统提示"已存在一张未完成凭证，是否覆盖"，选择"是"，则保存第二张凭证草稿，删除第一张；如果选择"否"，则不保存第二张凭证。

2. 引入凭证草稿

选择执行"制单"→"凭证草稿引入"菜单命令，将以前没有完成的凭证引入继续完成。当凭证填制完成需要保存时，系统提示"是否保留引入的凭证"，选择"是"，则保存那张未完成的凭证，以后还可以引用；如果选择"否"，则删除那张未完成的凭证。

（二）常用摘要的使用

在日常填制凭证的过程中，因为业务的重复发生，经常会有许多摘要完全相同或大部分相同，如果将这些常用摘要存储起来，在填制会计凭证时可随时调用，必将大大提高业务处理效率。调用常用摘要可以在输入摘要时直接输入摘要代码或按 F2 键或单击参照按钮输入，如图 4—33 所示。

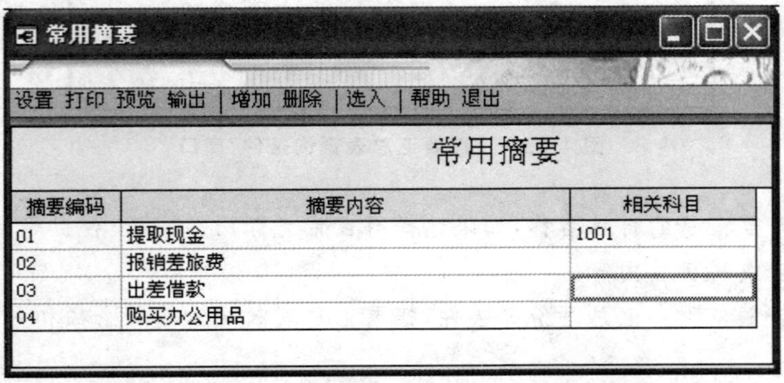

图 4—33 "常用摘要"定义窗口

进入本功能后，可单击【增加】按钮，新增一条常用摘要，录入编号、摘要内容、相关科目，这些信息可任意设定并在调用后可以修改补充。

如果某条常用摘要对应某科目，则可在"相关科目"处输入，那么，在填制凭证时，在调用常用摘要的同时，可以自动调入相关科目，提高凭证录入效率。

(三)常用凭证的使用

在实际工作中,每一个会计期间会有很多重复发生的经济业务,因此,经常会有许多凭证完全相同或部分相同,如果将这些常用的凭证存储起来,在填制会计凭证时可随时调用,必将大大提高业务处理的效率。

1. 保存当前凭证为常用凭证

当认为某张凭证应作为常用凭证保存时,可通过调用菜单"制单"下的"生成常用凭证"菜单项命令来制作常用凭证。给该张凭证确定一个代号和说明,该张凭证即被存入常用凭证库中,以后可按所存代号调用这张常用凭证。

2. 新增常用凭证

▎操作步骤

①执行"凭证"菜单列表中的"常用凭证"菜单项命令,即调出常用凭证编辑窗,如图 4—34 所示。

图 4—34 "常用凭证"定义窗口

②单击【增加】按钮,录入常用凭证的主要信息:编号、说明、凭证类别,并定义凭证分录内容。

③在"常用凭证"功能中单击【详细】按钮,或按 F8 键,则进入凭证分录定义窗口,显示光标所在行常用凭证的凭证分录内容,如图 4—35 所示。

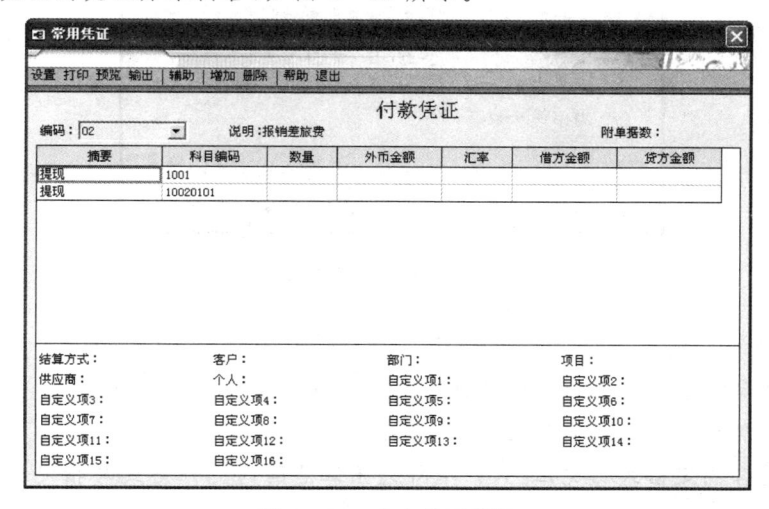

图 4—35 定义常用凭证

④录入常用凭证分录时,必须输入摘要和会计科目,会计科目可以录入非末级科目。如果借贷方金额或辅助信息在定义常用凭证时还不能确定,则可以不输入,留到填制凭证时再输入。

⑤若会计科目有辅助核算,则弹出辅助信息录入窗口,供用户录入辅助信息。点击【辅助】按钮可修改辅助信息。

3. 调用常用凭证

①在填制凭证时通过执行"制单"→"调用常用凭证"命令,输入或参照选择常用凭证代号,即可调用。若调出的常用凭证与当时的业务有出入或缺少部分信息,可以直接修改成所需的凭证。

②在输入凭证处点击参照图标或按 F2 键,屏幕显示常用凭证定义窗口,选择要调用的常用凭证,点击【选入】按钮即可。

九、打印、输出凭证

(一)打印凭证

选择"打印凭证"菜单或【打印】按钮可打印出当前显示的凭证、已记账或未记账凭证,如图 4—36 所示。

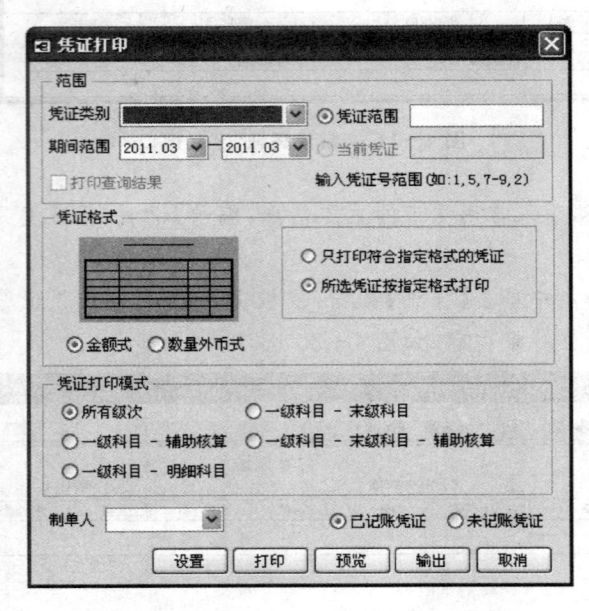

图 4—36 打印凭证

【说明事项】

①选择打印凭证类别和要打印的凭证号范围,不输则打印所有凭证。

②选择打印凭证的起止期间范围、凭证格式。

③只打印符合指定格式的凭证:只打印所选凭证范围内凭证格式与指定凭证格式相同的凭证。

④所选凭证按指定格式打印:所有凭证范围内的凭证按指定格式打印。例如:所选凭证范围中有金额式凭证也有数量外币式凭证,打印时,选择了金额式凭证格式,则那些数量外币式凭证也都按金额式打印。

⑤制单人:只打印选中制单人的凭证。

⑥打印科目编码:若选择此项,则在凭证的科目名称后打印科目编码。

(二)输出凭证

在填制凭证窗口按【输出】按钮,可将当前显示的凭证内容按 Access、Excel、DBF、TXT 等数据结构进行输出,为二次开发提供数据来源。当选择按文本类型(.TXT)输出数据时,系统将按凭证引入文本格式引出凭证数据。可实现不同机器间的凭证资源共享。

第四节 出纳日常业务管理

本模块是总账系统专为出纳人员提供的一个集成管理工具,以方便出纳人员完成相关工作。它主要可以完成现金、银行存款日记账及资金日报表的查询输出、支票登记簿的管理、银行对账等工作。

一、资金账表的管理

(一)现金、银行存款日记账的查询

要想在此处由出纳对专管的现金和银行存款日记账进行查询,首先应该在会计科目设置的时候将"库存现金"和"银行存款"两个科目设置成"日记账"账簿形式,并执行"指定科目"操作,指定现金总账科目和银行总账科目。

操作步骤

执行"总账"→"出纳"→"现金日记账"命令,显示"现金日记账查询条件"窗口,如图 4—37 所示,在条件窗中选择科目范围、查询会计月份或查询会计日,单击【确定】按钮,屏幕显示现金日记账查询结果,如图 4—38 所示。

图 4—37 "现金日记账查询条件"窗口

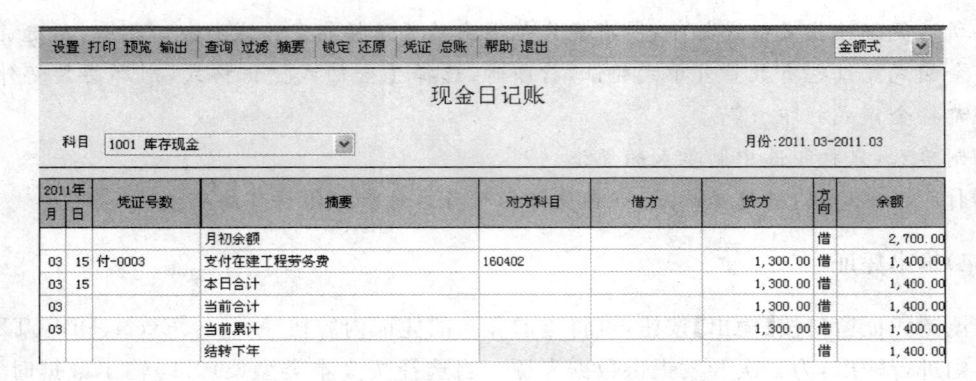

图4-38 现金日记账查询结果

【说明事项】

①系统提供四种账页格式:金额式、外币金额式、数量金额式、数量外币式。在外币金额式显示格式中如为末级科目,则显示外币名称;如为非末级科目,则不显示。显示外币金额式账簿同时可以按不同的币种提供月初余额、合计、累计。

②在图4-38界面,双击某行或点击【凭证】按钮,可查看相应的凭证。点击【总账】按钮可查看现金科目的三栏式总账。点击【锁定】按钮则不可调整栏目列宽,点击【还原】按钮返回系统默认的列宽。

③点击【查询】按钮,可重新选择查询条件;点击【过滤】按钮,显示如图4-39所示界面,输入相关过滤条件包括自定义项,可缩小查询范围,快速查出需要的凭证。

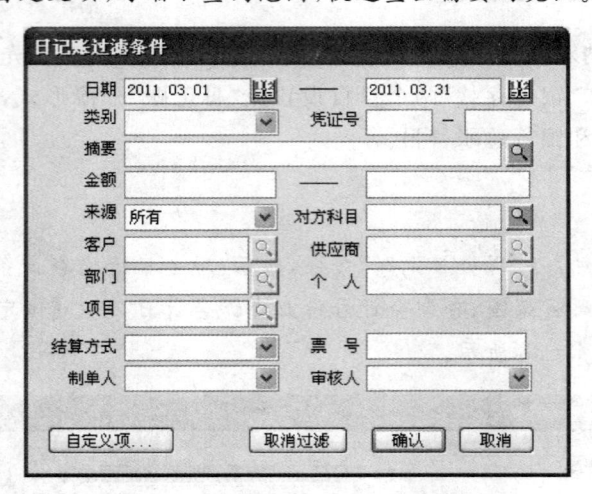

图4-39 "日记账过滤条件"设置窗口

④设置摘要显示内容:点击【摘要】按钮,显示如图4-40所示界面,屏幕上"辅助项"页签中"部门、个人、项目、供应商、客户"选项表示会计科目属性。自定义项页签显示所有自定义项以供选择。如果该科目设有科目属性,且录入凭证时录入了科目属性的内容,在摘要选项中被选中打上"√",则账表显示时摘要栏显示相关的科目属性内容、自定义项内容和结算方式、票号、日期、业务员等内容。注意,该科目必须具有至少一项辅助科目属性,这里的选项才能起作用。

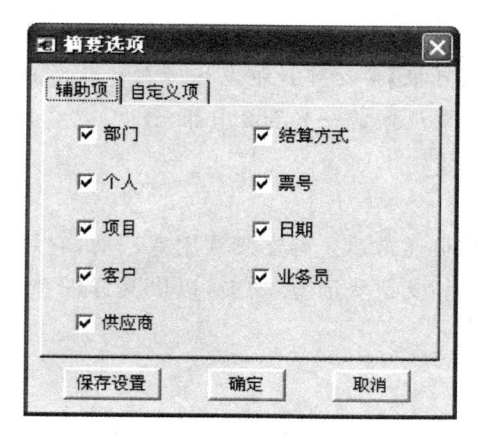

图 4—40　设置摘要显示内容

银行存款日记账的查询及其操作方法与现金日记账一致,这里不再赘述。

(二)资金日报表的查询

资金日报表是反映现金、银行存款每日发生额及余额情况的报表,在企业财务管理中占据重要位置。本功能用于查询输出现金、银行存款科目某日的发生额及余额情况。

操作步骤

执行"总账"→"出纳"→"资金日报表"命令,打开"资金日报表查询条件"窗口,如图 4—41 所示,在日期处输入需要查询日报表的日期,并选择科目显示级次,单击【确认】按钮,屏幕显示资金日报表,如图 4—42 所示。

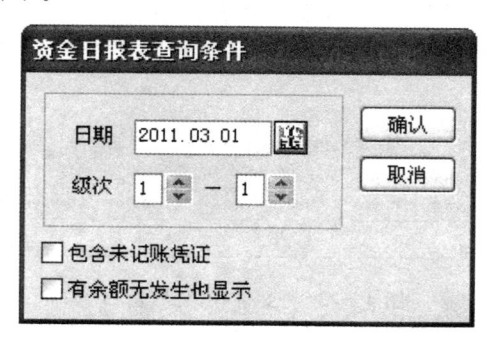

图 4—41　"资金日报表查询条件"设置窗口

资金日报表

日期:2011.03.02

科目编码	科目名称	币种	方向	昨日余额	今日共借	今日共贷	方向	今日余额	借方笔数	贷方笔数
1002	银行存款		借	95,713,630.00	3,700,000.00		借	99,413,630.00	1	
	合计		借	95,713,630.00	3,700,000.00		借	99,413,630.00	1	

图 4—42　资金日报表查询结果

【说明事项】

在资金日报表界面单击【日报】按钮可打印光标所在科目的日报单，单击【昨日】按钮可查看昨日余额，单击【还原】按钮则返回前一日资金日报表。

二、支票管理

在手工记账时，银行出纳员通常建立有支票领用登记簿，它用来登记支票领用情况，为此本系统特为银行出纳员提供了“支票登记簿”功能，以供其详细登记支票领用人、领用日期、支票用途、是否报销等情况。

（一）使用前提

在总账系统中如果要启用支票登记簿来管理支票，要先做好以下工作：

（1）在设置结算方式时，对“支票”结算方式要选中“票据结算”标志复选框。

（2）在进行总账系统初始设置时，在“总账”→“选项”设置窗口中要选择“支票控制”复选框。

（3）只有在“会计科目”设置时设置为“银行账”的科目才能使用支票登记簿。

（二）领用支票

当有人领用支票时，出纳人员须进入“支票登记”功能登记领用支票的日期、领用部门、金额、支票号码、领用人等相关信息以备查证。

操作步骤

执行“总账”→“出纳”→“支票登记簿”命令，打开“银行科目选择”对话框，在其中选中相应的银行科目，单击【确定】按钮后进入支票登记窗口，如图 4—43 所示，即可在其中增加并录入相关被领用的支票信息。

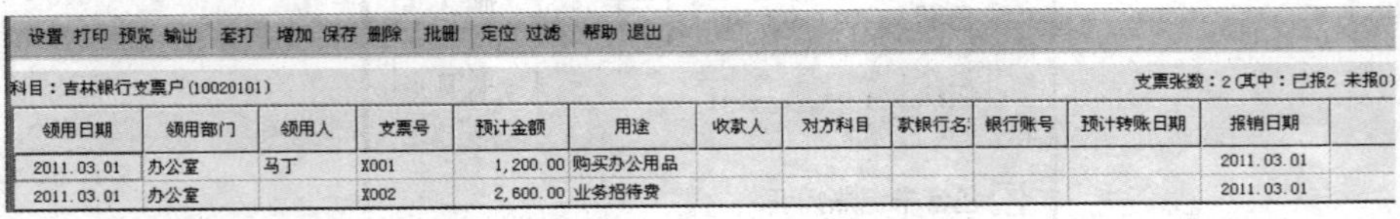

领用日期	领用部门	领用人	支票号	预计金额	用途	收款人	对方科目	款银行名	银行账号	预计转账日期	报销日期
2011.03.01	办公室	马丁	X001	1,200.00	购买办公用品						2011.03.01
2011.03.01	办公室		X002	2,600.00	业务招待费						2011.03.01

图 4—43 “支票登记簿”窗口

（三）支票报销

当支票领用后，经办人持原始单据到财务部门报销，会计人员据此填制记账凭证，当在凭证录入窗口录入支票结算方式和相应票号时，系统自动在支票登记簿中查找该号支票，并将其记录上的报销日期和实际使用金额填写进去。

按照正常的规程，支票应当先领用、后报销，但是，如果出纳人员没有及时将领用信息登记在支票登记簿中，在填制凭证时却有该支票的结算信息时，系统会在凭证录入保存时自动检查并提示用户，可在录入凭证时补登支票登记簿。支票登记簿中的报销日期栏一般是由系统自动填写的,但对于有些已经报销而由于种种原因造成未能自动填写报销日期的支票,可以进行手工填写。

【说明事项】

①分项统计:单击【过滤】后,即可对支票按领用人或部门进行各种统计。

②批量删除:单击【批删】后,输入需要删除已报销支票的起止日期,即可删除此期间内的已报销支票。

③支票登记簿修改:将光标移到需要修改的数据项上直接修改。注意,已报销的支票不能进行修改。若想取消报销标志,只要将光标移到报销日期处,按空格键后删掉报销日期即可。

三、银行对账

银行对账是货币资金管理的主要内容,是企业出纳员最基本的工作之一。由于企业与银行的账务处理和入账时间不同,往往会发生双方账面记载不一致的情形,为了能够准确掌握银行存款的实际金额,了解实际可以动用的货币资金数额,防止记账发生差错,企业必须定期将银行存款日记账与银行出具的对账单进行核对,并编制银行存款余额调节表。

业务描述

翔飞公司吉林银行支票户单位日记账调整前余额为95 580 000元,银行对账单调整余额为96 000 000元,银行已收企业未收的未达账项一笔420 000元(2月28日,转账支票,票号Z887)。当期银行对账单如表4—3所示。请根据以上信息完成银行对账的相关业务。

表4—3　　　　　　　　　　　3月份银行对账单

日期	结算方式	票号	借方金额	贷方金额
3.3	101	X001		1 200

(一)录入银行对账期初数据

为了保证银行对账的正确性,在使用【银行对账】功能进行对账之前,必须在开始对账的月初先将日记账、银行对账单未达项录入系统中。这是第一次使用银行对账模块时需要完成的工作,相当于该部分的初始化操作,在以后的会计期间对账时不再执行此操作。

操作步骤

(1)执行"总账"→"出纳"→"银行对账"→"银行对账期初录入"命令,在弹出如图4—44所示的"银行科目选择"对话窗口中选定银行科目后,单击【确定】按钮,进入如图4—45所示的银行期初录入窗口。

图 4-44 "银行科目选择"窗口

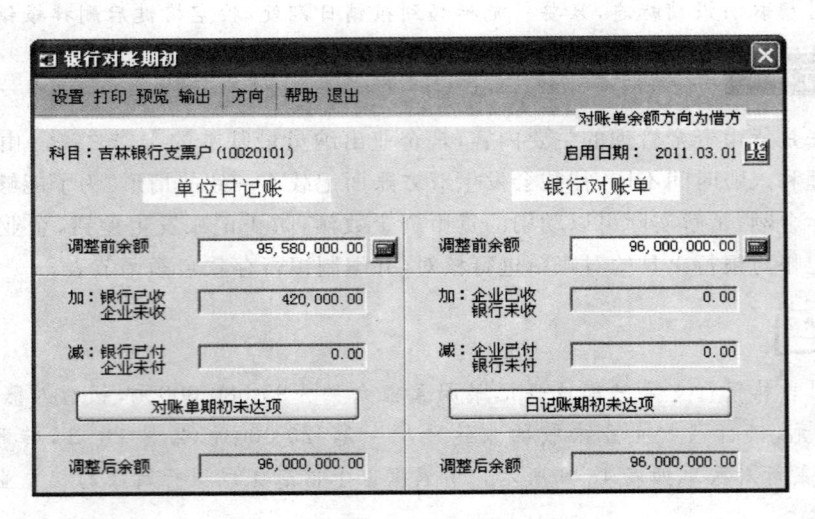

图 4-45 "银行对账期初"录入窗口

(2) 在期初录入窗口中录入该银行账户的启用日期、单位日记账及银行对账单的调整前余额、银行对账单及单位日记账期初未达项（需单击相应按钮进入录入窗口中详细录入每一笔未达账项资料）等信息，系统将根据调整前余额及期初未达项自动计算出银行对账单与单位日记账的调整后余额。

【说明事项】

①启用日期：应为使用银行对账功能前最近一次手工对账的截止日期。

②对账单余额方向：用来反映银行对账单上的记录方向。银行对账单余额方向为借方时，借方发生额表示银行存款增加，贷方发生额表示银行存款减少。在后期与银行日记账上的数据核对时，用对账单上的借方数据与单位银行日记账上的借方发生额勾对，对账单上的贷方数据与日记账上的贷方发生额勾对；反之，对账单上借方发生额表示银行存款减少，贷方发生额表示银行存款增加，在与单位银行日记账核对时是反向勾对的。系统默认银行对账单余额方向为借方，按【方向】按钮可调整银行对账单余额方向。已进行过银行对账勾对的银行科目不能调整银行对账单余额方向。

③在录入完单位日记账、银行对账单期初未达项后，请不要随意调整启用日期，尤其是向前调，这样可能会造成启用日期后的期初数不能再参与对账。

④如果科目有外币核算，那么，应在这里录入外币余额、外币未达项。

（二）录入当期银行对账单

在每次银行对账前，必须将银行开出的银行对账单输入计算机，本功能用于平时录入、查询和引入银行对账单。在此功能中显示的银行对账单为启用日期之后的对账单。对账单的输入形式分为手工录入和文件导入。手工录入银行对账单，系统要求用户首先指定要录入银行对账单的账户，然后即可按照系统提供的银行对账单的格式录入要进行对账的银行存款科目的银行对账单；也可以通过点击【引入】按钮引入电子版的银行对账单。

操作步骤

执行"总账"→"出纳"→"银行对账"→"银行对账单"命令，打开"银行科目选择"对话框，按照系统要求指定账户（银行科目）、月份范围，注意终止月份必须大于等于起始月份，确定后，显示指定范围内的银行对账单列表，如图 4—46 所示。单击【增加】按钮，可逐笔录入银行对账单中的信息，也可以通过单击【引入】按钮导入对账单文件。

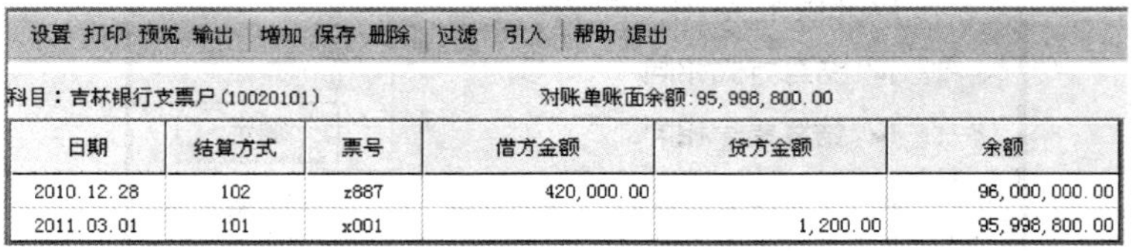
设置 打印 预览 输出 | 增加 保存 删除 | 过滤 | 引入 | 帮助 退出

科目：吉林银行支票户(10020101)　　对账单账面余额：95,998,800.00

日期	结算方式	票号	借方金额	贷方金额	余额
2010.12.28	102	z887	420,000.00		96,000,000.00
2011.03.01	101	x001		1,200.00	95,998,800.00

图 4—46　"银行对账单"录入窗口

（三）银行对账

银行对账有两种方式：自动对账与手工对账。自动对账是计算机根据对账依据自动进行核对、勾销，对于已核对上的银行业务，系统将自动在银行存款日记账和银行对账单双方写上两清标志，并视为已达账项，对于在两清栏未写上两清符号的记录，系统则视其为未达账项。手工对账是对自动对账的补充，使用完自动对账后，可能还有一些特殊的已达账没有对出来而被视为未达账项，为了保证对账更彻底正确，这时可以用手工对账来进行调整。

1. 自动对账

自动对账就是将银行对账单中和单位银行日记账中业务内容、发生金额、结算方式、结算票据号等均相同的业务进行自动勾对。一般而言，其对账依据可以有以下两种选择：

（1）票号＋金额。即"单位日记账"和"银行对账单"中支票号码和业务发生金额完全相同的业务。

（2）结算方式＋结算号＋金额。即"单位日记账"和"银行对账单"中结算方式、结算票号和金额完全相同的业务。

操作步骤

（1）执行"总账"→"出纳"→"银行对账"→"银行对账"命令，在弹出的选择条件窗输入条件，用户选择要进行对账的银行科目（账户），单击【确定】按钮，进入对账界面，如图 4—47 所示。

图 4—47 "银行对账"窗口

(2) 单击【对账】按钮,进行自动银行对账。弹出如图 4—48 所示的"自动对账"条件窗口。

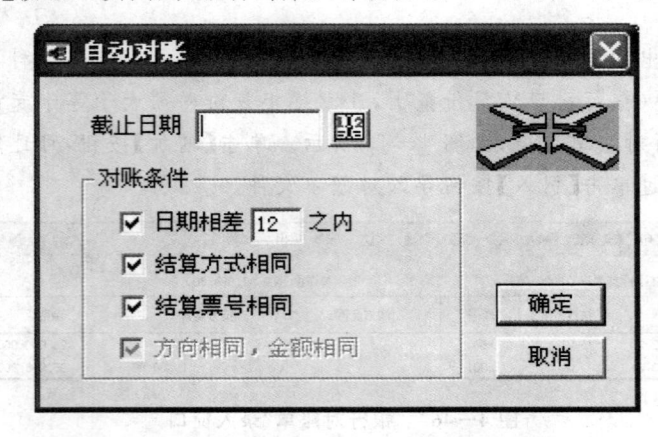

图 4—48 "自动对账"条件窗口

(3) 在截止日期处直接或参照输入对账截止日期,系统则将至截止日期前的日记账和对账单进行勾对。对账截止日期不输入则将所有日期的账进行核对。

(4) 输入对账条件后,按【确定】按钮,系统开始按照用户设定的对账条件对账,自动对账两清的记录标记"○",且已两清的记录背景色为绿色。

2. 手工对账

由于有些经济业务在银行和单位双方记账时可能存在细微差异而导致自动对账时无法自动勾对,这就需要手工对账来核销这些特殊业务。手工对账是对自动对账的补充。

核对时在银行对账窗口中选择单位日记账内某一条要进行勾对的记录,单击【对照】按钮后,系统将在银行对账单区显示票号或金额和方向同单位日记账中当前记录相似的银行对账单,用户可参照进行勾对。在"两清"区双击鼠标左键,标上两清标记"√",如果在对账单中有两笔以上记录同日记账对应,则所有对应的对账单都应标上两清标记。重复以上操作即可完成手工对账。在手工对账后应单击【检查】按钮检查对账是否有错,如果有错误,则应进行调整。

3. 取消勾对

采用手动取消勾对时,双击要取消对账标志业务的【两清】区即可取消两清标记"√";采用自动对账时若要取消勾对,单击【取消】按钮,选择要进行反对账的期间,系统将自动对此期间已两清的银行账取消两清标志。

（四）查询余额调节表

在对银行账进行两清勾对后，便可调用此功能查询打印“银行存款余额调节表”，以检查对账是否正确。进入此项操作，屏幕显示所有银行科目的账面余额及调整余额。如要查看某科目的调节表，则将光标移到该科目上，然后用鼠标单击【查看】按钮或双击该行，则可查看该银行账户的银行存款余额调节表。

在银行余额调节表中增加【详细】按钮，按该按钮后，显示当前光标所在行的详细情况，并提供打印功能，如图 4—49 所示。

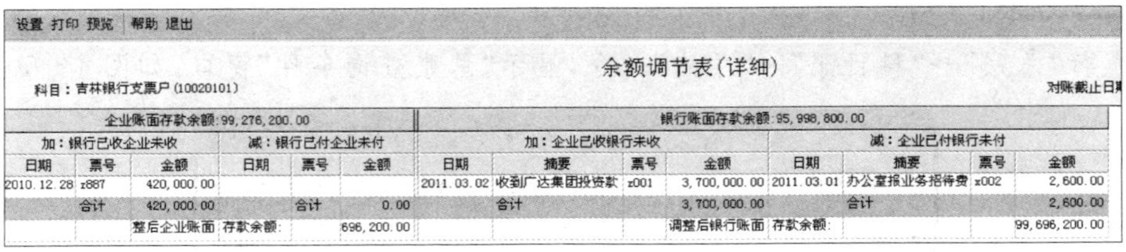
设置 打印 预览 | 帮助 退出

余额调节表(详细)

科目：吉林银行支票户 (10020101)　　对账截止日期

企业账面存款余额:99,276,200.00						银行账面存款余额:95,998,800.00							
加：银行已收企业未收			减：银行已付企业未付			加：企业已收银行未收				减：企业已付银行未付			
日期	票号	金额	日期	票号	金额	日期	摘要	票号	金额	日期	摘要	票号	金额
2010.12.28	z887	420,000.00				2011.03.02	收到广达集团投资款	z001	3,700,000.00	2011.03.01	办公室报业务招待费	x002	2,600.00
	合计	420,000.00		合计	0.00		合计		3,700,000.00		合计		2,600.00
		整后企业账面	存款余额:		696,200.00				调整后银行账面	存款余额:			99,696,200.00

图 4—49　详细余额调节表

【说明事项】

如果余额调节表显示账面余额不平，请查看以下几处：

①“银行期初录入”中的“调整后余额”是否平衡？如不平衡请查看“调整前余额”“日记账”。

②“期初未达项”及“银行对账单期初未达项”是否录入正确？如不正确，请进行调整。

③银行对账单录入是否正确？如不正确，请进行调整。

④【银行对账】中勾对是否正确、对账是否平衡？如不正确，请进行调整。

（五）核销已达账

在总账系统中，用于银行对账的银行日记账和银行对账单的数据是会计核算和财务管理的辅助数据。正确对账后，已达账项数据已无保留价值，因此，通过上述对账的结果和对账明细情况的查询，确信对账准确后，对于一般用户来说，如果想将已达账删除并只保留未达账时，可使用本功能。核销后已达账项消失，不能被恢复。如果银行对账不平衡时，请不要使用本功能，否则将造成以后对账错误。核销银行账不影响银行日记账的查询和打印。

（六）长期未达账审计

本功能用于查询到截止日期为止未达天数超过一定天数的银行未达账项，以便企业分析长期未达原因，避免资金损失。具体操作不再赘述。

第五节　会计基本账簿管理——科目账

企业的经济业务经过前面的制单、审核、记账等操作后，在系统中形成了很多账簿，为了能及时了解账簿中的数据资料，系统提供了非常强大的查询功能，包括基本账簿和各种辅助账表的查询输出,可以实现总账、明细账和凭证的互相联查,可谓方便快捷。

一、总账

系统针对一个总账科目单独开设一张账页,即通常手工系统中的总账账页格式,但又与手工的总账概念不完全相同。电算系统下的总账查询不但可以查询各总账科目的年初余额、各月发生额合计和月末余额,而且还可以查询所有级次明细科目的年初余额、各月发生额合计和月末余额。

【操作步骤】

(1)执行"总账"→"科目账"→"总账"命令,显示"总账查询条件"窗口,如图4—50所示。

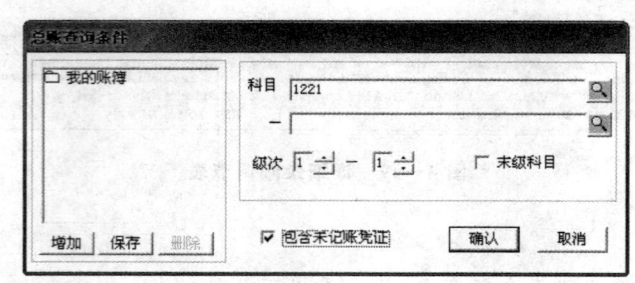

图4—50 "总账查询条件"窗口

(2)可输入要查询的起止科目范围、科目级次、是否"包含未记账凭证"。
(3)输入查询条件后,按【确认】按钮进入总账查询窗口。
(4)在查询过程中,可以点取科目下拉框,选择需要查看总账的科目。

【说明事项】

①可将查询条件保存为"我的账簿"以方便以后查询时调用。
②科目范围:可输入起止科目范围,为"空"时系统认为是所有科目。
③科目级次:在确定科目范围后,可以按该范围内的某级科目,如将科目级次输入为1—1,则只查一级科目,如将科目级次输入为1—3,则只查一级至三级科目。如果需要查所有末级科目,则选择末级科目即可。
④点选"包含未记账凭证"选项,可对未记账凭证实现模拟记账查询。
⑤用鼠标单击工具栏中的【明细】按钮,即可联查当前科目当前月份的明细账。但当期初余额或上年结转所在行为当前行时,不能联查明细账。
⑥系统提供四种账页格式:金额式、外币金额式、数量金额式、数量外币式。在外币金额式显示格式中,如为末级科目则显示外币名称,非末级科目则不显示。显示外币金额式账簿的同时,可以按不同的币种提供月初余额、合计、累计。

二、余额表

余额表用于统计查询各级科目的本期发生额、累计发生额和余额等。传统的总账是以总账科目分页设账,而余额表则可输出某月或某几个月的所有总账科目或明细科目的期初余额、本期发生额、累计发生额、期末余额，同一页面所反映的信息更为全面，因此，在实行计算机记账后，建议用户用余额表代替总账。

(1)可输出总账科目、明细科目的某一时期内的本期发生额、累计发生额和余额；

(2)可输出某科目范围的某一时期内的本期发生额、累计发生额和余额；

(3)可按某个余额范围输出科目的余额情况；

(4)可查询到包含未记账凭证在内的最新发生额及余额。

执行“总账”→“科目账”→“余额表”命令，在弹出的条件输入窗口输入相应条件，点击【确定】按钮后，弹出如图4—51所示的发生额及余额表。

设置 打印 预览 输出 查询 定位 过滤 转换 还原 专项 累计 帮助 退出 金额式

发生额及余额表

月份：2011.03-2011.03

科目编码	科目名称	期初余额		本期发生		期末余额	
		借方	贷方	借方	贷方	借方	贷方
1001	库存现金	2,700.00			1,300.00	1,400.00	
1002	银行存款	95,717,430.00		3,700,000.00	3,800.00	99,413,630.00	
1122	应收账款	289,000.00		468,000.00		757,000.00	
1231	坏账准备		8,700.00				8,700.00
1401	材料采购	2,514,000.00		60,000.00		2,574,000.00	
1601	固定资产	960,487,000.00				960,487,000.00	
1602	累计折旧		187,450,000.00				187,450,000.00
1604	在建工程			1,300.00		1,300.00	
1701	无形资产	500,000.00				500,000.00	
资产小计		,059,510,130.00	187,458,700.00	4,229,300.00	5,100.00	,063,734,330.00	187,458,700.00
2202	应付账款		3,500,660.00		70,200.00		3,570,860.00
2221	应交税费			10,200.00	68,000.00		57,800.00
负债小计			3,500,660.00	10,200.00	138,200.00		3,628,660.00
4001	实收资本		750,000,000.00		3,700,000.00		753,700,000.00
4002	资本公积		100,000,000.00				100,000,000.00
4101	盈余公积		18,550,770.00				18,550,770.00
权益小计			868,550,770.00		3,700,000.00		872,250,770.00
6001	主营业务收入				400,000.00		400,000.00
6602	管理费用			3,800.00		3,800.00	
损益小计				3,800.00	400,000.00	3,800.00	400,000.00
合计		,059,510,130.00	,059,510,130.00	4,243,300.00	4,243,300.00	,063,738,130.00	,063,738,130.00

图4—51 发生额及余额表查询结果

【说明事项】

①查询累计发生数：在余额表中单击【累计】按钮，系统将显示或取消显示借贷方累计发生额。

②联查辅助总账：单击【专项】按钮，可联查到相应科目的辅助总账或余额表。

③过滤功能：在余额表中按【过滤】按钮或点“编辑”菜单中的“过滤”，输入要过滤的科目编码或通配符，点【确认】即可。

三、明细账

本功能用于平时查询各账户的明细发生情况以及按任意条件组合查询明细账。在查询过程中可以包含未记账凭证。

本功能提供了三种明细账的查询格式：普通明细账、按科目排序明细账、月份综合明细账。普通明细账是按科目查询，按发生日期排序的明细账；按科目排序明细账是按非末级科目查询，按其发生的末级科目排序的明细账；月份综合明细账是按非末级科目查询，包含非末级科目总账数据及末级科目明细数据的综合明细账，使用户对各级科目的数据关系一目了然。

【说明事项】

①若同时查看某月份末级科目的明细账及其上级科目的总账数据,则可选择"月份综合明细账"。

②只能查询某一月份已记账业务的月份综合明细账。因此,若选"月份综合明细账",则只能选择起始月份,终止月份与起始月份相同。

③按科目范围查询明细账时,不能查询在科目设置中指定为现金银行科目的明细账,但可以查询月份综合明细账,且可以到"出纳管理"中通过现金日记账与银行日记账查询该科目的明细数据。

④系统提供四种账页格式:金额式、外币金额式、数量金额式、数量外币式。在外币金额式显示格式中,如为末级科目则显示外币名称,如为非末级科目则不显示。显示外币金额式账簿的同时,可以按不同的币种提供月初余额、合计、累计。

⑤点击【凭证】、【总账】按钮可联查相应记录的凭证和对应科目的总账信息。

⑥如何进行明细账组合条件查询?

在平时查账时,除了按科目和月份查以外,用户经常也希望按其他条件查,如按摘要、科目自定义项、发生额范围、日期范围、凭证范围、结算方式、票号、制单人、复核人等条件进行查询,为此本系统为用户提供了组合查询方式。用户在如图4—51所示的明细账查询窗口中单击【过滤】按钮,屏幕即显示"明细账过滤条件"窗口,如图4—52所示,可按个人需求自由组合条件进行查询。

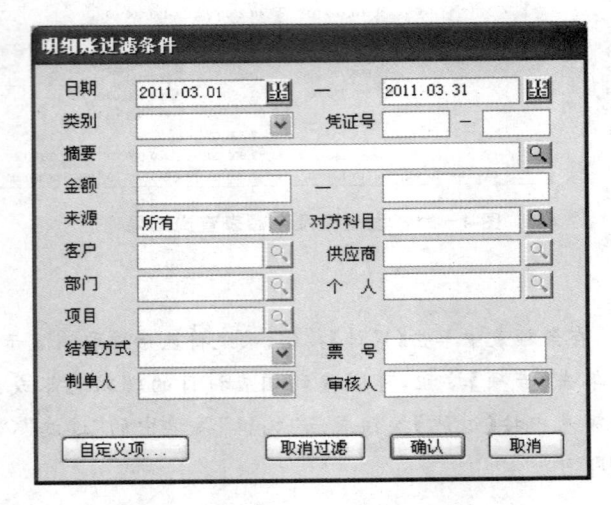

图4—52 "明细账过滤条件"窗口

四、日记账和日报表

本功能主要用于查询除现金日记账、银行日记账以外的其他日记账,所以请先在基础档案中的"财务"→"会计科目设置"中将要查询日记账的科目设置为"日记账"。现金日记账、银行日记账在出纳管理中查询。如果某日的凭证已填制完毕但未登记入账,则可以通过选择"包含未记账凭证"进行查询。

五、序时账

本功能用于按时间顺序排列每笔业务的明细数据,便于用户了解每一时间范围内的经济业务发生情况。查询条件窗口如图 4-53 所示,在条件输入窗口,若不做任何条件限定则表示要查询全部数据。

图 4-53 "序时账查询条件"窗口

六、多栏账

多栏账是总账系统中一个很重要的功能,用户可以使用本功能设计自己企业需要的多栏明细账,按明细科目保存为不同的多栏账名称,在以后的查询中只需要选择多栏明细账名称直接查询即可。在电算化系统下的多栏账设置方便快捷、自由灵活,可按明细科目自由设置不同样式的多栏账。只要是系统中有下级明细的科目,用户都可以以多栏账的形式对其进行查询和打印。一般的操作程序是先定义其栏目格式,然后再查询。具体做法如下:

操作步骤

第一步,定义多栏账。

(1)执行"总账"→"账簿"→"多栏账"命令,进入多栏账查询条件窗口,如图 4-54 所示。

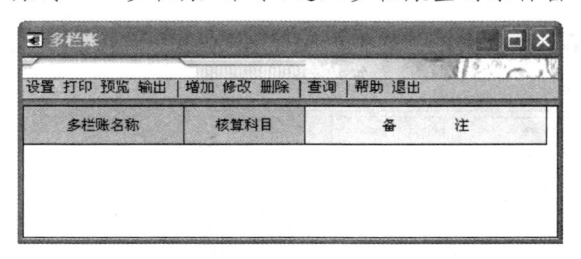

图 4-54 "多栏账"查询条件窗口

(2)单击【增加】按钮,显示多栏账定义窗口,如图4—55所示。

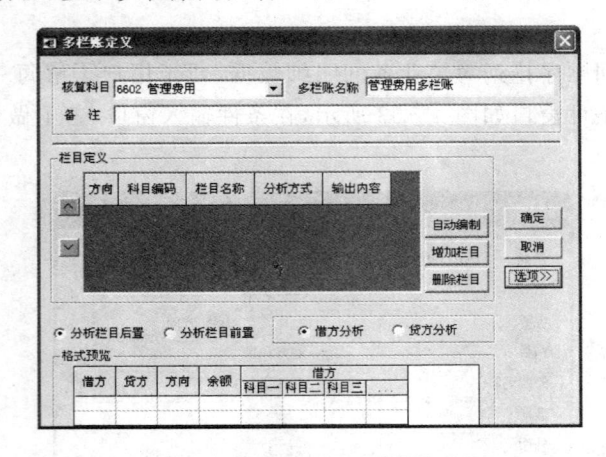

图4—55 "多栏账定义"窗口

(3)从下拉框中选择多栏账"核算科目",系统自动携带显示多栏账名称,用户可对名称做更改。

(4)定义多栏账分析栏目,系统提供两种定义方式:自动编制栏目、手动编制栏目。

(5)点击【选项】按钮,可对多栏账格式进行设置,在"格式预览"中可观看到选择不同选项对多栏账格式的影响。多栏账共有两种输出格式:分析栏目前置式、分析栏目后置式。

(6)定义完毕后单击【确定】按钮,即可保存该多栏账的定义。

第二步,查询多栏账。

(1)在如图4—54所示的多栏账编辑窗口中,选择欲查询的多栏账并点击【查询】按钮,即出现如图4—56所示的多栏账查询窗口。

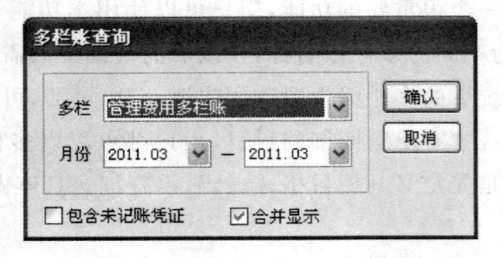

图4—56 "多栏账查询"窗口

(2)单击【确定】按钮,即列出如图4—57所示的多栏账。

图4—57 多栏账查询结果

【说明事项】

①栏目编制方式：

● 自动编制：按【自动编制】按钮，系统将根据所选核算科目的下级科目自动编制多栏账分析栏目。分析方向与科目性质相同。

● 手动编制：可根据用户需要自行设定多栏账的栏目内容。按【增加栏目】按钮可自行增加栏目，选择栏目后按【删除栏目】按钮可删除该栏目，用鼠标双击表中栏目，或按空格键可编辑修改栏目。按【∧】和【∨】按钮可调整栏目的排列顺序。

②多栏账输出格式：

● 分析栏目前置。即将分析栏目放在余额列之前进行分析。如增值税多栏账可采用这种方式。如果选择了"分析栏目前置"，则所有栏目的分析内容必须相同，且不能输出外币及数量，若按金额分析，则需全按金额分析；若按余额分析，则需全按余额分析。

● 分析栏目后置。即将分析栏目放在余额列之后进行分析。与手工多栏账保持一致。如果选择了"分析栏目后置"，则所有栏目的分析方向必须相同，且若选择"借方分析"，则分析方向必须为"借"；若选择"贷方分析"，则分析方向必须为"贷"。

③栏目说明：

● 方向：确定分析所选科目的分析方向，是借方分析还是贷方分析。借方分析即分析科目的借方发生额，贷方分析即分析科目的贷方发生额。

● 科目：确定分析栏目所分析的科目。

● 栏目名称：确定在多栏账表头中显示的栏目名称。

● 分析方式：若选按金额分析，则系统只输出其分析方向上的发生额；若选按余额分析，则系统对其分析方向上的发生额按正数输出，其相反发生额按负数输出。

● 输出内容：系统默认输出金额，如用户需要输出该科目的外币或数量，请在此进行选择。

第六节　会计辅助账簿管理

前面讲述的是会计账簿中的基本账簿的管理，如果用户在会计科目设置时有科目设置为往来管理、部门管理等辅助管理形式，则还可通过相应的辅助账管理来获取更为详尽的信息。

一、客户、供应商往来管理

本功能可以查看余额表、明细账、打印催款单、进行往来业务两清工作、分析客户（供应商）账龄等。这里以客户往来为例说明具体应用，供应商往来管理与此类似。

（一）余额查询

用于查询客户往来科目各个客户的期初余额、本期借方发生额、本期借方发生额合计、本期贷方发生额合计、期末余额。它包括客户科目余额表、客户余额表、客户三栏式余额表、客户业务员余额表、客户地区分类余额表、客户部门余额表、客户项目余额表等查询方式。具体如下：

（1）科目余额表：用于查询某科目下所有客户的发生额和余额情况。

（2）客户余额表：用于查询某个客户在所有客户往来科目下的发生额和余额情况。

(3)三栏式余额表:用于查询某一客户往来科目下某客户在各月的发生额和余额情况。
(4)客户分类余额表:用于查询某客户往来科目下所有客户分类的发生额和余额情况。
(5)地区分类余额表:用于查询某客户往来科目下所有地区分类的发生额和余额情况。
(6)业务员余额表:用于查询某客户往来科目下各业务员及其往来客户的发生额和余额情况。
(7)部门余额表:用于查询某客户往来科目下各部门及其往来客户的发生额和余额情况。

(二)明细账查询

用于查询客户往来科目下各个往来客户的往来明细账。包括:
(1)科目明细账:用于查询指定科目下各往来客户的明细账情况。
(2)客户明细账:用于查询某个客户所有科目的明细账情况。
(3)三栏明细账:用于查询某个往来客户某个科目的明细账情况。
(4)分类明细账:用于查询某客户往来科目下各客户分类及其往来客户的明细账。
(5)地区分类明细账:用于查询某客户往来科目下各地区分类及其往来客户的明细账。
(6)业务员明细账:用于查询某客户往来科目下各业务员及其往来客户的明细账。
(7)部门明细账:用于查询某客户往来科目下各部门及其往来客户的明细账。
(8)项目明细账:用于查询带有客户、项目辅助核算科目的明细账。
(9)多栏明细账:用于查询某个客户各往来科目的多栏明细账。
以上余额表和账簿查询方法与前述其他账表查询方法类似,在此不再赘述。

(三)客户往来两清

用户可以在此进行客户往来款项的清理勾对工作,以便及时了解应收款的结算情况以及未达账情况,系统提供自动与手工勾对两种方式清理客户欠款。供应商往来的清理操作与客户往来类似。如果启用了应收、应付子系统,则应在相应两个子系统内完成往来账簿的管理,而不是在总账子系统内操作。

操作步骤

执行"总账"→"账表"→"客户往来辅助账"→"客户往来两清"命令,显示查询条件窗口,如图4—58所示,填选好查询条件后单击【确定】按钮,屏幕会出现两清结果界面,可进行两清操作。

图4—58 "客户往来两清"查询窗口

【说明事项】

①按部门相同两清：对于同一科目下部门相同、借贷方向相反、金额一致的两笔分录自动勾对。

②按项目相同两清：对于同一科目同一往来户下，辅助核算项目相同的往来款项多笔借方（贷方）合计相等的情况。

③按票号相同两清：对于同一科目下相同票号、借贷方向相反、金额一致的两笔分录自动勾对。

④显示已两清：是否包含两清部分，如选中则查询结果中包含已两清的客户往来。

⑤专认勾对：按业务号勾对，通过用户在制单过程中指定业务编号或字符，作为往来账勾对标识，对于同一科目下业务号相同、借贷方向相反、金额一致的两笔分录自动勾对。

⑥逐笔勾对：在用户未指定业务号的情况下，系统按照金额一致、方向相反的原则自动勾对同一科目下同一往来户的往来款项。

⑦全额勾对：为提高对账成功率，对于同一科目同一往来户下，可能存在着借方（贷方）的某项合计等于对方科目的某几项合计，尤其是带有业务号的往来款项，全额勾对将对这些合计项进行勾对。

（四）客户往来账龄分析

可以通过本功能及时了解各单位往来款余额的时间分布情况，进行科学的账龄分析，及时通过"客户往来催款单"催要货款或通过调整客户的信用额度控制客户延期付款的状况，从而实现往来货款的科学管理。"客户往来账龄"分析查询窗口如图4－59所示。

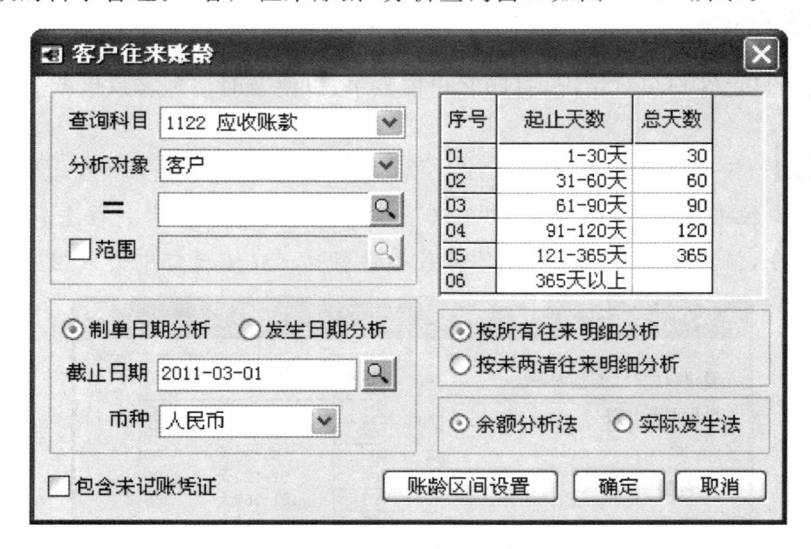

图4－59 "客户往来账龄"分析查询窗口

【说明事项】

①查询科目：显示所有具有客户科目属性的科目名称，可在此选择此次要查询科目的客户往来款情况。

②分析对象：系统提供客户、客户分类、客户总公司、地区分类、部门、主管部门、业务员、主管业务员8种分析对象供用户选择。

③范围：可一次查看几个客户（或其他分析对象）的往来款情况以便于比较分析。

④选择分析时间：

- 按发生日期分析。即以业务发生日期为基础（在填制凭证录入辅助项时录入业务发生日期），如未填入业务发生日期，则按制单日期。
- 按制单日期分析。即进行账龄分析以制单日期为基础。
- 截止日期。指客户往来款情况查询截止到哪一日，如果想截止到某一月，可以输入当月月份，查询截止至当月的第一天。例如，截止日期为2011年8月，那么查询截止到2011年8月1日。

⑤选择分析方式：

- 按所有往来明细进行账龄分析。即对全部往来明细进行计算。
- 按未两清往来明细进行账龄分析。只对未进行两清的往来明细进行计算。

⑥币种：如果选择了此项，则只按选择的币种分析；如果不选，则将对所有币种进行分析，将所有外币折算成本位币分析。

⑦选择分析方法：

- 余额账龄分析。用借方（贷方）发生额冲销贷方（借方）发生额的余额作为进行账龄分析的第一笔分析金额的分析方法。
- 按实际发生进行分析。按借方、贷方的实际发生额为分析金额进行分析。

（五）往来客户催款

该模块用于显示客户欠款情况，打印客户催款单，以便及时清理客户借款。

操作步骤

(1) 设置客户往来催款单条件：执行"总账"→"辅助账管理"→"客户往来辅助账"→"客户往来催款单"命令，弹出如图4－60所示的催款条件窗口。在该窗口中输入相应催款条件。

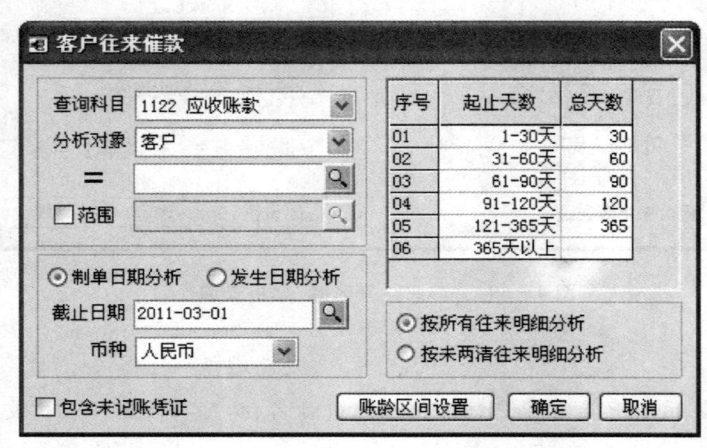

图4－60 "客户往来催款"条件设置窗口

(2)单击【确定】按钮,显示如图 4—61 所示的客户往来催款单查询界面。

图 4—61 客户往来催款单

(3)选择要催款的客户,点击工具栏上【设置】按钮,显示催款单设置界面,如图 4—62 所示。

(4)设置完成后,可在"预览"界面选择"页面设置"菜单或点击页面设置图标,对催款单的显示格式进行修改,最后可打印输出催款单。

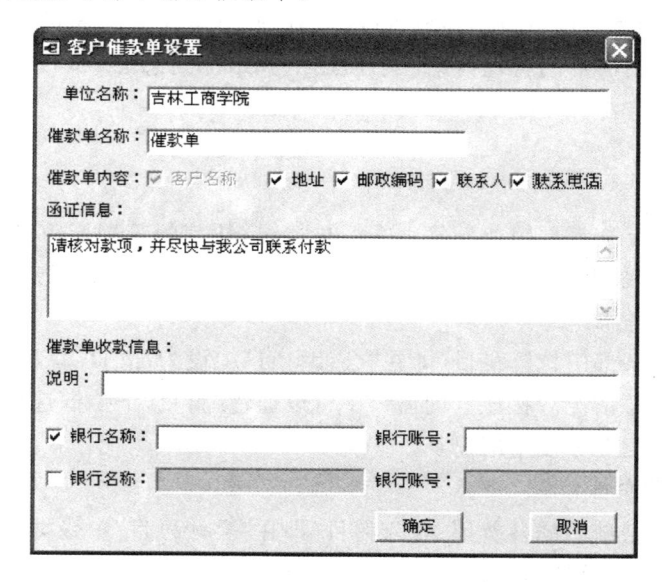

图 4—62 "客户催款单设置"窗口

二、个人往来管理

个人往来账功能适用于个人往来业务较多的企业或单位,个人往来是指企业与单位内部职工发生的往来业务。利用个人往来核算功能,需先在设置会计科目时将需要使用个人往来核算的科目的账类设为个人往来属性,使用个人往来核算功能可以完成个人余额查询统计、个人往来明细账查询输出、个人往来清理、往来对账、个人往来催款单、个人往来账龄分析和打印催款单等。

个人往来的查询和管理分为以下几个方面:

(1)个人往来余额表。用于查询个人往来科目各往来个人的期初余额、本期借方发生额合计、贷方发生额合计和期末余额。它包括"科目余额表""部门余额表""个人余额表""三栏式余额表"四种查询方式,只能按末级部门进行查询。

(2)个人往来清理。本功能用于对个人的借款、还款情况进行清理,能够及时地了解个人借款、还款情况,清理个人借款。

(3)个人往来催款单。此功能用于打印个人催款单,及时地清理个人借款。

(4)个人往来账龄分析。本功能是用来对个人往来款余额的时间分布情况进行账龄分析。

以上个人往来相关账表和管理工作与客户往来的业务极为相似,其具体操作方法就不再详细讲解,请参看前面的客户往来管理部分自行练习。

三、部门辅助管理

如果企业对所辖部门有考核管理要求,就要用到部门管理功能。首先要根据管理需求将相关科目设置为"部门核算"辅助属性,在发生业务时通过凭证录入窗口录入相关部门辅助信息,再经过"记账"操作登记各科目账和部门辅助账。而部门辅助账管理的主要功能是部门辅助总账、明细账的查询和打印以及如何设置取得部门收支分析表。通过相关部门辅助账的查询和分析即可获得所需的部门管理信息。下面逐一介绍部门总账、部门明细账和部门收支分析的涵盖内容和查看方法。

(一)部门总账

部门总账主要用于查询部门业务发生的汇总情况,从部门管理层审核监督各项收入和费用的发生情况。系统提供按科目、部门、科目和部门查询总账三种查询方式。

1. 部门——科目总账

本功能用于查询某部门核算科目(即在"会计科目"中设为部门核算属性的科目)下各个部门的发生额及余额汇总情况。在该查询窗口中可以通过"科目"下拉框选择有部门核算属性的不同科目来查看各部门业务发生情况。

2. 部门——部门总账

本功能用于查询某部门的各费用、收入科目(即在"会计科目"中账类设为部门核算属性的科目)的发生额及余额汇总情况。在该查询界面可以通过部门下拉框的选择来查询不同部门各科目下发生的业务情况。

3. 部门——三栏式总账

本功能用于查询某部门下某科目各个月的发生额及余额汇总情况。在该查询界面中部门和科目都是可以转换的,可以方便地查询到某科目下某个部门的经济业务发生情况。

(二)部门明细账

部门明细账是以部门为查询主体的查询方式,系统提供按科目查询部门账、按部门查询科目账、按部门和科目同时查询、横向和纵向查询部门下各科目账这四种查询方式。

(三)部门收支分析

为了加强对各部门收支情况的管理,系统提供部门收支分析功能,可对所有部门核算科目的发生额及余额按部门进行分析。

操作步骤

(1)执行"总账"→"辅助账管理"→"部门辅助管理"→"部门收支分析"命令,即显示"部门收支分析条件"填写窗口,可在科目选择窗口中选择需要查询部门收支分析的部门核算科目,如图4-63所示。

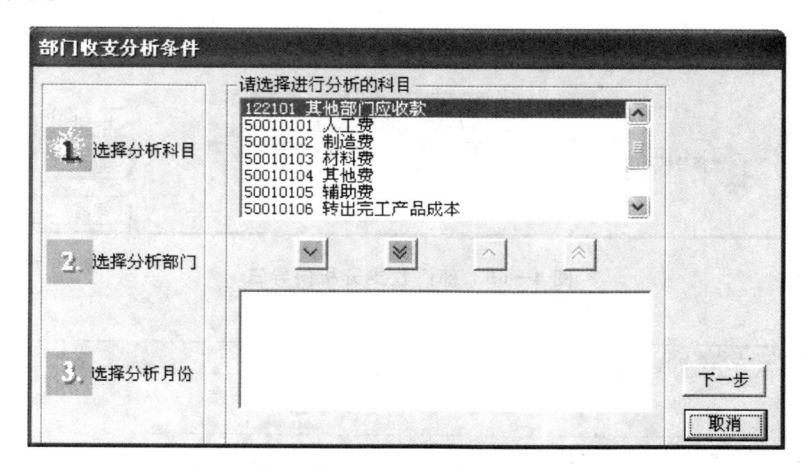

图4-63 部门收支分析向导一

(2)单击【下一步】按钮即显示向导二,在部门选择窗口中选择需要查询部门收支分析的部门,如图4-64所示。

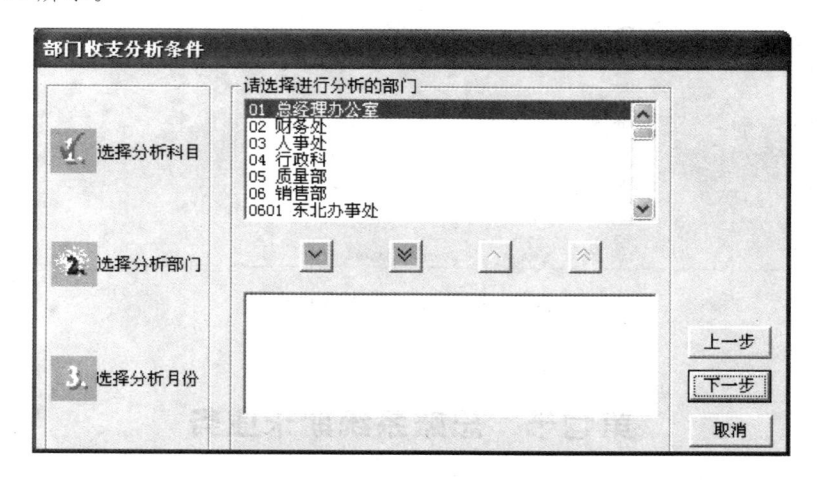

图4-64 部门收支分析向导二

(3)单击【下一步】按钮即显示向导三,在此选择要进行收支分析的起止月份,如图4-65所示。

(4)选择后单击【完成】按钮,屏幕显示部门收支分析表,如图4-66所示。

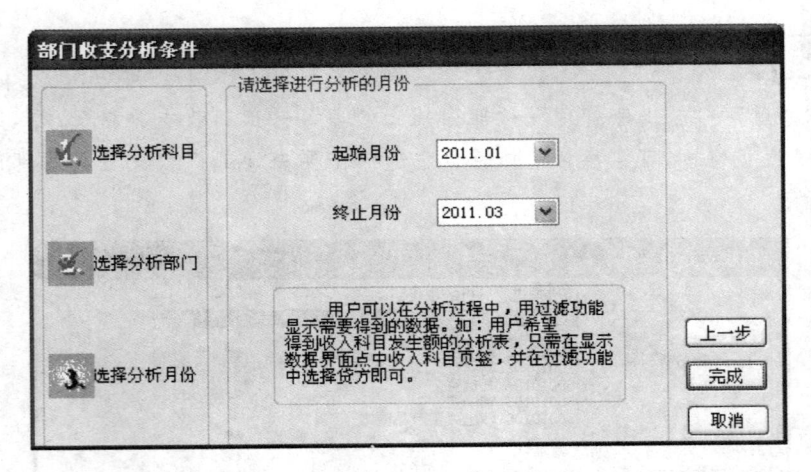

图 4-65　部门收支分析向导三

图 4-66　部门收支分析表

第七节　总账系统期末业务

期末会计业务是指会计人员将本月所发生的日常经济业务全部登记入账后，在每个会计期末都需要完成的一些特定的会计工作，主要包括期末转账业务、试算平衡、对账、结账等。这些业务种类复杂、处理时间短、处理任务重，使得在手工会计工作中每到会计期末财会人员都得加班加点工作；但是由于各会计期间的许多期末业务均具有较强的规律性，容易形成有规律的处理，而这恰恰是计算机处理的优势，因此由计算机利用自动转账功能来处理期末会计业务，不但可以规范会计业务的处理，还可以大大提高处理期末业务的工作效率。

一、期末转账业务

(一)期末转账业务的特点

期末转账业务几乎是所有企业单位在月底结账之前都要进行的固定业务,并且这类转账业务在单位管理体制或会计核算制度未改变的情况下,每个月都要重复进行。简单地说,转账是把某个或某几个会计科目中的余额或本期发生额结转到一个或多个会计科目中。一般来说,期末转账业务主要有以下几个特点:

(1)期末转账业务大多数都在各个会计期的期末进行。

(2)期末转账业务大多数只有会计人员自己编制的会计凭证,而不同于一般业务,没有具体反映该业务的原始凭证。

(3)期末转账业务大多数要从会计账簿中提取数据,这就要求在处理期末转账业务前必须将其他业务登记入账。

(4)有些期末转账业务必须依据其他一些期末转账业务产生的数据,这就产生了期末转账业务的分批按步骤处理问题。

(二)期末转账业务的种类

期末转账业务都是比较固定的,包括凭证摘要是固定的,涉及的会计科目基本上也是固定的,会计分录中的资金来源和计算方法也是固定的。这些业务概括起来主要包括以下几点:

(1)"费用分配"的结转,如工资分配等。

(2)"费用分摊"的结转,如制造费用等。

(3)"税金计算"的结转,如增值税等。

(4)"提取各项费用"的结转,如补提福利费等。

(5)"部门核算"的结转。

(6)"项目核算"的结转。

(7)"个人核算"的结转。

(8)"客户核算"的结转。

(9)"供应商核算"的结转。

(10)"年终收入、费用"的结转,如收入转利润等。

(三)期末自动转账的实现方法

通过上述分析可知,在期末会计业务中存在几类转账业务,它们每月反复有规律地重复发生,编制的转账凭证中的摘要、借方和贷方科目相同,金额的来源或计算方法基本保持不变,只有凭证中的金额每月不等。

此外,账务处理系统是整个会计信息系统的核心,其他子系统每月都以凭证方式或其他方式向账务处理系统传递数据,这些凭证也是每个月反复有规律地重复发生的。因此,在账务处理系统中,建立自动转账功能模块,并将其划分为两个子模块:定义自动转账凭证模块和生成转账凭证模块。利用定义模块设置自动转账凭证模板,利用生成模块依据模板规则生成自动转账凭证。这样将编制期末转账业务凭证的工作交给计算机自动完成，能够保证凭证的正确性和及时性。

（四）使用自动生成功能应注意的事项

（1）转账凭证模板必须事先进行设置。

（2）转账凭证中各科目的数据都是从账簿中提取、经处理后生成的，为了保证数据的完整、正确，在调用转账凭证模板生成转账凭证前，必须将本月发生的各种具体业务登记入账。

（3）期末的摊、提、结转业务具有严格的处理顺序，其具体处理顺序如图4—67所示。转账顺序如发生错误，即使所有的转账凭证模板设置都正确，转账凭证中的数据也可能是错误的。为了避免结转顺序发生错误，转账凭证模板提供了转账序号，进行期末的摊、提、结转业务处理时，通过指定转账顺序号就可以分期、分批完成转账和记账工作。

（4）结转生成的记账凭证系统将存于未记账凭证库，这些凭证必须经过审核后才能登记入账。对这些凭证的审核主要是审核结转是否正确。对于错误的结转凭证，系统一般不提供修改功能，修改这些凭证的错误只能通过修改凭证模板设置来进行。

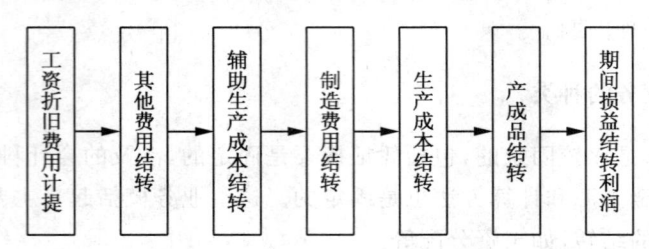

图4—67　期末摊、提、结转业务处理顺序

二、自动转账业务设置——自定义转账

由于各个企业情况不同，必然会造成各个企业对各类成本费用的分摊结转方式的不同。在电算化方式下，为了实现各个企业不同时期期末会计业务处理的通用性，用户可以通过自动转账设置功能自定义此类凭证的摘要、借贷方会计科目、金额计算公式等，以备转账凭证自动生成时使用。

（一）自动转账相关函数

期末自动转账分录金额基本来源于账务系统或凭证自身，因而计算公式设置过程中主要运用账务函数从账务系统中获取数据。

1. 常用账务取数函数

在自动转账凭证定义过程中，应用到的主要账务函数及其功能如表4—4所示。

表4—4　　常用财务取数函数

函数名	函数名称	功　　能
QM()/WQM()/SQM()	期末余额函数	取某科目的期末余额
QC()/WQC()/SQC()	期初余额函数	取某科目的期初余额

续表

函数名	函数名称	功　　能
JE()/WJE()/SJE()	年(月)净发生额函数	取某科目的年(月)净发生额
FS()/WFS()/SFS()	借(贷)方发生额函数	取某科目结转月份的借(贷)方发生额
LFS()/WLFS()/SLFS()	累计借(贷)方发生额	取某科目截止到结转月份的累计借(贷)方发生额
JG()/WJG()/SJG()	取对方科目计算结果函数	取对方某个科目或对方所有科目数据之和,一张凭证可以定义多个结果函数,但必须在同一方向
CE()/WCE()/SCE()	借贷平衡差额函数	取凭证的借贷方差额数,一张凭证最多定义一个差额函数
TY()	通用转账公式函数	取 Access 数据库中的数据
常数		取某个指定的数字
UFO()	UFO 报表取数函数	取 UFO 报表中某个单元的数据

2. 账务取数函数的基本格式

取数函数的基本格式为:函数名(科目编码,会计期间,方向,辅助项1,辅助项2),函数各参数项应用说明如下:

(1)科目编码

科目编码用于确定取哪个会计科目的数据,科目编码必须是总账系统中已定义的会计科目编码。如果转账凭证明细科目栏的科目与公式中的科目编码相同,则公式中的科目编码可省去不写。

例如:QM( )表示取当前分录科目栏定义的科目的月末余额;WQM( )表示取当前分录科目栏定义的科目的外币月末余额;SQM( )表示取当前分录科目栏定义的科目的数量月末余额。

(2)会计期间

会计期间可以输为"年"或"月"或输入1,2,…,12。如果输入"年",则按当前会计年度取数;如果输入"月",则按结转月份取数;如果输入1~12等数字,则表示取此会计月的数据。会计期可以为空,为空时默认为"月"。当输入1~12的数字时,代表1~12的会计期,而不是自然月。

(3)方向

发生额函数或累计发生额函数的方向用"J"或"j"或"借"或"Dr"(英文借方缩写)表示借方;用"D"或"d"或"贷"或"Cr"(英文贷方缩写)表示贷方,其意义为取该科目所选方向的发生额或累计发生额。余额函数的方向表示方式同上,但允许为空,其意义为取该科目所选方向上的余额,即若余额在相同方向,则返回余额;若余额在相反方向,则返回0;若方向为空,则根据科目性质返回余额,如1001库存现金科目为借方科目,若余额在借方,则正常返回其余额,若余额在贷方,则返回负数。

(4)辅助项

当科目为辅助核算科目(即科目账类设为辅助核算)时,可以指定辅助项取数。如果科目有两种辅助核算,则可输入两个末级辅助项。辅助项可输入编码也可输入名称,或者输入"＊",也可以不输入。如果输入辅助项,则按所输入的辅助项取数,如果输入"＊",则取科目总数;如果不输入,则按当前分录左边各辅助项栏中定义的辅助项取数。

3. 特殊取数函数

(1)结果函数

结果函数 JG( )用于取对方科目计算结果,如果输入 JG(科目),则表示取转账中对方该科目发生数合计;如果输入 JG(zzz)或 JG(ZZZ)或 JG( ),则表示取对方所有发生数合计。

(2)通用转账公式

如果想从本公司的其他产品中直接取数,如从薪资管理系统中取应交所得税合计,从固定资产系统中取固定资产清理收入、清理费用等,由于这些数据都在 SQL 数据库中,可以使用通用转账公式,指定相应的数据库、数据表和数据字段取到相应的数据。其基本格式为:TY(SQL 数据库文件名,数据表名,计算表达式,条件表达式)。函数参数说明如下:

SQL 数据库文件名:必须为已存在的数据库,且应录入全部路径及数据库文件全名。如:C:T6soft\admin\chenfj\zt188\2008\ufdata.mdf。

数据表名:必须为已存在的数据表。

计算表达式:可录入字段名,也可输入 SQL 语句中的统计函数。

条件表达式:可以录入查找条件,相当于 SQL 语句中 where 子句中的内容。

执行公式时,系统自动将输入内容拼写成 SQL 数据库查询语句,可从数据库中取到相应的数据。若执行结果有多个值,则函数返回第一个符合条件的值。

(3)UFO 函数

UFO 函数用于从 UFO 报表中提取数据,如定义取数公式为:UFO(C:\My Document\资产负债表,rep,1,8,4),则表示取报表名为损益表中第一页第 8 行第 4 列单元的数据,公式中表页号可默认。

(4)借贷差额函数——CE( )

借贷差额函数用于从凭证中根据借贷平衡原理,自动计算借贷差额而填充数据。借贷差额函数只能定义在最后一条分录上,否则系统计算数据会发生差错。

4. 公式使用注意事项

(1)如果科目有两种辅助核算,则这两个辅助项在公式中的排列位置必须正确,否则系统将无法正确结转。五种辅助项在公式中的先后顺序为:客户、供应商、部门、个人、项目。

(2)若同时使用了应收、应付系统,且公式中的科目为纯客户、供应商核算的科目,则只能按该科目取数。例如:1122 为客户往来科目,则只能输入 QM(1122,月,,*),而不能输入QM(1122,月,,客户一)或 QM(1122,月),否则将取不到数据。

(3)取数公式可以通过+、-、*、/运算符及括号组合形成组合式取数公式。

(4)一张凭证中最多定义一个差额函数,一张凭证可以定义多个结果函数,但必须在同一方向。一张凭证可同时定义结果函数与差额函数,但必须在同一方向。如果一张凭证有差额函数,则在转账生成时总是最后执行差额函数。

(二)自定义转账设置

> **业务描述**
>
> 将专利技术年初余额按 2 年内均匀摊销完毕。

> 操作步骤

(1)执行"总账"→"期末业务"→"转账定义"→"自动转账"命令,显示自动转账设置界面。单击【增加】按钮,可定义一张转账凭证,屏幕弹出凭证主要信息录入窗口,如图4—68所示。

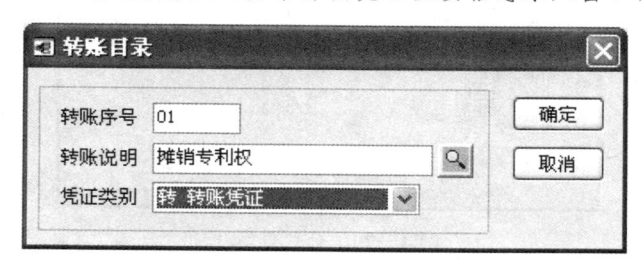

图4—68 增加转账凭证

(2)输入转账序号、转账说明和凭证类别,点击【确定】按钮,开始定义转账凭证分录信息,如图4—69所示。

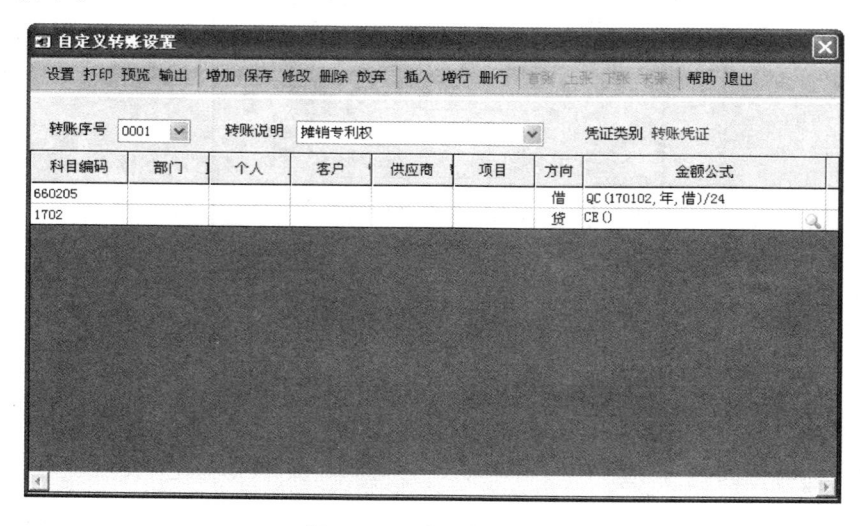

图4—69 定义转账凭证

(3)录入每笔转账凭证分录的摘要、科目、方向和公式。单击参照按钮可参照录入计算公式(注:对于初级用户,建议通过参照录入公式;对于高级用户,若已熟练掌握转账公式,也可直接输入转账函数公式),如图4—70所示。单击【下一步】按钮,进入如图4—71所示公式向导2,在其中填写函数所需的各项信息。

(4)如果想继续输入公式,则单击"继续输入公式"选项,选择加、减、乘、除运算符号,并单击【下一步】按钮;如果不想继续录入公式,则单击【完成】按钮,录入完所有科目之后点击【保存】按钮,保存该自定义转账凭证,可继续进行下一张凭证的定义。

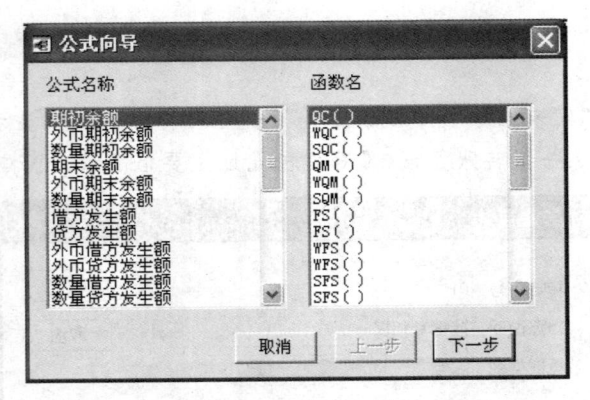

图4—70　公式向导1

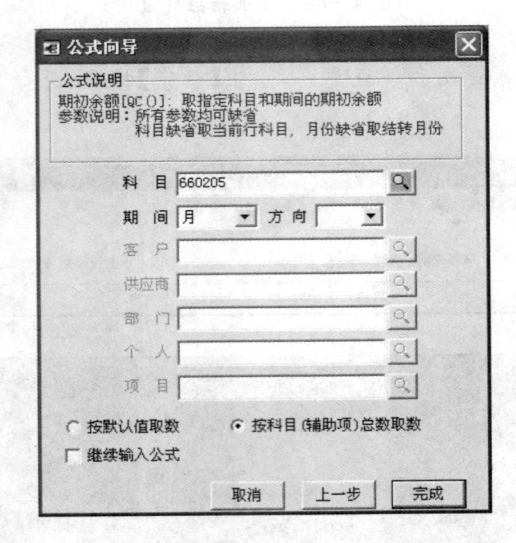

图4—71　公式向导2

【说明事项】

①如果选择的是账务取数函数[即 QM( )、QC( )、JE( )、FS( )、LFS( )及 JG( )函数]，则屏幕显示取数来源录入框。输入取数的科目、期间，并根据科目属性决定输入部门、项目、个人、客户、供应商等信息。

②公式中的科目是用户决定取哪个科目的数据。科目可以为非末级科目，但只能取该科目的总数，不能按辅助项取数。若不输入科目，则系统默认按转账分录中定义的科目和辅助项取数。

③若取数科目有辅助核算，应输入相应的辅助项内容，若不输入，系统默认按转账分录中定义的辅助项取数（即按默认值取数），但如果用户希望能取到该科目的总数，则应选择"取科目或辅助项总数"。

④部门只能录入明细级。

⑤函数公式中，选择期初、期末函数时，方向一般为空，避免由于出现反向余额时发生取数错误。

【说明事项】

①转账序号是指自定义转账凭证的代号,转账序号不是凭证号,转账序号可以任意定义,但只能输入数字、字母,不能重号。

②转账凭证号在执行自动转账时由系统生成,一张转账凭证对应一个转账序号。

(三)对应结转设置

当两个或多个上级科目的下级科目及辅助项有一一对应关系时,可进行将其余额按一定比例系数进行对应结转,可一对一结转,也可一对多结转。本功能只结转期末余额。对应结转的科目可以是上级科目,但其下级科目的科目结构必须一致(相同明细科目),见图4-72。

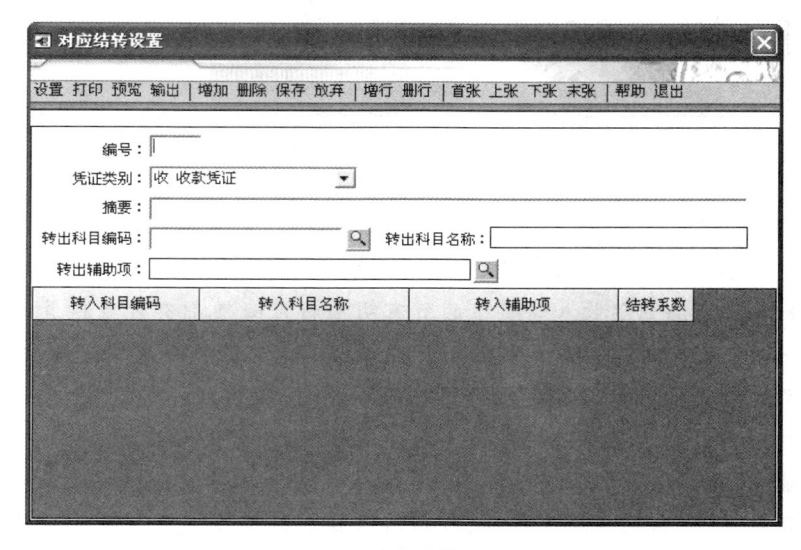

图4-72 "对应结转设置"窗口

【说明事项】

①一张凭证可定义多行,转出科目及辅助项必须一致,转入科目及辅助项可不相同。

②转出科目与转入科目必须有相同的科目结构,但转出辅助项与转入辅助项可不相同。

③辅助项可根据科目性质进行参照,若转出科目有复合账类,系统弹出辅助项录入窗,如该科目为部门项目辅助账类,要求录入结转的项目和部门,录入完毕后,系统用逗号分隔显示在表格中。

④同一编号的凭证类别必须相同。

⑤自动生成转账凭证时,如果同一凭证转入科目有多个,并且若同一凭证的结转系数之和为1,则最后一笔结转金额为转出科目余额减当前凭证已转出的余额。

⑥结转系数:即转入科目取数=转出科目取值×结转系数,若未输入则系统默认为1。

(四)销售成本结转

销售成本结转功能,是将月末商品(或产成品)销售数量乘以库存商品(或产成品)的平均单价计算各类商品销售成本并进行结转。"销售成本结转设置"界面如图 4—73 所示。

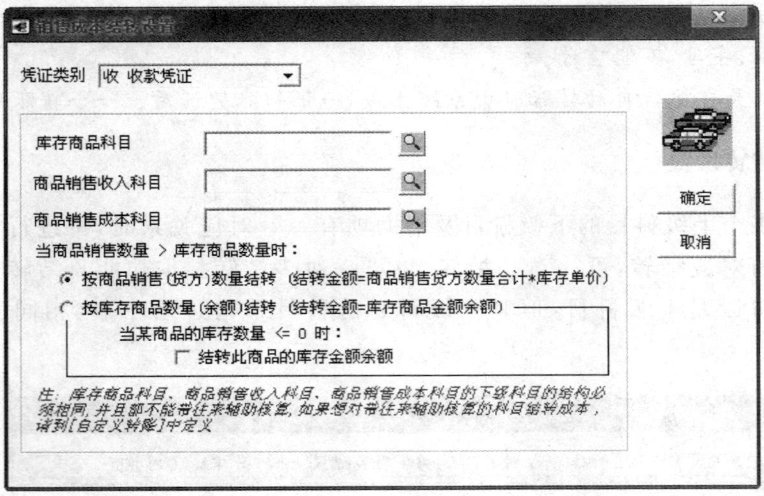

图 4—73 "销售成本结转设置"窗口

【说明事项】

①用户可输入总账科目或明细科目,但输入要求这三个科目具有相同结构的明细科目,即要求库存商品科目和商品销售收入科目下的所有明细科目必须都有数量核算,且这三个科目的下级必须一一对应,输入完成后,系统自动计算出所有商品的销售成本。其中:

数量＝商品销售收入科目下某商品的贷方数量

单价＝库存商品科目下某商品的月末金额／月末数量

金额＝数量×单价

②库存商品科目、商品销售收入科目、商品销售成本科目及下级科目的结构必须相同,并且都不能带辅助账类,如果想对带辅助账类的科目结转成本,请到"自定义转账"中定义。在"自定义转账"中,库存商品科目、销售收入科目、销售成本科目可以有部门、项目核算,但不能有往来核算。

③当库存商品科目的期末数量余额小于商品销售收入科目的贷方数量发生额,若不希望结转后造成库存商品科目余额为负数,可选择按库存商品科目的期末数量余额结转。

(五)汇兑损益结转

用于期末自动计算外币账户的汇总损益,并在转账生成中自动生成汇总损益转账凭证,汇兑损益只处理以下外币账户:外汇存款户;外币现金;外币结算的各项债权、债务,不包括所有者权益类账户、成本类账户和损益类账户。

操作步骤

(1)执行"期末"→"转账定义"→"汇兑损益"命令,屏幕显示如图 4—74 所示。

图4—74 "汇兑损益结转设置"窗口

(2)输入凭证类别和该账套中汇兑损益科目的科目编码。

(3)选择需要计算汇兑损益的科目,即进行汇兑损益结转。

【说明事项】

①为了保证汇兑损益计算正确,在填制某月的汇兑损益凭证时,必须先将本月的所有未记账凭证先记账。

②汇兑损益入账科目不能是辅助账科目或有数量外币。

③若启用了应收(付)系统,且在应收(付)的选项中选择了"详细核算",应先在应收(付)系统作汇兑损益,生成凭证并记账,再在总账作相应科目的汇兑损益。

(六)期间损益结转

用于在一个会计期间终了将损益类科目的余额结转到本年利润科目中,从而及时反映企业利润的盈亏情况。主要是对于管理费用、销售费用、财务费用、销售收入、营业外收支等科目的结转。

操作步骤

(1)执行"期末"→"转账定义"→"期间损益结转"命令,显示"期间损益结转设置"界面如图4—75所示。

图4—75 "期间损益结转设置"界面

(2)表格上方的本年利润科目是本年利润的入账科目,可参照录入。如果本年科目利润科目又分为多个下级科目,则可在下面表格中录入,并与相应的损益科目对应。

(3)在下面的对应结转表中录入明细级的本年利润科目。

【说明事项】

①损益科目结转表中将列出所有的损益科目。如果希望某损益科目参与期间损益的结转,则应填写相应的本年利润科目。

②损益科目结转表的每一行中的损益科目的期末余额将转到该行的本年利润科目中去。

③损益科目结转表中的本年利润科目必须为末级科目,且为本年利润入账科目的下级科目。

三、生成转账凭证

前面做的转账定义过程只是定义转账凭证的科目对应关系、数据金额公式算法等内容,并没有真正生成相关凭证。每月月末只需执行本功能即可快速生成转账凭证,在此生成的转账凭证将自动追加到未记账凭证中。

【操作步骤】

(1)执行"总账"→"期末"→"转账生成"命令,显示如图4—76所示的转账生成界面,选择要进行的转账工作(如自定义转账、对应结转、销售结转等),选择要进行结转的月份,双击要结转的凭证(背景显示绿色,"是否结转"栏显示"Y"),点击【确定】按钮即可结转。

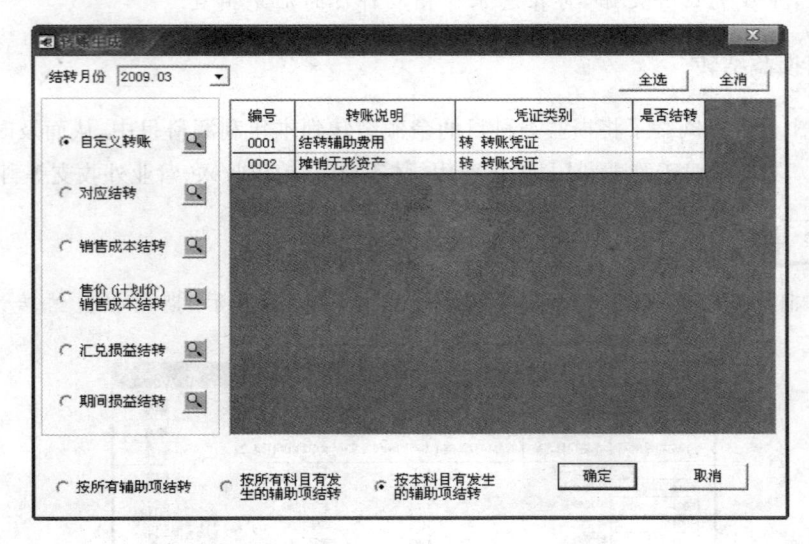

图4—76 生成自定义凭证

(2)选择完毕后,点击【确定】按钮,屏幕显示将要生成的转账凭证。

(3)当确定系统显示的凭证是所希望生成的转账凭证后,点击【保存】按钮,将当前凭证追加到未记账凭证中。

【说明事项】

①由于转账是按照已记账凭证的数据进行计算的,所以在进行月末转账工作之前,请先将所有未记账凭证记账,否则,生成的转账凭证数据可能有误。

②如果使用了应收、应付系统(即"选项"中的"往来控制方式"为"客户往来业务由应收系统核算"或"供应商往来业务由应付系统核算"),那么,总账系统中,不能按客户、供应商进行结转。

③在有多个转账凭证待生成时,一定要注意业务发生的先后顺序对生成凭证的金额的影响。要做到先发生业务的先生成凭证,先记账,再生成下一张凭证。

④若转账科目有辅助核算,但未定义具体的转账辅助项,则应选择按所有辅助项结转还是按有发生的辅助项结转,取决于以下选项的选择:

● 按所有辅助项结转:转账科目的每一个辅助项生成一笔分录,如有10个部门,则生成10笔分录,每个部门生成一笔转账分录。

● 按有发生的辅助项结转:按转账科目下每一个有发生的辅助项生成一笔分录,如有10个部门,其中转账科目下有5个部门有余额,则生成5笔分录,每个有余额的部门生成一笔转账分录。

● 按所有科目有发生的辅助项结转:按所有科目下有发生的辅助项生成分录,如有10个部门,其中所有科目下有发生的5个部门有余额,则生成5笔分录,每个有发生且有余额的部门生成1笔分录。

四、对账

对账是对账簿数据进行核对,以检查记账是否正确,以及账簿是否平衡。它主要是通过核对总账与明细账、总账与辅助账数据来完成账账核对。为了保证账证相符、账账相符,用户应经常使用本功能进行对账,至少一个月一次,一般可在月末结账前进行。

操作步骤

(1)执行"总账"→"期末"→"对账"命令,进入如图4—77所示的"对账"窗口。

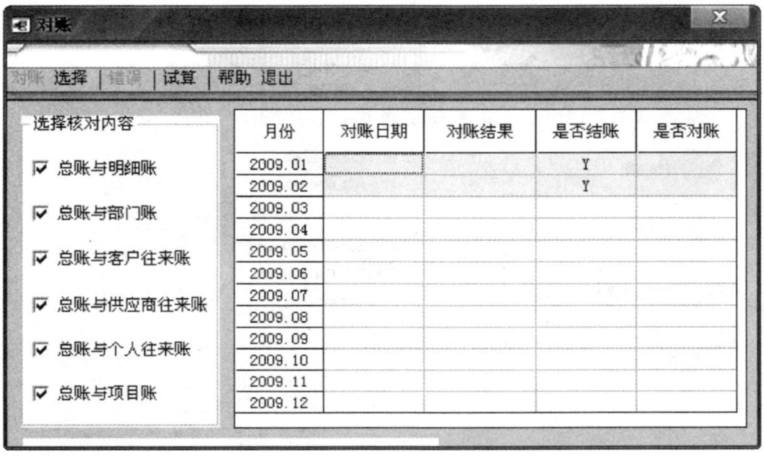

图4—77 "对账"界面

(2)选择核对内容:总账与明细账、总账与部门账等,点击【选择】按钮,选择要进行对账的月份。

(3)单击【对账】按钮,系统开始自动对账。

(4)若对账结果为账账相符,则对账月份的对账结果处显示"正确",若对账结果为账账不符,则对账月份的对账结果处显示"错误",点击【错误】按钮,显示"对账错误信息表",可查看引起账账不符的原因。

五、结账

结账即指每月月底计算和结转本月发生额和期末余额,终止本期账务处理工作,并对下月账簿进行初始化。结账每月只能做一次。

操作步骤

(1)执行"总账"→"期末"→"结账"命令,屏幕显示结账向导1,如图4—78所示,选择结账月份。

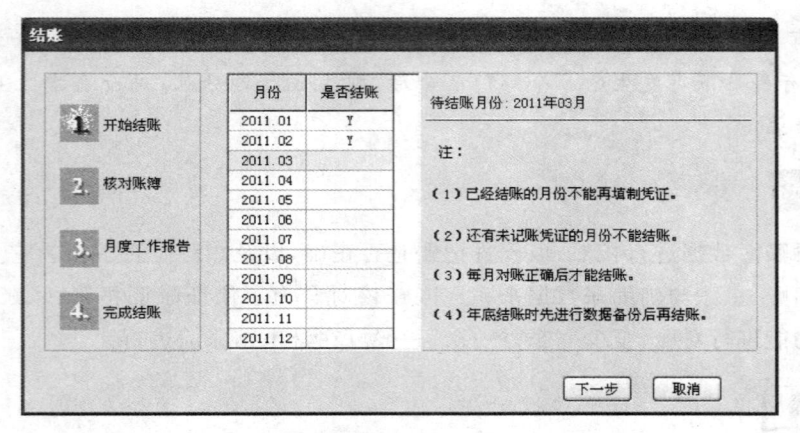

图4—78 结账向导1

(2)显示结账向导2——核对账簿,如图4—79所示。

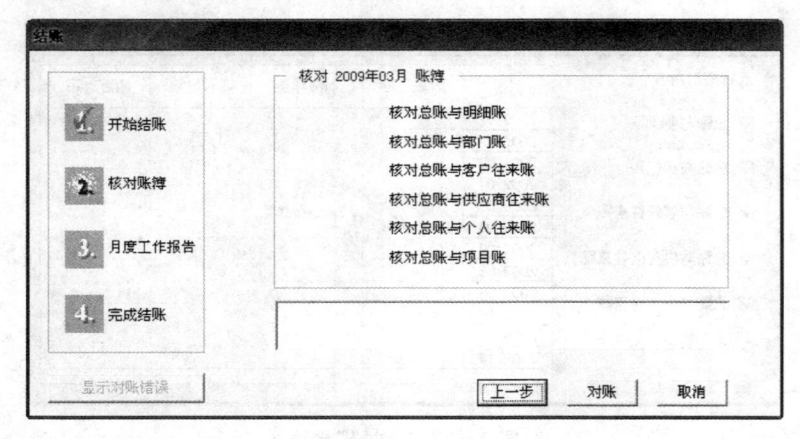

图4—79 结账向导2

(3)确认要核对的账簿,按【对账】按钮,系统对要结账的月份进行账账核对。

(4)显示结账向导3——月度工作报告,如图4—80所示。

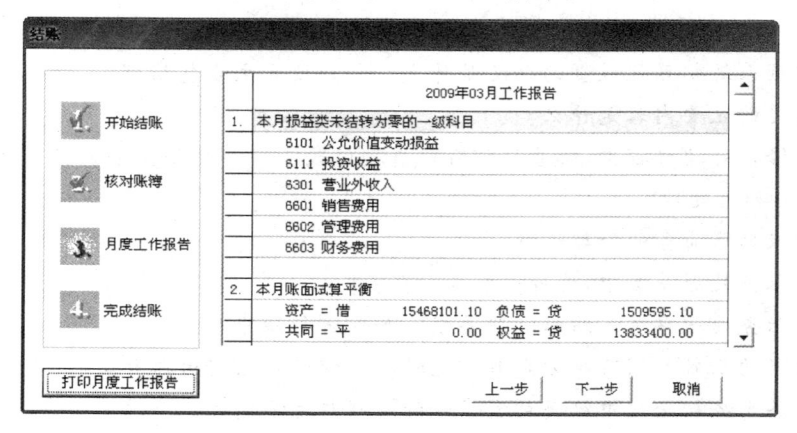

图4—80 结账向导3

(5)查看工作报告后,用鼠标单击【下一步】按钮,屏幕显示结账向导4——完成结账。按【结账】按钮,若符合结账要求,系统将进行结账,否则不予结账,如图4—81所示。

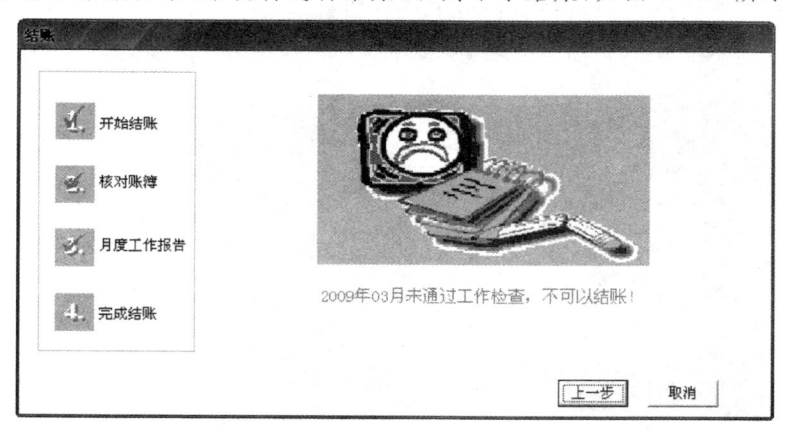

图4—81 结账向导4

【说明事项】

①在结账向导1中,用鼠标选择要取消结账的月份上,按Ctrl+Shift+F6键即可取消某月的结账状态,反结账操作只能由账套主管执行。

②上月未结账,则本月不能记账,但可以填制、复核凭证。

③本月还有未记账凭证时,则本月不能结账。

④若总账与明细账对账不符,则不能结账。

⑤已结账月份不能再填制凭证。

⑥如果除总账子系统外还有其他子系统启用,其他子系统要先结账,否则总账不能结账。

⑦结账前最好进行数据备份,一旦结账后发现业务处理有误,可以利用备份数据恢复到结账前状态。

本章习题

1. 账务处理系统初始化设置的含义是什么？初始设置主要包括哪些工作？
2. 科目设置的主要内容是什么？
3. 在凭证修改处理过程中，哪些凭证可以直接修改？哪些凭证不能修改？不能直接修改但有错的凭证应如何处理？
4. 试述期末转账业务的处理过程。
5. 计算机账务处理系统中，为什么需要对账？
6. 计算机账务处理系统对结账有何要求？如何进行结账？
7. 银行对账的基础数据获得方式有哪几种？如何进行银行对账？
8. 简述账务系统初始化中编码档案设计的原则与主要内容。
9. 简述支票登记簿的使用。
10. 是否可以跨月填写凭证、记账和结账？
11. 辅助核算有哪几种方式？从初始设置到辅助账查询如何处理？
12. 项目核算与管理是如何实施的？请举例说明。

第五章　UFO 报表系统

教学目的及要求

系统地学习会计报表管理子系统的工作原理和基本功能。要求掌握 UFO 会计报表子系统的相关基本概念、数据处理流程和基本操作流程；重点掌握 UFO 会计报表子系统会计报表的格式设计和数据处理；能够利用报表模板生成会计报表；熟悉如何利用取得的报表数据生成图表并进行分析。

第一节　UFO 报表系统概述

会计报表管理系统是会计信息系统中一个独立子系统，它为企业内部各管理部门以及企业外部相关部门提供综合反映企业一定时期的财务状况、经营成果和现金流量的会计信息。

一、功能概述

用友 UFO 会计报表系统是用友 T6 系列软件中专门用来编制各种会计报表的子系统，既可编制对外报表，又可编制各种内部管理报表。它的主要任务是设计报表的格式和编制公式，从总账系统或其他业务系统中取得有关会计信息并自动编制各种会计报表，同时可以对报表进行审核、汇总、生成各种分析图，并按预定格式输出各种会计报表。

UFO 会计报表系统的主要功能有文件管理、格式管理、数据处理、图表功能、打印功能和二次开发功能，同时提供各行业报表模板。

（一）文件管理

对报表文件的创建、读取、保存和备份进行管理。能够进行不同文件格式的转换，如文本文件、*.MDB 文件、*.DBF 文件、Excel 文件、LOTUS 1-2-3 等文件。支持多个窗口同时显示和处理，可同时打开的文件和图形窗口多达 40 个。提供了标准财务数据的"导入"和"导出"功能，可以与其他流行财务软件进行数据转换。

（二）格式管理

提供了丰富的格式设计功能，如定义组合单元、画表格线、调整行高列宽、设置字体和颜色、设置显示比例等，可以制作各种要求的报表。

（三）数据处理

UFO 报表以固定的格式管理大量不同的表页，能将多达 99 999 张具有相同格式的报表资料统一在一个报表文件中管理,并且在每张表页之间建立有机的联系。提供了排序、审核、舍位平衡、汇总功能;提供了绝对单元公式和相对单元公式,可以方便、迅速地定义计算公式;提供了种类丰富的函数,可以从用友账务系统及其他业务系统中提取数据,生成会计报表。

(四)图表功能

将数据表以图形的形式进行表示。采用"图文混排",可以很方便地进行图形数据组织,制作包括直方图、立体图、圆饼图、折线图等10种格式的分析图表。可以编辑图表的位置、大小、标题、字体、颜色等,打印输出图表。

(五)二次开发

强大的二次开发功能使其又不失为一个精炼的MIS开发应用平台。提供批命令和自定义菜单,自动记录命令窗中输入的多个命令,可将有规律性的操作过程编制成批命令文件。提供了Windows风格的自定义菜单,综合利用批命令,可以在短时间内开发出本企业的专用系统。

二、基本概念

(一)报表结构

按照报表结构的复杂性,可将会计报表分为简单表和复杂表。简单表是规则的二维表,由若干行和列组成。复杂表是简单表的某种组合。很多的会计报表如资产负债表、利润表、现金流量表等都是简单表。

简单表的格式一般由四个基本要素组成:标题、表头、表体、表尾,如图5-1所示。

图 5-1 报表结构

不同的报表其四个基本要素是不同的。

1. 标题

用来描述报表的名称。报表的标题可能不止一行,有时有副标题、修饰线等内容。

2. 表头

用于描述会计报表的编制单位名称、日期等辅助信息和报表栏目。特别是会计报表的表头栏目名称,是会计报表表头的最主要内容,它决定会计报表的纵向结构、报表的列数以及一列的宽度。有的报表表头栏目比较简单,只有一层,而有的报表表头栏目却比较复杂,需分成若干个层次。

3. 表体

表体是报表的核心,决定报表的横向组成。表体也是报表数据的区域,是报表的主体。表体在纵向上由若干行组成,这些行称为表行;在横向上每个表行又由若干个栏目构成,这些栏目称为表列。

4. 表尾

表尾是指表体以下进行辅助说明的部分以及制表人、审核人、会计主管等内容。

(二)格式状态和数据状态

完整的 UFO 报表管理系统分为两大部分,即报表格式设计工作与报表数据处理工作。报表格式设计工作和报表数据处理工作是在两种不同的状态下进行的。实现状态切换的是一个特别重要的按钮:【格式】/【数据】按钮,点击这个按钮可以在格式状态和数据状态之间进行切换。

1. 格式状态

在格式状态下设计报表的格式,如表尺寸、行高列宽、单元属性、报表公式等。

在格式状态下,所看到的是报表的格式,报表的数据全部都隐藏了。在格式状态下所做的操作对本报表所有的表页都发生作用。在格式状态下不能进行数据的录入、计算等操作。

2. 数据状态

在数据状态下管理报表的数据,如输入数据、增加或删除表页、审核、舍位平衡、图形分析、汇总、合并报表等。在数据状态下不能修改报表的格式。

在数据状态下,所看到的是报表的全部内容,包括格式和数据。

(三)二维表与三维表

确定某一数据位置的要素称为"维"。在一张有方格的纸上填写一个数,这个数的位置可通过行和列来描述。

如果将一张有方格的纸称为表,那么这个表就是二维表,通过行(横轴)和列(纵轴)可以找到这个二维表中的任何位置的数据。

如果将多个相同的二维表叠在一起,找到某一个数据的要素需增加一个,即表页号(Z轴)。这一叠加在一起的表称为三维表。

如果将多个不同的三维表放在一起,要从这多个三维表中找到一个数据,需增加一个要素,即表名。三维表中的表间操作即称为"四维运算"。

(四)报表文件及表页

一个或多个报表以文件的形式保存在存储介质中称为报表文件,每个报表文件都有两个名字,一个是文件名,另一个是文件扩展名,例如,"资产负债表.REP"。

表页是由若干行和若干列组成的一个二维表,一个报表中的所有表页具有相同的格式,但其中的数据不同,每一张表页是由若干单元组成的。一个 UFO 报表最多可容纳 99 999 张表页。

为了便于管理和操作,一般把经济意义相近的报表放在一个报表文件中,例如,各月编制的资产负债表就可归集在"资产负债表.REP"报表文件中。在报表文件中,确定一个数据所在的位置,其要素是"表页号""行号""列号"。由此可见,报表文件就是一个三维表。

UFO 报表的技术指标:

  行　数：　1～9 999　　　（缺省值为 50 行）
  列　数：　1～255　　　　（缺省值为 7 列）
  行　高：　0～160　　　　（缺省值为 5 毫米）
  列　宽：　0～220　　　　（缺省值为 26 毫米）
  表页数：　1～99 999　　 （缺省值为 1 页）

(五)单元及单元属性

表中由表行和表列确定的方格称为单元,专门用于填制各种数据。单元是组成报表的最小单位,每个单元都可用一个名字来标识,称为单元名。单元名用所在行和列的坐标表示,行号用数字 1～9 999 表示,列标用字母 A～IU 表示,例如,D4 表示报表中第 4 行和第 D 列所对应的单元。

单元属性包括:单元类型、字体图案、对齐、边框等。

单元类型有数值单元、字符单元和表样单元三种。

数值单元:是报表的数据,在数据状态下输入。数值单元必须是数字,可直接输入,也可由单元中存放的公式运算生成。建立一个新表时,所有单元的单元类型均默认为数值型。

字符单元:是报表的数据,在数据状态下输入。字符单元的内容可以是汉字、字母、数字及各种键盘可输入的符号组成的一串字符。字符单元的内容可以直接输入,也可以由单元公式生成。

表样单元:是报表的格式,是在格式状态下输入的所有文字、符号或数字。表样单元对所有表页都有效。表样单元在格式状态下输入和修改,在数据状态下只能显示而无法修改。

对齐分为垂直、水平方向,每个方向有自动、居左、居右、居中。

边框可以选择线形、无边框、外边框、内边框。

(六)区域与组合单元

区域由一张表页上的一组单元组成,自起点单元至终点单元是一个完整矩形块。

在 UFO 报表中,区域是二维的,最大的区域是一个二维表的所有单元(整个表页),最小的区域是一个单元。

在描述一个区域时,开始单元(左上角单元)与结束单元(右下角单元)之间用冒号":"连接。例如,B3:E6。

组合单元由相邻的两个或更多的单元组成,这些单元必须是同一种单元类型(表样单元、数值单元、字符单元),UFO 报表在处理报表时将组合单元视为一个单元。组合单元的名称可以用区域的名称或区域中的单元名称来表示。例如,把 B1～B4 定义为一个组合单元,这个组合单元可以用"B1:B4"表示。

(七)固定区与可变区

固定区是组成一个区域的行数和列数的数量是固定的数目。设定好之后,在固定区域内其单元总数是不变的。

可变区是屏幕显示一个区域的行数或列数是不固定的数字,可变区的最大行数或最大列数是在格式设计中设定的。

在一个报表中只能设置一个可变区,或是行可变区,或是列可变区,行可变区是指可变区中的行数是可变的;列可变区是指可变区中的列数是可变的。

设置可变区后,屏幕只显示可变区的第一行或第一列,其他可变行列隐藏在表体内。在以后的数据操作中,可变行列数随着需要而增减。

有可变区的报表称为可变表,没有可变区的报表称为固定表。

(八)关键字

关键字是游离于单元之外的特殊数据单元,可以唯一标识一个表页,主要用于在大量表页中快速选择表页。

UFO报表共提供了以下6种关键字,关键字的显示位置在格式状态下设置,关键字的值则在数据状态下录入,每张报表可以定义多个关键字。

单位名称:字符(最大28个字符),为该报表表页编制单位的名称

单位编号:字符型(最大10个字符),为该报表表页编制单位的编号

年:数字型(1980~2099),该报表表页反映的年度

季:数字型(1~4),该报表表页反映的季度

月:数字型(1~12),该报表表页反映的月份

日:数字型(1~31),该报表表页反映的日期

除此之外,UFO报表有自定义关键字功能,可以用于业务函数中。

三、报表系统基本操作流程

作为新用户使用报表系统,其基本操作流程是:

启动UFO报表建立报表→定义报表结构→编制报表→审核报表→输出报表

下面进行简要说明:

(一)启动UFO报表建立报表

启动UFO报表后,首先要创建一个报表,并进入格式状态,可以在这张报表上开始设计报表格式,在保存文件时可以给这张报表命名。

(二)定义报表结构

报表结构的定义是在"格式"状态下进行的。主要包括设计报表格式、定义报表的计算公式、审核公式、舍位平衡公式等工作。如果不需要审核和舍位处理,则只需定义计算公式即可。具体的内容详见下面章节。

(三)编制报表

前两步相当于报表系统的初始化,一般情况下在首次定义好后,如无结构变化是不需要再

做的。每月(或需要时)只需执行编制报表的工作即可。即在数据状态下追加表页、录入关键字、录入数据、根据已经定义的公式计算报表、绘制图表。需要的话也可以进行表页的排序、汇总和合并等操作。

(四)审核报表

如果报表定义有审核公式和舍位平衡公式,则需执行审核和舍位平衡操作。

(五)输出报表

根据需要将报表打印输出或以用户需要的文件格式输出电子表。

下面,我们详细地讲解每一步骤的处理方法和注意事项。

第二节 报表系统初始化

会计报表系统初始化一般包括:创建新的会计报表、设计报表格式、定义报表公式等。

UFO报表在格式状态下设计报表的表样,例如,表尺寸、行高列宽、单元属性、组合单元、关键字、可变区等;在格式状态下定义报表的公式,如单元公式、审核公式、舍位平衡公式等。

一、创建新表

启动报表管理系统,创建一个新的会计报表文件。UFO报表建立的是一个报表簿,可容纳多张报表。

业务描述

启动与注册UFO报表系统,并创建一张新表。

操作步骤

(1)执行"开始"→"程序"→"用友T6"→"企业门户"命令,打开"企业门户"注册对话框,输入操作员、输入密码、选择账套、选择会计年度、输入操作日期,进入企业门户。

(2)运行"业务"→"财务会计"→"UFO报表",进入"UFO报表"窗口。

(3)运行"文件"→"新建"命令,系统自动生成一张空白表,如图5-2所示。

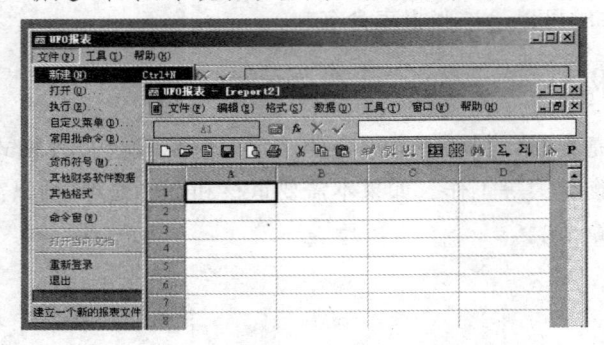

图5-2 新建报表

【说明事项】

新建报表有三种方式:一是菜单方式,"文件"→"新建";二是工具栏方式,点击工具栏按钮▯;三是用快捷键"CTRL+N"。

二、报表格式设计

创建新表后,应进行设计报表的格式,设计报表格式是制作报表的基本步骤,它决定了整张报表的外观和结构。

会计报表格式设置的主要内容有:设置报表大小、画表格线、标题、表日期、表头、表尾和表体固定栏目的内容、设置单元属性等。

进行报表格式设计,可使用菜单功能进行操作,也可使用命令操作。

业务描述

自定义"利润表"的格式,如表5—1所示。

表5—1　　　　　　　　　利润表格式

	A	B	C
1	利润表		
2			会企02表
3	单位名称:××××××××××××××××××××××	××××年××月	单位:元
4	项　　目	本期金额	上期金额
5	一、营业收入	公式单元	
6	减:营业成本	公式单元	
7	营业税金及附加	公式单元	
8	销售费用	公式单元	
9	管理费用	公式单元	
10	财务费用	公式单元	
11	资产减值损失	公式单元	
12	加:公允价值变动收益(损失以"-"填列)	公式单元	
13	投资收益(损失以"-"填列)	公式单元	
14	其中:对联营企业和合营企业的投资收益		
15	二、营业利润(亏损以"-"号填列)	公式单元	
16	加:营业外收入	公式单元	
17	减:营业外支出	公式单元	
18	其中:非流动资产处置损失		
19	三、利润总额(亏损总额以"-"号填列)	公式单元	
20	减:所得税费用	公式单元	
21	四、净利润(净亏损以"-"号填列)	公式单元	

(一)设置表尺寸

设置报表尺寸是指设置报表的行数和列数。设置前可事先根据所要定义的报表大小计算该表所需的行数、列数,然后再进行设置。

操作步骤

(1)执行"格式"→"表尺寸"命令,打开"表尺寸"对话框,如图5—3所示。

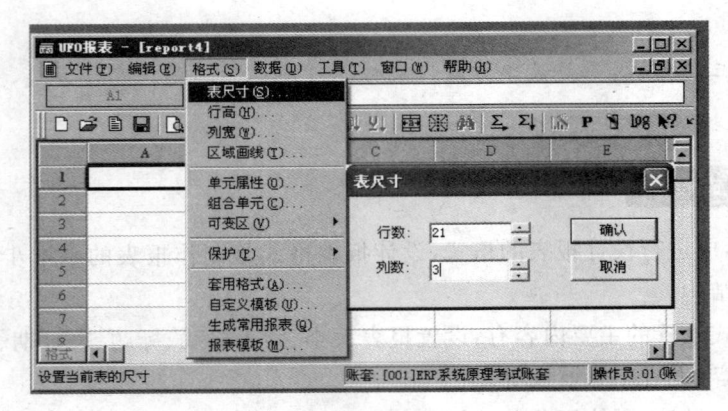

图 5—3　设置表尺寸

(2) 在"行数"文本框中输入"21",在"列数"文本框中输入"3"。
(3) 单击【确认】按钮,即可得到如图 5—4 所示的表格。

图 5—4　21×3 表格

(二) 定义行高和列宽

设置列宽应以能够放下本栏最宽数据为原则,否则在生成报表时会产生数据溢出的错误。

操作步骤

(1) 选定需要调整的单元所在行,例如"A1:D1"。
(2) 运行"格式"→"行高"命令,打开"行高"对话框,如图 5—5 所示。

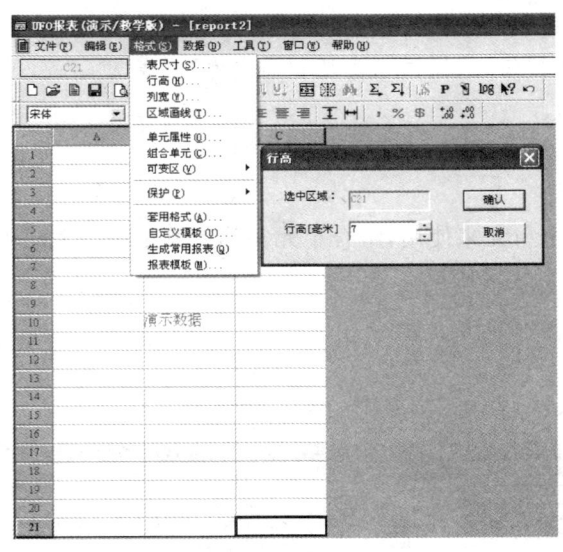

图5—5　定义行高

(3)在"行高"文本框中输入需要的行高值"7"。

(4)单击【确认】按钮。

(三)画表格线

报表的尺寸设置完之后,在报表输出时,该报表是没有任何表格线的,为了满足查询和打印的需要,还需要在适当的位置上画表格线。

操作步骤

(1)选中报表需要画线的区域;例如"A4:C21",如图5—6所示。

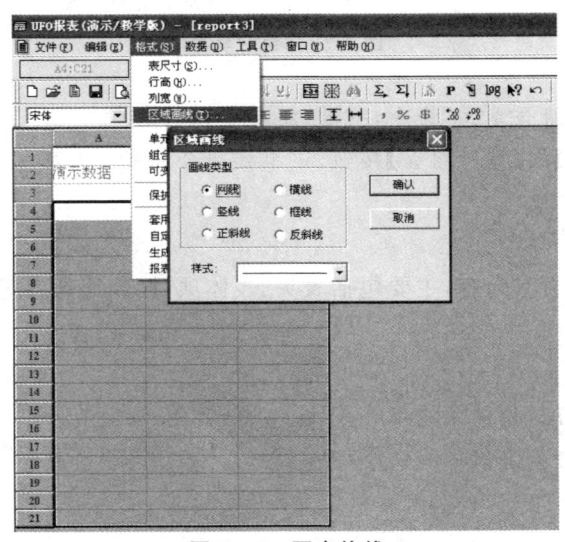

图5—6　画表格线

会计信息系统教程

(2)执行"格式"→"区域画线"命令,打开"区域画线"对话框。
(3)单击【网线】单选按钮,选择画线类型和样式为"网线"。
(4)单击【确认】按钮。

(四)定义组合单元

把几个单元作为一个单元来使用,组合单元实际上就是一个大的单元,所有针对单元的操作对组合单元均有效。

操作步骤

(1)选择需合并的区域,例如"A1:C1",如图5-7所示。

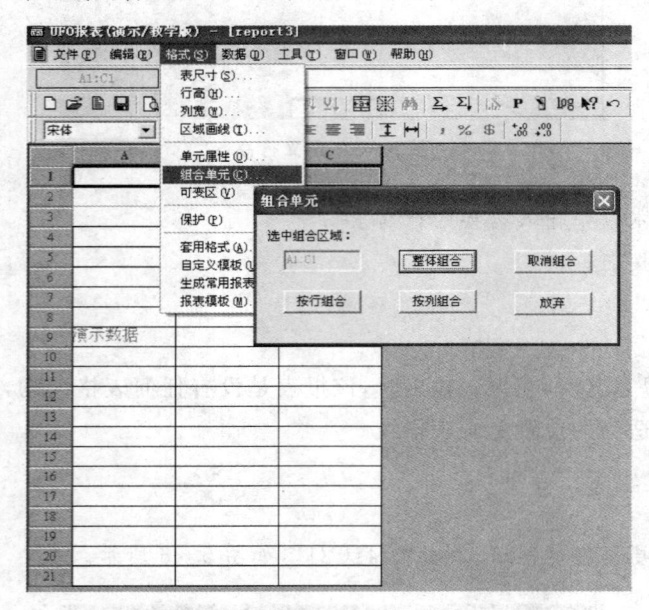

图5-7 组合单元

(2)执行"格式"→"组合单元"命令,打开"组合单元"对话框。
(3)单击【整体组合】或【按行组合】按钮,该单元即合并成一个整体。

(五)输入项目内容

它是指报表的固定文字内容,主要包括表头、表体项目、表尾项目等。

操作步骤

(1)选中需要输入内容的单元或组合单元。
(2)输入相关文字内容,例如"利润表"等,如图5-8所示。

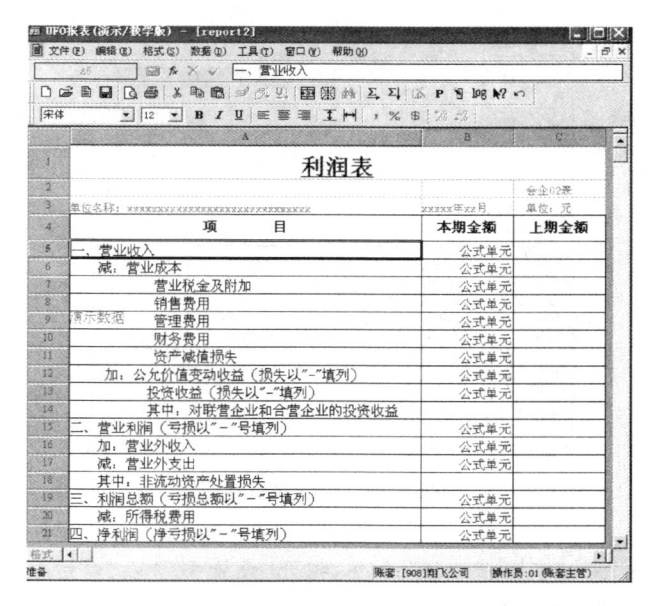

图 5－8　输入项目内容

（六）设置单元属性

设置单元类型及数据格式、对齐方式、字形、字体、字号及颜色、边框样式等内容。其中最重要的是单元类型的设置。

例如,将报表的标题"利润表"定义为宋体加粗、字号 18、居中;将 A3:D3 设置为居中,将 A2:D2 设置为 12 号字、居右。将制表人和报送日期后面的一个单元设置为字符单元,以便能够输入制表人的姓名和报送日期。

新建的报表,所有单元的单元类型均默认为数值型;格式状态下输入的内容均默认为表样单元。字符单元和数值单元输入后只对本表页有效,表样单元输入之后对所有的表页都有效。

（七）定义关键字

在一个报表文件中,可能会有若干张表结构相同,而编制单位或编制时间不同的表页,关键字是用于区分报表表页的标识,只有依靠关键字才能在众多表页中准确地定位所需的表页及表格单元,进而对其进行相应的操作。因此,定义时要综合考虑编制报表和管理报表的需要,又要考虑报表打印的需要。定义关键字主要包括设置关键字和调整关键字在表页上的位置。关键字主要有六种:单位名称、单位编号、年、季、月、日,另外还包括一个自定义关键字。可以根据实际需要任意设置相应的关键字。

一个关键字在该表中只能定义一次,即同一个表中不能有重复的关键字。关键字在格式状态下设置,关键字的值需要在数据状态下录入。

1. 设置关键字

▶ 操作步骤

（1）选中需要输入关键字的单元,例如"B3",如图 5－9 所示。

图 5-9 设置关键字

(2)执行"数据"→"关键字"→"设置"命令,打开"设置关键字"对话框。

(3)单击【单位名称】单选按钮。

(4)单击【确定】按钮。重复(2)~(4)步骤,将"年"和"月"定义为关键字。

2. 调整关键字位置

关键字位置是指关键字在某单元或组合单元中的起始位置。同一个单元或组合单元的关键字定义完成以后,可能会重叠在一起,所以还需要对关键字的位置进行调整。

调整关键字的位置必须输入关键字的相对偏移量。负数值表示向左偏移,正数值表示向右偏移。

操作步骤

(1)执行"数据"→"关键字"→"偏移"命令,打开"定义关键字偏移"对话框,如图 5-10 所示。

(2)输入调整关键字的偏移量。

(3)单击【确定】按钮。

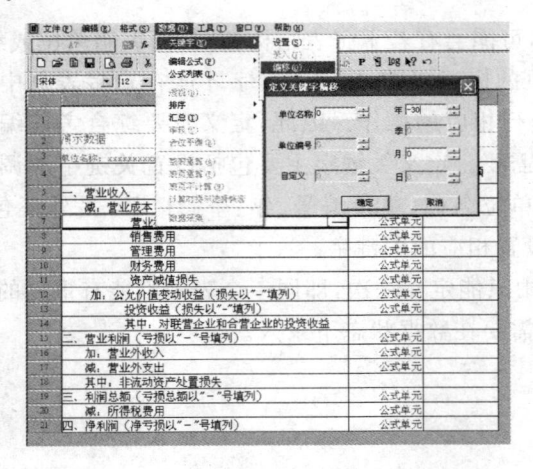

图 5-10 调整关键字位置

三、设置公式

在报表系统中数据的来源有两大类：一类是用户定义的标准值、无规律的实际发生值等原始数据，这一类需要用户在编制报表时手动输入；另一类是可以根据表页内和表间已知数据计算得出或从总账子系统等其他子系统中获得的数据，这类数据虽然会随着会计报表的编制单位和时间的不同而不同，但其获取数据的来源和计算方法是相对稳定的，因此，报表管理系统依据这一特点设计了"编辑公式"的功能，通过单元计算公式能自动、及时、准确地获取、计算数据，编制会计报表，从而大大减少了日常编制报表的工作量并降低了编制错误，把大量重复、复杂的工作简单化，提高了工作效率和准确度。

报表公式是指报表或报表数据单元的计算规则，主要包括单元公式、审核公式、舍位平衡公式等。

（一）单元公式

单元公式是指为报表数据单元进行赋值的公式，单元公式的作用是从账簿、凭证、本表或其他报表等处调用、运算所需要的数据，并填入相应的报表单元中。它既可以将数据单元赋值为数值，也可以赋值为字符。

单元公式一般由目标单元、运算符、函数和运算符序列组成。例如，C5＝期初余额（"1001"，月）＋期初余额（"1002"，月）。

其中，目标单元是指用行号、列号表示的用于放置运算结果的单元；运算符序列是指采集数据并进行运算处理的次序。报表系统提供了一整套从各种数据文件（包括机内凭证、账簿和报表，也包括机内其他数据资源）采集数据的函数。企业可根据实际情况，合理地调用不同的相关函数。

常用的报表数据一般是来源于总账系统或报表系统本身，取自于报表的数据又可以分为从本表取数和从其他报表的表页取数。

1. 账务取数公式

账务取数是会计报表数据的主要来源，账务取数函数架起了报表系统和总账等其他系统之间进行数据传递的桥梁。账务取数函数可实现报表系统从账簿、凭证中采集各种会计数据生成报表，实现账表一体化。

账务取数公式是报表系统中使用最为频繁的一类公式，此类公式中的函数表达式最为复杂，公式中往往要使用多种取数函数，每个函数中还要说明诸如科目编码、会计期间、发生额或余额、方向、账套号等参数。

基本格式为：

函数名(〈科目编码〉,[〈会计期间〉],[〈方向〉],[〈账套号〉],[〈会计年度〉],[〈编码1〉],[〈编码2〉],[〈截止日期〉],[〈是否包含未记账〉],[〈编码1汇总〉],[〈编码2汇总〉])

【说明事项】

科目编码可以是科目名称，且必须用双引号括起来。

会计期间可以是"年""季""月"等变量，也可以是具体数字表示的年、季、月。

方向即"借"或"贷"，可以省略。

账套号为数字,缺省时默认为当前企业门户登录的账套。

会计年度即数据取数的年度,缺省时默认为当前企业门户登录的账套的会计年度。

〈编码1〉与〈编码2〉与科目编码的核算账类有关,可以取科目的辅助账,如职员编码、项目编码等,若无辅助核算则省略。

有些参数可以省略不写,例如方向、账套号、会计年度、编码等。如果省略的参数后面没有内容了,则可以不写逗号;如果省略的参数后面还有内容,则必须写逗号,把它们的位置留出来。

主要账务取数函数如表5-2所示。

表5-2　　　　　　　　　　主要账务函数表

函数名	金额式	数量式	外币式
期初函数	QC( )	SQC( )	WQC( )
期末函数	QM( )	SQM( )	WQM( )
发生额函数	FS( )	SFS( )	WFS( )
累计发生额函数	LFS( )	SLFS( )	WLFS( )
条件发生额函数	TFS( )	STFS( )	WTFS( )
对方科目发生额函数	DFS( )	SDFS( )	WDFS( )
净额函数	JE( )	SJE( )	WJE( )
汇率函数	HL( )	SHL( )	WHL( )

为了方便而又准确地编制会计报表,系统提供了手工设置和引导设置两种方式。在引导设置状态下,根据对各目标单元填列数据的要求,通过逐项设置函数及运算符,即可自动生成所需的单元公式。当然,在对函数和公式的定义十分了解而且运用非常自如的情况下,可以直接手工设置公式。

直接输入公式的操作方法如下:

操作步骤

(1)选定被定义单元"C5",即主营业务收入的本月数。

(2)执行"数据"→"编辑公式"→"单元公式"命令,打开"定义公式"对话框,如图5-11所示。

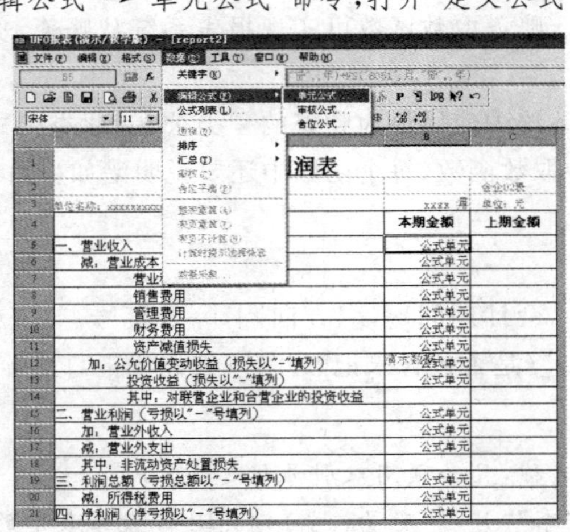

图5-11　单元公式

(3)在"定义公式"对话框内,直接输入发生额函数公式:FS("6001",月,"贷",,,,)+FS("6051",月,"贷",,,,,),如图 5-12 所示。

图 5-12 定义公式

(4)单击【确定】按钮。

【说明事项】

单元公式在输入时,凡是涉及数学符号的均须输入英文半角字符。

如果对 UFO 报表函数不太了解的话,可以利用函数向导引导输入,利用引导输入简单直观。

利用函数向导输入公式的操作方法如下:

操作步骤

(1)选定被定义单元"C5",即主营业务收入的本月数。
(2)单击编辑框中的【Fx】按钮,打开"定义公式"对话框。
(3)单击【函数向导...】按钮,进入"函数向导"窗口,如图 5-13 所示。

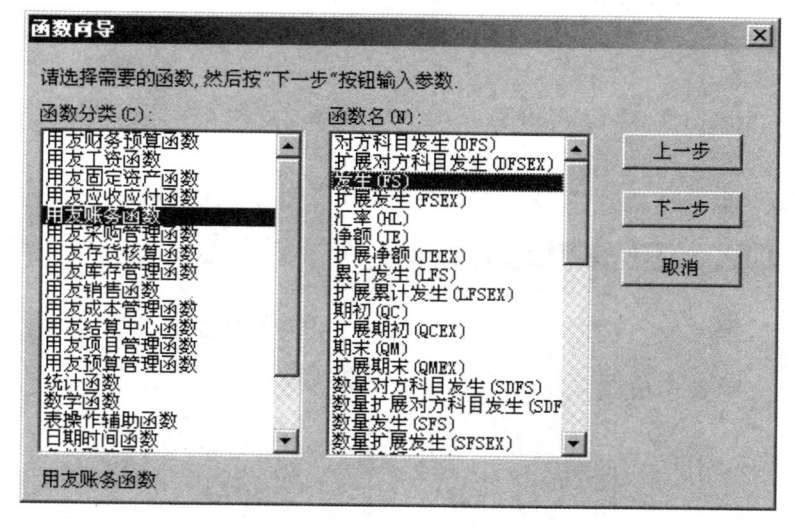

图 5-13 函数向导 1

(4)在"函数分类"列表框中选择"用友账务函数"。
(5)在"函数名"列表框中选择"发生(FS)"。
(6)单击【下一步】按钮,进入"用友账务函数"窗口,如图 5-14 所示。
(7)单击【参照】按钮,进入"账务函数"窗口,如图 5-15 所示。

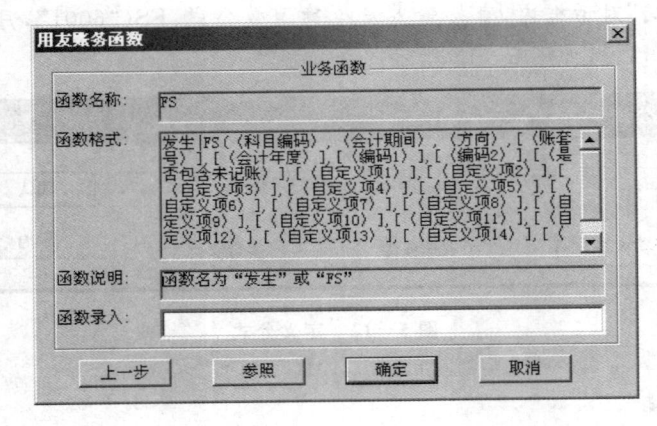

图 5-14 函数向导 2

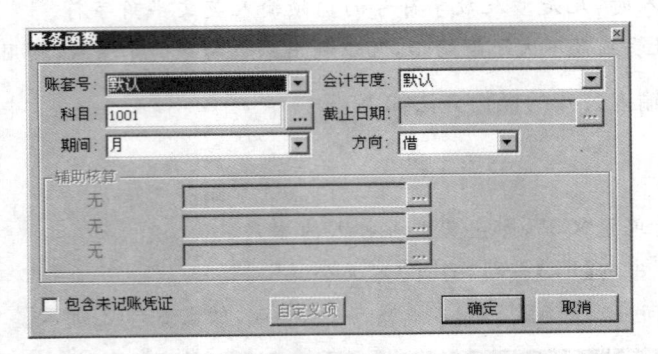

图 5-15 函数向导 3

(8) 选择"账套号":默认;选择"会计年度":默认;输入"科目":6001;选择"期间":月;选择"方向":贷。

(9) 单击【确定】按钮,回到"用友账务函数"窗口,如图 5-16 所示。

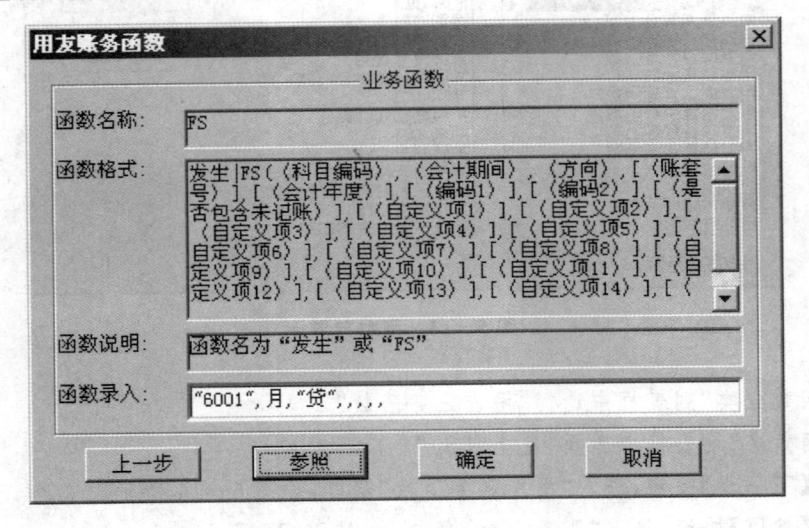

图 5-16 函数向导 4

(10)单击【确定】按钮,回到"定义公式"窗口。

【说明事项】

在"账务函数"界面,选中"包含未记账凭证",表示连同未记账凭证数据一并取到报表中。

2. 本表页内部统计公式

表页内部统计公式用于在本表页内的指定区域内做出诸如求和、求平均值、计数、求最大值、求最小值、求统计方差等统计结果的运算。主要实现表页中相关数据的计算、统计功能。应用时,要按所求的统计量选择公式的函数名和统计区域。主要本表页取数函数如表5-3所示。

表5-3　　　　　　　　　　本表页取数函数

求和	PTOTAL( )	最大值	PMAX( )
平均值	PAVG( )	最小值	PMIN( )
计数	PCOUNT( )	方差	PSTD( )

例如:

PTOTAL(C5:C9)表示求区域C5到C9单元的总和;

PAVG(C5:C9)表示求区域C5到C9单元的平均值;

PMAX(C5:C9)表示求区域C5到C9单元的最大值;

PMIN(C5:C9)表示求区域C5到C9单元的最小值。

3. 本表其他表页取数公式

报表可由多个表页组成,并且表页之间具有极其密切的联系。如一个表页可能代表同一单位但不同会计期间的同一报表。因此,一个表页中的数据可能取自上一会计期间表页的数据。本表其他表页取数公式可完成此类操作。

对于取自于本表其他表页的数据,可以利用某个关键字作为表页定位的依据,或者直接以页标号作为定位依据,指定取某个表页的数据。

取确定页号表页的数据:

格式:〈目标区域〉=〈数据源区域〉@〈页号〉

如:D5=C5@1,表示当前页D5单元取当前表第一页C5单元的值。

4. 报表之间取数公式

报表之间取数公式即其他表取数公式,用于从另一报表某期间某页中某个或某些单元中采集数据。

在进行报表与报表之间的取数时,不仅要考虑数据取自哪一张表的哪一单元,还要考虑数据来源于哪一表页。

编辑表间计算公式与同一报表内各表页间的计算公式类似,主要区别在于把本表表名换为其他表表名。

取他表确定表页数据的表示方法:

格式:〈目标区域〉="〈报表名[.REP]〉"→〈数据源区域〉[@〈页号〉]

当〈页号〉缺省时为本表各页分别取其他表各页数据。

如:D5="syb"→D5@4,表示前表页D5的值等于表"syb.rep"第4页D5的值。

(二)审核公式

报表中的各个数据之间一般都存在某种勾稽关系,利用这种勾稽关系可定义审核公式,可以进一步检验报表编制的结果是否正确。审核公式可以验证表页中数据的勾稽关系,也可以验证同表中不同表页之间的勾稽关系,还可以验证不同报表之间的数据勾稽关系。

审核公式由验证关系公式和提示信息组成。定义报表审核公式,首先要分析报表中各单元之间的关系,以确定审核关系,然后根据确定的审核关系定义审核公式。其中审核关系必须确定正确,否则审核公式会起到相反的效果。即由于审核关系不正确导致一张数据正确的报表被审核为错误,而编制报表者又无从修改。

审核公式是把报表中某一单元或某一区域与另外某一单元或某一区域或其他字符之间用逻辑运算符连接起来。

审核公式格式:

〈表达式〉〈逻辑运算符〉〈表达式〉[MESS"说明信息"]

逻辑运算符有:=、>、<、>=、<=、<>。

等号"="的含义不是赋值,而是等号两边的值要相等。

业务描述

定义审核公式。

净利润=利润总额—所得税

否则,出现"净利润计算有误!"的出错信息。

操作步骤

(1)执行"数据"→"编辑公式"→"审核公式"命令,打开"审核公式"对话框,如图5—17所示。

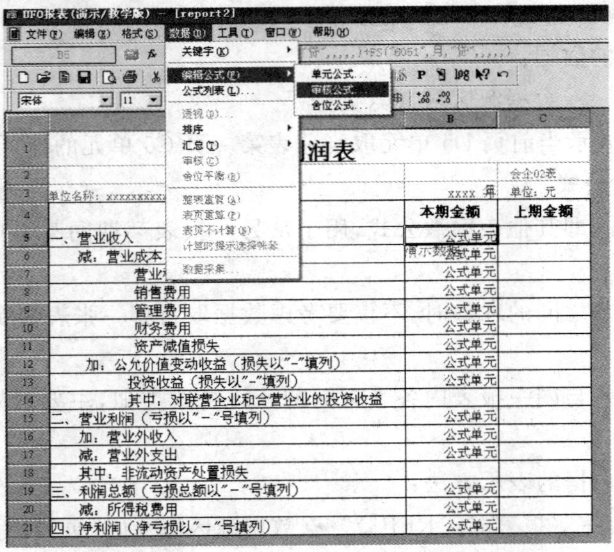

图5—17 进入"审核公式"编辑

(2)在"审核公式"对话框中,输入:

C21=C19－C20

MESS"净利润计算有误!"

如图5－18所示。

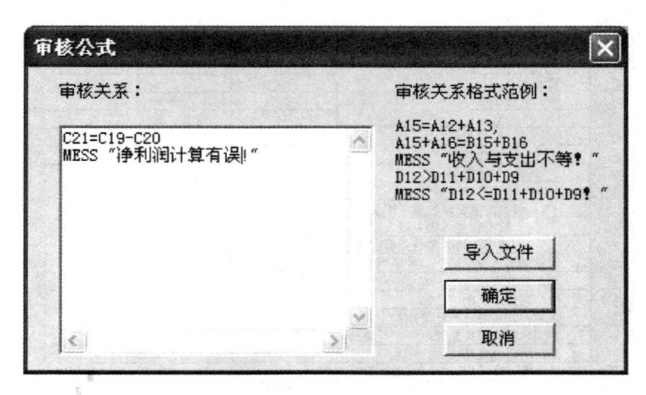

图5－18 编辑审核公式

(3)单击【确定】按钮。

(三)舍位平衡公式

在报表汇总时,各个报表的数据计量单位有可能不统一,这时,需要将报表的数据进行位数转换,将报表的数据单位由个位转换为百位、千位或万位,如将"元"单位转换为"千元"或"万元"单位,这种操作称为进位操作。进位操作以后,原来的平衡关系可能会因为小数位的四舍五入而被破坏,因此还需要对进位后的数据平衡关系重新进行调整,使舍位后的数据符合指定的平衡公式。这种用于对报表数据舍位及重新调整报表舍位之后平衡关系的公式称为舍位平衡公式。

定义舍位平衡公式需要指明要舍位的表名、舍位范围以及舍位位数,并且必须输入平衡公式。

业务描述

将数据由元进位为千元,定义该表的平衡公式。

操作步骤

(1)执行"数据"→"编辑公式"→"舍位公式"命令,打开"舍位平衡公式"对话框,如图5－19所示。

(2)在"舍位表名"文本框中输入"SWB",如图5－20所示。

(3)在"舍位范围"文本框中输入"B5:C21"。

(4)在"舍位位数"文本框中输入"3"。

(5)在"平衡公式"文本框中输入"B21=B20－B19,B19=B15+B16－B17,B15=B5－B6－B7－B8－B9－B10－B11+B12+B13"。

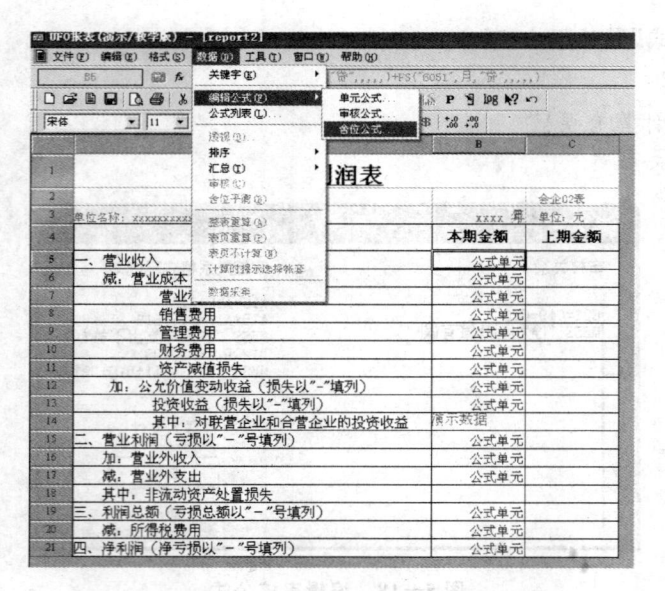

图 5—19 进入"舍位公式"编辑

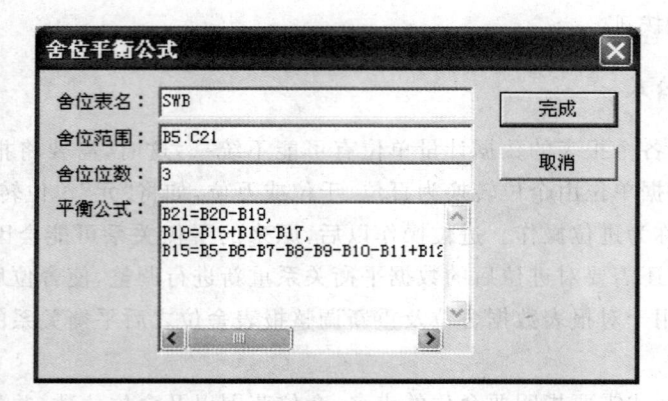

图 5—20 编辑舍位公式

(6) 单击【完成】按钮。

(7) 执行"文件"→"保存"命令,打开"另存为"对话框,在"文件名"文本框中输入"舍位利润表",单击【保存】按钮。

【说明事项】

每个公式一行,各公式之间用逗号","(半角)分隔,最后一条公式不用写逗号,否则公式将无法执行。

舍位公式中只能使用"+""-"符号,不能使用其他运算符及函数。

等号左边只能为一个单元(不带页号和表名)。

一个单元只能在等号右边出现一次。

舍位公式必须从最后保证正确的逐级向上书写公式。

(四)定制报表模板

在会计报表系统中,一般都提供了多种常用的会计报表格式及公式,称为报表模板。在每个模板中详细设计了该报表的格式与公式,利用报表模板可以迅速建立一张符合需要的财务报表。另外,对于一些企业经常使用但报表模板没有提供标准格式的报表,在定义完这些报表后,可以将其定制为报表模板,以后使用时可以直接调用,极为方便。

1. 生成常用报表模板

UFO报表可根据用户选择的行业性质,自动生成资产负债表、利润表、现金流量表以及该行业相关的其他报表。

【业务描述】

利用UFO报表系统生成常用报表模板。

【操作步骤】

(1)执行"格式"→"生成常用报表模板"命令,弹出"是否生成所有该行业模版"提示信息,如图5—21所示。

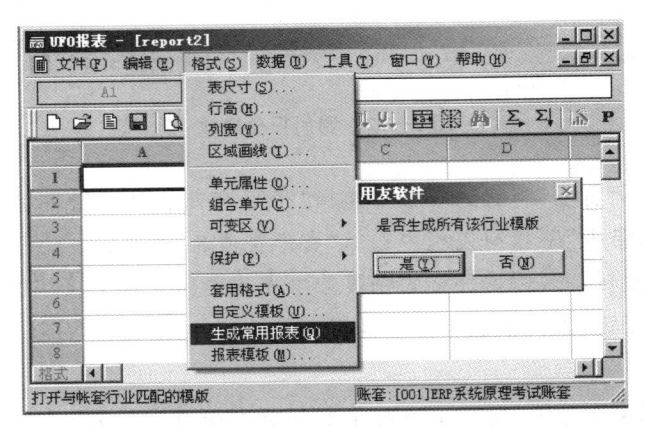

图5—21 生成常用报表模板

(2)单击【是】按钮,即可生成该行业所有模板。

【说明事项】

在格式状态下操作:生成的报表为新建,保存或另存时选择路径。

2. 调用报表模板

调用系统已有的报表模板,如果该报表模板与实际需要的报表格式或公式不完全一致,可以在此基础上稍做修改即可快速得到所需要的报表格式和公式。

【业务描述】

利用UFO报表系统提供的报表模板设计该企业的资产负债表格式与公式。

操作步骤

(1) 执行"文件"→"新建"命令,系统自动生成一张空白表。

(2) 执行"格式"→"报表模板"命令,打开"报表模板"对话框,如图5-22所示。

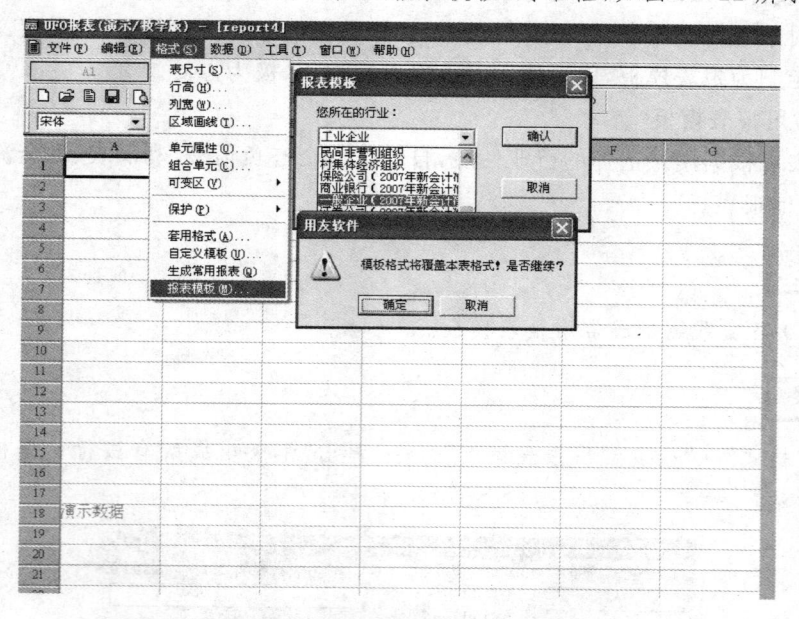

图5-22 调用报表模板

(3) 在"在您所在的行业"下拉列表框中选择"2007年新会计准则科目"选项。
(4) 在单击"财务报表"下拉列表框中选择"资产负债表"选项。
(5) 单击【确认】按钮,弹出"模板格式将覆盖本表格式!是否继续?"提示信息。
(6) 单击【确定】按钮,当前格式被自动覆盖。

【说明事项】

当前报表套用报表模板后,原有内容将丢失。用户可以根据本单位的实际需要定制报表模板,并可将自定义的报表模板加入系统提供的模板库中,也可对其进行修改、删除操作。

第三节 会计报表数据处理

报表的数据包括报表单元的数值和字符,以及游离于单元之外的关键字。数值单元只能接收数字,而字符单元既能接收数字又能接收字符。数值单元和字符单元既可以由公式生成,也可以由键盘输入。关键字的值则必须由键盘录入。

报表数据处理主要包括生成报表数据(即编制报表)、审核报表数据和舍位平衡操作等工作,数据处理工作必须在数据状态下进行。处理时计算机根据已定义的单元公式、审核公式和舍位平衡公式自动进行数据采集、审核及舍位等操作。报表数据处理一般是针对某一特定表页进行的,因此在数据处理时还涉及表页的操作,如表页的增加、删除等。

一、编制报表

编制报表是报表制作中不可缺少的重要环节。编制报表的过程是在人工控制下由计算机自动完成的。利用已经设置好的报表结构文件,运用其中的运算公式从相应的数据源中采集数据,填入相应的单元中,从而得到报表数据。

值得注意的是,大多数的会计报表都与日期有密切联系。在定义报表结构时,可以无日期限制,但是在生成报表时必须确定其日期。

可以在编制报表时反复使用已经设置的报表公式,并且在不同的会计期间可以生成不同结果的报表。而同一报表结构在同一会计日期内多次进行报表生成得到的结果是相同的。如果在报表生成时系统提示公式有误,则必须修改报表格式或公式,修改完毕后,重新进行报表计算,才能得到按新结构生成的会计报表。

业务描述

利用前面设置的报表格式和账套的账簿数据生成本月的利润表,并将编制后的报表进行审核和舍位平衡。

(一)增加表页

增加表页有两种方法:一是插入表页;二是追加表页。

插入表页是在当前表页前面插入一张空表页,追加表页是在最后一张表页后追加若干张空表页。

操作步骤

(1)执行"编辑"→"追加"→"表页"命令,打开"追加表页"对话框,如图5—23所示。

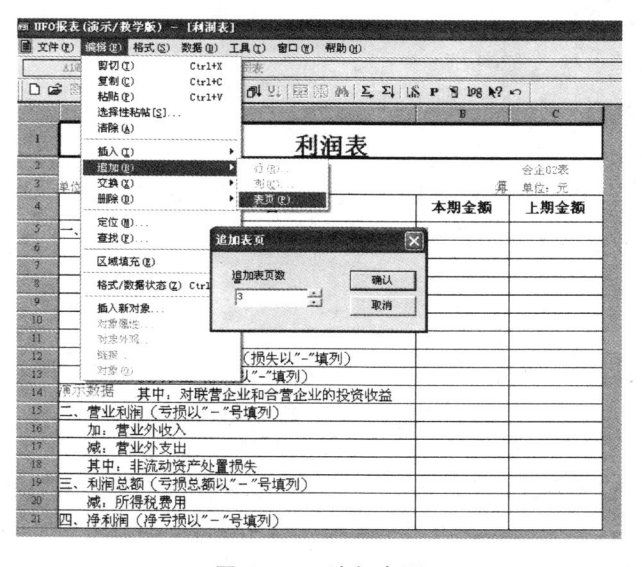

图5—23　追加表页

(2)在"追加表页数量"文本框中,输入需要增加的表页数"3"。

(3)单击【确认】按钮。

【说明事项】

无论是插入表页还是追加表页,必须要在数据状态下操作。

(二)录入关键字

每一张表页均对应不同的关键字值,输出时表页的关键字会随同单元一起显示。

操作步骤

(1)执行"数据"→"关键字"→"录入"命令,打开"录入关键字"对话框,如图5—24所示。

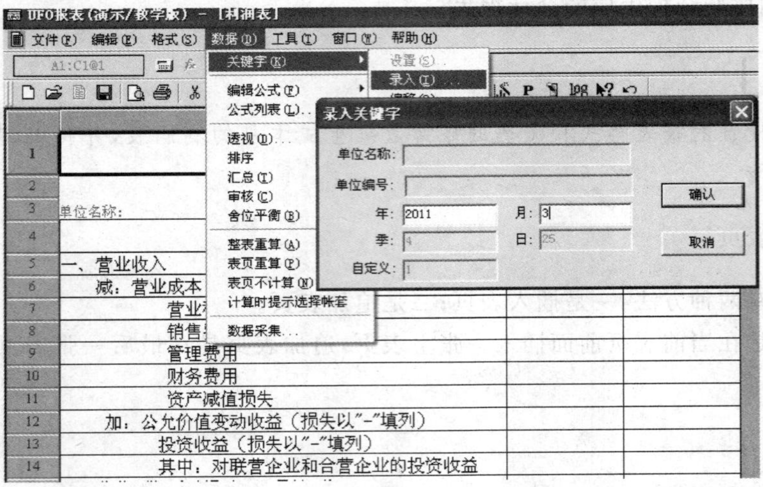

图5—24 录入关键字

(2)在"年"文本框中输入"2011"。

(3)在"月"文本框中输入"3"。

(4)单击【确认】按钮。

(5)系统出现"是否重算第1页?"提示框,单击【是】按钮,系统会自动根据公式计算3月份数据。

(三)编制报表

按计算公式计算报表中的数据。

操作步骤

(1)执行"数据"→"整表重算"命令,打开"是否确定整表重算?"对话框,如图5—25所示。

(2)单击【是】按钮,系统会自动再根据单元公式计算,生成报表数据,如图5—26所示。

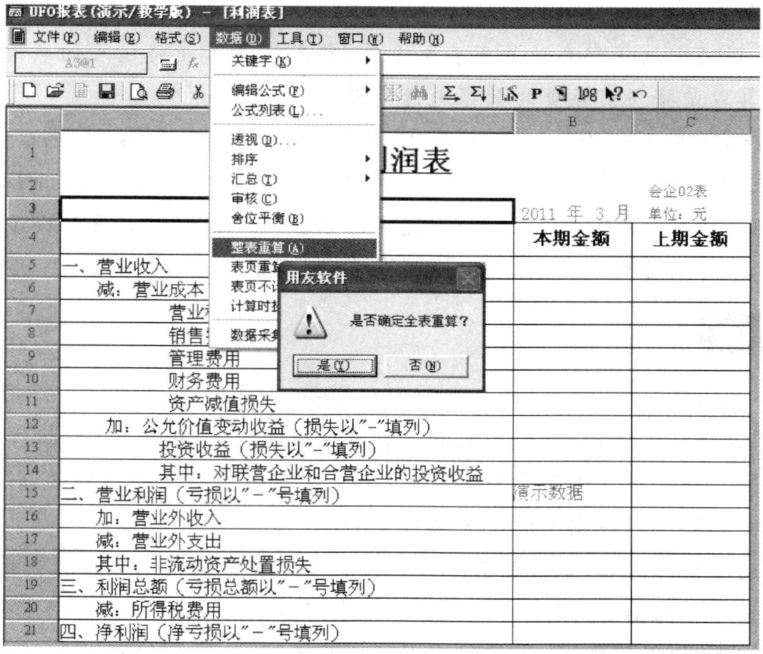

图 5－25 表页重算

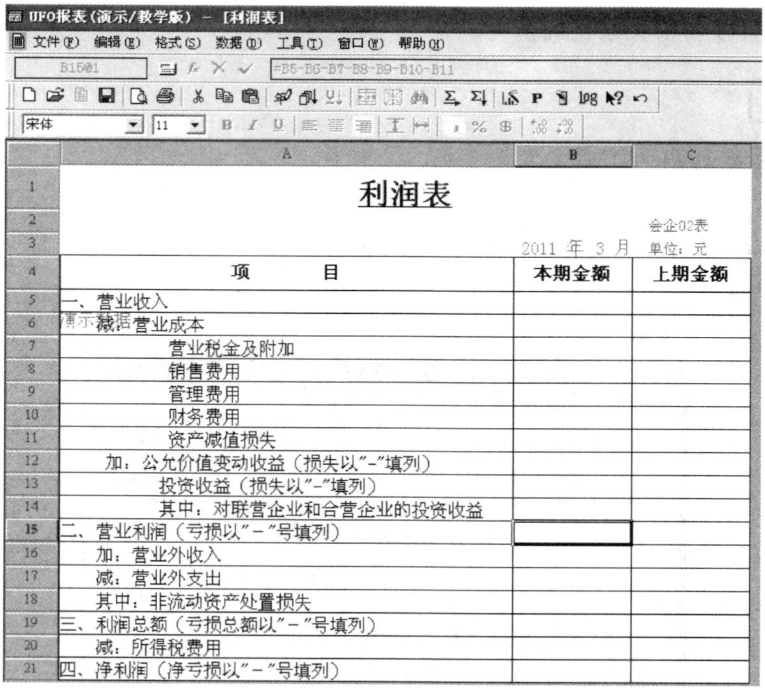

图 5－26 生成报表

会计信息系统教程

【说明事项】

在编制报表时可以选择整表计算或表页重算,整表计算时是将该表的所有表页全部进行计算,而表页重算仅是将当前表页的数据进行计算。

表页计算时进行"账套选择"。如果未选中"计算时提示选择账套"菜单项,在执行"整表重算""表页重算",或在命令窗和批命令中执行"整表重算"及"表页重算"命令时,或在"格式、数据"状态转换的情况下,则报表计算采用进入企业门户时选择的账套。如果选中"计算时提示选择账套"菜单项,则每次进行上述操作时都要进行账套选择操作,即弹出"账套选择"对话框,可进行账套选择。

二、审核报表

在一张会计报表的某些单元之间存在着内在联系,报表的审核就是根据报表中已经设置的报表勾稽关系即审核公式,对已经生成的报表进行审核,以验证报表的正确性。

在实际应用中,只要报表中数据发生变化,都必须进行审核。通过审核,不仅可以找出一张报表内部的问题,还可以找出不同报表文件中的问题。

审核时,执行审核功能后,系统将按照审核公式逐条审核表内的关系。当报表数据不符合勾稽关系时,会提示错误信息。

导致审核出现错误的原因有:单元公式出现语法等错误,审核公式本身错误,账套(出现变量找不到)或账套数据等数据源错误等。

如果按照错误信息修改了错误后,需要重新计算并再次进行审核,直到不出现任何错误信息,表示该报表各项勾稽关系正确。

业务描述

审核翔飞医药 2011 年 3 月份的利润表。

操作步骤

(1)执行"数据"→"审核"命令,如图 5-27 所示。

(2)系统自动对报表数据进行审核。

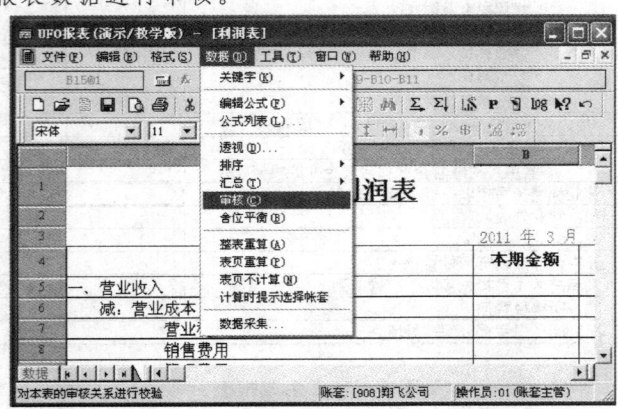

图 5-27 审核报表

【说明事项】

进行审核之前必须已经设置审核公式。

三、报表舍位处理

报表的舍位操作并不是必须进行的,一般只是在报表汇总或合并时由于不同报表的数据单位不同而无法完成汇总或合并,需要将不同报表的数据单位进行统一,在这种情况下才需要进行报表的舍位操作。

进行舍位操作时,可在系统提供的功能中执行舍位平衡操作,系统按定义的舍位关系对指定区域的数据进行舍位,并按平衡公式对舍位后的数据进行调整使其平衡,然后将经舍位平衡处理后的数据存入指定的新表中去,并将舍位后的报表置于当前活动报表。

【业务描述】

按照舍位公式的定义将报表数据的计量单位由"元"进位为"千元"。

【操作步骤】

(1)执行"数据"→"舍位平衡"命令,如图 5—28 所示。
(2)系统会自动根据前面定义的舍位公式进行舍位操作。

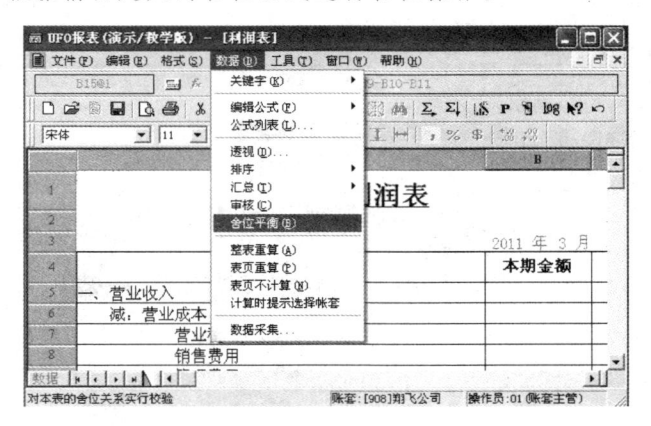

图 5—28 舍位平衡

【说明事项】

进行舍位平衡之前必须已经设置舍位平衡公式。

四、汇总报表

报表的汇总是报表数据不同形式的叠加。报表汇总是每一位财会人员都应熟悉的,也是非常复杂和烦琐的。利用 UFO 报表提供的汇总功能就可以快速、简捷地完成报表汇总操作。

UFO 报表提供了表页汇总和可变区汇总两种汇总方式,表页汇总是把整个报表的数据进行立体方向的叠加,汇总数据可以存放在本报表的最后一张表页或生成一个新的汇总报表。可变区汇总是把指定表页中可变区数据进行平面方向的叠加,把汇总数据存放在本页可变区的最后一行或一列。

业务描述

假设现有翔飞医药3、4月份的销售情况表,如表5—4所示,计算3、4月份的销售情况汇总表。

表5—4　　　　　　　　　　翔飞医药3、4月份的销售情况表

销售情况表

单位名称:翔飞医药　　2011年3月

项目	本月销售收入	累计销售收入
西药	5 600.00	
中药	8 540.00	
合计	14 140.00	

销售情况表

单位名称:翔飞医药　　2011年4月

项目	本月销售收入	累计销售收入
西药	7 658.00	
中药	8 456.00	
合计	16 114.00	

操作步骤

(1)在数据状态下,执行"数据"→"汇总"命令,在下拉菜单中选择"表页",弹出"表页汇总——三步骤之一"对话框,此对话框用于指定汇总数据保存的位置,如图5—29所示。

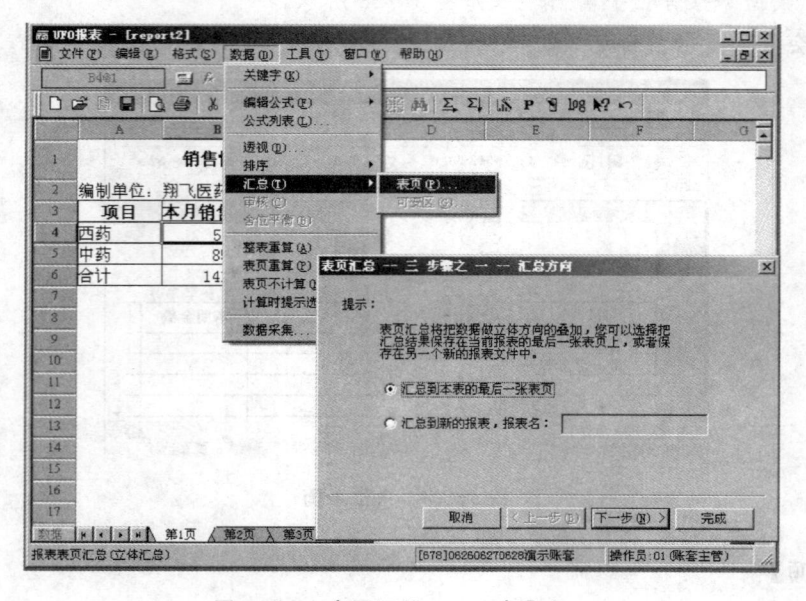

图5—29　表页汇总——三步骤之一

(2)单击【下一步】按钮,弹出"表页汇总——三步骤之二"对话框,此对话框用于指定汇总哪些表页,如图5—30所示。

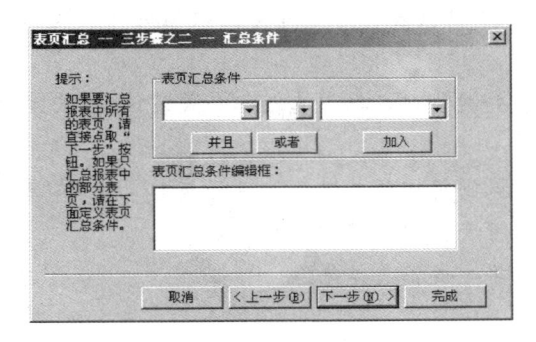

图 5-30 表页汇总——三步骤之二

【说明事项】

如果汇总报表中的部分表页在"表页汇总条件"中定义条件,可以以单元的值为汇总条件,或者以关键字的值为汇总条件,或者以表页号为汇总条件。汇总条件可以有多个,它们之间是"并且"或"或者"的关系。

① 以单元的值为汇总条件

在左边编辑框中输入单元名称,在中间编辑框中选择关系运算符,在右边编辑框中输入单元的值。如果单元的值为字符时,应加上双引号。

② 以关键字的值为汇总条件

在左边编辑框中选择已设置的关键字,在中间编辑框中选择关系运算符,在右边编辑框中选择关键字的值。

③ 以表页号为汇总条件

在左边编辑框中输入表页号函数"MREC()",在中间编辑框中选择关系运算符,在右边编辑框中输入表页号。

例如:"MREC()>=4 AND MREC()<=6"表示汇总第 4 页到第 6 页的表页。

(3) 单击【下一步】按钮,将弹出"表页汇总——三步骤之三"对话框,此对话框用于处理报表中的可变区,如图 5-31 所示。

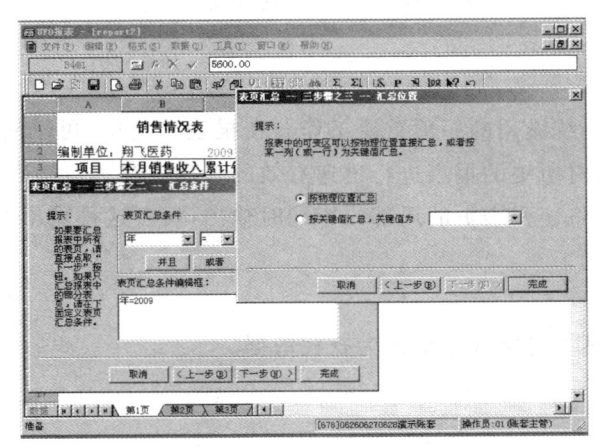

图 5-31 表页汇总——三步骤之三

"按物理位置汇总"后，UFO报表将忽略可变区数据的实际意义，直接把可变区数据按位置叠加。

"按关键值汇总"后，在关键值列表框中选择一个关键值，此关键值为行可变区的某一列或列可变区的某一行。

如果此关键值为字符型，则将按照关键值的顺序进行汇总；如果此关键值为数值型，则只对此关键值进行物理汇总，可变区中的其他数据不汇总。

(4) 单击【完成】按钮后将生成汇总结果。

五、数据采集

报表的数据采集可以把其他文件中的数据追加到当前报表文件中，这是报表系统数据整理的一个利器。UFO报表系统可以把下面几类数据采集到当前报表中：后缀为.REP的其他报表文件、后缀为.TXT的文本文件、后缀为.DBF的数据库文件。

操作步骤

(1) 在"数据"状态下，执行"数据"→"数据采集"命令，打开"数据采集"对话框。

(2) 在对话框中选取源数据所在的文件名，单击【采集】按钮或者双击该文件名即可执行数据采集，UFO报表将在当前报表中自动追加表页以存放数据。

说明事项

采集报表文件的数据时，如果当前报表的格式与源数据报表的格式不一样，将出现对话框"报表格式不同！是否强行追加？"如果选择【确定】后，将强行追加，但由于报表格式不同，数据很可能追加得毫无意义。选择【取消】按钮，将放弃数据采集操作。

第四节 会计报表输出

报表输出形式一般有屏幕查询、网络传送、打印输出和磁盘输出等形式。输出报表数据时往往会涉及表页的相关操作，如表页排序、查找、透视等。

一、报表查询

报表查询是报表系统应用的一项重要工作。在报表系统中，可以对当前正在编制的会计报表予以查阅，也可以对历史的报表进行迅速有效的查询。在进行报表查询时，一般以整张表页的形式输出，也可以将多张表页的局部内容同时输出，后者这种输出方式称为表页的透视。

(一) 查找表页

查找表页可以以某关键字或某单元为查找依据。

业务描述

以月份为依据查找2011年3月份的利润表。

操作步骤

(1)执行"编辑"→"查找"命令,打开"查找"对话框,如图5—32所示。

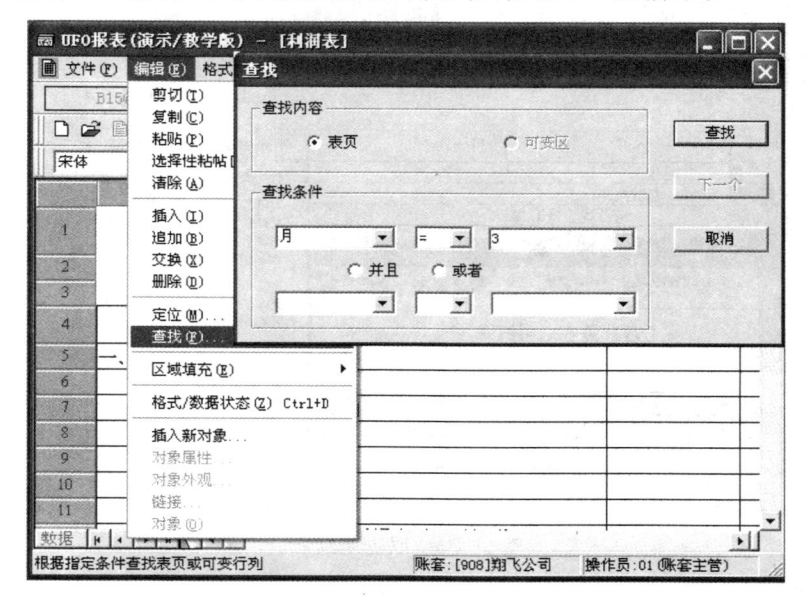

图5—32 查找表页

(2)单击"表页"单选按钮。
(3)在"查找条件"框分别输入"月""=""3"。
(4)单击【查找】按钮,第一个符合条件的表页成为当前表页。

(二)联查明细账

UFO报表管理系统为用户提供了在报表上联查明细账功能,并可通过明细账查询相应总账和记账凭证。

业务描述

查询利润表中本月主营业务收入所对应的明细账。

操作步骤

选中C5单元格,单击鼠标右键,在弹出的菜单中选择"联查明细账"或单击常用工具栏中的【查询】快捷钮,即可进行查询相应的明细账,如图5—33所示。

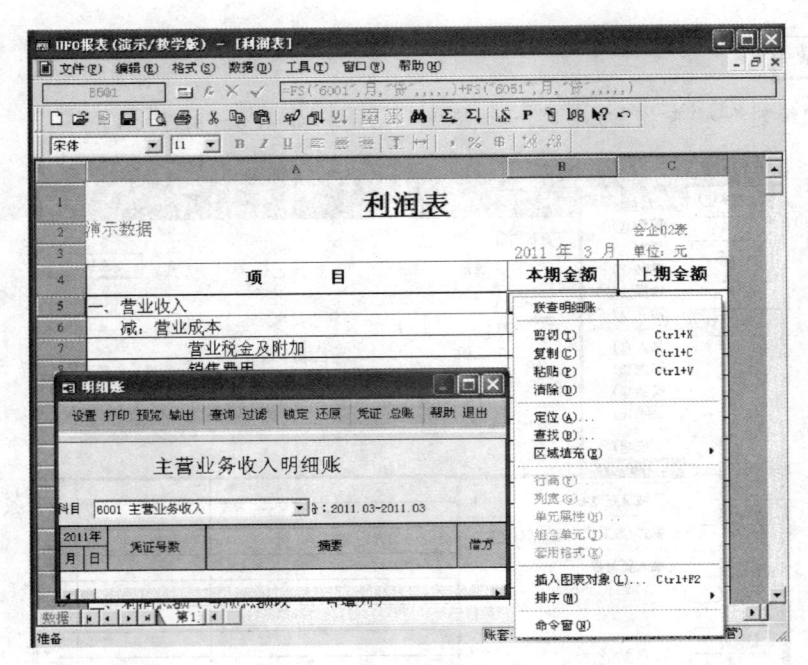

图 5-33 联查明细账

【说明事项】

必须在数据状态下使用联查明细账功能。

必须在有单元公式的单元格中使用，单元公式必须是有会计科目参数的期初类函数（包括 QC、WQC、SQC）、期末类函数（包括 QM、WQM、SQM）、发生类函数（包括 FS、SFS、WFS、LFS、SLFS、WLFS）、净额类函数（包括 JE、SJE、WJE）。在无单元公式的单元格中无法使用此功能。

当用户选中某个单元格时，只要当前单元格内有总账函数，即联查当前科目的明细账，如果当前单元格有多个科目，则显示第一个科目的明细账，其他科目通过明细账的查询窗口进行切换。

必须同时具备 UFO 报表明细功能、总账函数、总账明细账查询权限的用户，才能通过函数联查明细账。

二、网络传输

网络传输方式是通过计算机网络将各种报表从一个工作站传递到另一个或几个工作站的报表传输方式。使用计算机网络进行报表传输，可在各自的计算机上方便、快捷地查看相关报表，这样大大地提高了会计数据的时效性和准确性，又有很好的安全性，并且可以节省报表报送部门大量的人力、物力、财力。随着计算机网络的日益普及，网络传输方式的优势越发明显，正在逐步取代其他方式的传输。

将报表生成网页 Html 文件，可发布在企业内部网或互联网上。

三、报表打印

打印输出方式是指将编制出来的报表以纸介质的形式打印输出。打印输出是将报表进行保存、报送有关部门而不可缺少的一种报表输出方式。但在打印之前，必须在报表系统中做好打印机的有关设置，以及报表打印的格式设置，并确认打印机已经与主机正常连接。打印报表之前可以在预览窗口预览。

此外，将各种报表以文件的形式输出到磁盘上也是一种常用的方式。此类输出对于下级部门向上级部门报送数据，进行数据汇总是一种行之有效的方式。UFO报表系统提供了不同文件格式的输出方式，方便不同软件之间进行数据的交换，输出的格式有：

报表文件（*.rep）
文本文件（*.txt）
数据库文件（*.dbf）
Access文件（*.mdb）
MS Excel文件（*.xls）
Lotus l-2-3文件（*.wk4）

第五节　会计报表图表处理

报表数据生成之后，为了对报表数据进行直观的分析和了解，方便对数据的对比、趋势和结构分析，可以利用图形对数据进行直观显示。UFO报表图表功能提供了直方图、圆饼图、折线图、面积图4大类共10种格式的图表。

图表是利用报表文件中的数据生成的，图表与报表数据存在着紧密的联系，报表数据发生变化时，图表也随之变化，报表数据删除以后，图表也随之消失。

在进行图表分析管理时，可以通过图表对象来管理，也可以在图表窗口将图表专门作为图表文件来管理。如果通过图表对象管理，图表对象和报表数据一样在报表区域中编辑、显示、打印；如果把图表单独作为一个文件来管理，则图表文件的编辑、显示、打印均在图表窗口中进行，但图形的大小会随报表数据变动。

业务描述

根据翔飞医药4月份的销售情况表（如表5-4所示），编制有关图表。

一、追加图形显示区域

在管理图表对象时，图表对象和其他数据一样需要占用一定的报表区域。由于前面在报表格式设置时没有为图形预留空间，如果不增加图形显示区域的话，插入的图形会和报表数据重叠在一起，影响阅读。因此，一般需要增加若干行或列，作为专门的图形显示区域。

操作步骤

（1）在【格式】状态下，执行"编辑"→"追加"→"行"命令，打开"追加行"对话框，如图5-34

所示。

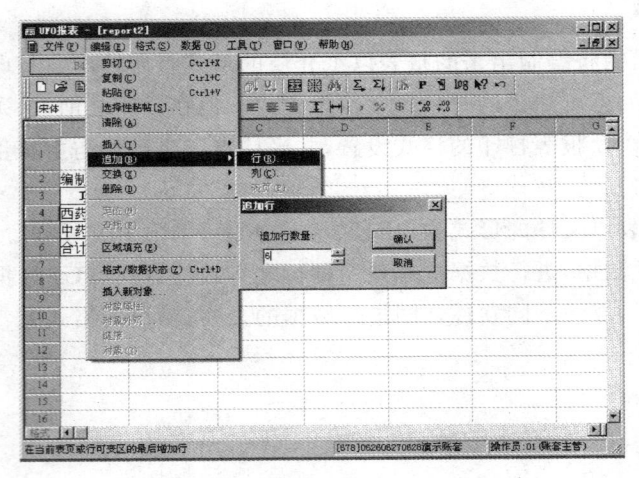

图 5-34 追加行

(2) 输入需要追加的行数:"6"。
(3) 单击【确定】按钮。

二、选取数据区域

插入的图表并不是独立存在的,它依赖报表的数据而存在,反映报表指定区域中数据的对比关系,所以在插入图表对象之前必须事先选择图表对象反映的数据区域。

操作步骤

(1) 执行"格式"→"数据"命令,进入"数据"状态。
(2) 在第 1 页中,选取一个数据区域 A3:B5,如图 5-35 所示。

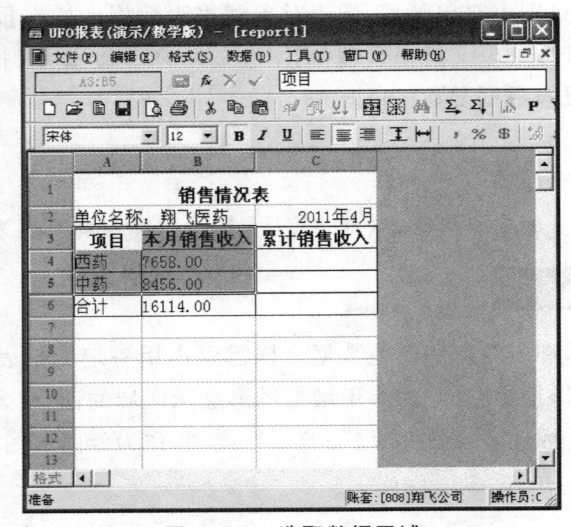

图 5-35 选取数据区域

【说明事项】

插入的图表对象实际上也属于报表的数据,因此有关图表对象的操作必须在数据状态下进行。

选择图表对象显示区域时,区域不能少于 2 行 2 列,否则会提示出现错误。系统把区域中的第一行和第一列默认为 X、Y 轴标注,其余为数据区。如果选中数据区域的第一行和第一列在每张表页上不一样,则以第 1 页的第一行和第一列为标注。

三、插入图表对象

图表对象实际上是报表的特殊数据,图表对象的组成为:

主标题、X 轴标题、Y 轴标题:最多可以输入 20 个字符或 10 个汉字。单击主标题可以将其在图表对象区域中任意拖动。双击主标题可以编辑输入标题内容。

X 轴标注:用于区分不同的数据,X 轴标注是自动产生的,当数据组为"行"时,系统将源数据区域的第一行定义为 X 轴标注;当数据组为"列"时,系统将源数据区域的第一列定义为 X 轴标注。

Y 轴标注:用于显示数据的值,Y 轴标注是自动产生的,当数据组为"行"时,系统将源数据区域的第一列定义为 Y 轴标注;当数据组为"列"时,系统将源数据区域的第一行定义为 Y 轴标注。

单位:指 Y 轴(数据轴)的单位,Y 轴标注乘以单位即实际数值。

图例:说明不同颜色或图案代表的意义,图例可以移动但不能修改。

图形:指图形显示部分。

关键字标识:当选取"整个报表"作为操作范围时,用以区别不同表页的数据。

图表对象可以在报表的任意区域插入,一般为了不与报表的数据重叠,可以将图表对象插入到事先已增加的图形显示区域内。

在 UFO 系统中,允许同时插入多个图表对象,以不同的图形反映不同数据。

【操作步骤】

(1)执行"工具"→"插入图表对象"命令,打开"区域作图"对话框,如图 5-36 所示。

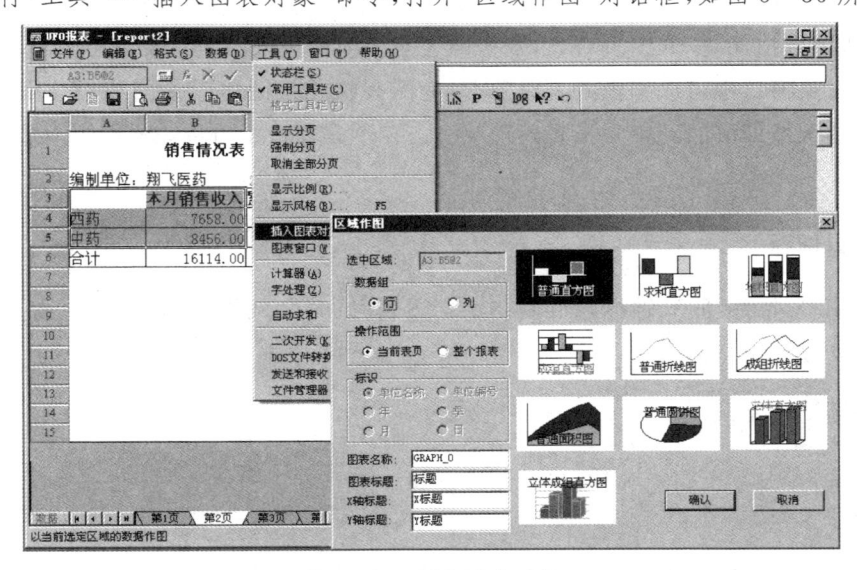

图 5-36 插入图表对象

(2)在"数据组"中,选"行"则以行为 X 轴、以列为 Y 轴作图(选"列"则以列为 X 轴、以行为 Y 轴作图),缺省为"行"。

(3)在"操作范围"中选"当前表页",则利用当前表页中的数据作图(选"整个报表"则利用所有表页中的数据作图),缺省为"当前表页"。

(4)在"图表名称"编辑框中输入图表的名称:xsfx;在"图表标题"框中分别输入图表标题:销售分析;X 轴标题:项目;Y 轴标题:销售额。

(5)在列出的图表格式中选择一种图形:如立体直方图。

(6)单击【确认】按钮,结果如图 5—37 所示。

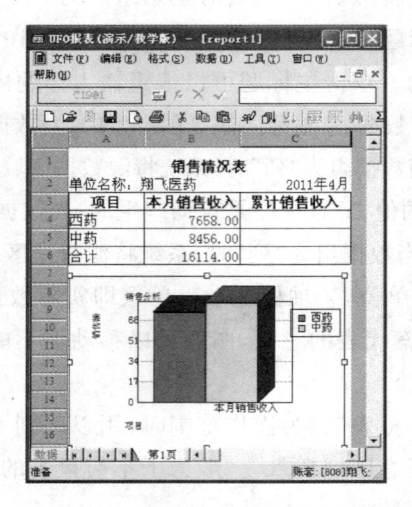

图 5—37　销售分析直方图

四、编辑图表对象

图表对象建立起来之后,可以在图表对象窗口对图表对象进行编辑。在"数据"状态下,选中图表对象,可以拖动、拉伸图表对象,双击图表对象即可进入图表对象窗口。

在图表对象窗口中可以编辑图表对象、改变图表格式及图表对象的相对位置等。单击图形区域以外的区域即可回到正常报表处理状态。在图表窗口中可以完成图表对象窗口的基本操作功能。

(一)编辑标题

图表标题、X 轴标题、Y 轴标题可以在建立图表时的"区域作图"对话框中输入内容,也可以在图表建立以后进行编辑。

操作步骤

(1)双击图表对象的任意部位,图表即被激活,此时,图表及图形四周均出现 8 个黑点,如图 5—38 所示。

(2)执行"编辑"→"主标题"命令,系统将弹出"编辑标题"对话框。

(3)在"请输入标题"编辑框中输入标题内容。
(4)单击【确认】按钮。

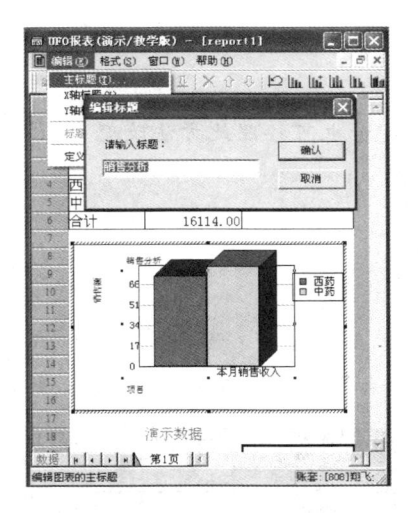

图 5－38　编辑图:表标题

【说明事项】

编辑标题可以在图表对象编辑状态下的"编辑"菜单中编辑,或在图表编辑状态下双击要编辑的标题即可进行编辑。

X、Y 轴标题的定义与主标题一样。

(二)改变主标题的字形、字体

操作步骤

(1)单击图表对象中要改变的标题——"主标题",使之激活,如图 5－39 所示。

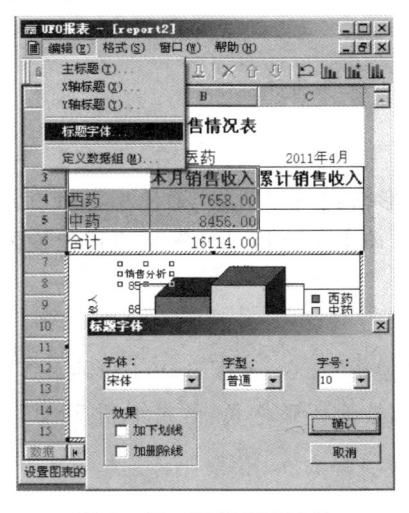

图 5－39　改变标题字体

(2)执行"编辑"→"标题字体"命令,系统弹出"标题字体"对话框。
(3)在字体框中选取宋体,在字号框中选取字号14。
(4)单击【确认】按钮。

【说明事项】

X、Y轴标题的字形、字体、字号也可按照此方法改变。

(三)定义数据组

图表的坐标轴可以进行转换。

▶ 操作步骤

(1)执行"编辑"→"定义数据组"命令,系统将弹出"定义数据组"对话框,如图5—40所示。

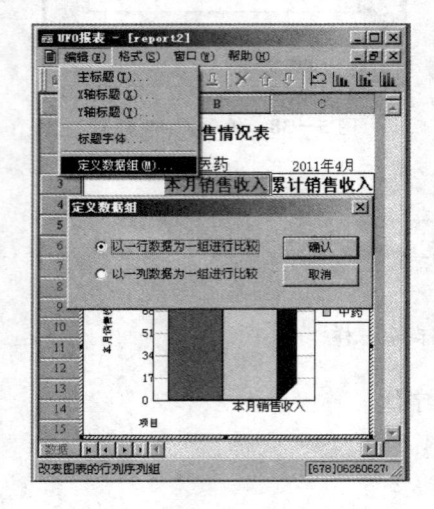

图5—40 定义数据组

(2)在对话框中选择"以一列数据为一组进行比较"。
(3)单击【确认】按钮,图形将作相应的变化。

(四)改变图表格式

UFO报表提供了10种图形格式,在"格式"菜单中选择相应的图形格式菜单项就可以完成相应图形格式的转换。另外,单击工具栏中的图标也可改变图表格式。

▶ 操作步骤

(1)执行"格式"→"成组直方图"命令,如图5—41所示。
(2)系统会自动切换编辑框里的图形格式,结果如图5—42所示。

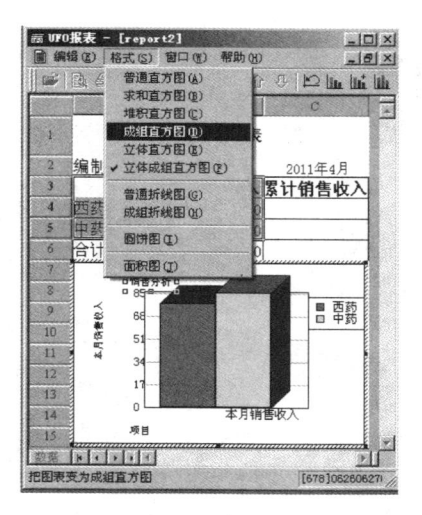

图 5—41 改变图表格式

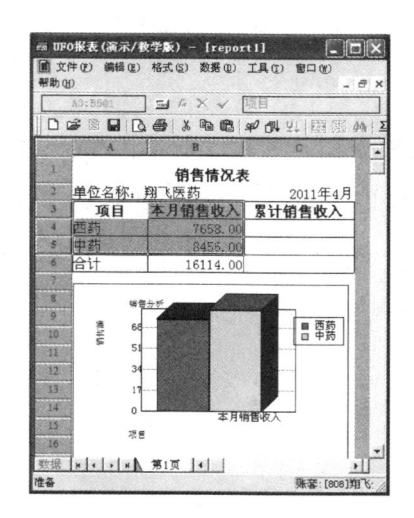

图 5—42 销售分析成组直方图

【说明事项】

在这些格式中,普通直方图、立体直方图、圆饼图、面积图只能显示第一行或第一列的数据。

五、图表窗口

图表窗口是一个特殊的窗口,它有别于图表对象窗口,在图表窗口中看到的仅仅是图表文件,只能对图表文件进行操作,无法观察到报表的格式和数据。要在图表窗口中操作图表首先要打开图表窗口。

（一）打开图表窗口

在报表窗口中,执行"工具"→"图表窗口"命令,即打开图表窗口,如图 5—43 所示。

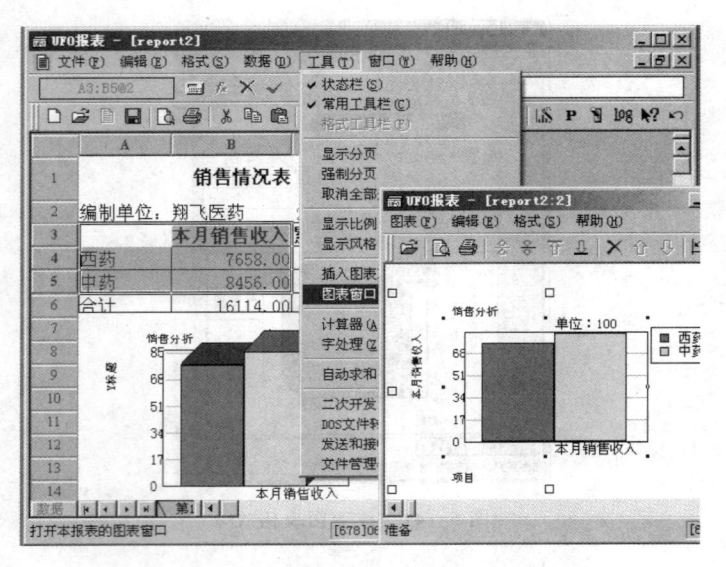

图 5—43　打开图表窗口

【说明事项】

开图表窗口既可以在格式状态下,又可以在数据状态下操作。

如果已有图表,则自动打开第一个图表;如果没有图表,则打开一个空的图表窗口。

打开图表窗口时只能打开一个图表,不能同时打开多个图表。打开图表窗口默认打开的是第一个图表文件,如果存在多个图表文件的话,则需要选择其中之一打开。

(二)打开图表

操作步骤

(1)在图表窗口中,执行"图表"→"打开"命令,打开"打开图表"对话框,如图5—44所示。

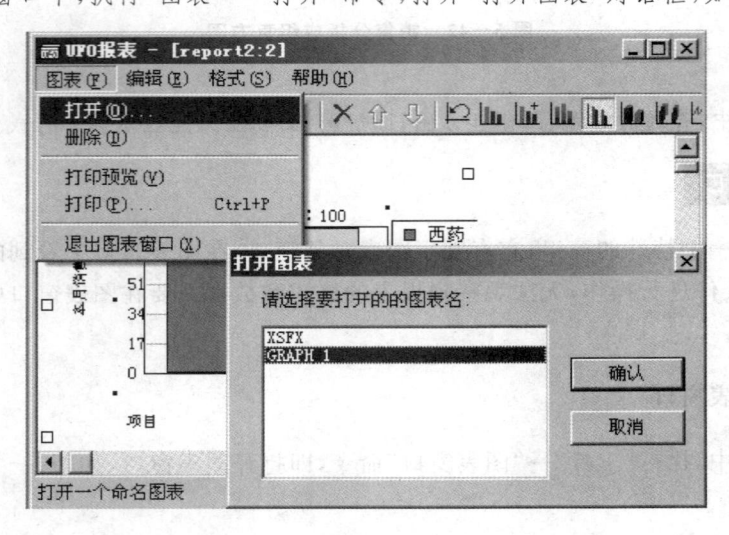

图 5—44　打开图表

(2)在对话框中列出了本报表文件已有的图表名,在其中选择一个。
(3)单击【确认】按钮。

(三)删除图表

如果不需要某一张图表,可以随时将其删除。图表操作完之后,可以退出图表窗口。

操作步骤

(1)选择要删除的图表,使它成为当前图表窗。
(2)执行"图表"→"删除"命令,当前图表将被删除。

【说明事项】

单击工具栏中的删除图标 ✗ ,也可以删除图表。

(四)关闭图表

执行"图表"→"退出图表窗口"命令,将关闭图表。关闭图表的同时将自动保存图表。

本章习题

1. 以资产负债表为例,简述设计一个报表格式的步骤。
2. 以利润表为例,简述编辑报表公式的方法。
3. 简述格式状态和数据状态的区别。
4. 何为关键字?报表关键字主要包括哪些?请举例说明关键字的应用。
5. 报表公式分为哪几类?设置时应注意哪些事项?

第六章　工资管理

教学目的及要求

系统地学习工资管理系统的工作原理和各个模块的基本功能。要求掌握工资管理系统的基本业务流程；掌握工资管理系统初始设置包含的内容和操作方法；掌握日常处理中工资变动、工资分摊的处理方法；熟悉各工资表的格式及提供的信息内容；熟悉月末业务处理的内容和方法。

第一节　工资管理概述

工资是企业职工薪酬的重要组成部分，也是产品成本的计算内容，是企业进行各种费用计提的基础。工资核算是每个单位财会部门最基本的业务之一，是一项重要的经常性工作，关系到每个职工的切身利益。在手工方式下，为了搞好工资核算，占用了财务人员大量的精力和时间，并且容易出错，数据计算不准确。采用计算机处理保证了工资核算数据的准确性和及时性。

用友 T6 应用系统中的工资管理子系统适用于企业、行政、事业及科研单位等各个行业，它提供了简单方便的工资核算和发放功能，以及强大的工资分析和管理功能，并提供了同一企业存在多种工资核算类别的解决方案。

一、功能概述

工资管理系统的主要功能包括以下三个方面：

（一）初始设置

尽管各个单位的工资核算有很多共性，但也存在一些差异。通过工资系统初始设置，可以根据企业需要建立工资账套数据，设置工资系统运行所需要的各项基础信息，为日常业务处理建立应用环境。

初始设置的主要内容包括：

1. 工资账套参数

系统提供多个和单个工资类别核算、工资核算的币种、扣零处理、个人所得税扣税处理、是否核算计件工资等账套参数设置。

2. 基础档案

系统提供人员附加信息设置、人员类别、部门选择设置、人员档案设置、代发工资的银行名称设置等。可以由企业自行设计工资项目及计算公式,并提供计件工资标准设置和计件工资方案设置。

(二)工资业务处理

工资管理系统管理企业所有人员的工资数据,对人员增减、工资变动进行处理;自动计算个人所得税、结合工资发放形式进行扣零设置或生成代发工资的银行工资数据;自动计算、汇总工资数据;支持计件工资核算模式;自动完成工资分摊和相关费用计提,并可以直接生成凭证传递到总账系统;提供对不同工资类别数据的汇总,从而实现统一工资核算的功能。

(三)工资报表管理及统计分析

工资核算的结果最终通过工资报表和凭证体现。系统提供了各种工资表、汇总表、明细表、统计表、分析表等,并且提供了凭证查询和自定义报表查询功能。齐全的工资报表形式、简便的资料查询方式,满足了企业多层次、多角度查询的需要。

二、工资管理系统与其他子系统之间的关系

工资管理系统与用友 T6 其他子系统之间的关系如图 6-1 所示。

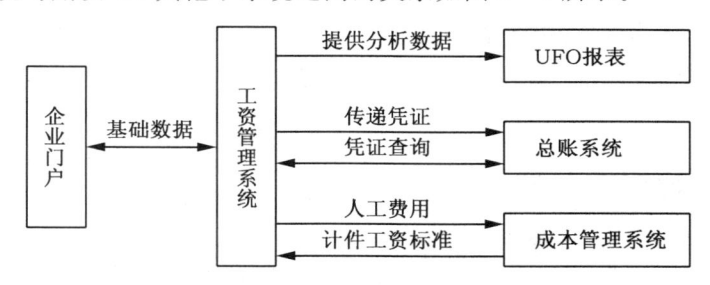

图 6-1 工资管理系统与其他子系统之间的关系

由图 6-1 得知,工资管理系统与企业门户共享基础数据。工资管理系统将工资计提、分摊结果自动生成转账凭证,传递到总账系统,两个系统可互相查询凭证,并且具备了在总账中联查工资系统原始单据的功能。工资系统向成本管理系统传送人员的人工费用;成本管理系统给工资系统提供计件工资的计算标准;报表系统可以从工资管理系统取得数据,进行加工分析。

三、工资管理系统应用方案

不同的企业其管理模式不同,工资核算也存在不同的核算模式。为此,用友 T6 工资管理系统提供单类别工资核算和多类别工资核算两种应用方案。

(一)单类别工资核算

如果企业中所有员工的工资发放项目相同,工资计算方法也相同,那么可以对全部员工进行统一的工资核算方案,对应地选用系统提供的单个工资类别应用方案。

(二)多类别工资核算

如果企业存在下列情况之一，则需要选用系统提供的多工资类别应用方案：

(1)企业中存在不同类别的人员，不同类别的人员工资发放项目不同，计算公式也不相同，但需要进行统一的工资核算管理。如企业需要分别对在职人员、退休人员、离休人员进行工资核算；或者企业需要将临时工同正式工区别开来，分别进行核算等情况。

(2)企业每月进行多次工资发放，月末需要进行统一核算。例如，企业采用周薪制，或工资和奖金分次发放。

(3)企业在不同地区设有分支机构，而工资核算由总部统一管理。

(4)工资发放时使用多种货币，如人民币、美元等。

对于不存在以上业务的单位，建议也建立多工资类别，但是在实务中，只使用一个工资类别。通过这种设置方式，如果以后的业务模式发生了重大的变化，则可以轻易而迅速地修改软件设置以符合业务流程，从而减少未来变化后设置的工作量。

四、工资管理系统的操作流程

工资管理由于涉及处理的先后问题，所以进入系统后，必须按正确的顺序调用系统的各项功能，只有按正确的次序使用，才能保证少走弯路，并保证数据的正确性，特别是首次使用更应遵守使用次序。同时，由于企业在工资业务处理上存在差异，导致工资管理系统在业务处理上也不尽相同，因而要正确区分企业工资管理系统的应用方案，选择合适的业务处理流程。

(一)工资管理系统应用方案

由于不同的企业在工资核算管理上存在一些差异，为了满足企业的这种差异性需求，在工资管理系统中，为不同工资核算类型的企业提供了不同的解决方案。

工资管理系统所提供的工资核算管理方案主要如下：

(1)所有人员统一工资核算的企业。

(2)分别对在职人员、退休人员、离休人员进行核算的企业。

(3)分别对正式工、临时工进行核算的企业。

(4)每月进行多次工资发放，月末统一核算的企业。

(5)在不同地区有分支机构，而由总管机构统一进行工资核算的企业。

(二)普通工资核算管理的业务流程

如果企业中所有人员的工资统一管理，而人员的工资项目、工资计算公式全部相同，则可按下列方法建立薪资管理系统：

(1)安装工资管理系统。

(2)设置工资账的参数(选择单个工资类别)。

(3)设置部门。

(4)设置工资项目、银行名称和账号长度，设置人员类别。

(5)录入人员档案。
(6)设置工资计算公式。
(7)录入工资数据。
(8)进行其他业务处理。

普通工资核算管理的业务流程如图6－2－A所示。

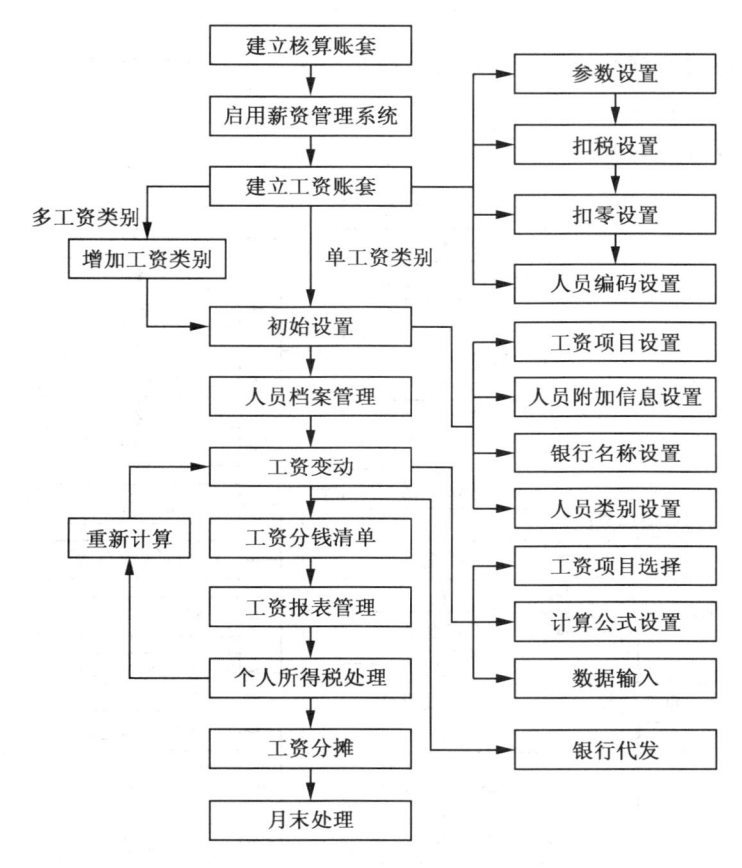

```
                    建立核算账套
                         ↓
                    启用薪资管理系统                参数设置
                         ↓                          ↓
        多工资类别  建立工资账套 ─────────────→    扣税设置
            ↓            ↓                          ↓
       增加工资类别    单工资类别                  扣零设置
            ↓            ↓                          ↓
                      初始设置                   人员编码设置
                         ↓
                    人员档案管理 ─────────────→  工资项目设置
                         ↓                          ↓
                      工资变动                  人员附加信息设置
                         ↓                          ↓
       重新计算    工资分钱清单                  银行名称设置
                         ↓                          ↓
                    工资报表管理                  人员类别设置
                         ↓                          ↓
                   个人所得税处理                 工资项目选择
                         ↓                          ↓
                      工资分摊                   计算公式设置
                         ↓                          ↓
                      月末处理                    数据输入
                                                    ↓
                                                  银行代发
```

图6－2－A 单类别核算管理操作流程

(三)汇总工资核算管理的业务处理流程

如果单位按周或一月多次发放工资,或者是有多种不同类别的人员,工资发放项目不尽相同,计算公式也不相同,但需进行统一工资核算管理,则可按下列方法建立工资管理系统:

(1)安装工资管理系统。
(2)设置工资账参数(选择多个工资类别)。
(3)设置所涉及的部门、所有工资项目、人员类别、银行名称和账号长度。
(4)建立第一个工资类别,选择所需管理的部门。
(5)录入人员档案。
(6)选择第一个工资类别所涉及的工资项目并设置工资计算公式。
(7)录入工资数据。

(8)建立第二个工资类别并选择所管理的部门。
(9)录入人员档案或从第一个人员类别中复制档案。
(10)选择第二个工资类别所涉及的工资项目并设置工资计算公式。
(11)录入工资数据。
(12)建立第三个工资类别并选择所管理的部门。
……

月末处理前将所要核算的工资类别进行汇总。生成汇总工资类别,然后对汇总工资类别进行工资核算的业务处理。

汇总工资核算管理的业务流程如图 6－2－B 所示。

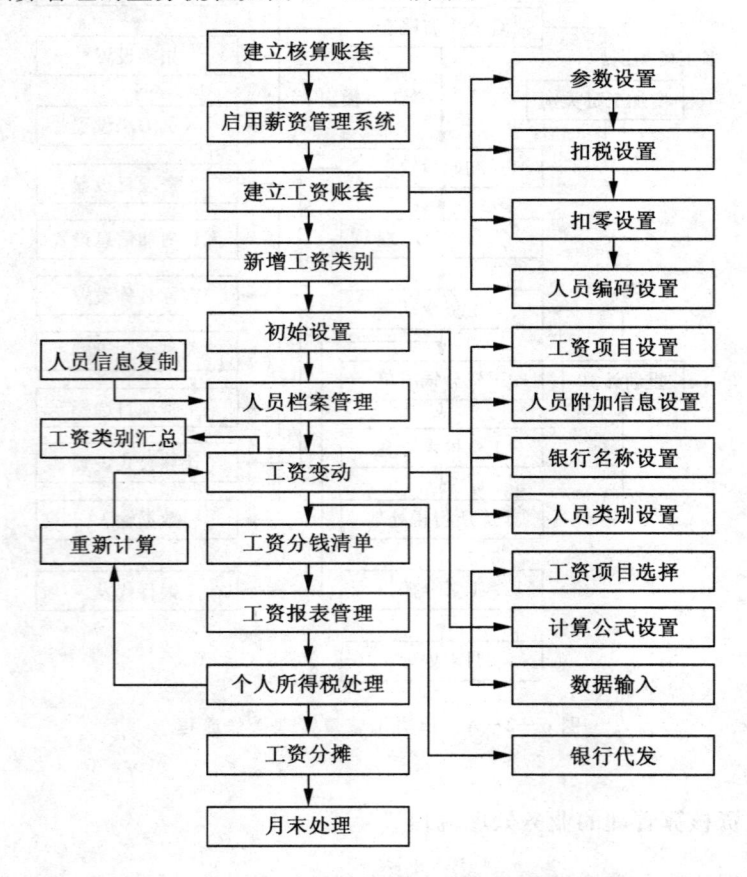

图 6－2－B　多类别核算管理操作流程

【说 明 事 项】

薪资管理系统共可建立 999 套工资账。

每个薪资账套中,可建立 999 个工资类别,其中第 998 号和第 999 号为系统用于汇总工资类别使用。

系统中部门设置、工资项目设置只有在未打开工资类别的情况下进行。

部门选择、公式设置是对打开的工资类别进行设置。

第二节　工资管理系统初始设置

使用计算机进行工资核算之初，需要进行初始设置，以建立系统应用环境。初始设置之前，应进行必要的数据准备，如规划企业职工的编码规则、进行人员类别的划分、整理好需要设置的工资项目及核算方法，并准备好部门档案、人员的档案、基本工资数据等基本信息。这些数据的准备过程，是一个细致而又烦琐的过程，需要人力资源部门和财务部门的通力合作。人力资源部门需要提供详细的人事数据信息，财务部门要根据这些信息做出准确的财务判断，以便正确地反映本单位的工资构成情况。

一、建立工资账套

在建立工资账套时，我们首先来解释一下工资账套和企业核算账套的区别。

工资账套与企业核算账套是不同的概念，企业核算账套在系统管理中建立，是针对整个用友 T6 系统而言的，而工资账套只针对用友 T6 系统中的工资管理子系统。也就是说，工资账套是企业核算账套的一个组成部分。所以在建立工资账套之前，必须首先在系统管理中建立本单位的核算账套。

本单位核算账套建立完成后，以账套主管身份注册进入企业门户，在企业门户中系统启用功能中启用工资管理系统。

工资系统启用之后，具有相应权限的操作员就可以登录本系统了。如果是初次进入，系统将自动启动工资建账向导。系统提供的建账向导共分为四步，即参数设置、扣税设置、扣零设置、人员编码。

（一）参数设置

在参数设置中，需要选择本企业工资核算应用方案，确定工资核算本位币及是否核算计件工资，如图 6—3 所示。

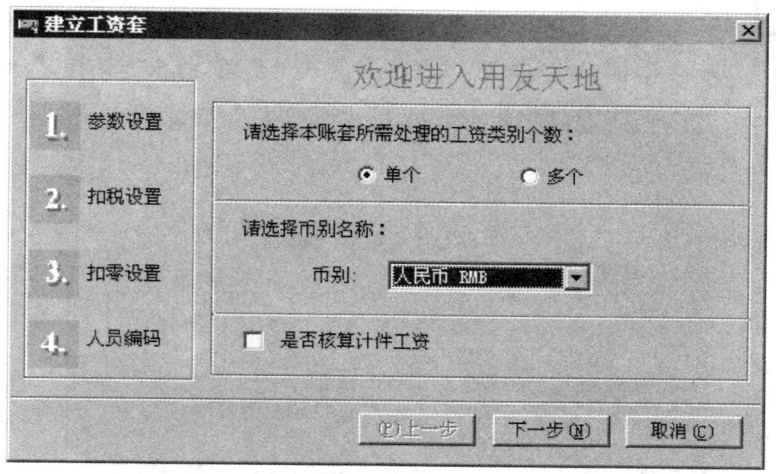

图 6—3　建立工资账套——参数设置

业务描述

设置本工资账套参数。

选择"单个"工资类别；

工资核算本位币为"人民币"；

不核算计件工资；

自动代扣个人所得税；

不进行扣零设置；

人员编码长度：3位。

操作步骤

(1)选择本账套所需处理的工资类别个数。

(2)选择工资账套的核算币种。系统提供币别参照供用户选择，若选择账套本位币以外的其他币别，则还需在工资类别参数维护中设置汇率，核算币种经过一次工资数据处理后即不能再修改。

(3)是否核算计件工资。计件工资是按计件单价支付劳动报酬的一种形式。由于对计时工资和计件工资的核算方法不同，因此，在工资管理系统中对于企业是否存在计件工资特别设置了确认选项。选中该项，系统自动在工资项目设置中显示"计件工资"项目；在人员档案中"核算计件工资"选项可用；在"设置"菜单下显示"计件工资标准设置"和"计件工资方案设置"功能菜单；在"业务处理"菜单下显示"计件工资统计"功能菜单。

(4)正确设置以上参数后，单击【下一步】按钮，进入建账向导二——扣税设置。

(二)扣税设置

扣税设置即选择在工资计算中是否由单位进行代扣个人所得税处理。

操作步骤

(1)如果要从工资中代扣个人所得税，则用鼠标单击复选框，打上选择标记，如图6—4所示。

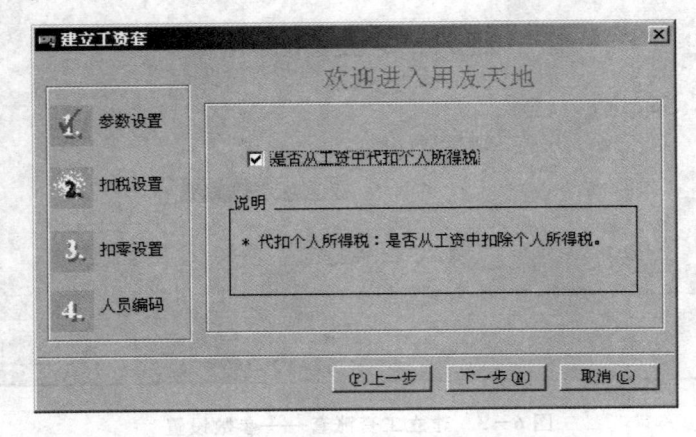

图6—4 建立工资套——扣税设置

(2)设置完毕后,单击【下一步】按钮,进入建账向导三——扣零设置。

(三)扣零设置

扣零处理通常在发放现金工资时使用,如果单位采用银行代发工资,则很少做此设置。

扣零是指每次发放工资时将零头扣下,积累取整,在下次工资发放时补上,系统在计算工资时将依据此处所设置的扣零类型(扣零至元、扣零至角、扣零至分)进行扣零计算。

(四)人员编码

人员编码即单位人员编码长度。以数字作为人员编码。用户根据需要可自由定义人员编码长度,但总长度不能超过10个字符。单击上下箭头可设置长度。

【操作步骤】

(1)设置人员编码长度为3位。如果需要修改人员编码长度,单击"人员编码长度"右侧的上下箭头调整即可,如图6—5所示。

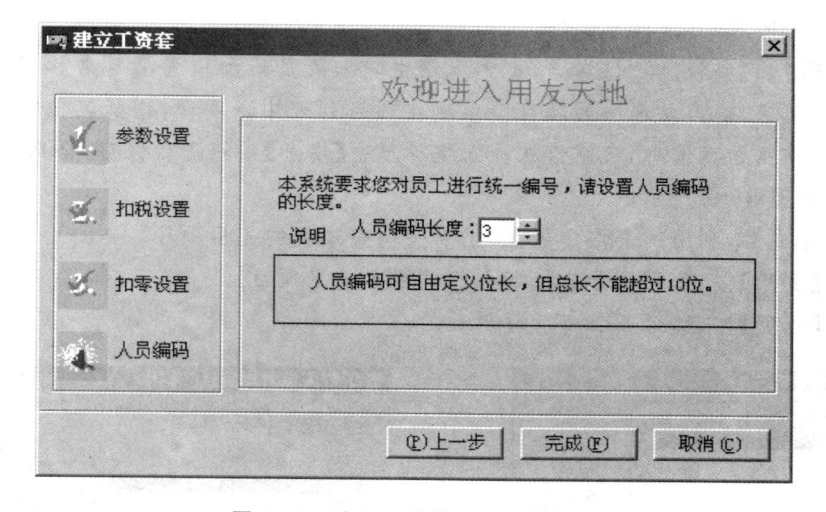

图6—5 建立工资套——人员编码

【说明事项】

设置了人员档案,人员编码长度不能再做修改。所以在设置人员编码长度时,一定要考虑以后人数的增长情况。例如长度设为3,则最多可以有999名职员。

(2)单击【完成】按钮,结束工资建账过程;也可以单击【取消】按钮,放弃本次建账,返回工资管理窗口。

【说明事项】

建账完毕后,部分建账参数可以在"设置"→"选项"中进行修改。

二、基础设置

建立工资账套以后,要对整个系统运行所需的一些基础信息进行设置,包括部门设置、人员类别设置、人员附加信息设置、工资项目设置、银行名称设置。

设置的内容对于整个工资账套都是有效的。

(一)人员附加信息设置

工资管理系统一般可以兼顾人员档案管理的基本功能。各企业管理要求及精细程度不同,对人员档案管理的具体内容、项目也有所区别。用友 T6 工资管理系统除了提供与工资核算有关的人员基本档案信息外,还提供了人员附加信息的设置功能,从一定程度上丰富了人员档案管理的内容,便于对人员进行更加有效的管理。

【业务描述】

增加"职称"为人员附加信息内容,参照档案为初级、中级和高级。

【操作步骤】

(1)在用友 T6 工资管理系统界面,单击"设置"→"人员附加信息设置",打开"人员附加信息设置"窗口,如图 6—6 所示。

(2)单击【增加】按钮,在"信息名称"文本框中输入人员附加信息项目名称,或从"参照"下拉列表中选择项目,输入或选中的项目则出现在项目列表中。同理,增加其他项目。选中"是否参照",输入参照档案信息,参照信息输入完毕单击【增加】按钮进行保存,全部输入完毕单击【确认】按钮,如图 6—7 所示。

(3)设置完成后,利用列表右侧的上、下箭头调整项目的先后顺序。

(4)单击【删除】按钮,可删除光标所在行的附加信息项目。

(5)单击【返回】按钮,返回工资管理界面。

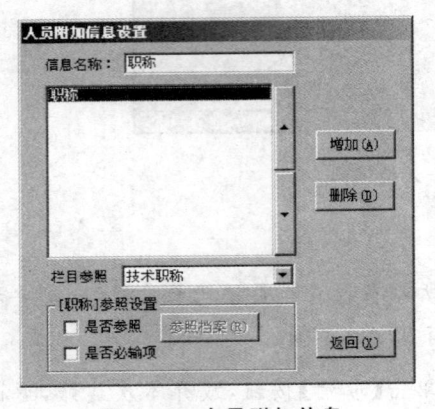

图 6—6　人员附加信息　　　　　图 6—7　参照档案

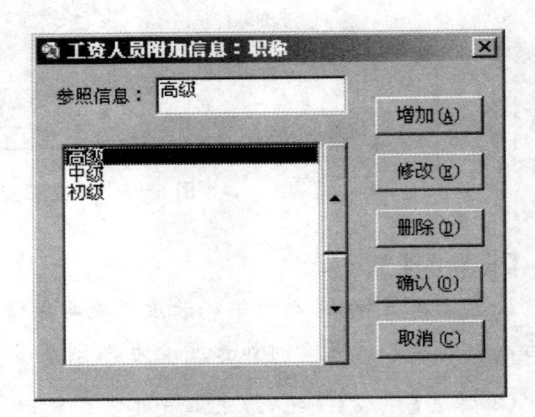

【说明事项】

已使用过的人员附加信息不可删除,但可以修改。

不能对人员的附加信息进行数据加工,如公式的设置等。

（二）人员类别设置

人员类别是指按某种特定的分类方式将企业职工分成若干类型，不同类别的人员工资水平可能不同，从而有助于实现工资的多级化管理。人员类别的设置还与工资费用的分配、分摊有关，合理设置人员类别，便于按人员类别进行工资的汇总计算，为企业提供不同人员类别的工资信息。

【业务描述】

本企业人员类别划分如下：企业管理人员、车间管理人员、车间基本工人、销售人员、后勤人员。

【操作步骤】

（1）在用友 T6 工资管理系统界面，单击"设置"→"人员类别设置"，打开"类别设置"对话框，如图 6-8 所示。

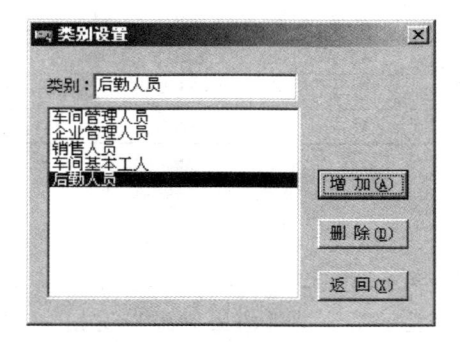

图 6-8 类别设置

（2）单击【增加】按钮，可输入本账套管理的人员类别。

（3）单击【删除】按钮，删除光标所在行的人员类别。

（4）单击【返回】按钮，返回工资管理界面。

【说明事项】

已经使用的人员类别不允许删除。

人员类别只剩一个时不允许删除。

人员类别名称长度不得超过 10 个汉字或 20 个字符。

（三）工资项目设置

工资数据最终由各个工资项目体现。工资项目设置即定义工资核算所涉及的项目名称、类型、宽度等。工资管理系统中提供了一些固定的工资项目，它们是工资账中不可缺少的。主要包括："应发合计""扣款合计""实发合计"；若在工资建账时设置了"扣零处理"，则系统在工资项目中自动生成"本月扣零"和"上月扣零"两个指定名称的项目；若选择了"扣税处理"，则系统在工资项目中自动生成"代扣税"项目；若选择了"是否核算计件工资"，则系统在工资项目中自动生成"计件工资"项目,这些项目不能删除和重命名。其他项目可根据实际情况定义或参照增加,如基本工资、岗位工资、奖金等。在此设置的工资项目对于多工资类别的工资账套而言,是针对所有工资类别所需要使用的全部工资项目;对于单个工资类别而言,就是此工资账套所使用的全部工资项目。

业务描述

本企业工资项目如表6-1所示。

表6-1　　　　　　　　　　　　　　工资项目表

工资项目名称	类型	长度	小数	增减项
基本工资	数字	10	2	增项
奖金	数字	8	2	增项
交通补助	数字	8	2	增项
房补	数字	8	2	增项
事假扣款	数字	8	2	减项
事假天数	数字	3	0	其他
养老保险	数字	8	2	减项
住房公积金	数字	8	2	减项
日工资	数字	8	2	其他
计提基数	数字	10	2	其他

操作步骤

(1)在工资管理系统界面,单击"设置"→"工资项目设置",打开"工资项目设置"对话框,如图6-9所示,工资项目列表中显示系统提供的固定工资项目。

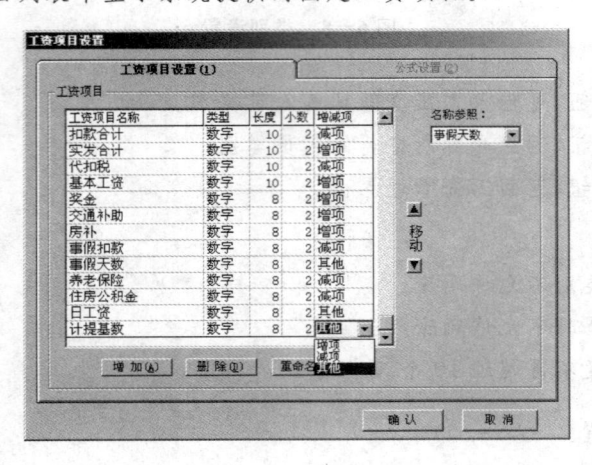

图6-9　工资项目设置

(2)单击【增加】按钮,在工资项目列表末增加一空行。

(3)输入工资项目名称:可以从"名称参照"下拉列表中选择系统提供的常用工资项目;如果"名称参照"下拉列表中不存在需要新增的工资项目名称,也可以直接输入。

(4)确定工资项目类型:系统提供数字和字符两种数据类型以供选择。

(5)确定工资项目长度、小数:用于设置数据的最大容量。如果为数字型数据,还需要指定小数位数;如果为字符型数据,则小数位一栏不可选,增减项一栏自动为"其他"。

(6)确定工资项目计算属性:如果设为"增项",则该工资项目自动成为应发合计的组成项目;如果设为"减项",则本工资项目自动成为扣款合计的组成项目;如果设为"其他",则本工资项目的数据即不计入应发合计,也不计入扣款合计。

(7)单击工资项目列表右侧的向上、向下移动箭头可调整工资项目的排列顺序。

(8)单击【确认】保存设置,若放弃设置则单击【取消】。

(9)单击【重命名】,可修改工资项目名称。

(10)选择要删除的工资项目,单击【删除】,确认后即可删除。

【说明事项】

工资项目名称必须唯一。

已使用的工资项目不可删除,不能修改数据类型。

系统提供的固定工资项目不能修改、删除。

长度与小数的关系:整数长度=长度-小数位数-1(小数点占1位)。例如:长度8,小数2,那么整数最多可以输入5位。

(四)银行名称设置

当企业发放工资采用银行代发形式时,需要确定银行名称及账号长度。发放工资的银行可按需要设置多个,这里银行名称设置是指所有工资类别涉及的银行名称。例如:同一工资类别中的人员由于在不同的工作地点,需由不同的银行代发工资;或者不同的工资类别由不同的银行代发工资,均需将相应的银行名称在此处一并设置。

操作步骤

(1)在工资管理系统界面,单击"设置"→"银行名称设置",打开"银行名称设置"对话框,如图6-10所示。

(2)单击【增加】按钮,输入银行名称,确定银行账号长度及是否为定长,定义录入时需自动带出的账号长度。

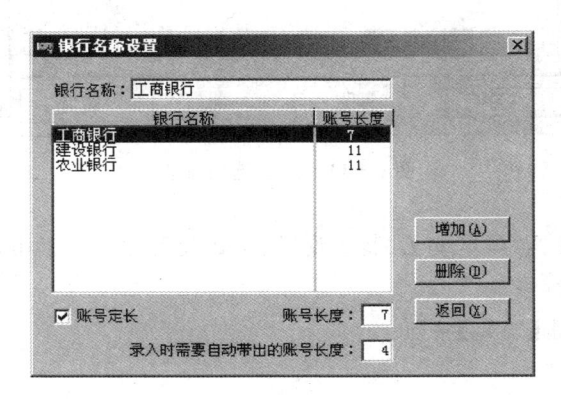

图6-10 银行名称设置

【说明事项】

银行名称：不允许为空，长度不得超过20个字符。

银行账号长度：不得为空，且不能超过30位。

银行账号定长：指该银行要求所有人员的账号长度必须相同。

录入时需要自动带出的账号长度：在录入"人员档案"的银行账号时，从第二个人开始，系统根据用户在此定义的长度自动带出银行账号的前N位，可以有效提高用户录入速度。

如果修改账号长度，则必须敲键盘上的回车键确认。

(3)在银行名称列表中选中需要删除的银行，单击【删除】按钮，即可删除。删除银行名称时，同此银行有关的所有设置将一同删除，包括银行的代发文件格式的设置、磁盘输出格式的设置，和同此银行有关人员的银行名称和账号等。

（五）部门设置

企业所有人员都应有所属部门，因此设置部门档案是按部门核算人员工资的基础。部门信息是企业的共享数据，可以在"企业门户"→"基础信息"→"基础档案"中设置，也可以在各个子系统中设置。

（六）账套选项修改

系统在建立新的工资账套后，由于业务的变更，可能会发现一些工资参数需要调整。

【操作步骤】

(1)单击"设置"→"选项"，打开"选项"对话框，如图6－11所示。

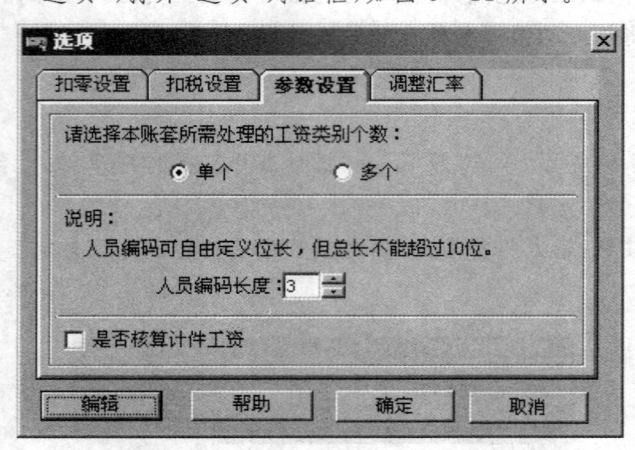

图6－11　账套选项修改

(2)系统提供四个页签：扣零设置、扣税设置、参数设置和调整汇率，单击【编辑】按钮，可对系统允许修改的内容进行修改。

(3)修改完成后，单击【确定】按钮。

【说明事项】

只有主管人员才能修改工资参数。

对于单工资类别:参数修改就是对工资套的修改。

对于多工资类别:建立工资账套时,进行参数设置,系统将工资账套的参数进行统一设置,新增加的工资类别默认使用此设置。工资类别未建立时:"选项"菜单不可用,提示"没有打开的工资类别"。建立工资类别后,在未打开工资类别时,"选项"菜单是不可见的,所以不能修改选项中的参数设置;在打开工资类别时,修改参数,系统将只修改当前打开的工资类别的参数。

三、工资类别管理

工资系统提供处理多个工资类别的功能,可为按周或一个月多次发放工资,或者是有多种不同类别的人员,工资发放项目不尽相同,计算公式也不相同,但需进行统一工资核算管理的单位要提供解决方案。

工资系统是按工资类别来进行管理的。每个工资类别下有职工档案、工资变动、工资数据、扣税处理、银行代发等。

(一)建立工资类别

工资类别:指在一套工资账中,根据不同情况而设置的工资数据管理类别。如某企业中将正式职工和临时职工分设为两个工资类别,两个类别都同属于一套工资账。

在建立工资账套后,系统自动提示"未建立工资类别!",可以就此选择【确定】,进入"新建工资类别"向导;也可以选择【取消】,不进行新建工资类别的设置,而采用下述步骤建立工资类别。

【业务描述】

建立工资类别"正式职工"和"临时职工"。

【操作步骤】

(1)单击"工资类别"→"新建工资类别",打开"新建工资类别"对话框,如图6—12所示。

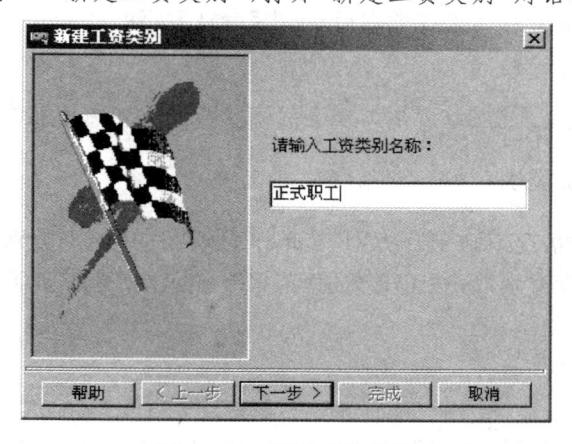

图6—12 新建工资类别

(2)输入新建工资类别名称,工资类别名称最长不得超过 15 个汉字或 30 个字符。

(3)单击【下一步】按钮。

(4)选择新建工资类别所包含的部门。

(5)选中"选定下级部门"复选框,表示如选中上级部门,则其所属的下级部门也被全部选中,如图 6—13 所示;或者单击部门前的"+"号,展开其下属部门树形结构,再逐个选择工资类别所包含的部门。

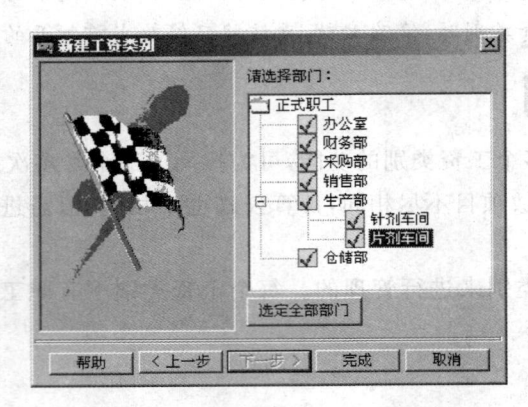

图 6—13 新建工资类别选择部门

(6)单击【完成】,确定工资类别的启用日期,建立工资类别完成,系统自动打开新建的工资类别。

同一个部门,可以被多个工资类别选中。

已被使用的部门不能取消选择,在选择树形结构的末级部门时,应先选择上级部门。

工资类别的启用日期确定后就不能再修改,所以在建立工资类别前应注意业务日期,可通过"系统"→"更改业务时间"进行调整。

工资类别建立后,系统直接打开新建的工资类别。

(二)删除工资类别

在关闭工资类别的情况下,单击"工资类别"→"删除工资类别",打开"删除工资类别"对话框,在工资类别列表中单击所选工资类别后,单击【确认】按钮。

【说明事项】

只有主管才有权删除工资类别,且工资类别删除后数据不可再恢复。

(三)打开、关闭工资类别

在打开工资类别的情况下,"工资类别"菜单下显示"打开工资类别"和"关闭工资类别"两个选项。单击"关闭工资类别"后,"工资类别"菜单下显示"新建工资类别""打开工资类别"和"删除工资类别"几个选项。

四、人员档案

人员档案的设置用于登记工资发放人员的姓名、职工编号、所在部门、人员类别等信息,此外,员工的增减变动都必须先在本功能中处理。

在工资管理主界面单击"设置"→"人员档案",即可进行人员档案的增加、修改、删除、替换、定位等操作。人员档案的操作是针对某个工资类别的,即应先打开相应的工资类别。

(一)增加人员

业务描述

在"正式人员"工资类别下,增加如表6-2所示的人员档案信息。

表6-2　　　　　　　　　　　　　人员档案信息

人员编号	姓名	性别	所属部门	人员类别	银行账号	职称	基本工资
001	马丁	男	财务部	企业管理人员	5182001	中级	3 500
002	王大伟	男	办公室	企业管理人员	5182002	高级	3 800
003	杜传	女	采购部	销售人员	5182003	初级	2 600
004	王林	女	仓储部	企业管理人员	5182004	中级	1 600
005	张晓月	女	针剂车间	车间管理人员	5182005	中级	1 580
006	段成智	男	销售部	销售人员	5182006	初级	800

注:以上人员均为中方人员、计税。

操作步骤

(1)单击【增加】按钮,打开"人员档案"对话框,进行人员档案的增加,如图6-14所示。

(2)单击"基本信息"页签,输入人员基本信息。

(3)输入人员编号、人员姓名。输入人员编号时需要遵从建立工资账套时定义的人员编码长度,且人员编号不能重复;输入人员姓名时可参照基础设置中定义的职员档案信息。

(4)选择部门编码和人员类别。只能选择末级部门;人员类别必须选择,它们是按部门、按人员类别正确核算工资的基础。

(5)输入新增人员进入本单位的日期。进入日期不应大于当前系统注册日期。

(6)选择该人员是否"计税"、是否"中方人员"、是否"核算计件工资"等信息。

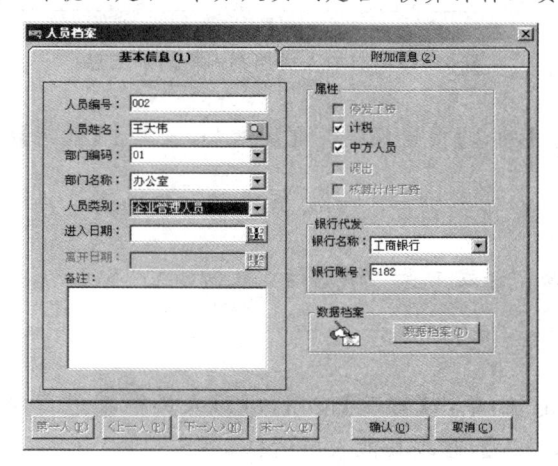

图6-14　增加人员档案——基本信息

【说明事项】

　　计税选项是根据个人所得税税法,对外方人员在中国境内工作其薪金缴纳个人所得税的某些规定,以及某些单位个人所得税扣缴的特殊情况而设置的。若选择"计税",则系统自动对该员工进行个人所得税扣缴、申报。

　　中方人员选项主要是为实行个人所得税扣缴且有外方人员的单位设置。中外员工个人所得税的计算方法不同,扣税金额也就不同。

　　选择"核算计件工资",表示对该员工进行计件工资管理。只有选中该项,才能在"计件工资统计表"中输入该员工的计件数量和单价。

　　(7)选择代发工资银行的名称和银行账号。

【说明事项】

　　如果在"银行名称"设置中设置银行账号定长,则此处输入的银行账号位数必须符合账号长度约定,否则系统不予保存,弹出提示"银行账号长度不够!"。

　　(8)单击"附加信息"页签,附加信息页签中显示用户在"人员附加信息设置"中增加的项目,按表6-2输入人员附加信息,如图6-15所示。

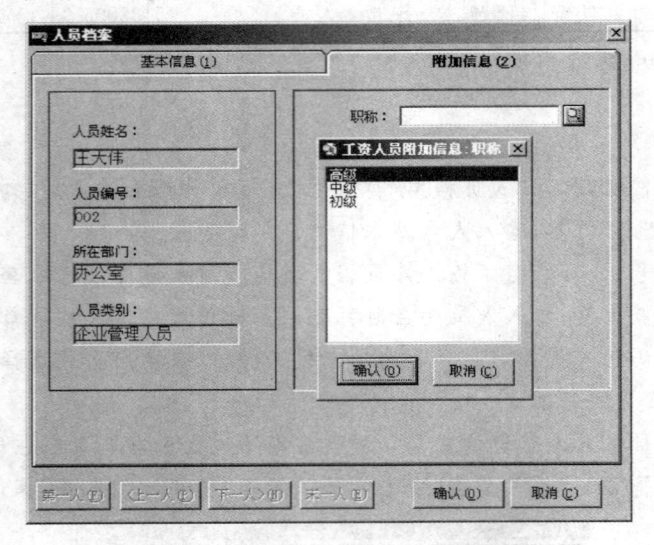

图6-15　增加人员档案——附加信息

　　(9)输入完毕后,单击【确认】按钮保存并继续增加,或单击【取消】按钮取消当前编辑,返回"人员档案"界面。

【说明事项】

　　在增加人员档案界面,"停发工资""调出"和"数据档案"不可选,在修改状态下才能编辑。

(二)修改人员档案

　　选择要修改的人员记录,单击【修改】按钮,可对人员档案进行修改。可单击【第一人】、【上一人】、【下一人】、【末一人】,修改其他人员信息。

1. 人员调离与停发

在修改状态下,"停发工资"和"调出"两项成为可编辑状态,如图6-16所示。当某一人员调出、退休或离休后,在人员档案中,可打上"调出"或"工资停发"标志。已做调出标志的人员,所有档案信息均不可修改,其编号可以再次使用。调出人员可在当月未做月末结算前,取消调出标志,但编号已被其他人员使用时,不可取消。有工资停发标志的人员不再进行工资发放,但保留人员档案,以后可恢复发放。标志为停发或调出人员,将不再参与工资的发放和汇总。

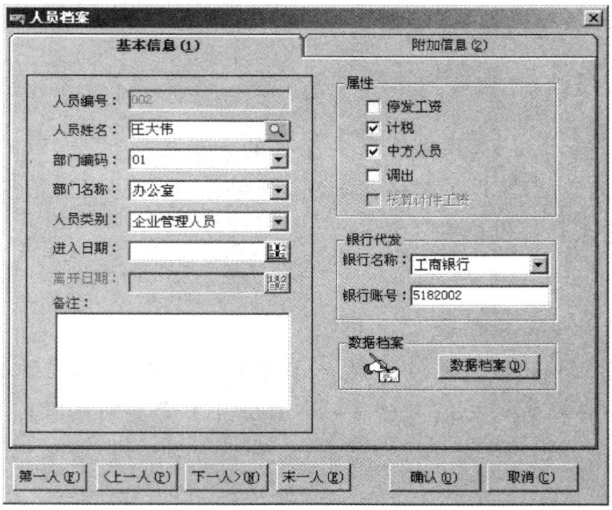

图6-16 修改人员档案

2. 数据档案

如果需要在人员档案中直接输入职工工资,在修改人员档案的同时可单击【数据档案】按钮,进入"工资数据录入——页编辑"界面,如图6-17所示。在页编辑状态下,窗口中显示每个职工的所有基本数据。双击要录入或修改的工资项目数据,输入相关内容,单击【保存】按钮保存。

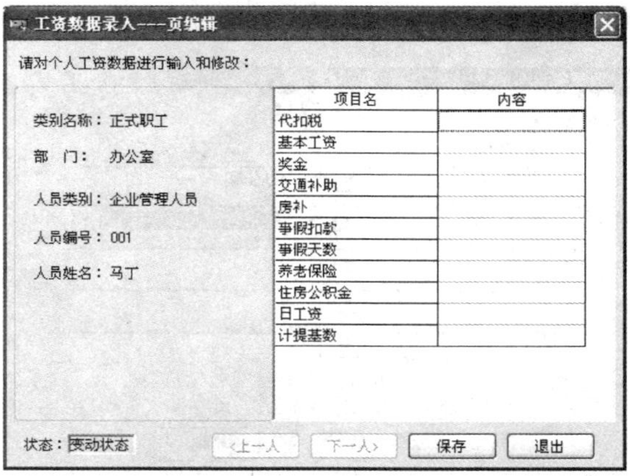

图6-17 工资数据录入——页编辑

(三)删除人员档案

在没有做工资变动的情况下,也就是尚未录入该人员的工资数据时,可单击【删除】按钮,删除光标所在行的人员。在年中有人员调出时,当年调出人员不可删除,可打上"调出"标志,只能在进行年末处理后,在新的一年开始时,才能将此人删除。

【说明事项】

删除人员的所有档案信息,不能再恢复。

(四)导入、导出人员档案

此项功能可导入一套以 .TXT 文件格式保存的人员档案信息,以减少录入工作量;并可以将本账套的人员信息以 .TXT 文本格式导出,既可保存人员档案信息,以防遭到破坏时数据丢失,又可以为其他账套提供档案资源。

【说明事项】

导入时,人员编号长度必须相等。

导入前,必须做好目标数据的部门档案、人员类别的设置,且需与源数据一致。

导入时,源数据和目标数据必须来自同一个月份且工资类别相同。

(五)筛选查询

数据筛选,即按照某个项目的某个数据(可等于或不等于)的值进行数据处理。

【业务描述】

筛选部门=办公室且人员类别=企业管理人员的职工。

【操作步骤】

(1)在工资管理界面,单击【筛选】按钮,打开"数据筛选"对话框,如图 6—18 所示。

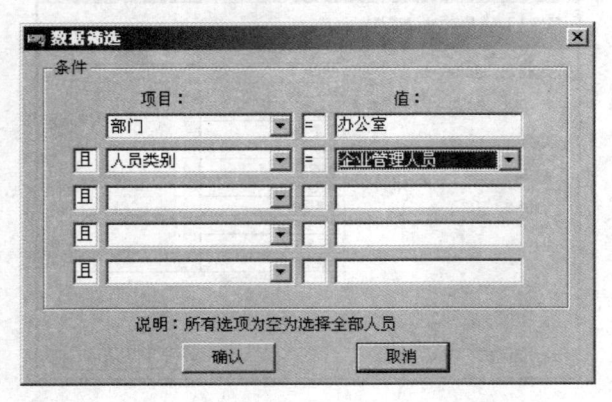

图 6—18 数据筛选

(2)输入筛选条件,从"项目"栏中选择:部门;在"关系运算"输入栏中选择:=;从"值"栏目中选择"办公室"。在第二行选择"逻辑运算":且;继续在"项目"栏中选择:人员类别;在"关系运算"输入栏中选择:=;在"值"栏中选择:企业管理人员。

(3)单击【确认】按钮,系统将符合条件的数据筛选出来。

(六)定位查询

人员的筛选与定位,都是为缩小人员档案查询信息而设置的。定位查询可按人员、部门两种方式进行。

【操作步骤】

(1)在工资管理界面,单击【定位】按钮,打开"部门/人员定位"对话框,如图6—19所示。

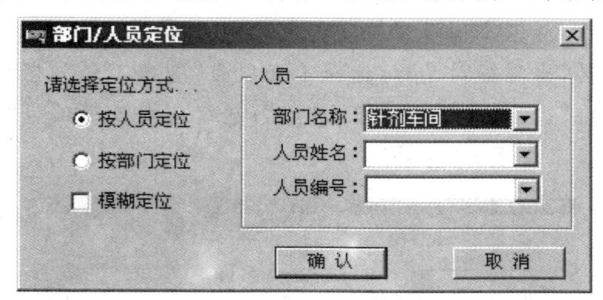

图6—19 部门/人员定位

(2)如果选择按人员定位方式查询,需要首先选择人员所在部门名称,然后从该部门所有人员中选择查询对象姓名或编码,系统根据指定条件定位到符合条件的记录。

(3)如果按部门定位方式查询,首先选择部门编号,自动带出部门名称,或选择部门名称自动带出部门编号,选择查询对象的人员类别,系统根据指定条件显示符合条件的记录。

(4)当所要定位的人员有不确定条件时,可以选择模糊定位方式查询。如要查询单位所有姓"林"的员工,可以选择按"人员定位+模糊定位"方式查询,在"人员姓名"栏输入"林",系统自动定位到第一位符合条件的员工记录上。

【说明事项】

在使用模糊查询时,系统认为对档案内容从左向右匹配。例如:有员工名叫"张三",使用模糊查询,如果查询"张",可以得到结果;如果查询"三",则系统提示无满足条件的记录。

五、设置计算公式

设置计算公式即定义工资项目之间的运算关系,计算公式设置的正确与否,关系到工资核算的最终结果。定义公式可通过选择工资项目、运算符、关系符、函数等组合完成。

【业务描述】

定义下列工资计算公式:

奖金:IFF(人员类别="企业管理人员",800,IFF(人员类别="销售人员",600,400))

日工资:(基本工资+奖金+交通补助+房补)/22

事假扣款：事假天数 * 日工资
房补：(基本工资＋奖金＋交通补助＋房补) * 0.20
养老保险：(基本工资＋奖金＋交通补助＋房补) * 0.07
住房公积金：(基本工资＋奖金＋交通补助＋房补) * 0.28
计提基数：基本工资＋奖金＋交通补助＋房补

操作步骤

(1)在工资项目设置界面，单击"公式设置"页签。进入公式设置页签后，对系统固定的工资项目"应发合计""扣款合计""实发合计"几项，系统根据工资项目中设置的"增减项"自动给出计算公式。用户在此可以增加、修改、删除其他工资项目的计算公式。

(2)单击【增加】按钮，从工资项目下拉列表中选择"计提基数"。

(3)单击公式定义区，出现编辑光标，选择工资项目"基本工资"；在运算符区域单击"＋"；继续选择工资项目"奖金"；在运算符区域单击"＋"；继续选择工资项目"交通补助"；在运算符区域单击"＋"；继续选择工资项目"房补"。如图6－20所示。

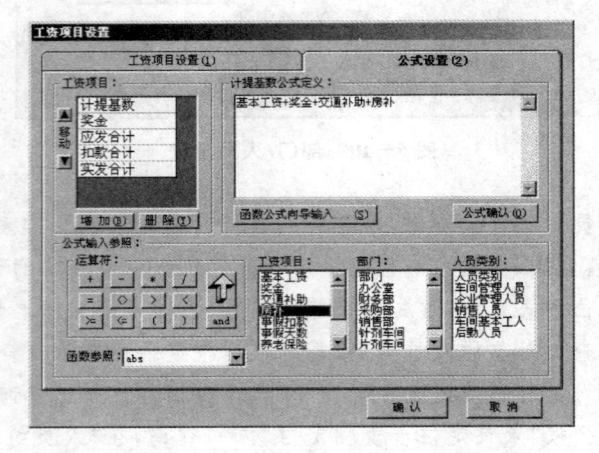

图6－20 定义计算公式

(4)公式定义完成后，单击【公式确认】按钮，系统将对公式进行逻辑合法性检查，对于不符合逻辑的，系统将给出错误提示。

(5)可通过单击公式框的上下箭头调整计算公式顺序。

【说明事项】

在定义公式时，可以使用函数公式向导输入、函数参照、工资项目参照、部门参照和人员类别参照编辑输入该工资项目的计算公式。其中函数公式向导只支持系统提供的函数。

工资项目中没有的项目不允许在公式中出现。

公式中可引用已设置公式的项目，相同的工资项目可以重复定义公式，多次计算，以最后的运行结果为准。

定义公式时要注意先后顺序，先得到的数应先设置公式。应发合计、扣款合计和实发合计公式应是公式定义框的最后三个公式，且实发合计的公式要在应发合计和扣款合计公式之后。

没有人员档案信息时不能进行工资计算公式的设置。

> 业务描述

奖金的计算公式设置：

奖金：IFF(人员类别＝"企业管理人员",800,IFF(人员类别＝"销售人员",600,400))

> 操作步骤

(1)单击【增加】按钮,从工资项目下拉列表中选择"奖金"。

(2)单击公式定义区,出现编辑光标,单击"函数参照"下拉列表框选择"IFF"函数,光标定位在公式定义区函数左括号后,如图 6－21 所示。

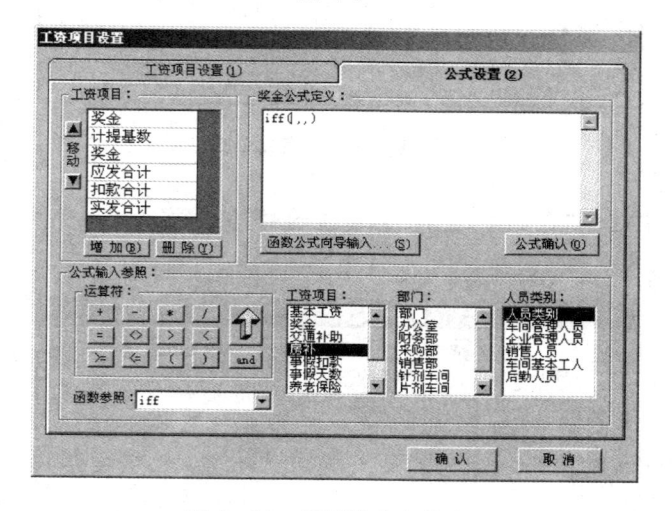

图 6－21　用函数定义公式 1

(3)在人员类别中选择"人员类别",运算符中选择"＝",在人员类别中选择"企业管理人员",单击公式定义区,进行光标定位,如图 6－22 所示。

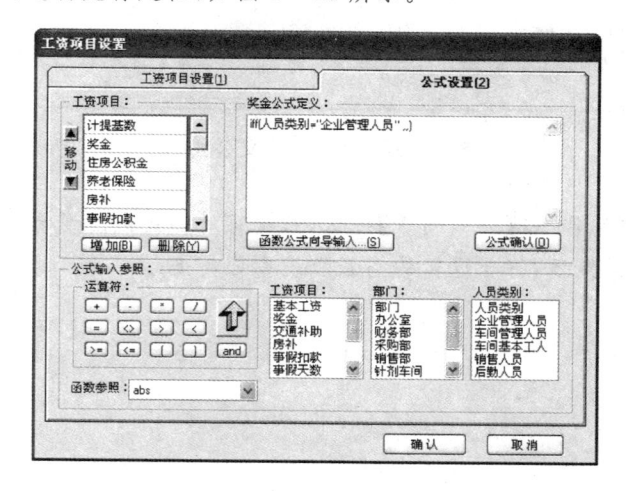

图 6－22　用函数定义公式 2

(4)输入数值800,然后移动光标到逗号后,单击"函数参照"下拉列表框选择"IFF"函数,光标定位在公式定义区插入 IFF 函数左括号后,如图6—23所示。

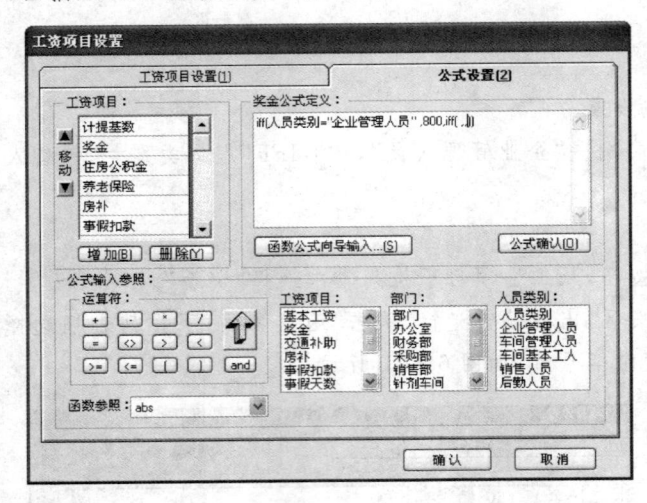

图6—23 用函数定义公式3

(5)在人员类别中选择"人员类别",运算符中选择"=",在人员类别中选择"销售人员",然后移动光标定位输入600和400,如图6—24所示。

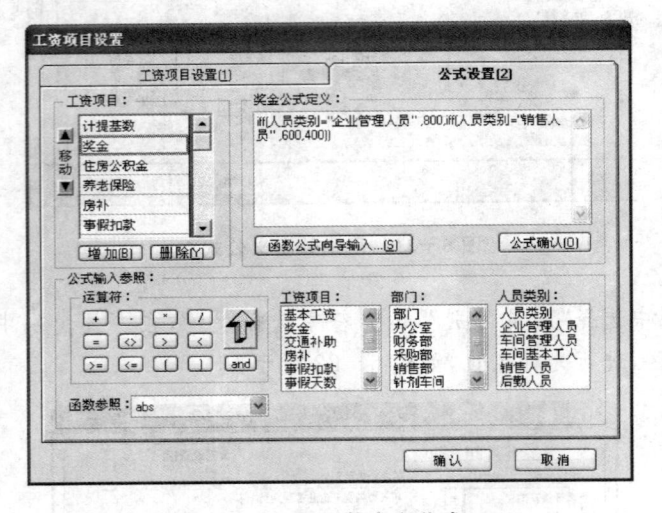

图6—24 用函数定义公式4

(6)公式定义完成后,单击【公式确认】按钮,系统将对公式进行逻辑合法性检查,不符合逻辑的则系统将给出错误提示,符合逻辑的则系统没有任何提示。

第三节　工资管理业务处理

一、工资变动管理

第一次使用工资管理系统时必须将所有人员的基本工资数据录入计算机，每月发生的工资数据变动也在此进行调整，如缺勤情况的录入、奖金的录入等。工资变动处理之前，需要事先设置好工资项目及计算公式。

在工资管理系统中，单击“业务处理”→“工资变动”，进入“工资变动”窗口，即可对所有人员的工资数据进行录入、修改，如图6－25所示。

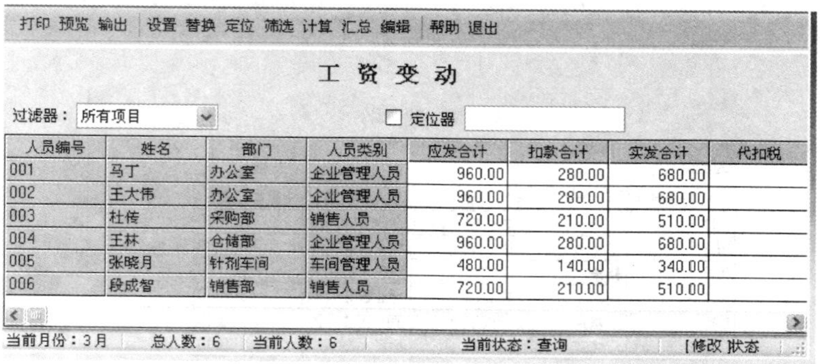

人员编号	姓名	部门	人员类别	应发合计	扣款合计	实发合计	代扣税
001	马丁	办公室	企业管理人员	960.00	280.00	680.00	
002	王大伟	办公室	企业管理人员	960.00	280.00	680.00	
003	杜传	采购部	销售人员	720.00	210.00	510.00	
004	王林	仓储部	企业管理人员	960.00	280.00	680.00	
005	张晓月	针剂车间	车间管理人员	480.00	140.00	340.00	
006	段成智	销售部	销售人员	720.00	210.00	510.00	

图6－25　工资变动界面

从图6－25中可以看出，在工资变动界面，显示所有人员的所有工资项目，可以直接录入数据，也可以通过以下方法快速、准确地进行数据录入或修改。

（一）过滤器

如果只输入或修改工资项目中的某一项或几项，可将需要修改的项目过滤出来，便于修改。

业务描述

只对“基本工资”工资项目的数据进行修改。

操作步骤

（1）在“工资变动”界面，选择“过滤器”下拉列表中的“过滤设置”，打开“项目过滤”对话框。

（2）将“基本工资”项目从“工资项目”列表中选到“已选项目”列表中，如图6－26所示。

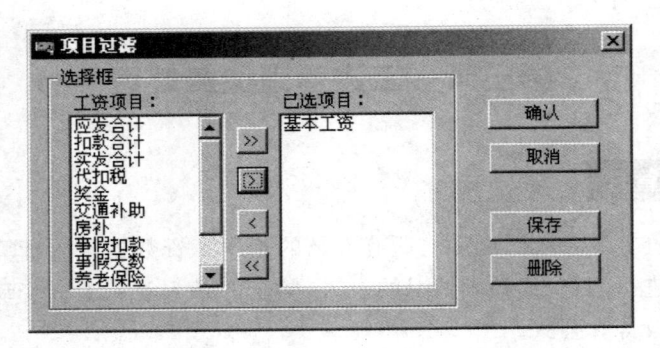

图 6-26 项目过滤

(3)单击【确认】按钮后,则工资变动界面只显示"基本工资"工资项目,可以输入基本工资,如图 6-27 所示。

图 6-27 过滤后工资变动界面

【说明事项】

对于经常用到的过滤项目,可以在项目过滤选择后输入一个名称进行保存,以后用到时,可直接选择过滤项目名称,不需用时可以删除。

(二)筛选和定位

如果需要录入或修改某个部门或人员的工资数据,最好采用数据过滤的方法,先将所要修改的人员过滤出来,然后进行工资数据修改。修改完毕后单击【计算】和【汇总】功能,这样可大大提高计算速度。过滤操作可利用系统提供的【筛选】或【定位】功能完成。

(三)页编辑

在工资变动界面提供了【编辑】按钮,可以对选定的个人进行快速录入。单击【上一人】、【下一人】可变更人员,录入或修改其他人员的工资数据。

(四)替换

将符合条件的人员的某个工资项目的数据,统一替换成某个数据。

第六章　工资管理

【业务描述】

本月给企业管理人员或车间基本工人的交通补助增加200元,替换设置如图6-28所示。

图6-28　工资项数据替换

【说明事项】

若进行数据替换的工资项目已设置了计算公式,则在重新计算时以计算公式为准。

如未输入替换条件而进行替换,则系统默认替换条件为本工资类别的全部人员。

如果想对某数据类型的工资项目按特定比例增加(减少)或增加(减少)同样的数额,需要录入此工资项目的名称、运算符及常数。例如:所有人的基本工资上浮15%,则在"将工资项目"文本框中输入"基本工资",在"替换成"文本框中输入"基本工资*1.15"。再如:所有人的基本工资增加500元,则在"替换成"文本框中输入"基本工资+500"。

(五)定位器

在工资变动界面,首先单击复选框"√"启用定位器,然后单击某一列,在文本框中显示选中的对应列名称,例如,单击"基本工资"列,定位器文本框中显示"基本工资"。用户在文本框中录入数据如"3 500"后,按回车键,系统根据用户在定位器文本框中录入的数据,在选定的列中进行查询,并将光标定位于满足条件的第一条记录。

【说明事项】

定位器必须完全匹配,不支持模糊查询功能。

(六)计算汇总

在修改了某些数据、重新设置了计算公式、进行了数据替换或在个人所得税中执行了自动扣税等操作,必须调用【计算】和【汇总】功能对个人工资数据重新计算,以保证数据正确。通常实发合计、应发合计、扣款合计在修改完工资项目数据后不自动计算合计项,如要检查合计项是否正确,需要先重算工资,如果不执行重算工资,在退出工资变动时,系统会自动提示重新计算。

在工资变动界面,单击鼠标右键,从中选择"动态计算"打上"√",则在工资数据项目发生变动后,系统自动计算。

（七）排序

为便于用户录入和查询工资数据，系统提供了排序功能。在工资变动界面，单击鼠标右键，从快捷菜单中选择"排序"。可以选择按人员编号、人员姓名或部门排序，如果需要按某个工资项目数据排序，只需将光标定位在该列中，然后选择快捷菜单中的"排序"→"选择列"→"升序（降序）"即可。

二、扣缴所得税

由于许多企事业单位计算职工工资薪金所得税工作量较大，本系统提供个人所得税自动计算功能，用户只需自定义所得税率，系统即自动计算个人所得税，既减轻了人员的工作负担，又提高了工作效率。

（一）选择申报表对应工资项目

【业务描述】

设置个人所得税申报表对应工资项目为"计提基数"。

【操作步骤】

(1) 选择"业务处理"→"扣缴所得税"，出现"所得税申报"对话框，在对应工资项目列表框中选择"计提基数"，如图6—29所示。

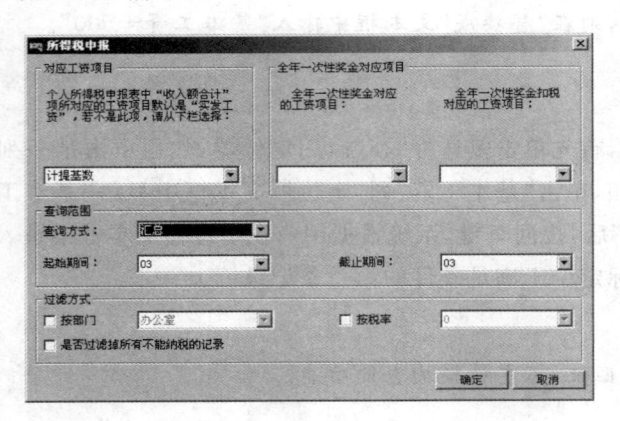

图6—29 栏目选择

(2) 设置完成后，单击【确认】按钮，弹出系统提示，确认后进入个人所得税申报表窗口。

【说明事项】

个人所得税申报表栏目只能选择系统提供的项目，不提供由用户自定义项目。

系统默认以"实发合计"作为扣税基数。如果想以其他工资项目作为扣税标准，则需要在定义工资项目时单独为应税所得设置一个工资项目，如增加一个工资项目，称为"计提基数"，该工资项目的"增减项"为"其他"，并定义其计算公式。在此进行选择时，选择"计提基数"这个工资项目作为扣缴所得税的“对应工资项目”。

（二）税率表定义

如果单位的扣除费用及税率与国家规定的不一致，可在所得税申报表界面单击【税率】按钮进行修改。修改确认后系统自动重新计算，并将此设置保存到下次修改确认后。税率表定义界面初始为国家颁布的工资、薪金所得所适用的九级超额累进税率，税率为 5%～45%，级数为 9 级，费用基数为1 600元，附加费用为3 200元。用户可根据单位需要调整费用基数和附加费用以及税率，可增加级数，也可删除级数。

业务描述

设置个人所得税税率表中基数修改为2 000。

操作步骤

（1）单击【税率】按钮，弹出“个人所得税申报——税率表”对话框，在基数中输入2 000，如图6－30所示。

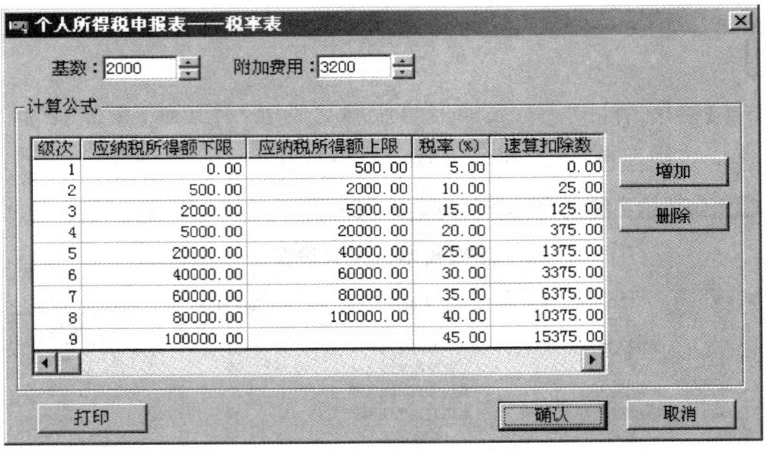

级次	应纳税所得额下限	应纳税所得额上限	税率(%)	速算扣除数
1	0.00	500.00	5.00	0.00
2	500.00	2000.00	10.00	25.00
3	2000.00	5000.00	15.00	125.00
4	5000.00	20000.00	20.00	375.00
5	20000.00	40000.00	25.00	1375.00
6	40000.00	60000.00	30.00	3375.00
7	60000.00	80000.00	35.00	6375.00
8	80000.00	100000.00	40.00	10375.00
9	100000.00		45.00	15375.00

图 6－30　个人所得税税率定义

（2）设置完成后，单击【确认】按钮，弹出系统提示，确认后进入个人所得税申报表窗口。

【说明事项】

应纳税所得额下限不允许改动。系统设定下一级的下限与上一级的上限相同。当用户调整某一级的上限时，该级的下限也随之改动。

当用户【增加】新的一级时，新增级数的上限即等于其下限加 1，用户可根据需要调整新增级次的上限。

系统税率表初始界面的速算扣除数由系统给定，用户可进行修改；用户增加新的级次时，则该级的速算扣除数由用户自行输入。

用户在删除税率的级次时，一定要注意不能跨级删除，必须从末级开始删除。税率表只剩一级时将不允许再删除。

(三)个人所得税计算

当税率定义完成确认后,系统将根据用户的设置自动计算并生成新的个人所得税申报表。若用户修改了"税率表",则用户在退出个人所得税功能后,需要到工资变动功能中执行重新计算功能,否则系统将保留用户修改个人所得税前的数据状态。

【说明事项】

在"工资变动"中,系统默认以"实发合计"作为扣税基数,所以在执行完个人所得税计算后,需要到"工资变动"中,执行"计算"和"汇总"功能,以保证"代扣税"这个工资项目正确地反映出单位实际代扣个人所得税的金额。

(四)个人所得税申报格式设置

个人所得税申报表格式主要是定义申报表中的数据来源。

业务描述

设置个人所得税申报表中应扣税额的数据来源为"工资项目.代扣税"。

操作步骤

(1)单击【栏目】按钮,弹出"个人所得税申报格式设置"对话框,双击"应扣税额"对应的数据来源,弹出列表框进行选择"工资项目.代扣税",如图6—31所示。

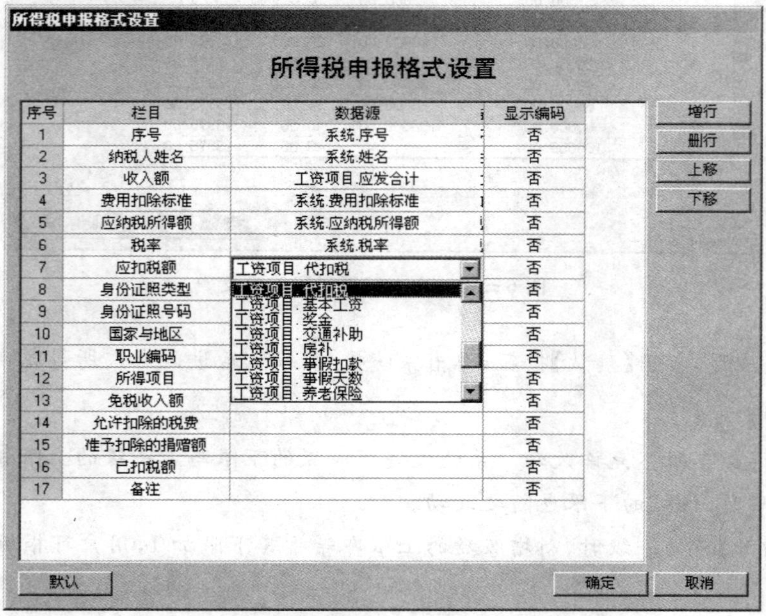

图6—31 设置所得税申报格式

(2)设置完成后,点击其他数据来源,单击【确认】按钮,弹出系统提示,确认后进入个人所得税申报表窗口。

三、银行代发

目前许多单位发放工资不再发放现金,而是采用将工资转到职工工资卡上的发放形式,这样既减少了各部门发放现金的繁重工作,又有效地消除了财务人员去银行提取大额现金的不安全因素,还提高了对员工个人工资信息的保密程度。但采取转账发放形式,要求企业每月向银行提供既定格式的工资数据文件。

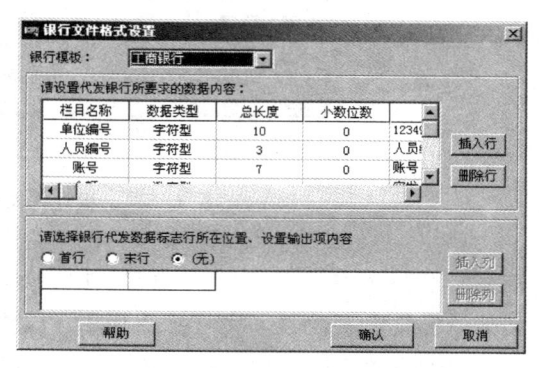

(一)银行文件格式设置

银行文件格式设置是根据银行的要求,设置提供银行数据中所包含的项目,以及项目的数据类型、长度和取值范围等。

【业务描述】

银行文件格式中单位代码:612501,录入日期为20110321。

【操作步骤】

(1)第一次进入银行代发功能时,系统自动显示"代发设置"对话框,选择"银行报盘文件",单击【确定】按钮,弹出"银行代发过滤条件"对话框,"是否过滤掉工资数据不大于零员工",点击【是】按钮,弹出"银行文件格式设置",可以立即进行设置;以后进入该功能时,可以单击【格式】按钮,或利用快捷菜单下的"文件格式设置",即可进入代发文件格式设置功能,设置银行格式,如图6—32和图6—33所示。

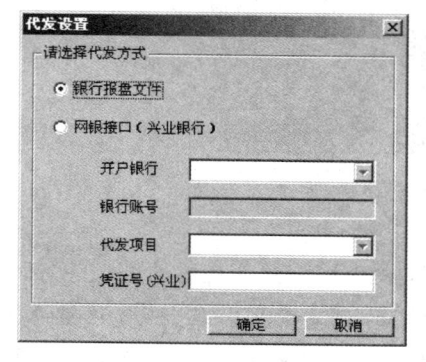

图6—32 银行代发设置　　　　图6—33 银行文件格式设置

(2)首先选择代发工资的银行模板,系统提供银行模板文件进行修改。每次修改都必须对栏目名称、数据类型、总长度加以设置。

(3)单击【插入行】、【删除行】按钮,可以增加或删除代发项目。

(4)选择银行代发数据标志行所在位置。若选择有标志行在首行或末行输出,则需设置输出内容,可利用【插入列】、【删除列】增加或删除输出内容。

(5)确认后,系统将设置进行保存,并生成银行代发一览表。

【说明事项】

总长度与小数位数的关系:整数长度=总长度-小数位数-1(小数点占1位)。

新增栏目的数据来源，只能通过选择录入，不能手工输入。

如果栏目顺序需要调整，则用鼠标拖动欲调整的栏目到相应位置即可。

银行代发数据标志行，可以通过单击每列右侧的选择按钮进行某些标准的设置，也可以手工录入特殊的数据。

银行代发数据标志行，只能设置一行，不能设置多行。如果需要设置多行，请用记事本打开磁盘文件，手工进行增加。

(二)银行代发输出格式设置

银行代发磁盘输出格式设置是根据银行的要求，设置向银行提供的数据，是以何种文件形式存放在磁盘中，且在文件中各数据项目是如何存放和区分的。

操作步骤

(1)在银行代发一览表界面，单击【方式】按钮，或右单击选择"文件输出方式设置"，打开"文件输出方式设置"对话框，如图6—34所示。

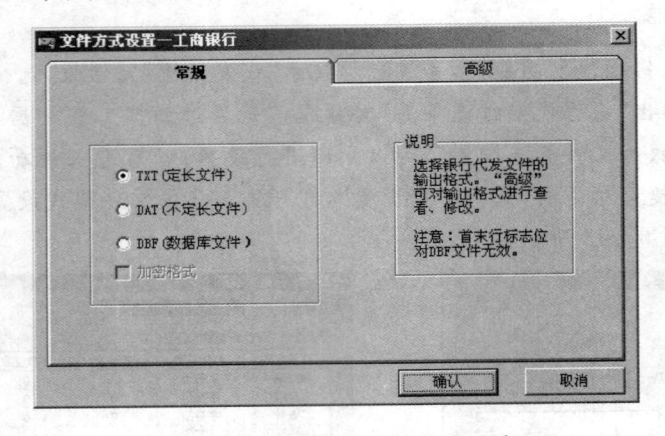

图6—34　银行代发输出格式设计

(2)在"常规"页签中选择文件类型，在"高级"页签中对磁盘文件的格式作进一步设置。TXT文件是固定宽度的文本文件。选择DAT文件时，只有"字符型补位符"选项被选中时，"银行账号补位方向"才允许选择，否则该选项为不可用状态。选择DBF文件时，所有设置均不可修改。"银行账号补位方向"有"左补位"和"右补位"两种选择，如果选择"左补位"，则当银行账号位数不足设置的输出长度时，系统输出时自动补位的方向是在左侧；如果选择"右补位"，则当银行账号位数不足设置的输出长度时，系统输出时自动补位的方向是在右侧，系统默认为"左补位"。

(3)单击【确认】按钮，系统记录下生成磁盘文件的格式设置，返回银行代发主界面。

(三)磁盘输出

按用户已设置好的格式和设定的文件名，将数据输出到指定的磁盘。

在银行代发界面，单击【传输】按钮，或右单击菜单选项下的"磁盘输出"，输入文件名称、选择磁盘和选择存储路径后,单击【保存】按钮即可。

四、工资分摊

工资分摊是指对当月发生的工资费用进行工资总额的计算、分配及各种经费的计提,并制作自动转账凭证,传递到总账系统供记账处理之用。

在工资管理主界面,单击"业务处理"→"工资分摊",打开"工资分摊"对话框。

(一)设置工资分摊类型

首次使用工资分摊功能,应先进行工资分摊设置。

所有与工资相关的费用和基金均需建立相应的分摊类型名称及分摊比例,如应付工资、应付福利费、职工教育经费、工会经费、住房公积金、养老保险等。

业务描述

设置工资分摊类型为"分配工资",分摊构成如表6—3所示。

表6—3　　　　　　　　　　　　　　分摊构成

部门名称	人员类别	项目	借方科目	贷方科目
财务部、办公室、仓储部	企业管理人员	应发合计	660202	2211
针剂车间、片剂车间	车间管理人员	应发合计	510102	2211
针剂车间、片剂车间	车间基本工人	应发合计	5001	2211
采购部、销售部	销售人员	应发合计	6601	2211

操作步骤

(1)在"工资分摊界面"单击【工资分摊设置】按钮,打开"分摊类型设置"对话框,如图6—35所示。

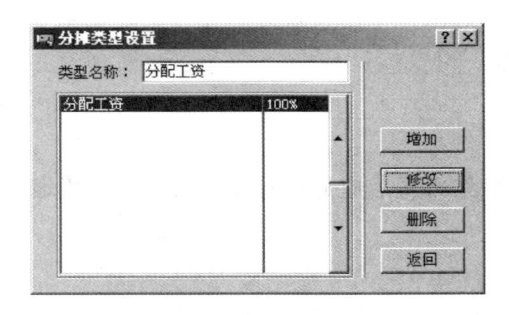

图6—35　"分摊类型设置"对话框

(2)单击【增加】按钮,打开"分摊计提比例设置"对话框,输入新的工资分配计提类型和计提分摊比例,如图6—36所示。

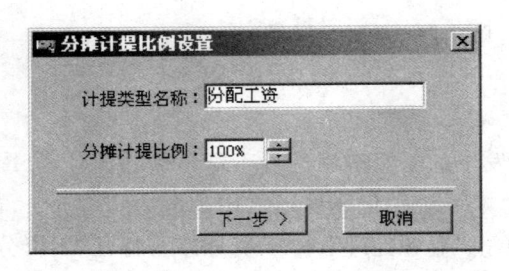

图 6-36 分摊计提比例设置

(3) 单击【下一步】按钮,打开"分摊构成设置"对话框,输入分摊构成设置,所有构成项目均可参照输入,如图 6-37 所示。

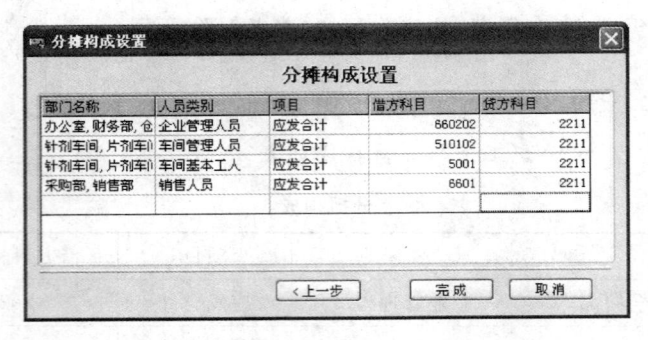

图 6-37 分摊构成设置

【说明事项】

不同部门、相同人员类别可设置不同的分摊科目。

不同部门、相同人员类别在设置时,可以一次选择多个部门。

(4) 单击【完成】按钮,返回"分摊类型设置"对话框。

(5) 单击【修改】按钮,可修改一个已设置的工资分配计提类型。

(6) 单击【删除】按钮,可删除一个已设置的工资分配计提类型,已分配计提的类型不能删除,最后一个类型不能删除。

(二)生成转账凭证

工资分配及费用分摊的结果最后应通过转账凭证的形式传递到总账,避免二次录入。

【操作步骤】

(1) 单击"业务处理"→"工资分摊",打开工资分摊对话框,如图 6-38 所示。

图 6—38　工资分摊

(2) 选择参与本次费用分摊计提的类型。
(3) 选择参与核算的部门。
(4) 选择计提费用的月份和计提分配方式。
(5) 选择费用分摊是否明细到工资项目。
(6) 以上设置完成后,进入"分配工资一览表",如图 6—39 所示。根据需要选择是否按"合并科目相同、辅助项相同的分录"显示一览表。

图 6—39　分配工资一览表

(7) 在"分配工资一览表"界面,从"类型"下拉列表框中选择不同的分摊类型,系统按选择的分摊类型显示相应的一览表。
(8) 单击【制单】按钮,将生成当前所选择的"分摊类型"所对应的一张凭证。选择"凭证字";确认"凭证日期";单击【保存】,凭证左上角显示红色"已生成"字样,如图 6—40 所示,表明该凭证已传递到总账系统。

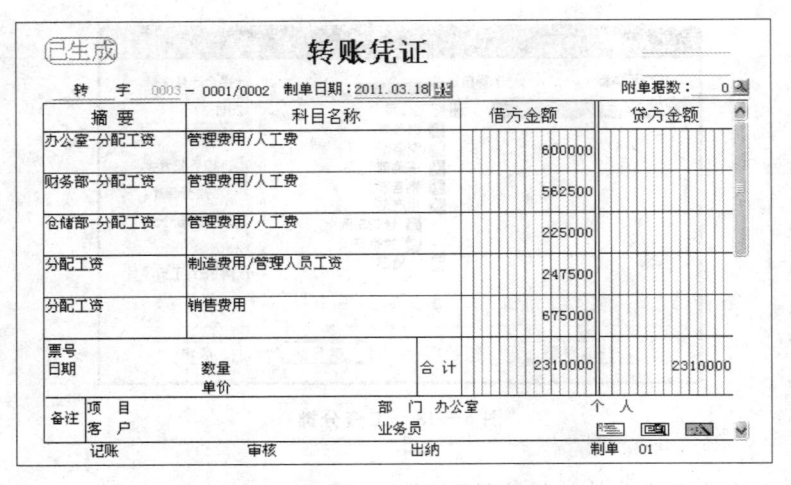

图 6-40 生成转账凭证

在"分配工资一览表"界面,如果单击【批制】按钮,可一次将所有本次参与分摊的"分摊类型"所对应的凭证全部生成。

五、月末处理

月末处理是将当月数据经过处理后结转至下月。每月工资数据处理完毕后均可进行月末结转。由于在工资项目中,有的项目是变动的,即每月的数据均不相同,在每月工资处理时,均需先将其数据清零,然后输入当月的数据,此类项目即为清零项目。

(一)月末处理

(1)在工资管理系统中,单击"业务处理"→"月末处理",打开"月末处理"对话框,如图 6-41 所示。

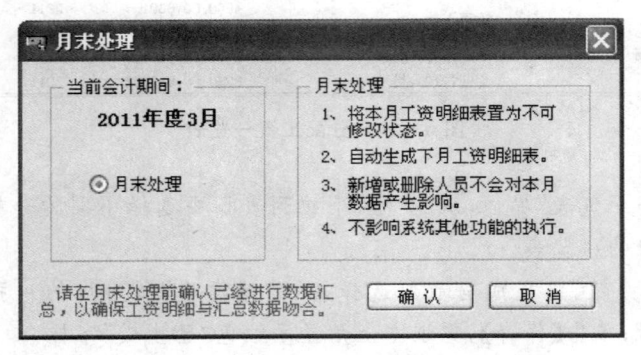

图 6-41 月末处理

(2)单击【确认】按钮,弹出"月末处理之后,本月工资将不许变动!继续月末处理吗?"系统提示框,如图 6-42 所示。

(3)若单击【否】,则退回工资管理主界面;若单击【是】,则系统继续提示"是否选择清零项?",如图 6-43 所示。

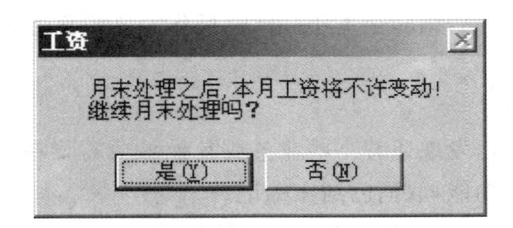

图 6—42 "月末处理"提示

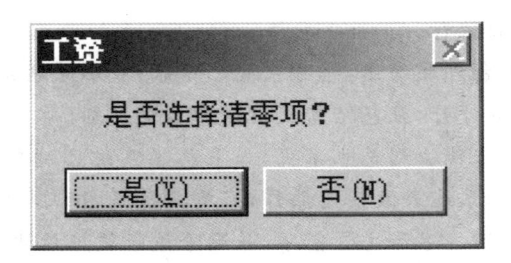

图 6—43 "选择清零项"提示

(4)若选【否】,则下月项目完全继承当前月数据;若选【是】,则打开"选择清零项目"对话框,如图 6—44 所示。

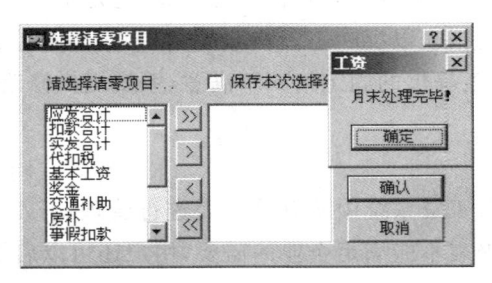

图 6—44 选择清零项目

(5)选择需要清零的项目后,单击【确认】按钮,系统提示"月末处理完毕!"。并且按用户设置将清零项目数据清空,其他项目继承当前月数据。如果选中"保存本次选择结果",则对于本次选择的需清零的工资项目系统将予以保存,每月不必再重新选择。

【说明事项】

月末结转只有在会计年度的 1~11 月进行。

若为处理多个工资类别,则应打开工资类别,分别进行月末结算。

若本月工资数据未汇总,系统将不允许进行月末结转。

进行期末处理后,当月数据将不再允许变动。

月末处理功能只有主管人员才能执行。

(二)年末结转

新年度到来时,应首先建立新年度账,然后在系统管理中选择"年度账"→"结转上年数据"

后,即可将工资数据经过处理后结转至本年。此项操作需要账套主管在系统管理中进行操作。

六、反结账

当工资管理系统结账后,发现还有一些业务或其他事项需要在已结账会计月份进行账务处理,此时需要使用反结账功能,取消已结账标记。

在工资管理系统中,单击"业务处理"→"反结账",选择要反结账的工资类别,确认即可。

【说明事项】

本功能只能由账套主管执行。

有下列情况之一的,不允许反结账:总账系统已结账;成本管理系统上月已结账;汇总工资类别的会计月份=反结账会计月,且包括需反结账的工资类别。

本月工资分摊、计提凭证传输到总账系统,如果总账系统已制单并记账,需做红字冲销凭证后,才能反结账;如果总账系统未做任何操作,只需删除此凭证即可。如果凭证已经由出纳签字和主管签字,需取消出纳签字和主管签字,并删除该张凭证后才能反结账。

第四节 工资数据统计分析

工资业务处理完成后,相关工资报表数据同时生成,这是手工处理与计算机处理的不同之处。系统提供了多种形式的报表以反映工资核算的结果,报表的格式是工资项目按照一定的格式由系统设定,如果对报表提供的固定格式不满意,系统提供修改表、新建表的功能。

一、我的账表

我的账表主要功能是对工资系统中所有的报表进行管理,有工资表和工资分析表两种报表类型。如果系统提供的报表不能满足企业的需要,用户还可以启用自定义报表功能,新增账表夹和设置自定义报表。

二、工资表

工资表主要用于本月工资的发放和统计,本功能主要完成查询和打印各种工资表的工作。工资表包括以下一些由系统提供的原始表:工资发放签名表、工资发放条、工资卡、部门工资汇总表、人员类别汇总表、部门条件汇总表、条件统计表、条件明细表、工资变动明细表、工资变动汇总表等。

在工资管理系统中,单击"统计分析"→"工资表",打开"工资表"对话框,如图6—45所示。选择要查看的表,单击【查看】按钮,在弹出对话框中输入相应的查询条件,即可得到相应的查询结果。

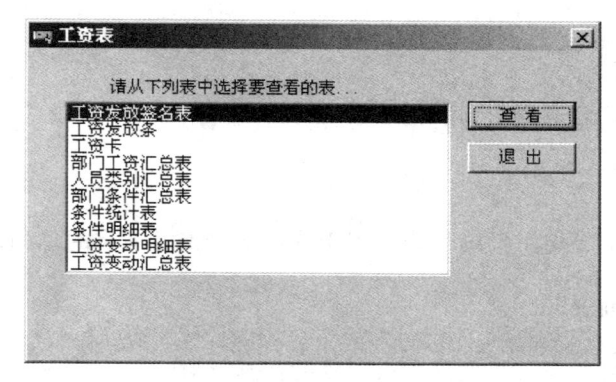

图 6—45　工资表

(一) 工资发放签名表

工资发放签名表即工资发放清单或工资发放签名表，一个职工一行。

可查询当月工资发放签名表，也可查询其他各月的工资发放签名表；既可查询选定的全部部门的工资发放签名表，也可查询某一部门的工资发放签名表。系统提供树型结构形式，可自由选择。工资发放签名表的打印按部门分页打印。

(二) 工资发放条

工资发放条是发放工资时交给职工的工资项目清单。

为满足用户在发放工资中利用多层复印纸印制的密封工资袋来发放工资的打印需要，系统提供用户自己定义工资发放打印信息和工资项目打印位置格式的功能，提供固化表头和打印区域范围的"工资套打"格式。

打印工资条如果一行打印不下，则自动进行压缩；若还打印不下，则自动进行折行打印。

(三) 工资卡

工资卡即工资台账，按每人一张设立卡片，工资卡片反映每个员工各月的各项工资情况、月平均工资及全年的工资合计。

(四) 部门工资汇总表

部门工资汇总表提供按单位(或各部门)进行工资汇总的查询。

可以选择部门级次，可以查询当月部门工资汇总表，也可以查询其他各月的部门工资汇总表。

(五) 人员类别汇总表

人员类别汇总表提供按人员类别进行工资汇总的查询。

可以查询当月人员类别工资汇总表，也可以查询其他各月的人员类别工资汇总表。

(六) 部门条件汇总表

部门条件汇总表是由用户指定条件生成按部门汇总的工资汇总表。

(七) 条件明细表

按用户指定条件查询工资明细数据并输出符合条件的所有人员的工资明细情况。

(八) 条件统计表

按用户指定条件生成的工资统计表。用于统计某些工资项目的总和情况。

(九) 工资变动明细表

用于选定工资项目的本月与上月个人工资的数据核对。

可通过月份下拉框选择要核对数据的终止月，系统自动将终止月与其上一月的数据比较显示出来，以供用户进行核对。工资变动明细表不能修改和删除。

工资变动明细表显示方式有：比较式（显示本月与上月数据）、差额式（显示本月与上月数据，并显示两月之间的差额）、比较差额式（只显示本月与上月数据的差额）。

(十) 工资变动汇总表

用于本月与上月工资汇总数据的核对，其他内容与工资变动明细表类似。

在不选择任何工资项目情况下，工资变动表表现为：由于现有人员的调动、工资停发等或本月新增人员的工资发放造成的本月与上月部门工资不一致的变动情况。月份下拉框中供选择的最小月份为该套工资启用月份加1。

三、工资分析表

工资分析表是以工资数据为基础，对部门、人员类别的工资数据进行分析和比较，产生各种分析表，供决策人员使用。工资分析表包括：分部门各月工资构成分析表、分类统计表（按部门、按项目、按月）、工资项目分析（按部门）、工资增长情况、部门工资项目构成分析表、员工工资汇总表、员工工资项目统计表。

在工资管理系统中，单击"统计分析"→"工资分析表"，打开"工资分析表"对话框，如图6－46所示。选择相应的分析表，单击【确认】按钮，输入条件，再【确认】按钮，即可进入相应的界面。

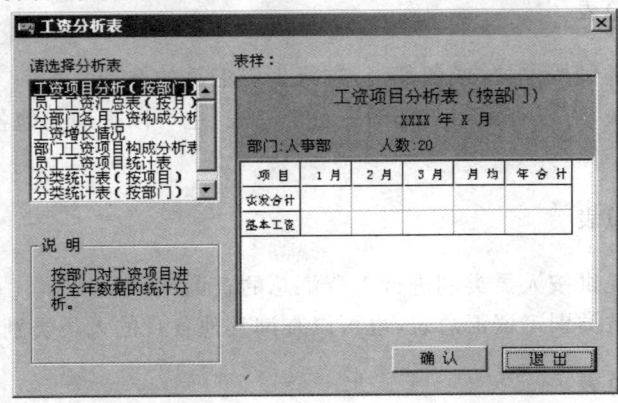

图6－46 工资分析表

对于工资项目分析,系统仅提供单一部门项目分析表。用户在分析界面可单击部门下拉框,选择已选中部门中的某一部门,查看该部门的工资项目分析表。

对于员工工资汇总表,系统仅提供对单一工资项目和单一部门进行员工工资汇总分析。

对于分部门各月工资构成分析表,系统提供对单一工资项目进行工资构成分析。

在各查询分析界面,可单击【查询】按钮,重新设定分析条件。

四、凭证查询

工资核算的结果以转账凭证的形式传递到总账系统,在总账系统中可以进行查询、审核、记账等操作,不能修改、删除。工资管理系统中的凭证查询功能提供对工资系统转账凭证的删除、冲销。

(1)选择"统计分析"→"凭证查询",打开"凭证查询"对话框,如图6-47所示。

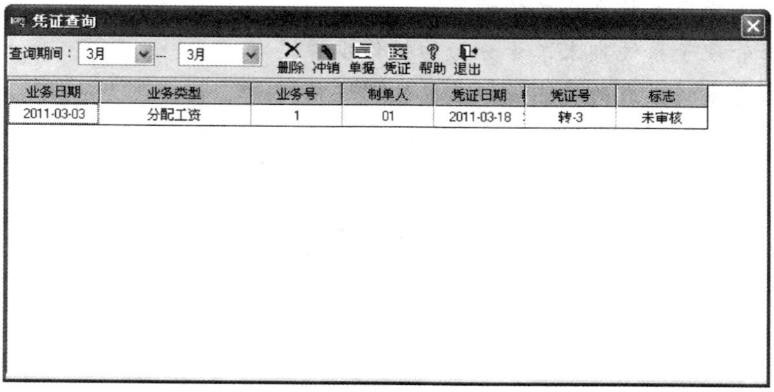

图6-47 凭证查询

(2)选择输入所要查询的起始月份和终止月份,显示查询期间凭证列表。

(3)选中一张凭证,单击【删除】按钮,可删除标志为"未审核"的凭证。实质是在总账中将凭证打上"作废"标记,如果想从数据库中删除,还需在总账中执行凭证整理。

(4)单击【冲销】按钮,则可对当前标志为"记账"的凭证进行红字冲销操作,自动生成与原凭证相同的红字凭证。

(5)单击【单据】按钮,显示生成凭证的原始凭证。

(6)单击【凭证】按钮,显示单张凭证界面。

第五节 工资数据维护

一、数据上报

数据上报主要是指本月与上月相比新增加人员数量信息及减少人员数量信息的上报,本功能是在基层单位账中使用,形成上报数据文件。单个工资类别账时,一直可用;多个工资类别账时,需关闭所有工资类别后才可使用。

人员信息包括人员档案的所有字段信息、工资数据包含所有工资项目的信息。

二、数据采集

数据采集是指人员信息采集，人员信息采集是指将人员上报盘中的信息读入系统中。本功能是在统发账中使用，用于人员的增加、减少、工资数据的变更。数据采集功能在单个工资类别账时，一直可用；多个工资类别账时，需关闭所有工资类别后才可使用。

本章习题

1. 工资管理子系统的主要功能有哪些？
2. 工资管理子系统的初始设置内容有哪些？
3. 如何进行工资项目计算公式的设置？
4. 简述工资管理子系统期末工资分摊的操作步骤。
5. 简述在工资系统生成的转账凭证后续处理过程。

第七章　固定资产管理

教学目的及要求

了解固定资产管理子系统的特点、数据处理流程；理解固定资产管理子系统的主要功能；熟悉掌握固定资产管理子系统的操作流程，主要掌握固定资产管理子系统的初始设置、日常业务处理和期末业务处理。

第一节　固定资产管理概述

固定资产管理系统是一套用于企事业单位进行固定资产核算和管理的软件，主要面向中小型企业，帮助企业的财务部门进行固定资产总值、累计折旧数据的动态管理，为总账系统提供相关凭证，协助企业进行部分成本核算，同时还为设备管理部门提供固定资产的各项指标管理工作。

一、功能概述

固定资产管理系统的作用是完成企业固定资产日常业务的核算和管理，生成固定资产卡片，按月反映固定资产的增加、减少、原值变化及其他变动，并输出相应的增减变动明细账，保证企业固定资产的安全完整并充分发挥其效能；同时，按月自动计提折旧，生成折旧分配凭证，保证再生产的资金来源。此外，还可输出一些与"设备管理"相关的报表和账簿，用来分析固定资产的利用效果。本系统主要功能体现在以下几个方面：

（一）固定资产系统初始设置

运行固定资产系统并打开该账套后，要进行必要的系统初始设置工作。具体包括：系统初始化、部门设置、类别设置、使用状况定义、增减方式定义、折旧方法定义、卡片项目定义、卡片样式定义等。

（二）固定资产卡片管理

固定资产管理在企业中分为两个部分：一是固定资产卡片台账管理；二是固定资产的会计处理。考虑到这两方面的使用习惯和管理的科学性，系统首先提供了卡片管理的功能。在用友T6应用系统中，主要从卡片、变动单及资产评估三个方面来实现卡片管理。"卡片"中主要实现录入原始卡片、卡片修改、卡片删除、资产增加和资产减少等功能，不仅实现了固定资产的文字资料管理，而且还实现了固定资产的图片管理；"变动单"中实现固定资产变动的各项管理；此外，还单独列示"资产评估"来完成评估数据和成果的管理。

(三) 固定资产折旧管理

自动计提折旧形成折旧清单和折旧分配表,并按分配表自动制作记账凭证,并传递到总账系统,同时在本系统中可修改、删除和查询此凭证。对折旧进行分配时,可以在单部门或多部门之间进行分配。

(四) 固定资产月末对账、结账

月末,按照系统初始设置的账务系统接口,自动与总账系统进行对账,并根据对账结果和初始设置决定是否结账。

(五) 固定资产账表查询

通过"我的账表"对系统所能提供的全部账表进行管理,资产管理部门可随时查询分析表、统计表、账簿和折旧表,以便提高资产管理效率。

另外,系统还能提供固定资产的多种自定义功能,可自定义折旧方法、汇总分配周期、卡片项目等。

二、固定资产管理系统与其他子系统的主要关系

固定资产管理系统与其他子系统的主要关系如图 7-1 所示。

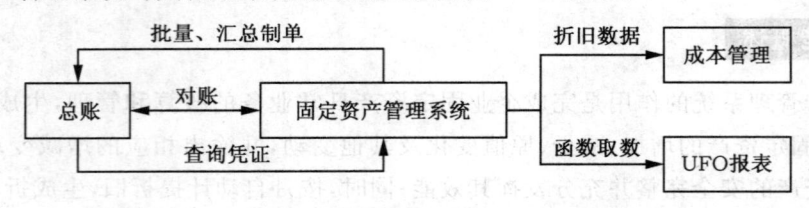

图 7-1　固定资产管理系统与其他子系统的主要关系

固定资产管理系统中资产的增加、减少以及原值和累计折旧的调整、折旧计提都要将有关数据通过记账凭证的形式传递到总账系统,同时通过对账保持固定资产账目与总账系统的平衡,并可以查询凭证。固定资产管理系统为成本管理系统提供折旧费用数据。UFO 报表系统可以通过使用相应的函数从固定资产系统中提取分析数据。

三、固定资产管理系统的业务流程

固定资产管理系统的业务流程如图 7-2 所示。

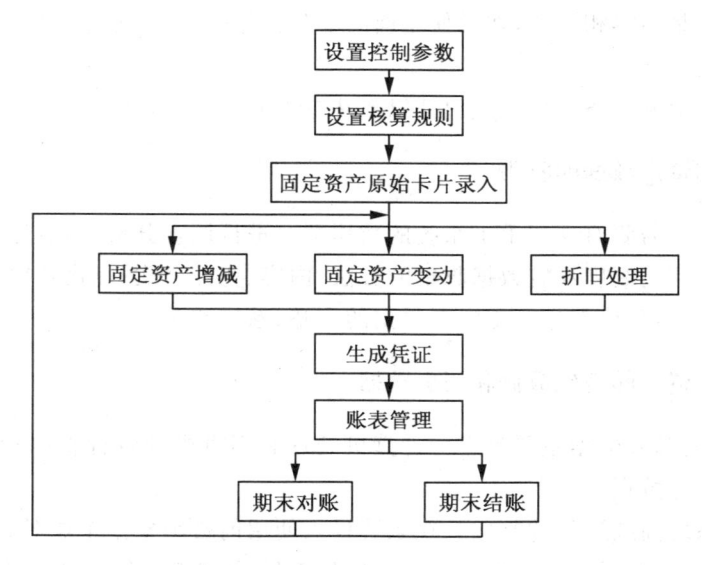

图7-2 固定资产管理系统的业务流程

第二节 固定资产管理系统初始设置

固定资产管理系统初始设置是根据单位的具体情况,建立一个适合本单位需要的固定资产管理子系统的过程,它是使用固定资产管理子系统管理资产的首要操作。

对基础数据进行初始处理,从而将一个通用的系统转化为适用于处理本单位会计业务的专用系统,初始设置质量的优劣对于能否高效率地使用具有举足轻重的作用,而做好初始设置的基本条件是认真做好设置的准备工作。

一、系统使用前的准备工作

固定资产管理系统在投入使用前认真细致地做好系统使用前的准备工作具有极其重要的意义。这是因为,企业固定资产的管理和核算由设备和会计部门分别进行,而固定资产的使用几乎与企业的所有部门均有关系,数据来源分散。由于现行管理体制和历史原因,有关同一固定资产的数据在不同部门归口收集、汇总、使用,数据重复多,交叉现象严重,产生较大的差异,各部门都无法提供完整的信息。其次,限于手工处理的能力,对固定资产核算的处理一般单位都采用简化的粗略方法,这些方法远远不能满足企业现代化管理的要求,例如固定资产的计提折旧是固定资产核算的核心工作之一,手工条件下限于人的处理能力,多数企业采用按固定资产类别计提折旧的方法,这种方法对成本核算到班组甚至核算到岗位的企业是远远不能满足要求的。因此,固定资产管理系统进行初始设置时不必要、不可能也不应该将手工核算的一切方式照搬到系统中。

企业固定资产的管理从手工向计算机过渡,其基本目的是细化固定资产的核算、规范固定资产的管理,固定资产管理系统使用前的准备工作主要就是围绕这两个方面进行的。

另外,计算机处理与手工处理在处理方法上有很大区别,不同的固定资产管理软件系统对初始设置的要求也是不尽相同的,在做使用前的准备工作时,必须充分考虑这些区别和要求所带来的影响。

固定资产使用前的准备工作主要包括以下几个方面。

(一) 规范固定资产数据的收集

根据企业管理的需要对现有手工系统的数据情况进行调查分析,搞清楚存在的数据冗余、遗漏、脱节的原因;制定制度规定数据收集的方法、内容、凭证格式;优化数据传递的渠道;规定数据管理的责任部门,从而保证固定资产数据的完整、系统和及时。

(二) 规范固定资产的基础数据和历史数据

(1) 固定资产的基础数据主要是进行计算机处理必不可少的各种编码和为了管理需要而制定的各种控制指标数据。

数据编码是系统高效运行的基础。在系统投入使用前必须根据企业对数据处理的要求加以规范,对编码进行规范时必须考虑:第一,编码是否科学、合理;第二,编码在各个会计子系统中是否统一,也就是要保证固定资产编码在企业管理的各个系统中保持一致;第三,确定的编码体系是否符合财务管理软件对编码的要求。

控制指标数据是指进行管理和会计监督所需要的费用开支标准和预算等数据。在固定资产管理系统中,设备的维修费用是一个弹性较大也是固定资产日常使用开支较大的项目,制定合理的费用标准对节省开支、提高企业经济效益有重大意义。有了这种标准,固定资产管理系统在处理有关费用时即可对超过标准数据给予提示,从而达到事前、事中控制的要求。

(2) 对固定资产的历史数据的规范其根本目的在于对手工系统进行一次全面清理,对历史遗留问题进行一次彻底解决,以便固定资产管理系统一开始就在一个良好的基础上运行。固定资产历史数据的清理规范主要解决两个问题:第一,会计部门固定资产二级明细账与设备部门管理的固定资产卡片的分类合计是否符合,固定资产账上的数据与固定资产卡片上的数据是否吻合;第二,所有部门记录的固定资产的单、证、账、表上的数据与实际存在的固定资产是否符合。这两个方面在大多数单位都不同程度地存在一些问题,解决这些问题的工作量也许比较大,但必须引起高度重视。

(三) 确定折旧方法

固定资产折旧的计算是固定资产核算的核心工作。由于固定资产管理系统不必考虑处理能力的问题,因此在进行手工向计算机管理过渡时,只需要从企业细化管理的要求出发,在会计制度允许的范围内选择固定资产折旧方法即可。一般来说,选用每种设备的折旧方法核算固定资产折旧更有助于固定资产的细化管理。

(四) 规范信息输出

固定资产信息的输出主要是以报表形式提供的,满足企业不同的管理需求,在固定资产管理系统投入使用前应允许考虑报表的种类、格式和具体内容,以便据此确定报表的格式和计算公式。

(五)规范业务管理的工作流程

规范固定资产管理系统的业务工作流程,目的有两个:一是要确保数据处理的正确性,二是通过规范工作流程从制度上建立系统使用的内部控制体系。这是因为会计核算工作有其固定的工作顺序:固定资产的各种增减、内部调动和使用状况变动如没有进行处理,计提折旧就可能发生错误;固定资产管理系统生成的记账凭证没有向账务系统传递,账务系统就已结账,凭证就无法传递,账务系统与固定资产管理系统有关的账簿记录就会出现差错。虽然财务管理软件系统已内设了部分控制,但仍存在一定的缺陷,因此,必须从制度的角度进一步加以规范。

系统初始设置包括固定资产初始化、基础设置和原始卡片录入三项内容。

二、固定资产初始化

固定资产子账套是在会计核算账套的基础上建立的。对于已存在单位账套的,需启用固定资产管理子系统,然后对固定资产管理子系统进行初始化。

【业务描述】

以账套主管 demo 登录 808 账套,按下述资料进行固定资产初始化:

固定资产账套启用月份:2011—03。

固定资产折旧信息:采用平均年限法按月计提折旧,折旧汇总分配周期为 1 个月;当"月初已计提月份=可使用月份-1"时,要求将剩余折旧全部提足。

固定资产编码方式:固定资产类别编码方式为"2—1—1—2";固定资产编码方式采用自动编码,编码方式为按"类别编码+部门编码+序号";序号长度为 5。

固定资产与财务接口:要求与总账系统进行对账;固定资产对账科目为"1601 固定资产";累计折旧对账科目为"1602 累计折旧";对账不平衡的情况下允许月末结账。

【操作步骤】

(1)单击"开始"→"程序"→"用友 T6"→"企业门户",登录进入企业门户;单击"业务"→"财务会计"→"固定资产"。

(2)首次使用固定资产管理系统时,系统自动提示是否进行账套初始化,如图 7—3 所示。

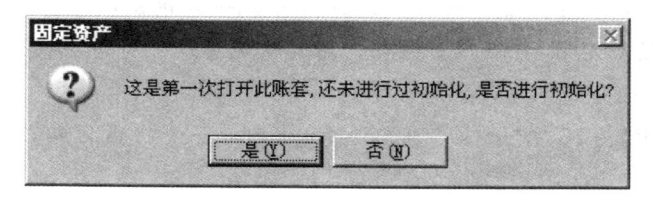

图 7—3 固定资产账套初始化提示

单击【是】按钮,打开"固定资产初始化向导——约定【说明】"对话框,系统自动引导完成固定资产建账过程。共分为六步。

(3)在约定及说明界面中显示固定资产账套的基本信息,并提示系统进行资产管理的基本原则,如图7-4所示。

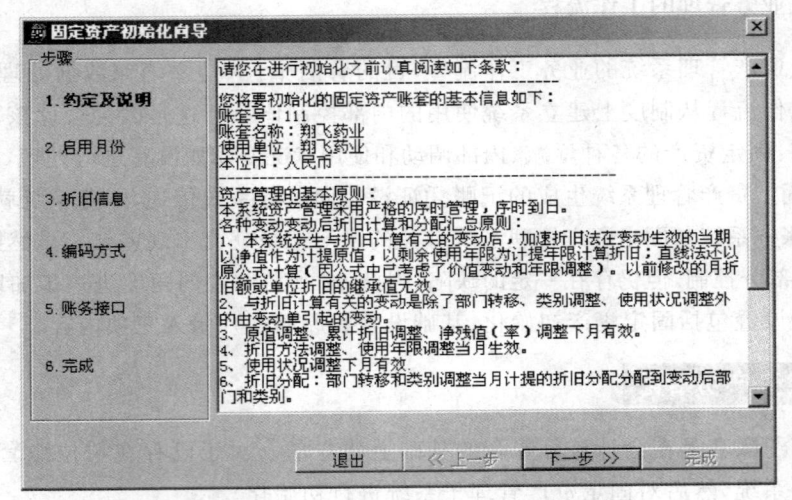

图7-4 固定资产初始化向导——约定及说明

(4)仔细阅读后,单击【下一步】按钮,打开"固定资产初始化向导——启用月份"对话框,如图7-5所示。

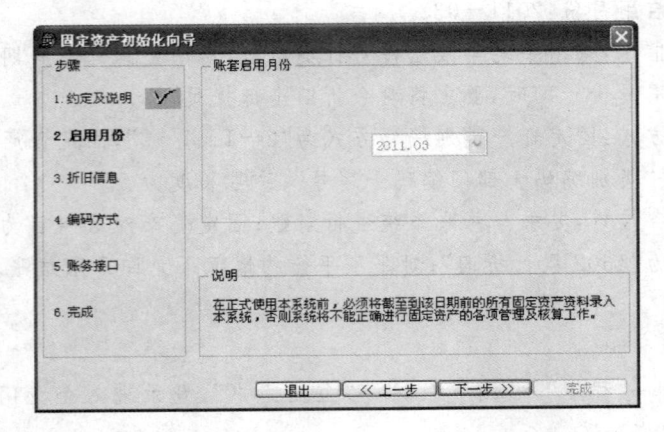

图7-5 固定资产初始化向导——启用月份

在此界面中可以查看本账套固定资产开始使用的年份和会计期间,启用日期只能查看但不能修改。启用日期确定后,在启用日期前的所有固定资产都将作为期初数据,在启用月份开始计提折旧。

(5)单击【下一步】按钮,打开"固定资产初始化向导——折旧信息"对话框,如图7-6所示。

【说明事项】

本账套计提折旧:根据本企业性质确定本账套是否计提折旧,即选定本单位折旧应用方案。按照制度规定,行政事业单位的所有资产不计提折旧,企业单位资产需要计提折旧,一旦确定本账套不提折旧,则账套内与折旧有关的所有功能均不能操作,该判断在初始化设置完成后不能修改。

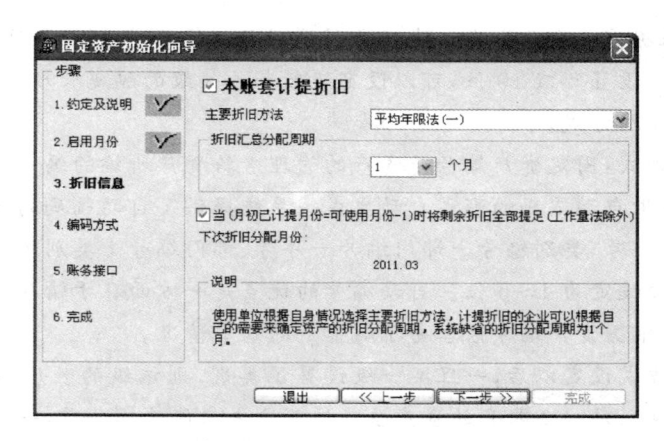

图7-6 固定资产初始化向导——折旧信息

主要折旧方法：系统设置了六种常用的折旧方法，选择折旧方法，以便在资产类别设置时自动带出。对具体的固定资产可重新定义折旧方法。

折旧汇总分配周期：企业在实际计提折旧时，不一定每个月计提一次，可能因行业和自身情况，每季度、半年或一年计提一次，折旧费用的归集也按照这样的周期进行，如保险行业每三个月计提和汇总分配一次折旧。系统设定的处理方式是：每个月均计提折旧，但折旧的汇总分配原则按选择的周期进行，一旦选定，系统将自动在相应的月末生成折旧分配表，提示制作记账凭证。系统提供1、2、3、4、6、12这几个分配周期。

当"月初已提月份＝可使用月份－1"时，将剩余的折旧全部提足（工作量法除外）：如果选中该项，则除工作量法外，只要上述条件满足，该月月折旧额＝净值－净残值，并且不能手工修改；如果不选该项，则该月不提足折旧，并且可手工修改，但若以后各月按照公式计算的月折旧率或折旧额是负数时，认为公式无效，则月折旧率＝0，月折旧额＝净值－净残值。

（6）设置完毕，单击【下一步】按钮，打开"固定资产初始化向导——编码方式"对话框，如图7-7所示。

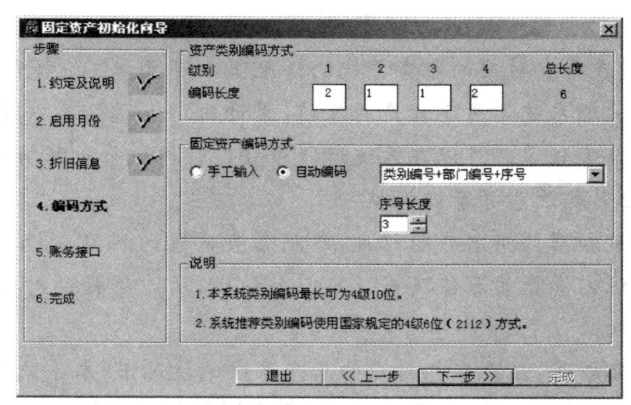

图7-7 固定资产初始化向导——编码方式

【说明事项】

资产类别编码方式：资产类别是单位根据管理和核算的需要给资产所做的分类，可参照国家标准分类,也可根据需要自己分类。资产类别编码是固定资产分类管理的基础和依据。本系统类别编码最多可设置4级10位,可以设定级数和每一级的编码长度。系统推荐采用国家规定的4级6位(2112)方式。

固定资产编码方式:固定资产编号是资产的管理者给资产所编的编号,可以在输入卡片时手工输入,也可以选用自动编码的形式自动生成。系统提供了自动编码的几种形式:类别编号+序号、部门编号+序号、类别编号+部门编号+序号、部门编号+类别编号+序号,自动编号中序号的长度可自由设定为1~5位。自动编号的优点是一方面在于输入卡片时简便,更重要的是便于资产管理,根据资产编号很容易了解资产的基本情况。

资产类别编码方式设定以后,一旦某一级设置了类别,则该级的长度不能修改,未使用过的各级的长度可修改。每一个账套的资产自动编码方式只能选择一种,一经设定,该自动编码方式不得修改。

(7)设置完成后,单击【下一步】按钮,打开"固定资产初始化向导——财务接口"对话框,如图7-8所示。

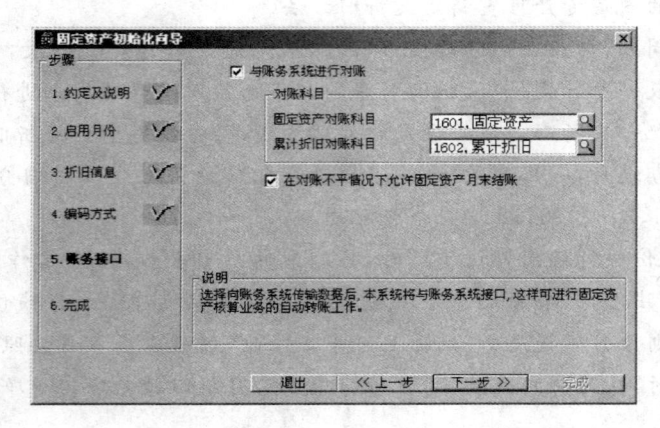

图7-8 固定资产初始化向导——财务接口

【说明事项】

与账务系统对账:在存在对应的账务系统的情况下才可操作。选择与账务系统对账,则随时可以了解固定资产管理系统内所有资产的原值、累计折旧和总账系统中的固定资产科目和累计折旧科目的余额是否相等。可以在系统运行中任何时候执行对账功能,如果不平,肯定在两个系统出现偏差,应引起注意并予以调整。

固定资产对账科目和累计折旧对账科目:参照账务系统的科目选择。因固定资产系统提供要对账的数据是系统内资产的原值及累计折旧合计数,所以选择的对账科目应与账务系统内对应的一级科目一致。

对账不平允许月末结账:当存在相对应的总账系统的情况下,本系统在月末结账前自动执行一次"对账"功能,给出对账结果,如果不平,说明两个系统出现偏差,应予以调整。但是偏差并不一定是由错误引起的,有可能是操作的时间差异(在账套刚开始使用时比较普遍,如第一个月原始卡片没有录入完毕等)造成的,因此给出判断是否"对账不平允许月末结账";如果希望严格控制系统间的平衡,则不能选取此项。

(8)设置完成后,单击【下一步】按钮,打开"固定资产初始化向导——完成"对话框,如图7-9所示。

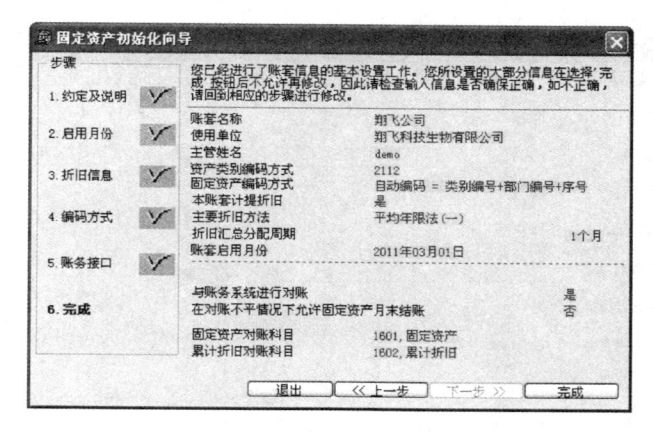

图7-9 固定资产初始化向导——完成

(9)仔细审查系统给出的汇总报告,确认没有问题时,单击【完成】按钮,结束固定资产初始化建账过程,弹出系统提示,如图7-10所示。

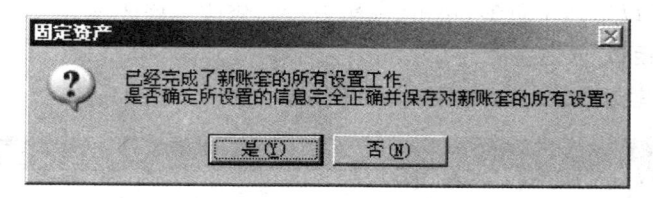

图7-10 建账完成

(10)单击【是】,系统提示"已成功初始化本固定资产账套",确认后,进入固定资产管理系统主界面。

固定资产管理系统初始化完成后,当需要对固定资产账套中某些参数进行修改时,可在"设置"→"选项"中进行重新设置;当发现某些设置错误而又不允许修改(例如:本账套是否计提折旧),但必须纠正时,则只能通过"重新初始化"功能实现,但应注意,重新初始化将清空对该子系统的所有数据。

三、基础设置

基本设置包括卡片项目、卡片样式、折旧方法、部门、部门对应折旧科目、资产类别、使用状况、增减方式等。在会计电算化方式下,必须将手工记账时采用的信息在账套内进行设置,这些基础设置是使用固定资产系统进行资产管理和核算的基础。

系统的各项基础设置中除资产类别和建账期初数据必须由用户设置外,其他各部分都有系统预置的内容。

(一)选项设置

选项中包括在账套初始化中设置的参数和其他一些在账套运行中使用的参数或判断,在此只对初始化中没有设置的参数进行提示,账套初始化中可修改的参数可以在这里修改。

在固定资产子系统下,单击"设置"→"选项",打开"选项"对话框,如图7-11所示。

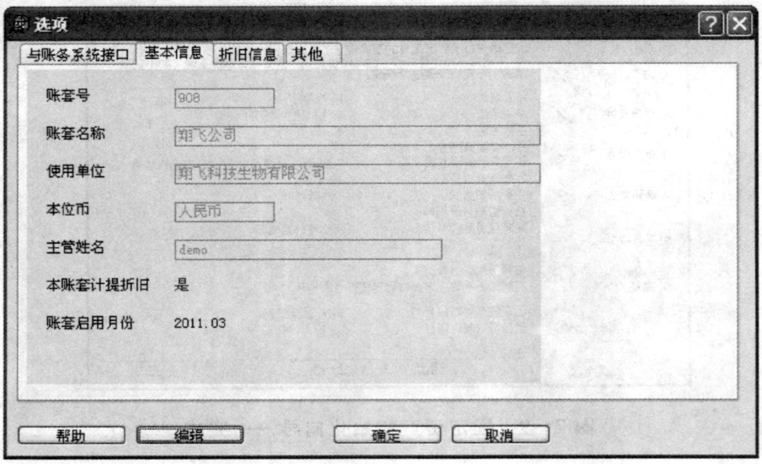

图7-11 账套选项修改

选项界面中包括以下四个页签,单击【编辑】按钮,修改可修改项。

1. "与财务系统接口"页签

单击"与财务系统接口"页签,如图7-12所示。

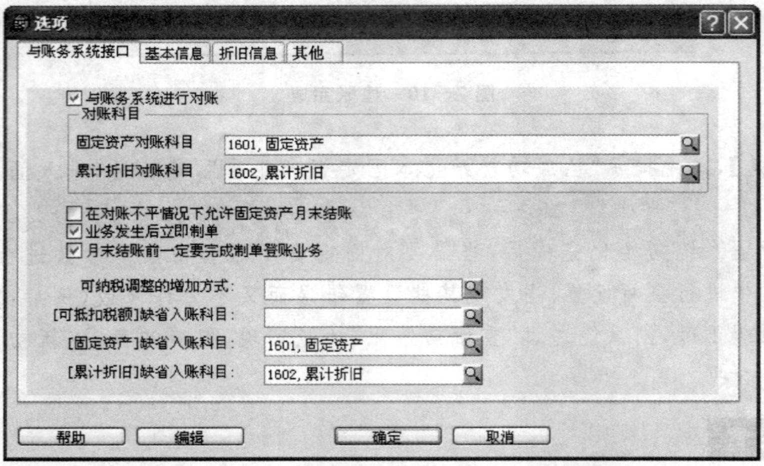

图7-12 选项——与财务系统接口

【业务描述】

在"选项——与财务系统接口"页签中设置以下内容:月末结账前一定要完成制单登账业务;固定资产缺省入账科目:1601;累计折旧缺省入账科目:1602。

【说明事项】

业务发生后立即制单:本选项用于确定制单的时间。缺省为"是",可以修改,修改后系统将把没有制单的原始单据的资料收集到批量制单部分,利用批量制单功能统一完成。

月末结账前一定要完成制单登账业务:系统中的有些业务在存在对应的账务账套的情况下应制作凭证,把凭证传递到总账系统,但有可能一些经济业务在其他系统已制作凭证,为避免重复制单,可不选择该项。如果想保证系统的严谨性,则在此判断框内打"√",表示一定要完成应制作的凭证,如存在没有制单的凭证,本期间不允许结账。

固定资产缺省入账科目、累计折旧缺省入账科目:固定资产系统制作记账凭证时,凭证中上述科目的缺省值将由设置确定,当这些设置为空时,凭证中缺省科目为空。

2. "基本信息"页签

基本信息页签的内容均根据初始设置缺省,不可修改。

3. "折旧信息"页签

参见系统初始设置。

4. "其他"页签

其他页签中的选项如图7—13所示。

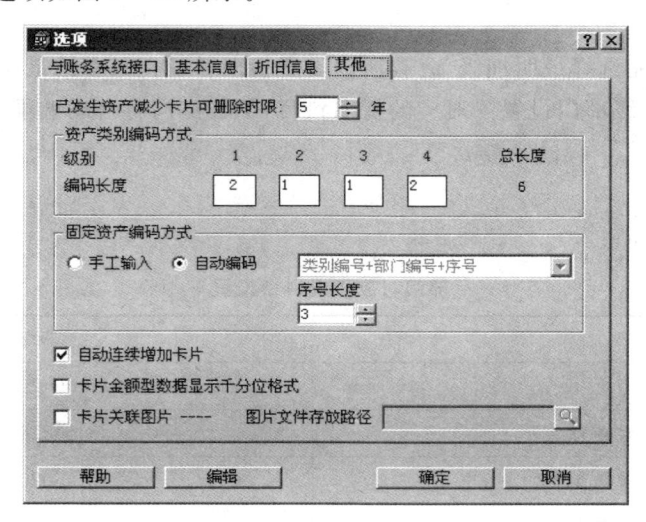

图7—13 选项——其他页签

【业务描述】

在"选项——其他"页签中设置以下内容。

已发生资产减少卡片可删除时限:5年;每次登录系统时显示资产到期提示表。

【说明事项】

已发生资产减少卡片可删除时限:根据制度规定已清理的资产的资料应保留5年,所以系统设置了该时限,缺省为5年,只有5年后才能将相关资产的卡片和变动单删除(删除是指从系统的数据库中彻底删除)。使用者可根据需要修改这个时限,系统按修改后的时限判断已清理资产的卡片和变动单能否删除。

自动连续增加卡片:选择此项,增加的卡片保存后系统自动增加一张新的空白卡片。

每次登录系统时显示资产到期提示表:如果选择此项,则根据该参数判断当用户每次登录固定资产子系统时自动显示当前期间使用年限已到期的固定资产信息,以及即将到期的资产信息,以丰富查询分析,提高产品的管理性能。

(二)部门档案设置

在部门设置中,可对企业的各职能部门进行分类和描述,以便确定资产的归属。在"企业门户"→"设置"页标签中"基础档案"→"机构设置"→"部门档案"中的部门设置是共享的。

(三)部门对应折旧科目设置

对应折旧科目是指折旧费用的入账科目。资产计提折旧后必须把折旧数据归入成本或费用科目,根据不同企业的具体情况,有按部门归集的,也有按类别归集的。当按部门归集折旧费用时,某一部门内的资产的折旧费用将归集到一个比较固定的科目,部门折旧科目的设置就是给每个部门选择一个折旧科目,这样在录入卡片时,该科目自动添入卡片中,不必一个一个输入。

录入卡片时,只能选择最明细级部门,所以设置折旧科目也只有给最明细级部门设置才有意义。如果对某一上级部门设置了对应的折旧科目,下级部门将自动继承上级部门的设置。

【业务描述】

按表 7-1 设置部门对应折旧科目。

表 7-1 部门对应折旧科目设置

部门	折旧科目
办公室	660204
财务部	660204
采购部	660204
销售部	6601
生产部	510101
仓储部	660204

【操作步骤】

(1)在固定资产管理子系统中,单击"设置"→"部门对应折旧科目",进入"部门对应折旧科目设置"窗口,如图 7-14 所示。

(2)在"列表视图"页签中显示所有已设置的部门对应折旧科目。

(3)在左侧的"固定资产部门编码目录"中选择"生产部",单击工具栏上的【修改】按钮,系统自动打开"单张视图"页签,如图 7-15 所示。

(4)单击"折旧科目"右侧的参照按钮,参照选择或输入科目编码"510101",系统自动显示科目名称。

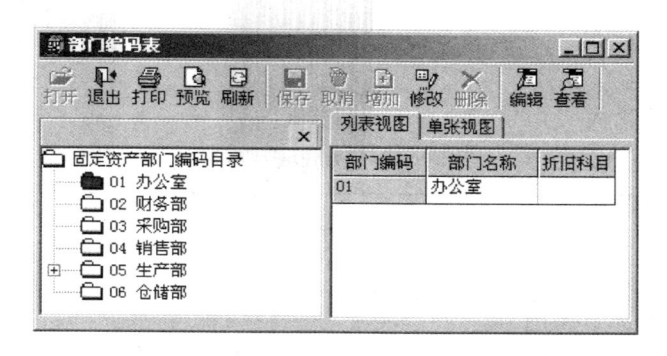

图 7-14　部门对应折旧科目——列表视图

图 7-15　部门对应折旧科目——单张视图

(5)单击【保存】按钮,弹出系统提示,如图 7-16 所示。

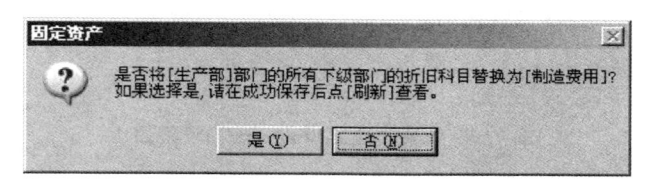

图 7-16　折旧科目替换提示

(6)单击【是】按钮,系统返回列表视图。单击【刷新】按钮,系统自动将"生产部"所有下级部门的折旧科目替换为"制造费用"。

【说明事项】

设置部门对应的折旧科目时,必须选择末级会计科目。

设置上级部门的折旧科目,则下级部门可以自动继承,也可以选择不同的科目,即上下级部门的折旧科目可以相同,也可以不同。

(四)资产类别设置

固定资产的种类繁多、规格不一,要强化固定资产管理,及时准确做好固定资产核算,必须科学地对固定资产进行分类,为核算和统计管理提供依据。企业可根据自身的特点和管理要求,确定一个较为合理的资产分类方法。

> 业务描述

按表 7—2 设置资产类别。

表 7—2　　　　　　　　　　　资产类别设置

类别编码	类别名称	使用年限	净残值率	计提属性	折旧方法
01	土地	50		总不计提	不提折旧
02	房屋及建筑物	50			
021	厂房	50	3%	正常计提	平均年限法（一）
022	办公楼	50	3%	正常计提	平均年限法（一）
03	设备				平均年限法（一）
031	1号生产线	20	5%	正常计提	平均年限法（一）
032	运输设备	10	5%	正常计提	平均年限法（一）

> 操作步骤

(1) 在固定资产管理子系统中，单击"设置"→"资产类别"，进入"资产类别"窗口，如图 7—17 所示。系统提供资产类别的列表视图和单张视图两种显示方式。

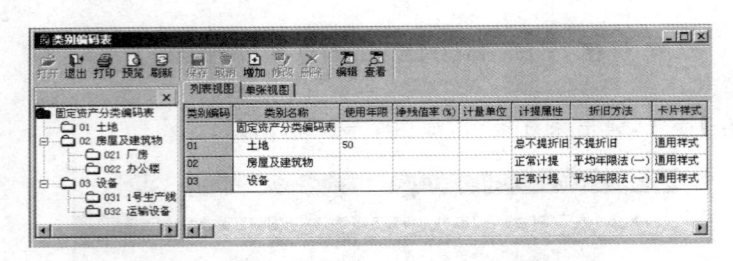

图 7—17　资产类别设置——列表视图

(2) 在"列表视图"页签中显示所有已定义好的资产类别。首次进入资产类别设置时资产类别目录是空的。

(3) 在左侧的"固定资产分类编码表"中选择欲增加资产类别的上级，如设备，单击工具栏上的【增加】按钮，系统自动打开"单张视图"页签，如图 7—18 所示。

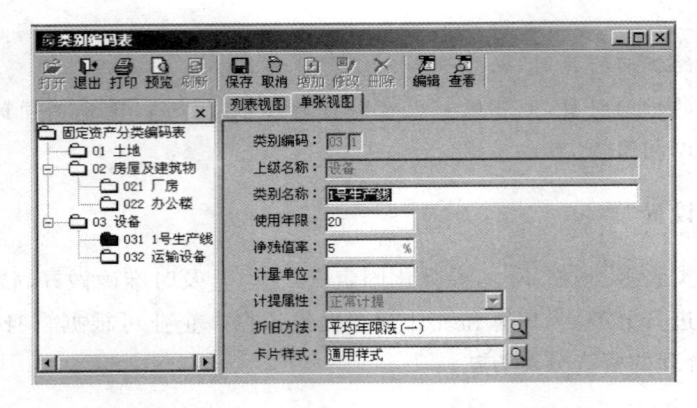

图 7—18　资产类别设置——单张视图

(4)输入类别编码、类别名称、使用年限、净残值率、计量单位、计提属性、折旧方法、卡片样式等信息。

【说明事项】

类别编码：固定资产类别编码由它的所有上级类别的编码和本级编码共同组成，选中上级资产类别，上级编码即自动带到本级，不允许修改。

使用年限、净残值、计量单位：缺省继承其上级类别的设置，可以修改。

计提属性：是系统自动计提折旧时计提的基本原则，系统提供三个选项：总计提折旧、总不提折旧、正常计提，任何类别必须选择其中一种情况。

折旧方法：参照折旧方法集合选择该类别常用的折旧方法。

卡片样式：从卡片样式目录中选择该资产类别对应的卡片样式，缺省为"通用样式"，可修改。

(5)单击【保存】按钮，保存已设置的资产类别。

【说明事项】

定义资产类别时，必须自上级而下级定义。

资产类别编码不能重复，同一级别的类别名称不能相同。

类别编码、名称、计提属性、卡片样式不能为空。

非明细级类别编码不能修改和删除，明细级类别编码修改时只能修改本级的编码。

使用过的类别的计提属性不能修改。

系统已使用的类别不允许增加下级和删除。

如果想使用自己的卡片样式，必须先定义"卡片项目"和"卡片样式"。

（五）增减方式设置

增减方式包括增加方式和减少方式两类。资产增加或减少方式用以确定资产计价和处理原则。系统内置的增加方式有：直接购买、投资者投入、捐赠、盘盈、在建工程转入、融资租入6种。减少方式有：出售、盘亏、投资转出、捐赠转出、报废、毁损、融资租出7种。用友T6应用系统中固定资产的增减方式可以设置两级，用户可根据需要自行增加。

业务描述

按表7-3设置固定资产增减方式。

表7-3　　　　　　　　　　　固定资产增减方式

增加方式	对应入账科目	减少方式	对应入账科目
直接购入	10020101	出售	1606
投资者投入	4001	盘亏	1901
捐赠	6301	投资转出	1511
盘盈	6901	捐赠转出	1606
在建工程转入	160404	报废	1606
融资租入	2701	毁损	1606

> 操作步骤

(1)单击"设置"→"增减方式",进入"增减方式"窗口。

(2)"列表视图"中显示系统预设的固定资产增减方式,用户可根据企业情况进行增加、删除。

【说明事项】

增加/删除某一种增减方式时,需要在左侧的"增减方式目录表"中选中其上级,再单击【增加】/【删除】按钮。

(3)在左侧的"增减方式目录表"中选择要修改的增减方式,单击【修改】按钮,系统自动打开"单张视图"页签,如图7—19所示。

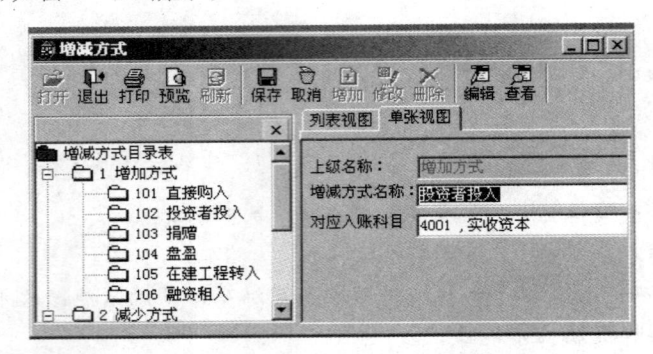

图7—19 设置固定资产增减方式对应入账科目

(4)参照选择或输入"对应入账科目",保存。

(5)如果要修改或删除增减方式,单击【修改】或【删除】按钮即可。

【说明事项】

此处设置的对应入账科目是为了生成凭证时缺省。例如资产增加时,以购入方式增加资产时该科目可设置为"银行存款",以投资者投入时该科目可设置为"实收资本",该科目缺省在贷方;资产减少时,该科目可设置为"固定资产清理",该科目缺省在借方。系统缺省的增减方式中"盘盈、盘亏、毁损"不能修改和删除,因为本系统提供的报表中有固定资产盘盈盘亏报告表。

非明细级增减方式不能删除;已使用的增减方式不能删除。

生成凭证时,如果入账科目发生了变化,可以即时修改。

(六)使用状况设置

从固定资产核算和管理的角度,需要明确资产的使用状况,一方面可以正确地计算和计提折旧,另一方面便于统计固定资产的使用情况,提高资产的利用效率。主要的使用状况有:在用、季节性停用、经营性出租、大修理停用、不需用、未使用等。

【说明事项】

用友T6固定资产子系统提供了基本的使用状况,可以在此基础上定义新的使用状况。

只能有使用中、未使用、不需用三种一级使用状况,以及在一级使用状况下增加二级使用状况。

【操作步骤】

(1)在固定资产子系统中,单击"设置"→"使用状况",进入"使用状况"窗口,如图7—20所示。

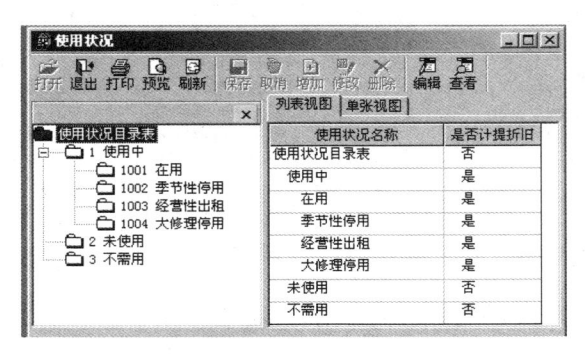

图7—20 使用状况

(2)新增一种使用状况。在"使用状况目录表"中选择使用状况,单击【增加】按钮,显示该类别"单张视图";在编辑区输入上级名称、使用状况名称;根据使用状况和本单位实际情况判断该资产"是否计提折旧";单击【保存】按钮即可。

(3)修改/删除一种使用状况。从使用状况目录中选中要修改/删除的使用状况,单击【修改】/【删除】按钮即可。

【说明事项】

修改某一使用状况的"是否计提折旧"的判断后,对折旧计算的影响从当期开始,不调整以前的折旧计算。

"在用"状况下级缺省的内容因涉及卡片的大修理记录和停启用记录表的自动填写,不能删除,名称可以修改。修改名称后系统认为保持原有概念不变。

(七)折旧方法设置

折旧方法设置是系统自动计算折旧的基础。系统提供了常用的6种折旧方法:不提折旧、平均年限法一、平均年限法二、工作量法、年数总和法、双倍余额递减法,并列出了它们的折旧计算公式。这几种方法是系统缺省的折旧方法,只能选用,不能删除和修改。另外,可能由于各种原因,这几种方法不能满足需要,系统提供了折旧方法的自定义功能,可以定义自己合适的折旧方法的名称和计算公式。

【业务描述】

新增自定义折旧方法,计算公式为:月折旧率=1/(使用年限-已计提月份);月折旧额=月折旧率*(月初原值-月初累计折旧-月初净残值)。

【操作步骤】

(1)单击"设置"→"折旧方法",进入"折旧方法"窗口,窗口中显示系统自带的6种折旧方法及计算公式,如图7-21所示。

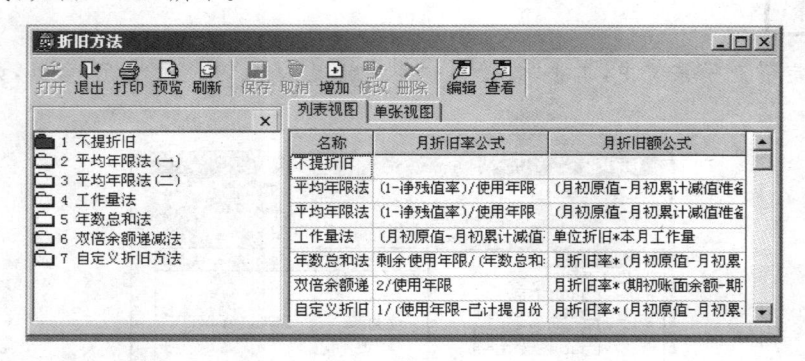

图7-21 折旧方法设置

(2)单击【增加】按钮,打开"折旧方法定义"对话框。

(3)在"名称"文本框中输入自定义折旧方法名称。

(4)利用系统提供的"折旧项目"列表和"数字符号编辑"工具栏,在"月折旧率"下列表中输入计算公式"1/(使用年限—已计提月份)";在"月折旧额"下列表中输入计算公式"月折旧率*(月初原值—月初累计折旧—月初净残值)",如图7-22所示。

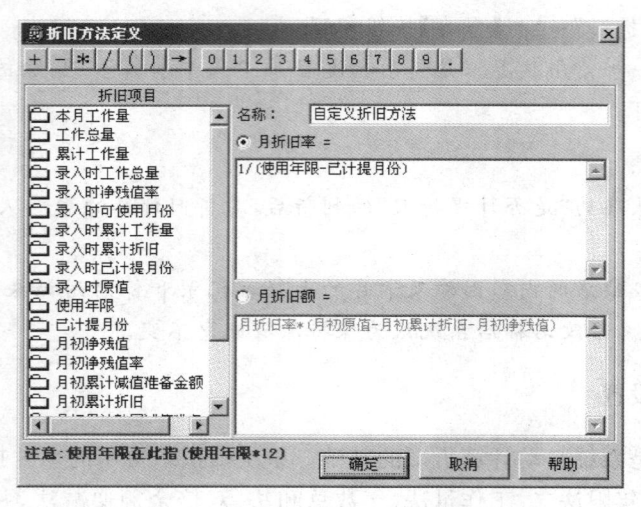

图7-22 折旧方法定义

(5)单击【确定】按钮,完成公式定义。

【说明事项】

自定义公式中所包含的项目只能是系统给定的项目。

月折旧额和月折旧率公式定义时必须有单向包含关系,但不能同时互相包含。

计提折旧时,若自定义的折旧方法的月折旧额或月折旧率出现负数,自动终止折旧计提。

修改卡片已使用的折旧方法的公式,将使得所有使用该方法的资产折旧的计提按修改过的公式计算折旧,但以前期间已经计提的折旧不变。

如果自定义的折旧方法中包含了与工作量相关的项目,修改后不允许与其无关。

正在使用的折旧方法不允许删除。

四、原始卡片录入

固定资产卡片是固定资产核算和管理的基础依据,为保持历史资料的连续性,在使用固定资产系统进行核算前,除了前面必要的基础工作外,必须将建账日期以前的数据录入到系统中,保持历史数据的连续性。

原始卡片的录入不限制必须在启用的第一个期间结账前,任何时候都可以录入原始卡片。

业务描述

按表7—4所示资料输入固定资产原始卡片。

表7—4 　　　　　　　　　　　固定资产原始卡片

卡片编号	0001	00002	00003	00004	00005
固定资产编号	0210501001	02201001	0310501001	03206001	03204001
固定资产名称	1号厂房	办公楼	1号生产线	叉车	卡车
类别名称	厂房	办公楼	1号生产线	运输设备	运输设备
部门名称	针剂车间 片剂车间	办公室/财务部/采购部/销售部/仓储部	针剂车间 片剂车间	仓储部	销售部
增加方式	在建工程转入	在建工程转入	直接购入	直接购入	投资者投入
使用年限	50年	50年	20年	20年	20年
开始使用日期	2009-3-1	2009-3-1	2009-3-1	2009-6-1	2009-5-1
原值	1 800 000.00	600 000.00	5 000 000.00	50 000.00	80 000.00
净残值率	3%	3%	5%	5%	2%
累计折旧	66 240.00	22 080.00	460 000.00	4 000.00	6 888.00

操作步骤

(1)在固定资产子系统中,单击"卡片"→"录入原始卡片",系统弹出"资产类别参照"对话框,选择录入卡片所属的资产类别,以便确定卡片的样式,如图7—23所示。

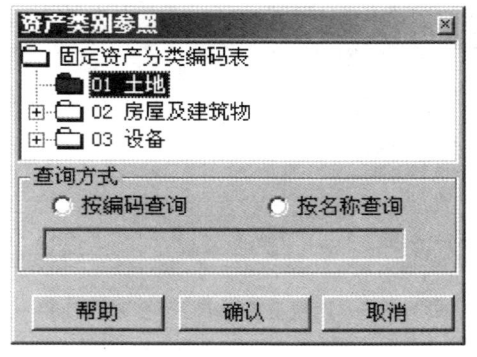

图7—23　资产类别参照

(2) 单击【确定】按钮,进入"录入原始卡片"窗口,如图7—24所示。

图7—24 录入原始卡片

【说明事项】

卡片中的固定资产编号根据初始化或选项设置中的编码方式,自动编码或需要用户手工录入。录入人自动显示为当前操作员,录入日期为当前登录日期。

在界面中,除主卡"固定资产卡片"外,还有若干的附属页签,附属页签上的信息只供参考,不参与计算,也不回溯。

录入固定资产数据时,有些卡片项目需直接手工录入,有些则可进行选择。

(3) 单击"固定资产卡片"页签,按表7—4输入卡片信息。

【说明事项】

卡片编号:系统根据编码方案自动给出,不能修改,若删除某张卡片,又不是最后一张,系统将保留该卡片编号,并且不能再使用(会计制度规定删除的固定资产资料至少保存5年)。

固定资产名称:所录卡片设备名称。

类别编号与类别名称:选择录入其中的一项,对应的另一项自动显示。

部门名称:选择固定资产的使用部门。在执行原始卡片录入或资产增加功能时,可以为一个资产选择多个使用部门。单击【部门名称】按钮,弹出系统对话框,如图7—25所示。

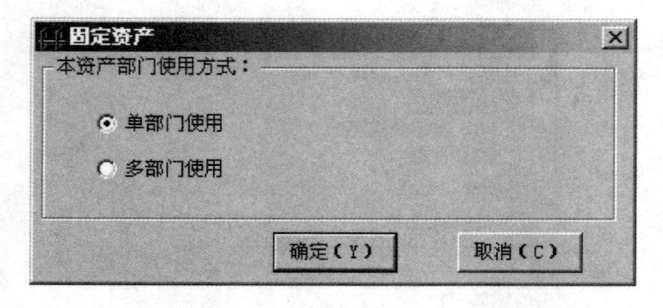

图7—25 设置资产单部门/多部门使用

选择多部门使用,单击【确定】按钮,进入"使用部门"选择界面,如图7—26所示。

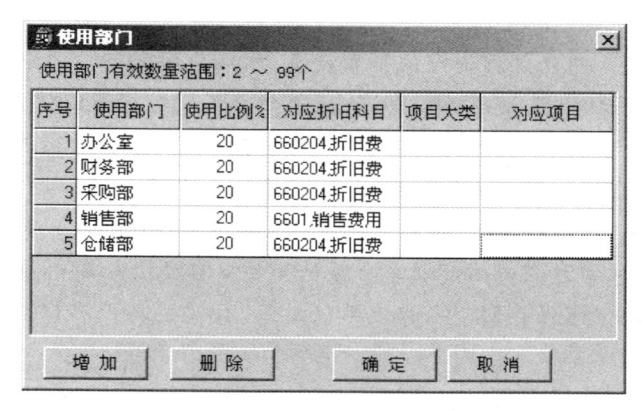

图 7-26 使用部门

单击【增加】按钮,新增一空记录行,单击参照图标选择使用部门、对应折旧科目和对应项目,并手工录入使用比例,单击【确定】按钮,返回"录入原始卡片"界面。

使用部门最多可以有20个。

部门的使用比例之和必须为100%。

使用年限、折旧方法:自动带出所选资产类别的使用年限和折旧方法,可以修改。

开始使用日期:指资产开始使用的日期,它直接影响到资产以哪种方式录入系统,也直接影响到录入系统当月的折旧计提。当开始使用日期中的月份小于录入月份,则卡片为原始卡片,只能在"原始卡片录入"功能录入,录入当月如符合计提折旧条件则该月计提折旧;当开始使用日期中的月份等于录入月份,则卡片为新卡片,只能通过"资产增加"功能录入系统,录入当月不计提折旧。开始使用日期,必须采用 yyyy-mm-dd 形式录入。其中只有年和月对折旧计提有影响,日不会影响折旧的计提,但是也必须录入。

已计提月份:已经计提折旧的月份数,由系统根据开始使用日期自动算出。该项要正确填写,以后每计提折旧期间结账后,系统自动在该项加1。

累计工作量:工作量法使用。指资产累计已完成的工作量,每一期间结账后将该期间的工作量累加到期初数量上,录入时输入的数量是录入当期期初的值,不包括录入当月的工作量。

原值:可以是原始价值、重置完全价值和评估价值。

净残值率、净残值:自动带出所选定资产类别的净残值率,可以修改。净残值根据原值和净残值率自动计算。如果输入原值和净值,可自动计算累计折旧。

累计折旧:已计提的折旧额,不包括本期应计提的折旧。

月折旧率、月折旧额、净值:根据原值和累计折旧自动计算。

对应折旧科目:根据所选择的使用部门自动带出。

单位折旧:指每一单位工作量在一个期间应提的折旧额。只有当折旧方法为工作量法时卡片上才有该项。

当资产为多部门使用时,原值、累计折旧等数据可以在多部门间按设置的比例分摊。

单个资产对应多个使用部门时,卡片上的对应折旧科目处不许输入,只能按使用部门选择时的设置确定。

项目:资产所服务或从属的项目,为企业按项目辅助核算归集费用或成本提供方便。

(4)附属设备页签。用来管理资产的附属设备,附属设备的价值已包括在主卡的原值中。附属设备可在资产使用过程中随时添加和减少,其价值不参与折旧的计算。

(5)减少信息页签。资产减少后,系统根据输入的清理信息自动生成该表格的内容,该表格中只有清理收入和费用可以手工输入,其他内容不能手工输入。

(6)大修理记录、资产转移记录、停启用记录、原值变动页签。均以列表的形式显示记录,第一次结账后或第一次做过相关的变动单后根据变动单自动填写,不得手工输入。

(7)录入完成后,单击【保存】按钮,弹出系统提示"数据成功保存!",并自动显示新卡片以供录入。

第三节 固定资产管理系统日常业务处理

固定资产的日常管理主要涉及企业平时的固定资产卡片管理、固定资产的增减管理以及固定资产的各种变动管理。

一、固定资产卡片管理

卡片管理是对固定资产系统中所有卡片进行综合管理的功能操作,通过卡片管理可完成卡片修改、卡片删除、卡片打印、卡片查询等。

(一)查询卡片

单击"卡片"→"卡片管理",打开"卡片管理"窗口,如图7-27所示。在卡片管理窗口中,系统提供以下方便的查询功能。

图7-27 卡片管理

1. 查看固定资产分类信息

在卡片管理界面的上方,提供卡片分类查询条件选择。单击左侧"按部门查询"下拉列表,其中有三项内容:"按部门查询""按类别查询"和"自定义查询"。

按部门查询是系统默认的分类方式。选择"按部门查询","卡片管理"界面左侧显示企业所有的部门,单击选中某个部门,右侧显示属于该部门的固定资产列表。在左侧目录树中选择最上级"固定资产部门编码目录",右侧显示系统内所有的资产。

选择"按类别查询",左侧窗口中显示已设定的固定资产分类,单击选中某种分类,右侧显示属于该分类的固定资产列表。在左侧目录树中选择最上级"固定资产分类编码表",右侧显示系统内所有的资产。

2. 查看单张卡片信息

每一张卡片在固定资产列表中显示为一条记录行。通过这条记录行或快捷信息窗体（选择鼠标右键菜单中"显示快捷信息"，可显示固定资产卡片的主要信息，例如原值、使用年限等）可查看该资产的简要信息，要想查看详细情况，只需在卡片管理列表中选中要查看的卡片记录行，双击该记录行，即可打开"固定资产卡片"，显示该项固定资产的详细内容。

3. 查看资产变动清单

变动清单是按时间顺序记录的资产所有变动的列表。

【操作步骤】

（1）在卡片列表中选中一张卡片，或在单张卡片的查看状态下，将鼠标移至屏幕最左边，单击，显示系统功能菜单目录。

（2）选择"卡片"→"变动清单"，屏幕显示的列表就是该资产截止登录日的变动情况。

4. 查看已减少资产

根据会计档案管理规定，已减少的资产数据要保留一定时间以供查询。在固定资产账套选项中已定义了"已发生资产减少卡片可删除时限"，在此时限之前，系统提供对"已减少资产"的查询功能。

在卡片管理界面，单击窗口上方"在役资产"下拉列表，从中选择"已减少资产"，即显示已减少资产列表，双击任一行，可查看该资产的卡片。

（二）修改卡片

当发现卡片有录入错误，或资产在使用过程中有必要修改卡片的一些内容时，可通过卡片修改功能实现，这种修改为无痕迹修改，即在变动清单和查看历史状态时不体现，无痕迹修改前的内容在任何查看状态都不能再看到。从卡片管理列表中双击选择要修改的卡片，单击【修改】按钮即可进行修改。

【说明事项】

原始卡片的原值、使用部门、工作总量、使用状况、累计折旧、净残值（率）、折旧方法、使用年限、资产类别在没有做变动单或评估单的情况下，在录入当月份可无痕迹修改；如果做过变动单，只有删除变动单才能无痕迹修改；若各项目在做过一次月末结账后，只能通过变动单或评估单调整，则不能通过卡片修改功能改变。

通过资产增加录入系统的卡片如果没有制作凭证和变动单、评估单情况下，录入当月份可无痕迹修改。如果做过变动单，只有删除变动单才能无痕迹修改。如果已制作凭证，要修改原值或累计折旧必须删除凭证后，才能无痕迹修改。

卡片上其他项目，任何时候均可无痕迹修改。

（三）删除卡片

删除卡片，是指把卡片资料彻底从系统内清除，不是资产清理或减少。该功能只有在下列两种情况下有效：

（1）当月录入的卡片如有错误可以删除。在卡片管理界面双击选择要删除的卡片，单击

【删除】按钮即可。删除后如果该卡片不是最后一张,卡片编号保留空号。

(2)通过"资产减少"功能减少的卡片资料,在其满足会计档案管理要求后可以将原始资料从系统彻底清除,否则不允许删除。

【说明事项】

非本月录入的卡片,不能删除。

卡片做过一次月末结账后不能删除。做过变动单或评估单的卡片删除时,提示先删除相关的变动单或评估单。

已制作过凭证的卡片删除时,提示请删除相应凭证,然后删除卡片。

(四)打印卡片

固定资产卡片可打印输出,既可打印单张卡片,也可批量打印卡片,还可打印卡片列表。

1. 打印单张卡片

在单张卡片查看界面,单击【打印】按钮,可直接打印该卡片主卡及各附属表。

2. 打印卡片列表

在卡片管理界面,首先根据查询条件选择显示符合条件的卡片列表,单击【打印】按钮,弹出系统提示,如图7-28所示。选择"打印列表",确定后即可打印资产列表。

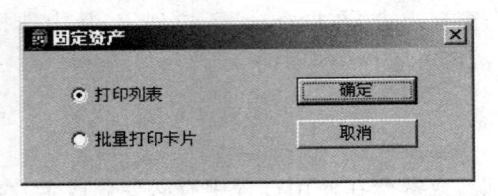

图7-28 卡片打印方式选择

3. 批量打印卡片

批量打印卡片实际上是前两种打印方式的综合。在卡片管理界面,首先根据查询条件选择显示符合条件的卡片列表,单击【打印】按钮,弹出系统提示,选择"批量打印卡片",确定后即以单张卡片形式打印输出列表集合中列示的卡片。

二、固定资产增减管理

(一)固定资产增加

企业购进或通过其他方式增加企业资产,资产增加也是一种新卡片的录入,与原始卡片录入相对应。资产通过"原始卡片录入"还是通过"资产增加"录入,在于资产在本单位的开始使用日期,只有当开始使用日期的期间等于录入的期间时,才能通过"资产增加录入"。

【业务描述】

2011年3月1日直接购入一台不需安装的搅拌机,2011年3月5日交针剂车间使用。使用年限为8年,原值5 000元,净残值率4%,采用双倍余额递减法计提折旧。

【操作步骤】

(1)单击"卡片"→"资产增加",打开"资产类别参照"对话框。
(2)选择"1号生产线",确定后进入"新增资产"窗口。
(3)输入各项内容。其录入过程与"原始卡片录入"相同,如图7—29所示。

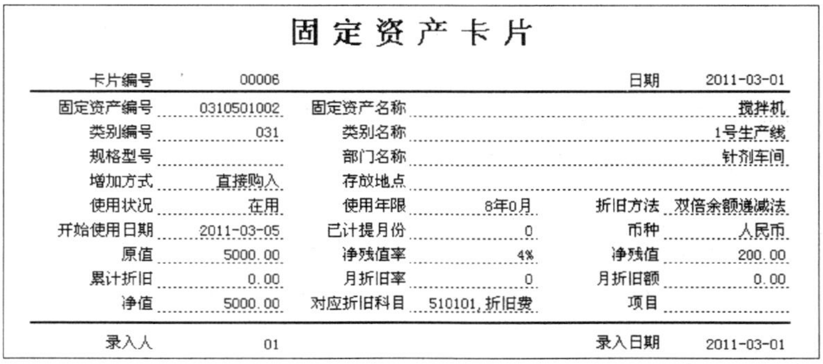

```
                    固定资产卡片
   卡片编号      00006                      日期        2011-03-01
   固定资产编号  0310501002   固定资产名称              搅拌机
   类别编号          031     类别名称                1号生产线
   规格型号                  部门名称                 针剂车间
   增加方式        直接购入   存放地点
   使用状况          在用     使用年限      8年0月   折旧方法  双倍余额递减法
   开始使用日期  2011-03-05   已计提月份        0     币种         人民币
   原值          5000.00    净残值率         4%     净残值       200.00
   累计折旧        0.00     月折旧率         0      月折旧额      0.00
   净值          5000.00    对应折旧科目   510101,折旧费  项目
   录入人           01                     录入日期     2011-03-01
```

图7—29 资产增加

卡片中"开始使用日期"栏的年份和月份不能修改。
(4)"固定资产卡片"内容输入完成后,单击其他选项卡,输入附属设备及其他信息。附属页签上的信息只供参考,不参与计算。
(5)单击【保存】按钮,保存录入的卡片。

【说明事项】

新卡片录入的第一个月不提折旧,折旧额为空或零。
原值录入的必须是卡片录入月月初的价值,否则将会出现计算错误。
如果录入的累计折旧、累计工作量大于零,提示是旧资产,该累计折旧或累计工作量是在进入本单位前的值。
已计提月份必须严格按照该资产在其他单位已经计提或估计已计提的月份数,不包括使用期间停用等不计提折旧的月份,否则不能正确计算折旧。

(二)固定资产减少

资产在使用过程中,会由于各种原因(如毁损、出售、盘亏等)退出企业的生产活动,此时要做资产减少处理。

【操作步骤】

(1)单击"卡片"→"资产减少",打开"资产减少"对话框,如图7—30所示。
(2)选择要减少的资产。有两种方法:
如果要减少的资产较少或没有共同点,则通过输入资产编号或卡片号,然后单击【增加】,将资产添加到资产减少表中。

图7—30 资产减少

如果要减少的资产较多并且有共同点,则通过单击【条件】按钮,屏幕显示的界面与卡片管理中自定义查询的条件查询界面一样。输入一些查询条件,将符合该条件集合的资产挑选出来进行减少。

(3)在表内输入资产减少的信息:减少日期、减少方式、清理收入、清理费用、清理原因。如果当时清理输入和费用还不知道,可以以后在该卡片的附表"清理信息"中输入。单击【确定】按钮,即完成该(批)资产的减少。

【说明事项】

只有当账套开始计提折旧后才可以使用资产减少功能,否则,减少资产只有通过删除卡片来完成。

对于误减少的资产,可以使用系统提供的纠错功能来恢复。只有当月减少的资产才可以恢复。如果资产减少操作已制作凭证,必须删除凭证后才能恢复。

只要卡片未被删除,就可以通过卡片管理中"已减少资产"来查看减少的资产。

(三)撤销已减少资产

撤销已减少资产的操作是一个纠错的功能,当月减少的资产可以通过本功能恢复使用。

【操作步骤】

(1)在卡片管理界面,选择查询"已减少资产"。

(2)在已减少资产列表中,选中要恢复的资产,单击"卡片"→"恢复减少"即可。

【说明事项】

①通过资产减少功能减少的资产只有在减少的当月可以恢复。

②如果资产减少已制作凭证,必须删除凭证后才能恢复。

三、固定资产变动管理

资产在使用过程中,可能会调整卡片上的某些项目,这种变动要求留下原始凭证,制作的原始凭证称为"变动单"。资产的变动包括:原值变动、部门转移、使用状况变动、使用年限调整、折旧方法调整、净残值(率)调整、工作总量调整、累计折旧调整、资产类别调整、变动单管理。其他项目的修改,如名称、编号、自定义项目等的变动等可直接在卡片上进行。

【说明事项】

因为本月录入的卡片和本月增加的资产不允许进行变动处理,因此,要进行下面的变动处理,必须先计提 3 月份折旧并制单、结账后,再以 2011 年 4 月 1 日注册进入固定资产系统,才可进行下面的操作。

(一)原值变动

资产在使用过程中,其原值变动有 5 种情况:
(1)根据国家规定对固定资产重新估价;
(2)增加补充设备或改良设备;
(3)将固定资产的一部分拆除;
(4)根据实际价值调整原来的暂估价值;
(5)发现原记录固定资产价值有误的。

原值变动包括原值增加和原值减少两个部分。下面以增加资产原值为例,说明原值变动的操作过程。

业务描述

2011 年 4 月对 2009 年 3 月 1 日建成的办公楼进行评估,评估后该资产原值增加 20 000 元。

操作步骤

(1)单击"卡片"→"变动单"→"原值增加",进入"固定资产变动单"窗口。
(2)在变动单窗口中,选择"卡片编号"或"固定资产编号",自动带出开始使用日期、固定资产名称、变动前原值、净残值、净残值率等相关信息。
(3)输入"增加金额",系统自动计算"变动后原值""变动后净残值"且不允许修改。如果"变动的净残值率"或"变动的净残值"不正确,可手工修改其中之一,另一个会自动计算,如图 7—31 所示。

```
              固 定 资 产 变 动 单
                   —原 值 增 加—
    变动单编号      00004              变动日期      2011-04-01
    卡片编号        00002    固定资产编号  02201001   开始使用日期  2009-03-01
    固定资产名称                        办公楼       规格型号
    增加金额        20000.00  币种        人民币      汇率          1
    变动的净残值率   3%        变动的净残值                           600.00
    变动前原值      600000.00 变动后原值                          620000.00
    变动前净残值    18000.00  变动后净残值                         18600.00
    变动原因                                          评估增值
                                                     经手人        01
```

图 7—31 资产变动——原值增加

(4)输入"变动原因"。

(5)单击【保存】按钮,完成原值变动,卡片上相应的项目如原值、净残值、净残值率根据变动单而改变。

如果选项中选择了"业务发生后立即制单",可制作记账凭证。

减少资产的原值与增加资产原值是相对的,可参照上述方法操作。

【说明事项】

变动单保存后不能修改,只能在当月删除后重新填制,所以保存前要慎重。

(二)部门转移

资产在使用过程中,因内部调配而发生的部门变动应及时处理,否则将影响部门的折旧计算。资产的部门转移可通过系统提供的"变动单"→"部门转移"功能完成。

【业务描述】

2011年4月1日因内部调配,将针剂车间使用的搅拌机调到片剂车间使用。

【操作步骤】

(1)单击"卡片"→"变动单"→"部门转移",打开"固定资产变动单"对话框。

(2)选择"卡片编号"或"固定资产编号",自动带出开始使用日期、固定资产名称、变动前部门等相关信息。

(3)选择"变动后部门",输入"变动原因",如图7-32所示。

固定资产变动单

—部门转移—

变动单编号	00003			变动日期	2011-04-01
卡片编号	00006	固定资产编号	0310501002	开始使用日期	2011-03-05
固定资产名称			搅拌机	规格型号	
变动前部门			针剂车间	变动后部门	片剂车间
存放地点				新存放地点	
变动原因					生产需要
				经手人	01

图7-32 资产变动——部门转移

(4)单击【保存】按钮,弹出系统提示,确认后保存本次变动结果。

【说明事项】

变动单保存后,固定资产主卡上"部门名称"自动修改,附属页签"固定资产转移记录"自动登记。

(三)使用状况变动

资产使用状况分为在用、未使用、不需用、停用、封存5种。资产在使用过程中,可能会因为某种原因,使得资产的使用状况发生变化,这种变化会影响到设备折旧的计算,因此应及时调整。

>【业务描述】

2011年4月1日因设备陈旧过时,2009年6月1日购入叉车已不能使用,使用状况由"在用"转为"不需用"。

使用状况变动可通过系统提供的"变动单"→"使用状况变动"功能完成,如图7—33所示,具体步骤可参照"部门转移"。

```
                    固 定 资 产 变 动 单
                      —使用状况调整—
     变动单编号    00002              变动日期      2011-04-01
     卡片编号      00004   固定资产编号 03206001  开始使用日期  2009-06-01
     固定资产名称            叉车        规格型号
     变动前使用状况          在用  变动后使用状况        不需用
     变动原因                                       设备更新
                                        经手人     01
```

图7—33 资产变动——使用状况调整

【说明事项】

变动单保存后,固定资产主卡上"使用状况"自动修改,附属页签"停启用记录"自动登记。

(四)使用年限调整

资产在使用过程中,可能会由于资产的重估、大修等原因调整资产的使用年限。进行使用年限调整的资产在调整的当月就按调整后的使用年限计提折旧。可通过系统提供的"变动单"→"使用年限调整"功能完成,具体步骤可参照"部门调整"。

【说明事项】

进行使用年限调整的资产在调整的当月就按调整后的使用年限计提折旧。

(五)累计折旧调整

由于上述折旧方法调整属于会计政策变更,根据企业会计制度的规定,应采用追溯调整法进行调整。而本系统只在当月按照新的方法计提折旧,以前期间的数据不能自动调整,只能手工调整累计折旧额。

(六)其他调整

其他项目的调整可参照上述方法进行。

【说明事项】

资产累计折旧的调整:调整后的累计折旧必须保证大于等于净残值。
调整资产的工作总量:调整后的工作总量不能小于累计用量。
调整资产的净残值(率):调整后净残值必须小于净值。
调整资产所属的类别:调整后的类别和调整前的类别的计提属性必须相同。

(七)批量变动

为提高工作效率,用友 T6 固定资产管理系统还提供了批量处理固定资产变动的功能,可通过"卡片"→"批量变动"完成。

操作步骤

(1)在固定资产子系统,单击"卡片"→"批量变动",进入"批量变动单"窗口,在"变动类型"下拉框中选择需变动的类型。

(2)选择批量变动的资产。有两种方法:手工选择和条件选择。

手工选择:如果需批量变动的资产没有共同点,则可在"批量变动单"界面内,直接输入卡片编号或资产编号,也可使用参照按钮,将资产一个一个地增加到批量变动表内进行变动。

条件选择:是指通过一些查询条件,将符合该条件集合的资产挑选出来进行变动。

(3)生成变动单。输入变动内容及变动原因后,单击右键选择"保存"菜单,可将需要变动的资产生成变动单。

第四节　固定资产管理系统期末处理

一、减值准备处理

(一)计提减值准备

企业应当在期末或至少在每年年度末对固定资产逐项进行检查,如果由于市价持续下跌或技术陈旧等原因导致其可回收金额低于账面价值的,应当将可回收金额低于账面价值的差额作为固定资产减值准备。固定资产减值准备必须按单项资产计提。

业务描述

2011 年 3 月末对各项资产进行检查,发现 2009 年所购卡车的可回收金额低于其账面价值 2 000 元,计提减值准备。

操作步骤

(1)单击"卡片"→"变动单"→"计提减值准备",进入变动单窗口,如图 7—34 所示。

(2)可进行计提减值准备处理。具体操作步骤与其他变动单的处理相同。

```
            固 定 资 产 变 动 单
                —计提减值准备—
   变动单编号    00001              变动日期    2011-03-01
     卡片编号    00005   固定资产编号  03204001   开始使用日期  2009-05-01
   固定资产名称                         卡车        规格型号
   减值准备金额    2000.00     币种     人民币        汇率           1
         原值   80000.00     累计折旧                           6888.00
 累计减值准备金额    2000.00  累计转回准备金额                        0.00
     可回收市值   71112.00
       变动原因                                            价格调整
                                              经手人            01
```

图 7-34 计提减值准备

(二)转回减值准备

如已计提的固定资产价值又得以恢复,应在原已计提的减值准备范围内转回。

在固定资产管理子系统中,单击"卡片"→"变动单"→"转回减值准备",进入变动单窗口,可进行转回减值准备处理。具体操作步骤与其他变动单的处理相同。

二、折旧处理

自动计提折旧是固定资产管理系统的主要功能之一。可以根据录入系统的资料,利用系统提供的"折旧计提"功能,对各项资产每期计提一次折旧,并自动生成折旧分配表,然后制作记账凭证,将本期的折旧费用登账。

影响折旧计提的因素有:原值、减值准备、累计折旧、净残值(率)、折旧方法、使用年限、使用状况。由于在使用过程中,上述因素可能产生变动,这种变动后调整应遵循以下原则:

第一,系统提供的直线法计算折旧时总是以净值作为计提原值,以剩余使用年限为计提年限计算折旧,充分体现平均分摊的思想[平均年限法(一)除外]。

第二,本系统发生与折旧计算有关的变动后,加速折旧法在变动生效的当期以净值为计提原值,以剩余使用年限为计提年限计算折旧,以前修改的月折旧额或单位折旧的继承值无效;直线法还以原公式计算(因公式中已考虑了价值变动和年限调整)。

第三,当发生原值调整、累计折旧调整、净残值(率)调整时,当月计提的折旧额不变,下月按变化后的值计算折旧。

第四,折旧方法调整、使用年限调整、工作总量调整当月按调整后的值计算折旧。

第五,使用状况调整当月按调整前的数据判断是否计提折旧,即使用状况调整下月有效。

第六,本系统各种变动后计算折旧采用未来适用法,不自动调整以前的累计折旧,而采用追溯适用法的企业只能手工调整累计折旧。

折旧分配:部门转移和类别调整的资产当月计提的折旧分配到变动后部门和类别。

报表统计:将当月折旧和计提原值汇总到变动后的部门和类别。

(一)工作量输入

当账套内的资产有使用工作量法计提折旧的时候,每月计提折旧前必须录入资产当月的工作量,本功能提供当月工作量的录入和以前期间的工作量信息的查看。

操作步骤

(1)在固定资产管理子系统中,单击"处理"→"工作量输入",进入"工作量"输入窗口,窗口中显示了当月需要计提折旧,并且折旧方法是工作量法的所有资产的工作量信息。

(2)如果本月是最新的未结账的月份,该表可编辑,可以输入本月工作量。当某些资产的本月工作量与上月相同时,选中该区域,单击【继承上月工作量】按钮,选中区域的资产的本月工作量自动录入。累计工作量显示的是截至本次工作量输入后的资产的累计工作量。单击【保存】按钮,即完成工作量输入工作。

说明事项

输入的本期工作量必须保证使累计工作量小于或等于工作总量。

在选择继承上月工作量情况下,如果上期期末累计工作量加上本期计提值大于工作总量,则系统不执行计提上月工作量,而是根据"本月工作量=工作总量-上期期末累计工作量"自动计算,然后在本月工作量后的单元格内标上星号,如果对自动计算的值不满意,可手工修改。

(3)查询工作量。单击期间选择框,从第1期~第12期中任选一个期间,列表中的各项数据就是要查看的期间的工作量数据;选择"全年",则列表列出的数据是各资产在全年12期各期间的工作量数据。

(二)计提本月折旧

当开始计提折旧时,系统将自动计提所有资产当期折旧额,并将当期的折旧额自动累加到累计折旧项目中。计提工作完成后,需要进行折旧分配,形成折旧费用,系统除了自动生成折旧清单外,同时还生成折旧分配表,从而完成本期折旧费用登账工作。

业务描述

计提2011年3月折旧。

操作步骤

(1)单击"处理"→"计提本月折旧",弹出系统提示"计提折旧后是否要查看折旧清单?"

(2)单击【是】按钮,系统再次提示,如图7-35所示。

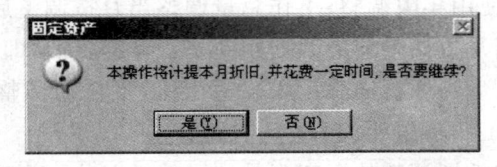

图7-35 计提折旧提示

(3)单击【是】按钮,稍候,系统计提折旧完毕,自动打开"折旧清单",如图7-36所示。
(4)单击【退出】按钮,自动打开"折旧分配表",如图7-37所示。
(5)单击【退出】按钮,自动出现计提折旧提示,如图7-38所示。

图 7-36 折旧清单

图 7-37 折旧分配表

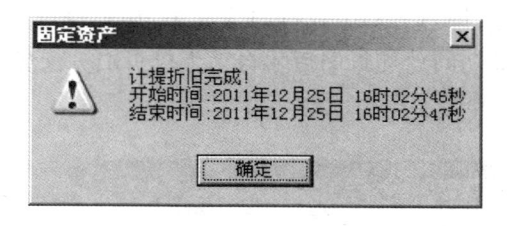

图 7-38 计提折旧完毕提示

【说明事项】

计提折旧应遵循以下原则：

在一个期间内可以多次计提折旧，每次计提折旧后，只是将计提的折旧累加到月初的累计折旧上，不会重复累计。

若上次计提折旧已制单并传递到总账系统，则必须删除该凭证才能重新计提折旧。

计提折旧后又对账套进行了影响折旧计算或分配的操作，必须重新计提折旧，否则系统不允结账。

若自定义的折旧方法月折旧率或月折旧额出现负数，系统自动中止计提。

资产的使用部门与资产折旧要汇总的部门可能不同，为了加强资产管理，使用部门必须是明细部门，而折旧分配部门不一定分配到明细部门，不同单位处理可能不同，因此要在计提折旧后，分配折旧费用时做出选择。

（三）折旧清单

折旧清单显示所有应计提折旧的资产所计提折旧数额的列表，单期的折旧清单中列示了资产名称、计提原值、月折旧率、单位折旧、月工作量、月折旧额等信息。全年的折旧清单中同时列出了各资产在 12 个计提期间中月折旧额、本年累计折旧等信息，如图 7－39 所示。

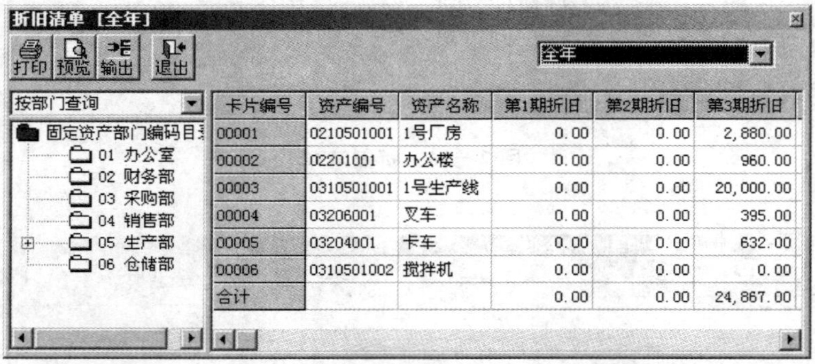

卡片编号	资产编号	资产名称	第1期折旧	第2期折旧	第3期折旧
00001	0210501001	1号厂房	0.00	0.00	2,880.00
00002	02201001	办公楼	0.00	0.00	960.00
00003	0310501001	1号生产线	0.00	0.00	20,000.00
00004	03206001	叉车	0.00	0.00	395.00
00005	03204001	卡车	0.00	0.00	632.00
00006	0310501002	搅拌机	0.00	0.00	0.00
合计			0.00	0.00	24,867.00

图 7－39　全年折旧清单

（四）折旧分配表

折旧分配表是制作记账凭证，将计提折旧额分配到有关成本和费用的依据，折旧分配表有两种类型：类别折旧分配表和部门折旧分配表（如图 7－40 所示），只能选择一个制作记账凭证。什么时候生成折旧分配表根据在初始化或选项中选择的折旧分配汇总周期确定，如果选定的是 1 个月，则每期计提折旧后自动生成折旧分配表；如果选定的是 3 个月，则只有到 3 的倍数的期间，即第 3、6、9、12 期间计提折旧后才自动生成折旧分配凭证。制作记账凭证要在生成折旧分配表后进行。

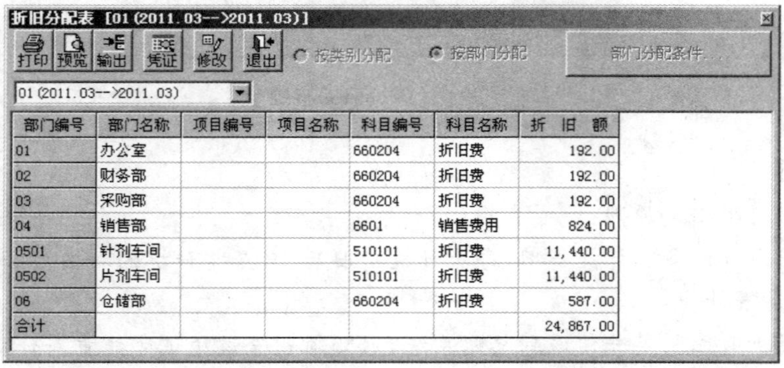

部门编号	部门名称	项目编号	项目名称	科目编号	科目名称	折旧额
01	办公室			660204	折旧费	192.00
02	财务部			660204	折旧费	192.00
03	采购部			660204	折旧费	192.00
04	销售部			6601	销售费用	824.00
0501	针剂车间			510101	折旧费	11,440.00
0502	片剂车间			510101	折旧费	11,440.00
06	仓储部			660204	折旧费	587.00
合计						24,867.00

图 7－40　部门折旧分配表

【说明事项】

在折旧费用分配表界面，可以单击【制单】按钮进行制单，也可以以后利用“批量制单功能”进行制单。

三、制单、对账与结账处理

(一)制作记账凭证

固定资产管理系统与总账系统之间存在数据的自动传输关系,这种传输是通过记账凭证来完成的。本系统需要制作记账凭证的情况包括:资产增加、减少、卡片修改(涉及原值和累计折旧时)、资产评估(涉及原值和累计折旧时)、原值变动、累计折旧调整以及折旧分配等。

制作记账凭证可以采取"立即制单"或"批量制单"两种方法实现。当在"选项"中设置了"业务发生后立即制单",则以上需要制单的相关业务发生后,系统自动调出不完整凭证供修改;如果在"选项"中未选取"业务发生后立即制单",则可利用本系统提供的另一项功能——批量制单完成制单工作。批量制单功能可同时将一批需要制单的业务连续制作凭证并传递到账务系统,避免了多次制单的烦琐。凡是业务发生当时没有制单的,该业务自动排列在批量制单表中,表中列示应制单而没有制单的业务发生的日期、类型、原始单据号,缺省的借贷方科目和金额,以及制单选择标志。

【业务描述】

将本月未制单的业务批量制单。

【操作步骤】

(1)单击"处理"→"批量制单",打开"批量制单"对话框,如图7—41所示。

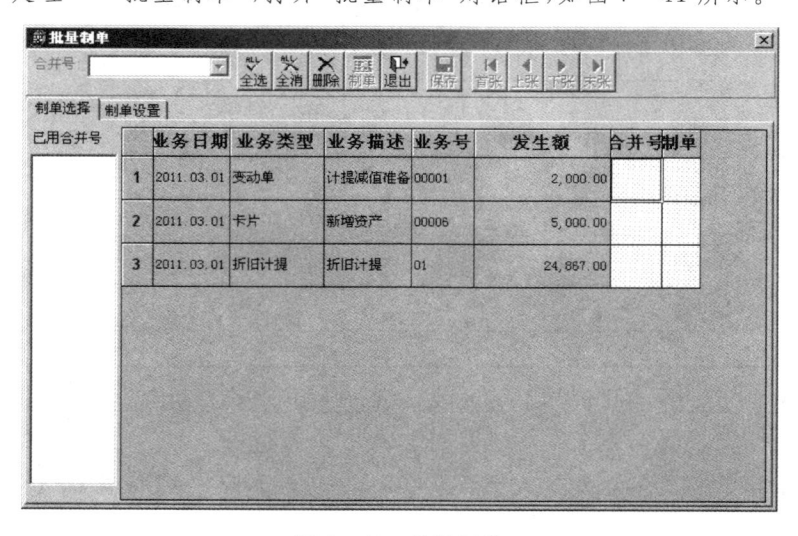

图7—41 批量制单

(2)单击"制单选择"页签,在每个业务行的"制单"栏双击选中。若要进行汇总制单,在"合并号"一栏下输入标记,以确定哪几张卡片汇总制作一张单据。

(3)单击"制单设置"页签,根据实际情况和需要选择"科目"和"部门核算",如图7—42所示。

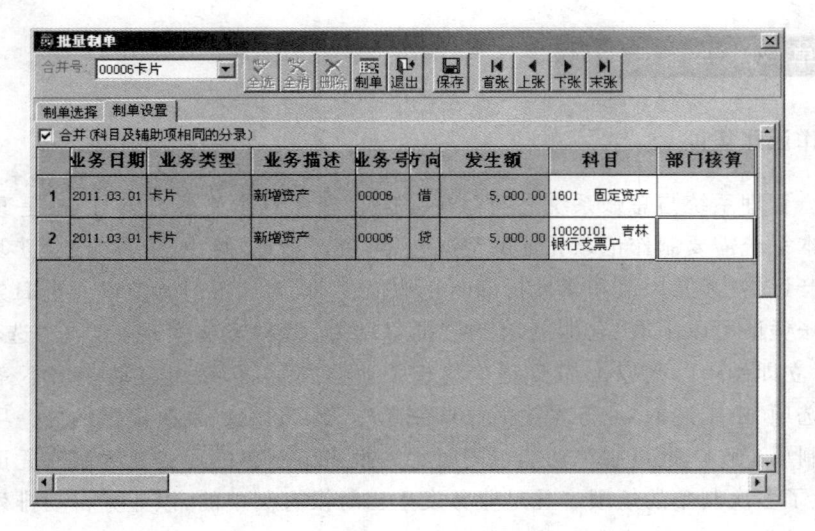

图 7-42 制单设置

(4)单击【制单】按钮,将根据设置进行批量制单和汇总制单,并显示出所制作的记账凭证,如图 7-43 所示。

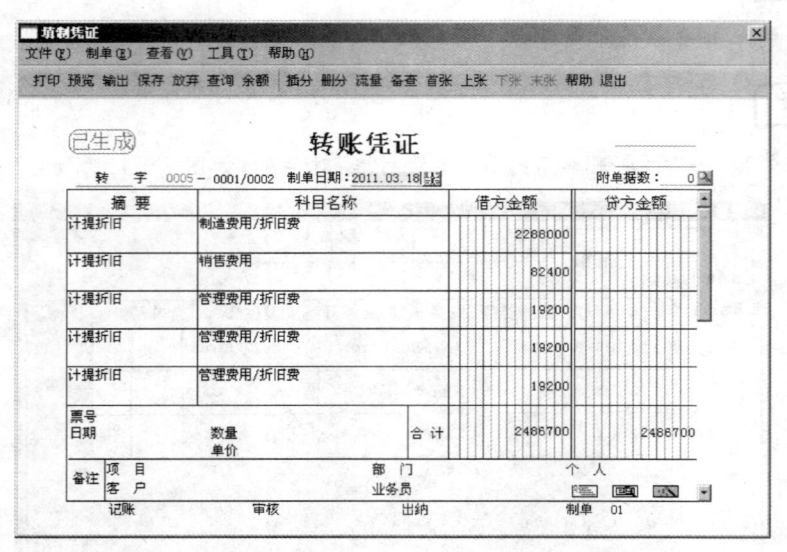

图 7-43 生成凭证

(5)选择凭证类别、日期以及输入摘要等信息,确认无误后单击【保存】按钮,系统在左上角提示"已生成"。

(6)单击【下张】按钮,完成其他业务制单。

【说明事项】

如果该单据在其他系统中已制单或发生其他情况不应该制单,可选中该行后单击【删除】按钮,将该应制单业务从表中删除。

如果在业务发生时立即制单,摘要根据业务情况自动填入;如果使用批量制单方式,则摘要为空,需要手工录入。

(二)查询、修改、删除凭证

本系统所产生的凭证的查询、修改和删除可通过"处理"→"凭证查询"完成。

【说明事项】

固定资产系统传递到总账中的凭证,总账无权修改和删除。修改凭证时,能修改的内容仅限于摘要、用户自行增加的凭证分录、系统缺省的分录的折旧科目,而系统缺省的分录的金额是与原始单据相关的,不能修改。

(三)对账

当在初始化或选项中选择了与账务系统对账时,才可使用本系统的对账功能。

为保证固定资产管理系统的资产价值与总账系统中"固定资产"科目的数值相等,可随时使用对账功能对两个系统进行审查。对账的操作不限制时间,任何时候都可以进行对账。系统在执行月末结账时自动对账一次,并给出对账结果。

在固定资产子管理系统下,单击"处理"→"对账",系统自动完成对账工作并给出对账结果。

【说明事项】

只有设置账套参数时选择了"与财务系统进行对账",本功能才能操作。

如果对账不平,需要根据初始化时是否选中"在对账不平情况下允许固定资产月末结账"来判断是否可以进行结账处理。

(四)月末结账

当固定资产系统完成了本月全部制单业务后,可以进行月末结账。月末结账每月进行一次,结账后当期数据不能再修改,仅能查询。

操作步骤

(1)单击"处理"→"月末结账",打开"月末结账"对话框,如图7—44所示。

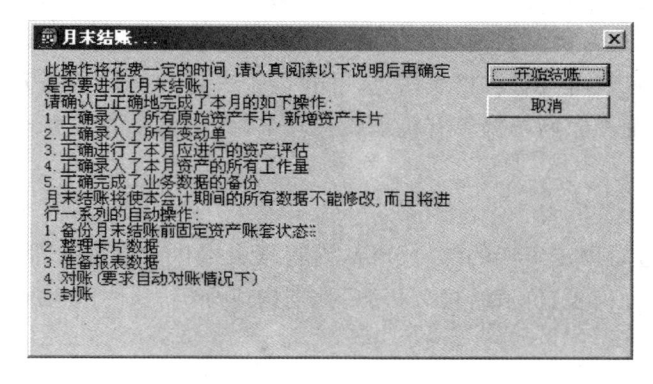

图7—44 月末结账

(2)阅读系统提示，单击【开始结账】按钮开始结账。

(3)稍候，系统提示"与账务对账结果"。

(4)单击【确定】按钮，系统提示"结账成功完成！"。

至此，用户不能再对此账套本月任何数据进行修改，如果要开始下一会计期间的业务处理，需要从"系统"→"重新注册"用下一会计期间日期登录企业门户，然后进入固定资产管理系统。

【说明事项】

本期不结账，将不能处理下期的数据；一旦丢失，将造成无法挽回的后果。

(五)恢复月末结账前状态

如果结账后发现有未处理的业务或者需要修改的事项，可通过系统提供的"恢复月末结账前状态"功能进行反结账。

操作步骤

(1)以要恢复结账的月份登录系统，单击"处理"→"恢复月末结账前状态"，屏幕显示提示信息。

(2)单击【是】按钮，系统即执行反结账操作。

(3)反结账完成后，系统提示"成功恢复账套月末结账前状态！"，单击【确定】按钮返回。

【说明事项】

不能跨年度恢复数据，即本系统年末结转后，不能利用本功能恢复年末结转。

由于成本系统每月从本系统提取折旧费数据，因此一旦成本系统提取了某期的数据，则该期不能反结账。

恢复到某个月月末结账前状态后，本账套内对该结账后所有工作都无痕迹删除。

四、账表管理

固定资产管理过程中，需要及时统计资产的各类信息，并以账和表的形式将这些信息提供给财务人员和资产管理人员。系统所提供的报表分为五类：分析表、统计表、账簿、折旧表、自定义报表，选择相应账表可查看各报表信息。同时，账表管理提供了强大的联查功能，将各类账表与部门、类别明细和原始单据等有机地联系起来，真正实现了方便、快捷的查询模式。

(一)分析表

分析表主要通过对固定资产的综合分析，为管理者提供管理和决策依据。系统提供了四种分析表：部门构成分析表、价值结构分析表、类别构成分析表、使用状况分析表。

(二)统计表

统计表是出于管理资产的需要而按管理目的统计的数据。系统提供了8种统计表：固定资产原值一览表、固定资产到期提示表、固定资产统计表、评估汇总表、评估变动表、盘盈盘亏报告表、逾龄资产统计表、役龄资产统计表。这些表从不同的侧面对固定资产进行统计分析，使管理者可以全面细致地了解企业对资产的管理、分布情况，为及时掌握资产的价值、数量以及新旧程度等指标提供依据。

其中，"固定资产到期提示表"主要用于显示当前期间使用年限已到期的固定资产信息，以及即将到期的资产信息，以丰富查询分析功能，

提高产品的管理性能。与此相对应，在"选项"中增加"是否每次登录系统时显示资产到期提示表"的选项，根据该参数判断是否当用户每次登录固定资产系统时自动显示该表。

（三）账簿

系统自动生成的账簿有：(单个)固定资产明细账、(部门、类别)明细账、固定资产登记簿、固定资产总账。这些账簿以不同方式序时地反映了资产变化情况，在查询过程中可联查某时期(部门、类别)明细及相应的原始凭证，从而获得所需的财务信息。

（四）折旧表

系统提供了5种折旧表：(部门)折旧计提汇总表、固定资产及累计折旧表(一)、固定资产及累计折旧表(二)、固定资产折旧计算明细表、固定资产折旧清单表。通过该类表可以了解并掌握本企业所有资产本期、本年乃至某部门计提折旧及其明细情况。

1. 部门折旧计提汇总表

部门折旧计提汇总表反映该账套内各使用部门计提折旧的情况，包括计提原值和计算的折旧额信息。该表既可选择某一个月份汇总折旧数据，又可选择期间段进行查询。如果用户选择期间段数据，如选择3~4月，则报表栏目中隐藏"计提原值"列，仅显示按期间段汇总的"折旧额"数据，并且不允许联查明细账。

2. 固定资产折旧清单表

固定资产折旧清单表用于查询按资产明细列示的折旧数据及累计折旧数据信息，以完善系统报表查询功能。该报表可以按部门、资产类别查询固定资产的明细折旧数据信息。

3. 固定资产折旧计算明细表

折旧计算明细表是按类别设立的，反映资产按类别计算折旧的情况，包括上月计提情况、上月原值变动和本月计提情况。

4. 固定资产及累计折旧表(一)

固定资产及累计折旧表(一)是按期编制的反映各类固定资产的原值、累计折旧(包括年初数和期末数)和本年折旧的明细情况。

5. 固定资产及累计折旧表(二)

本表是固定资产及累计折旧表(一)的续表，反映本年截止到查询期间固定资产的增减情况。本表与表(一)的数值之间是有联系的，它们之间的关系可用以下公式描述：

固定资产原值期末数合计＝原值年初数合计＋本年增加的原值合计
　　　　　　　　　　　－本年减少的原值合计

固定资产累计折旧期末数合计＝累计折旧年初数合计＋本年折旧额合计
　　　　　　　　　　　＋本年增加累计折旧合计－本年减少累计折旧合计

但上述公式不是绝对成立的,如在资产发生原值变动的情况下,表(一)反映该变动,而表(二)不反映。

(五)自定义报表

当系统提供的报表不能满足企业要求时,可以自己定义报表,可存放在自定义账夹中。

第五节 固定资产数据维护

一、数据接口管理

如果用户在使用用友 T6 固定资产管理系统之前,已经使用了固定资产核算系统,那么利用数据接口管理功能可以方便地将已有的资产卡片数据导入到本系统中,以减少手工卡片录入的工作量,提高工作效率。

卡片引入分两步实现:第一步是数据导入,即将所需要的数据导入到临时表中,数据导入后可以查看已经导入临时表的数据内容;第二步是写入系统,写入系统是将导入到临时表的数据写入系统当前账套。

导入卡片时,如果数据源为非用友 T6 数据库,则提供文本文件、dBase 文件和 Access 文件三种文件格式的导入;如果数据源为用友 T6 数据库,则提供 Access 和 SQL Server 两种数据库文件的导入。

二、重新初始化账套

如果在系统正常运行过程中发现固定资产账套错误很多或太乱,无法通过"设置"→"选项"纠错或无法或不想通过"反结账"纠错,那么可以选择"维护"→"重新初始化账套"功能将该账套内容全部清空,然后重新初始化账套。

【说明事项】
重新初始化账套是针对当前正在使用的账套。
执行重新初始化账套将删除对该账套所做的所有操作。

本章习题

1. 固定资产管理子系统的主要功能有哪些?
2. 固定资产设置时应做哪些准备?
3. 如何进行固定资产卡片的管理?
4. 简述固定资产折旧处理的操作步骤。
5. 简述固定资产增加的处理过程。

教学应用案例

请根据以下资料完成建立账套、总账子系统、报表的编制以及工资、固定资产子系统的相关业务处理

一、单位基本信息

1. 账套资料

(1)账套信息。账套号:222;账套名称:天津海通科技有限责任公司;账套路径:默认;启用会计期:2016年1月;会计期间设置:1月1日至12月31日。

(2)单位信息。单位名称:天津海通科技有限责任公司;单位简称:天津海通;单位地址:天津市北辰区胜利路102号;法人代表:景笠源。

(3)核算类型。记账本位币:人民币(RMB);企业类型:工业;行业性质:2007年新会计准则科目;账套主管:郑国定;要求按行业性质预置会计科目。

(4)基础信息。该企业有外币核算,进行经济业务处理时,需要对存货、客户、供应商进行分类。

(5)分类编码方案。科目编码级次:4222。其他编码级次设置采用默认值。

(6)数据精度。采用系统默认值。

(7)系统启用。"总账"模块启用时间为"2016年1月1日"。

2. 操作员资料

编号	姓名	口令	所属部门
C01	郑国定	1	财务部
C02	石不移	2	财务部
C03	安国	3	财务部

3. 权限分配

(1)郑国定——账套主管
具有系统所有模块的全部权限。

(2)石不移——出纳
负责现金、银行账管理工作。
具有"总账——凭证——出纳签字"权限,具有"总账——出纳"的全部操作权限。

(3)安国——会计
具有"总账、工资管理、固定资产"模块的全部操作权限。

4. 备份计划

计划编号：01；计划名称：周备份；备份类型：账套备份；发生频率：每周；开始时间：16:00:00；备份路径：D:\备份。

二、基础档案设置

天津海通科技有限责任公司基础档案资料如下：

1. 部门档案

部门编码	部门名称	部门属性
1	管理中心	管理部门
101	综合部	综合管理
102	财务部	财务管理
103	人事部	人事管理
2	销售中心	市场营销
3	采购中心	采购供应
4	生产中心	研发生产

2. 职员档案

职员编号	职员名称	所属部门	职员属性
101	景笠源	综合部	总经理
102	郑国定	财务部	会计主管
103	石不移	财务部	出纳
104	安国	财务部	会计
201	赵飞	销售中心	部门经理
202	闻鸣	销售中心	业务员
301	吴文迪	采购中心	部门经理
302	李博雅	采购中心	业务员
401	李立文	生产中心	部门经理
402	马丹阳	生产中心	工人

3. 客户类

分类编码	分类名称
01	长期客户
02	短期客户
03	其他

4. 供应商分类

分类编码	分类名称
01	硬件供应商
02	软件供应商
03	其他

5. 客户档案

客户编码	客户名称	客户简称	所属分类码	税号	开户银行	银行账号	地址
001	天津希望中学	希望中学	01	11111	工行	11111	天津市河北区开拓路1号
002	哈市旺达公司	哈市旺达	01	22222	工行	22222	哈尔滨市道里区胜利路2号
003	北京鼎翔公司	北京鼎翔	02	33333	中行	33333	北京市朝阳区红旗路3号

6. 供应商档案

供应商编码	供应商名称	供应商简称	所属分类码	税号	开户	银行账	地址
001	北京五洲有限公司	北京五洲	01	44444	建行	44444	北京市昌平区东关路4号
002	上海力源有限公司	上海力源	01	55555	建行	55555	上海市浦东新区光明路5号
003	深圳长久有限公司	深圳长久	02	66666	建行	66666	深圳市新华区华茂路6号

7. 外币及汇率

币符：USD；币名：美元；固定汇率1∶6.65。

8. 会计科目（部分需修改或需增加的会计科目）

科目名称	辅助核算	方向	币别计量	备注
库存现金(1001)	日记	借		
银行存款(1002)		借		
工行存款(100201)	银行日记	借		
中行存款(100202)	银行日记	借	美元	
应收账款(1122)	客户往来	借		不受控
其他应收款(1221)	个人往来	借		
原材料(1403)		借		
CPU(140301)	数量核算	借	块	
内存条(140302)	数量核算	借	条	
库存商品(1405)		借		
商务510系列(140501)	数量核算	借	台	

续表

科目名称	辅助核算	方向	币别计量	备注
商务610系列(140502)	数量核算	借	台	
应付账款(2202)	供应商往来	贷		不受控
应交税费(2221)		贷		
应交增值税(222101)		贷		
进项税额(22210101)		贷		
销项税额(22210102)		贷		
生产成本(5001)		借		
直接材料(500101)	项目核算	借		
直接人工(500102)	项目核算	借		
制造费用(500103)	项目核算	借		
管理费用(6602)		支出		
工资(660201)	部门核算	支出		
办公费(660202)	部门核算	支出		
差旅费(660203)	部门核算	支出		
招待费(660204)	部门核算	支出		
折旧费(660205)	部门核算	支出		
其他(660206)	部门核算	支出		

说明：

①由于一级会计科目在建账时由系统预置，表中只列出了需要增加、修改的会计科目。

②科目建立完后，指定现金科目、银行科目和现金流量科目。

9. 凭证类别

凭证类别	限制类型	限制科目
收款凭证	借方必有	1001,1002
付款凭证	贷方必有	1001,1002
转账凭证	凭证必无	1001,1002

10. 项目目录

项目大类	生产成本
核算科目	直接材料(500101)
	直接人工(500102)
	制造费用(500103)

续表

项目大类	生产成本
项目分类	(1)商用电脑 (2)家用电脑
项目名称	101 商务 510 系列(所属分类:1) 102 商务 610 系列(所属分类:1)

11. 结算方式

结算方式编码	结算方式名称	票据管理
1	现金结算	否
2	票据结算	否
201	支票	是
202	银行汇票	是
3	非票据结算	是
301	委托收款	否
302	汇兑	否
4	其他	否

12. 开户银行

编码:01;名称:工商银行北辰分理处;账号:12345678。

三、总账系统

1. 总账控制参数

选项卡	参数设置
凭证	制单序时控制 支票控制 可以使用系统的受控科目 打印凭证页脚姓名 出纳凭证必须经出纳签字 凭证编号由系统编号 外币核算采用固定汇率 进行预算控制
账簿	账簿打印位数、每页打印行数按软件默认的标准设定 明细账打印按年排页
会计日历	会计日历为 1 月 1 日～12 月 31 日
其他	数量小数位和单价小数位设为 2 位 部门、个人、项目按编码方式排序

2. 权限情况

安国具有"应收账款""应付账款"科目的明细账查询、制单权限。

3. 期初余额

(1) 总账期初余额表

科目名称	期初余额	科目名称	期初余额
库存现金(1001)	5 000	固定资产(1601)	500 000
银行存款(1002)	1 200 000	累计折旧(1602)	150 000(贷)
工行存款(100201)	800 000	生产成本(5001)	260 000
中行存款(100202)	400 000	直接材料(500101)	150 000
应收账款(1122)	80 000	直接人工(500102)	70 000
其他应收款(1221)	5 000	制造费用(500103)	40 000
原材料(1403)	38 000	短期借款(2001)	200 000
CPU(140301)	20 000	应付账款(2202)	30 000
内存条(140302)	18 000	实收资本(4001)	2 000 000
库存商品(1405)	750 000	利润分配(4104)	458 000
商务510系列(140501)	350 000		
商务610系列(140502)	400 000		

(2) 辅助账期初余额表

会计科目：1122 应收账款　　余额：借 80 000 元

日期	客户	摘要	方向	金额	业务员	票号
2015-12-31	希望中学	销售商品	借	50 000	赵飞	1234
2015-12-31	哈市旺达	销售商品	借	30 000	赵飞	5678

会计科目：1221 其他应收款　　余额：借 5 000 元

日期	部门	个人	摘要	方向	期初余额
2014-12-25	综合部	景笠源	出差借款	借	3 000
2014-12-28	销售中心	赵飞	出差借款	借	2 000

会计科目：2202 应付账款　　余额：借 30 000 元

日期	供应商	摘要	方向	金额	业务员
2014-12-05	天津希望	购买商品	贷	30 000	吴文迪

会计科目:5001 生产成本　　余额:借 26 000 元

科目名称	商务 510 系列	商务 610 系列	合计
直接材料(500101)	70 000	80 000	150 000
直接人工(500102)	30 000	40 000	70 000
制造费用(500103)	20 000	20 000	40 000
合计	120 000	140 000	260 000

4. 常用摘要

摘要编码	摘要内容	相关科目
01	提现	1001
02	发放工资	2211

5. 常用凭证

编码:001;说明:发放工资;凭证类别:付款凭证。
　　借:应付职工薪酬(2211)
　　　　贷:银行存款/工行存款(100201)

6. 自定义转账凭证

转账序号:0001;转账说明:计提短期借款利息;凭证类别:转账凭证。
　　借:财务费用(6603)　　JG()　　(取对方科目结果)
　　　　贷:应付利息(2231)　　QM(2001,月)*0.06/12　"短期借款"期末余额*6%/12

7. 1 月份发生的经济业务

(1) 2 日,销售中心赵飞购买了 800 元的礼品,以现金支付(附单据一张)。
(付款凭证)摘要:购礼品
　　借:销售费用(6601)　　　　　　　　　　　　　　　　　　　　　　800
　　　　贷:库存现金(1001)　　　　　　　　　　　　　　　　　　　　　　800

(2) 4 日,财务部从工行提取现金 5 000 元,作为备用金(支票号 ZP001)。
(付款凭证)摘要:提现
　　借:库存现金(1001)　　　　　　　　　　　　　　　　　　　　　5 000
　　　　贷:银行存款——工行存款(100201)　　　　　　　　　　　　　　5 000

(3) 5 日,收到泛美集团投资资金 50 000 美元,汇率 1∶6.7(支票号 ZP002)。
(收款凭证)摘要:收到投资
　　借:银行存款——中行存款(100202)　　　　　　　　　　　　　335 000
　　　　贷:实收资本(4001)　　　　　　　　　　　　　　　　　　　　335 000

(4)7日,采购中心吴文迪向北京五洲采购100块CPU,每块800元,直接入库,货款尚未支付。

(转账凭证)摘要:购CPU

借:原材料——CPU(140301) 80 000
　　应交税费——应交增值税——进项税额(22210101) 13 600
　贷:应付账款(2202) 93 600

(5)10日,销售中心赵飞收到天津希望中学转来一张转账支票,金额40 000元,用以偿还前欠货款。(支票号ZP003)

(收款凭证)摘要:收到货款

借:银行存款——工行存款(100201) 40 000
　贷:应收账款(1122) 40 000

(6)13日,综合部请客户吃饭,支付业务招待费4 000元(支票号ZP004)。

摘要:支付招待费

借:管理费用——招待费(660205) 4 000
　贷:银行存款——工行存款(100201) 4 000

(7)15日,综合部景笠源出差归来,报销差旅费3 000元。

(转账凭证)摘要:报销差旅费

借:管理费用——差旅费(660204) 3 000
　贷:其他应收款(1221) 3 000

(8)17日,生产中心领用50块CPU,单价800元,用于生产商务510系列电脑。

(转账凭证)摘要:生产领用CPU

借:生产成本——直接材料(500101) 40 000
　贷:原材料——CPU(140301) 40 000

(9)20日,销售中心闻鸣售给哈市旺达公司商务510系列电脑50台,每台4 000元,货款未收(适用税率:17%)。

(转账凭证)摘要:售电脑

借:应收账款(1122) 234 000
　贷:主营业务收入(6001) 200 000
　　　应交税费——应交增值税——销项税额(22210102) 34 000

(10)25日,20台商务510系列电脑完工入库,成本价300元。

(转账凭证)摘要:完工入库

借:库存商品——商务510系列(140501) 60 000
　贷:生产成本——直接材料(500101) 40 000
　　　生产成本——直接人工(500102) 10 000
　　　生产成本——制造费用(500103) 10 000

(11)31日,结转商务510系列电脑销售成本。数量:50台;单价:3 000元。

(转账凭证)摘要:结转销售成本

借:主营业务成本(6401) 150 000
　　贷:库存商品——商务510系列(140501) 150 000

8. 总账出纳管理

(1)支票登记簿

27日,采购中心李博雅采购内存条,借转账支票一张,票号123,限额30 000元。

(2)银行对账数据

①银行对账期初

海通科技公司银行账的启用时间为2016年1月1日,工行人民币户企业日记账调整前余额为800 000元,银行对账单调整前余额为840 000元,未达账项一笔,系银行已收企业未收40 000元。

②1月份银行对账单

日期	结算方式	票号	借方金额	贷方金额
2016-01-04	201	ZP001		5 000
2016-01-10	201	ZP003	40 000	
2016-01-13	201	ZP004		4 000
2016-01-25				5 000

四、工资管理

1. 建立工资账套

工资类别个数:多个;核算币种:人民币RMB;要求代扣个人所得税;不进行扣零处理;人员编码长度:3位。

2. 人员类别设置

管理人员、销售人员、生产人员。

3. 工资项目设置

项目名称	类型	长度	小数位数	增减项
基本工资	数字	8	2	增项
岗位工资	数字	8	2	增项
交通补助	数字	8	2	增项
应发合计	数字	10	2	增项
请假扣款	数字	8	2	减项
养老保险	数字	8	2	减项
代扣税	数字	10	2	减项
扣款合计	数字	10	2	减项
实发合计	数字	10	2	增项
请假天数	数字	8	2	其他

4. 银行名称
工商银行北辰分理处,账号定长为11位。

5. 工资类别
正式人员(包括全部部门);
临时人员(包括生产中心)。

6. "正式人员"工资类别初始化
(1)人员档案

人员编号	人员姓名	部门名称	人员类别	账号	中方人员	是否计税
101	景笠源	综合部	管理人员	20080090001	是	是
102	郑国定	财务部	管理人员	20080090002	是	是
103	石不移	财务部	管理人员	20080090003	是	是
104	安国	财务部	管理人员	20080090004	是	是
201	赵飞	销售中心	销售人员	20080090005	是	是
202	闻鸣	销售中心	销售人员	20080090006	是	是
301	吴文迪	采购中心	管理人员	20080090007	是	是
302	李博雅	采购中心	管理人员	20080090008	是	是
401	李立文	生产中心	生产人员	20080090009	是	是
402	马丹阳	生产中心	生产人员	20080090010	是	是

(2)工资项目
包括前面定义的全部工资项目。

(3)计算公式

工资项目	定义公式
请假扣款	请假天数*100
养老保险	(基本工资+岗位工资)*0.03
交通补助	Iff(人员类别="销售人员",500,300)

(4)工资数据表

姓名	基本工资	岗位工资
景笠源	5 000	4 000
郑国定	3 000	3 000
石不移	2 000	2 000
安国	2 500	2 000
赵飞	3 000	3 000
闻鸣	3 600	3 600

续表

姓名	基本工资	岗位工资
吴文迪	4 500	4 500
李博雅	3 800	3 800
李立文	4 500	4 500
马丹阳	3 500	3 500

7. 1 月份工资变动情况

考勤情况:石不移请假 3 天;赵飞请假 2 天。

8. 代扣个人所得税

计税基数 35 000 元。

9. 工资费用分配

应付工资计提基数以工资表中的"应付工资"为准。

五、固定资产管理

1. 初始设置

(1)控制参数

控制参数	参数设置
启用月份	2016 年 1 月
折旧信息	本账套计提折旧; 折旧方法:平均年限法; 折旧汇总分配周期:1 个月; 当"月初已计提月份＝可使用月份－1"时,将剩余折旧全部提足
编码方式	资产类别编码方式:2112; 固定资产编码方式: 按"类别编码＋部门编码＋序号"自动编码;卡片序号长度为 3
财务接口	与账务系统进行对账; 对账科目: 　　固定资产对账科目:1601 固定资产; 　　累计折旧对账科目:1602 累计折旧
补充参数	业务发生后立即制单; 月末结账前一定要完成制单登账业务; 固定资产默认入账科目:1601,累计折旧默认入账科目:1602

(2) 资产类别

编码	类别名称	净残值率	计提属性
01	交通运输设备	5%	正常计提
02	电子设备	5%	正常计提
03	其他设备	5%	正常计提

(3) 部门及对应折旧科目

部门	对应折旧科目
管理中心 采购中心	管理费用——折旧费(660205)
销售中心	销售费用(6601)
生产中心	制造费用(5101)

(4) 增减方式的对应入账科目

增减方式目录	对应入账科目
增加方式	
直接购入	100201,工行存款
减少方式	
毁损	1606,固定资产清理

(5) 原始卡片

名称	类别编号	所在部门	增加方式	可使用年限	开始使用日期	原值	累积折旧	对应折旧科目名称
奥迪轿车	1	综合部	直接购入	10	2007年1月1日	350 000	100 000	管理费用——折旧费
复印机	11	销售中心	直接购入	5	2010年1月1日	10 000	0	销售费用
运输车	11	生产中心	直接购入	10	2007年5月1日	140 000	48 000	制造费用
合计						500 000	150 000	

2. 日常处理

(1) 1月20日,财务部购买扫描仪一台,价值3 000元,净残值率5%,预计使用年限5年。

(2) 1月31日,计提本月折旧费用。

(3) 1月31日,销售中心毁损复印机一台。

(4) 2月10日,综合部的奥迪轿车添置新配件5 000元。

(5) 2月20日,财务部扫描仪转移到采购中心。

说明:实验中的业务4和业务5涉及的是资产原值增加和部门转移操作,在软件中当月输入的资产不能进行此两项操作,因此业务日期是2月份。

请根据以上资料完成建立账套、总账子系统、报表子系统、工资管理系统和固定资产系统的相应管理工作。

参考文献

[1]陈福军,孙芳.会计信息系统实务教程[M].北京:清华大学出版社,2010.

[2]王凡林.信息化会计管理研究[M].北京:经济科学出版社,2007.

[3]中华人民共和国财政部.企业会计准则(2006)[M].北京:经济科学出版社,2006.

[4]中华人民共和国财政部.企业会计准则——应用指南(2006)[M].北京:中国财政经济出版社,2006.

[5]财政部会计司编写组.企业会计准则讲解(2006)[M].北京:人民出版社,2007.

[6]薛云奎,饶艳超.会计信息系统(第二版)[M].上海:复旦大学出版社,2008.

[7]张瑞君,蒋砚章.会计信息系统(第四版)[M].北京:中国人民大学出版社,2006.

[8]武新华,肖霞等.用友ERP-U8财务软件应用实务[M].北京:清华大学出版社,2007.

[9]何日胜.会计电算化系统应用操作(第三版)[M].北京:清华大学出版社,2008.

[10](美)斯蒂芬·哈格,梅芙·卡明斯等著.严建援等译.信息时代的管理信息系统[M].北京:机械工业出版社,2007.

[11]陈冰.电算化会计模拟实训(第二版)[M].北京:中国人民大学出版社,2008.

[12]吴扬俊,沈文华.会计信息系统教程(第3版)[M].北京:电子工业出版社,2008.

[13]王新玲,房琳琳.用友ERP财务管理系统实验教程[M].北京:清华大学出版社,2006.

[14](美)Kenneth C.Laudon等著.薛华成编译.管理信息系统[M].北京:机械工业出版社,2007.

[15]李立志,王定迅.会计信息系统[M].北京:首都经济贸易大学出版社,2010.

[16]王振武.会计信息系统[M].大连:东北财经大学出版社,2006.

[17]杨周南.会计信息系统——面向财务部门应用[M].北京:电子工业出版社,2006.

[18]龚中华等.用友ERP培训教程[M].北京:人民邮电出版社,2007.

[19]张慧德,郭长城.会计电算化[M].北京:科学出版社,2009.

[20]汪刚.用友畅捷通ERP应用教程[M].北京:中央广播电视大学出版社,2010.

[21]杨周南,赵纳军,陈翔.会计信息系统[M].大连:东北财经大学出版社,2010.

[22]周玉清,刘伯莹,周强.ERP原理与应用教程[M].北京:清华大学出版社,2010.

[23]李震.ERP原理、应用与实践[M].北京:清华大学出版社,2010.

参考文献